CW01497277

ADKAYSI

CABDIRAXMAAN CABDISHAKUUR WARSAME

LOOH PRESS
LEICESTER | MOGADISHU
1444/2024

LOOH PRESS LTD.
Copyright © Cabdiraxmaan Cabdishakuur Warsame 2024
Dhowran © Cabdiraxmaan Cabdishakuur Warsame 2024
Second Edition, First Print December 2024
Soo Saariddii Labaad, Daabacaaddii Kowaad December, 2024

WAXAA DAABACAY:
Looh Press Ltd.
Leicester, England. UK
Muqdisho, Soomaaliya
W: www.LoohPress.com
E: LoohPress@gmail.com
T: +44 79466 86693
T: +252 61 0743445 / +252 61 8707573

Wixii talo ama falcelin ah ka la xiriir qoraaga:
Abdirahman.abdishakur@gmail.com

Tifaftire:	Boodhari Warsame
Galka:	Looh Press
Naqshadeynta:	Kusmin (Looh Press)

Cinwaankan wuxuu ka diiwan geshanyahay Maktabada Birittan
A British Library's Cataloguing-in-Publication (CIP) record for this book is available from the British Library.

978-1-912411-49-8.   Gal Adag (Hardback)
978-1-912411-50-4.   Gal Khafiif ah (Paperback)

Waxaan Ku billaabi
Magaca Eebbe,
Naxariistaha,
Naxariista badan

HIBAYN

Buuggan waxaan u hibaynayaa labadayda waalid; Eebbe ha u dambi dhaafo, naxariistiisa ha siiyo, jannadiisa udgoonna ha ka waraabiyee. Waxay qayb wayn ku lahaayeen barbaarinta shakhsiyaddayda iyo qaabaynta fikirkayga nolosha, iyagoo ii diyaariyey sida ugu habboon ee aan nolosha u wajihi karo. Gaar ahaan Hooyaday, Maka Xasan Xalane, oo nafteeda ka hormarisay in aan aniga iyo walaalahayba nolosha ku guulaysanno.

MAHADNAQ

$\mathcal{E}$ebbe ka sokow, waxaan mahad ballaaran u jeedinayaa dhammaan intii qaybta ka ahayd iguna gacan siisay in uu buuggani soo baxo. Waxaan mahadda kowaad u jeedinayaa Xaaskayga, Jamiilo Xuseen Ibraahim, oo aan qarni rubicii wada noolayn. Way igu adkaan lahayd in aan iyada la'aanteed duruufo badan oo adag ka dabaasho ama fursado badan u helo ka-miradhalinta hadafkayga. Kartida, dulqaadka iyo adkaysiga ay nolosha igu la wajahday ayaan wax la siisan karo lahayn.

Waxaan kaloo mahad wayn u jeedinayaa Cabdicasiis Guudcadde oo igu gacansiiyey tifaftirka iyo cutubyaynta buugga, iyo Boodhari Warsame oo nuqulkan dambe tifaftiray. Qoraal isku aaddan oo aad sidan quruxda leh u akhrisato ma noqdeen iyaga la'aantood. Waxaa kaloo mahad ballaaran leh Cabdicasiis Aadan Urur oo qaybo badan oo buugga ka mid ah iga duubay, ka dibna qoraal u rogay, la'aantiina aanan kari lahayn dhammaystirka qoralkan.

Waxaan si guud ugu mahadcelinayaa dhammaan asxaabtii dhiirrigelinta i la garab taagnaa oo markii aan ka lug-jiido qoraalka guubaabin iyo dhiirrigelin i siinayay.

TUSMO

Cabdiraxmaan Cabdishakuur Warsame

DOORASHADII SHARIIFKA IYO DURUUFIHII JIRAY 105

DHABAR-ADEYG IYO DHABANNAHAYS.. 147

GOGOLDHIG

Noloshu waa murugo iyo farxad.

*N*oloshu waa farxad iyo murugo. Waxay leedahay caqabado ku niyadjabiya iyo horumar ku farax geliya oo kaaga yimaada dadka aad la nooshahay iyo degaanka kugu hareeraysan. Waxaa ka la miisaan badan xajmiga caqabadaha iyo karaanka uu qofku ku wajahi karo. Waxayse ku xirantahay hadba hadafka iyo hammiga aad nolosha ka leedahay, ruuxda iyo tamarta ku dhaqaajinaysa, iyo qiyamka iyo akhlaaqda aad ku hubaysantahay.

Muddo 12 sannadood ah ayaa la igu suurad-xumeeyay, si sumcadda la iiga dilo, iyada oo la igu eedaynayay in aan Qaranka hagardaameyey oo qayb ka mid ah Badda Soomaaliya ka iibiyey dawlad shisheeye! Waxaan ka badbaaday shirqool la igu khaarajin lahaa oo ahaa weerar ay xukuumadda Soomaaliya, oo uu hoggaaminayey Maxamad Cabdillaahi Farmaajo, ku soo qadday hoyga aan Muqdisho ka degganahayay (Diseembar 17, 2017), halkaas oo shan wiil oo ilaaladayda ahaa lagu dilay anigana la igu dhaawacay. Waxaa la igu xukumay in aan Diinta ka baxay oo "murtad" ahay, isla markaana in la i dilo oo aan la i dooran ayaa la fatwooday, waxana sidaas go'aansaday culimmo Soomaaliyeed oo dano siyaasadeed lahaa, kuwaa oo marinhabaabiyey hadal aan jeediyay oo ku aaddanaa kaalinta haweenka iyo hoggaanka dalka.

Waxaa intaa ii dheeraa in aan ka badbaaday isku-dayo dil oo ay kooxda argagaxisada ah ee Al-Shabaab soo abaabushay, kuwaa oo labo ka mid ah ay toos ii la beegsadeen, halka uu Ilaahay aniga iyo ummad kale oo badan naga samatabixiyey weerar ay 2015 ku soo qaadeen Hoteel Jazeera. Wuxuu Alle iga badbaadiyay rasaas ay oodda nooga qaadeen ciidanka Booliska Federaalka ah ee Haramcad, aniga iyo dibadbaxayaal ka gadoodsanaa muddo-kororsigii sharcidarrida ahaa ee uu madaxwaynihii xilligaa, Maxamad Farmaajo, ku dhawaaqay bishii Febaraayo ee sannadkii 2021. Waxaa mudaaharaadkaas oo loo bixiyay "Yuhuud miyaa tihiin?" igu weheliyey siyaasiyiin kale oo xilka madaxweyne u sharraxnaa, xildhibaanno, odayaal dhaqan, aqoonyahanno iyo dhallinyaro.

Ka hor intii aanan siyaasadda soo gelin, waxaan ka shaqayn jiray samafalka. Bilawgii 1993, anigoo u shaqeeya hay'adda Islaamka Afrika oo fadhigeedu dalka Kuwayd yahay, haddanna loo bixiyey Direct Aid, ayaa gaari aan saarnaa ay agagaarka Masjidka Isbahaysiga ku xabbadeeyeen maleeshiyo beeleed hubaysan, halkaas oo mid ka mid ah ilaaladii gaariga uu ku dhaawacmay. Si taa la mid ah ayaa sannadkii 1998 anigoo madax u ah Hay'atul Culyaa oo laga lahaa dalka Sacuudiga, maleeshiyaad hubaysani ay aniga iyo wafdi kolanyo ah nagu rasaaseeyeen agagaarka No. 60 oo ku taal waddada isku xirta Muqdisho iyo Marka, iyadana Alle ayaa na badbaadiyey.

Inta badan, dadka ay soo maraan caqabadaha baaxaddaas lehi way ka niyadjabaan hanka nolosha iyo higsiga yoolka. Buuggani wuxuu dul istaagayaa awoodda, ruuxda, karaanka iyo ku-dhaca sababta u ahaa in aan *adkaysi* u yeesho duruufahaas adag iyo xaaladaha qallafsan ee i soo foodsaaray. Wuxuu kaloo isku deyayaa in uu dhallinyarada Soomaaliyeed iyo inta hanka siyaasadeed leh u noqdo ilays ay ka dheehdaan tusaalayaal iyo tusmooyin badan. Wuxuu kaloo buuggu ka hadlayaa waayaha nololeed ee i soo maray, dhacdooyinkii iyo duruufihii ugu muhiimsanaa ee saamaynta ku yeeshay qaabaynta iyo fahankayga nolosha iyo siyaasadda, iyo aragtidayda siyaasadeed ee dalka iyo dadka Soomaaliyeed aan ka qabo. Iyo sidoo kale, kaalinta waalidkay, saaxiibbaday iyo bay'addii aan ku soo koray ay igu leeyihiin.

Adkaysiga waxaa asaas u ah daacadnimo, hufnaan, iyo in aad qiyam adag leedahay. Waa in ay jiraan han iyo yool aad higsanayso, wanaag aad la jecashahay dadkaada, walaac aad ka qabto xaaladdooda nololeed, iyo in aad cashar ka qaadato caqabadaha iyo waayaha ku soo mara oo aad ku-dhac iyo bareerid leedahay, adigoo aan ogayn sadka uu waayuhu kuu soo sido. Waxaa kaloo lagamamaarmaan ah in ay jirto il aad ka shidaalqaadato, in aad ku adagtahay mabaadi'daada, leedahahy lagama-tanaasulaan, isla markaana ay jiraan waxyaabo aad ka debcayso adigoo danta guud xeerinaya dadka iyo dalkana u damqanaya.

Cabdiraxmaan Cabdishakuur Warsame
December, 2024
Muqdishu, Soomaaliya

1

BUULABURTE & BARBAARINTII HORE

BUULABURTE IYO BARBAARINTII HORE

*M*ágaalada Buulaburte oo loo yaqaanay *Buulaay* ayaan ku dhashay 1968. Waxaannu ka degganayn xaafadda Oktoobar ee laanta Bag Abeeso oo ku taallay dhanka Webiga Shabeelle. Waxaan ku soo barbaaray guri labo qol ah oo dhoobo iyo dhis ka samaysan, aadna ugu dhow webiga. Dhowr beerood ayaa hareeraha naga xigay. In kastoo bartaa ay labo qol oo keli ahi nooga dhisnaayeen, haddana deyrka gurigu wuxuu ballaarnaa, musqushuna meel gees ah ayay ku tiil. Labo geed oo tallaal Hindi ah ayaa ku dhex yaallay iyo tinnaar muufada lagu dubo.

Waxaan ku dhashay Isbitaal wayn oo ay gacanta ku hayeen wadaaddo Masiixiyiin Ameerikaan ah. Haweenaydii kalkaalisada u ahayd ummulisada oo u dhalatay dalka Filibbiin ayaa qarisay kalxanta bidix oo aan ka jabay, ka dib markii aan ka fara-baxsaday. Aabbahay waa uu dacweyeey, in kasta oo uu dacwaddii ka tanaasulay ka dib markii uu codsi is-dabajoog ahi uga yimid dhakhaatiirtii iyo hawlwadeenkii Isbitaalka oo ku wargeliyey in jabka kalxantu uu si dhakhso ah iskii ugu bogsoonayo. Laakiin doodda Aabahay waxay ahayd, ka warrama haddii uu meel kale ka jabi lahaa? Waxaan diidayaa in ay dad kalana u qariso.

Hooyo Maka Xasan Xalane, Alle ha u naxariistee, waxay ku dhalatay Degmada Beledweyne ee Gobolka Hiiraan oo dabeecad ahaan la mid ah Buulaburte. Muufada iyada ayaa gacanteeda noogu dubi jirtay, dabaasha webigana iyada ayaa na bartay. Hooyaday nasiib u ma ay yeelan in ay gabar dhasho oo wuxuu Alle siiyay shan wiil. Annaga ayaa hawlmaalmeedka guriga qaban jirnay; sida cunto karinta, dhar-dhaqista, nadaafadda guriga, marti-soorka iyo wax kasta oo loo baahanyahay. Saddex wiil oo igu Aabbe ah (bah kale) oo naga waawayn ayaa iyaguna na la noolaa, kuwaa oo loo keenay in ay magaalada wax ka bartaan.

Alle ha u naxariistee, Hooyo waxay iskuulka ka bilawday magaalada Beledwayne, laakiin fursad u ma aysan helin in ay dhammaysato; sababtoo ah aabbaheed ayaa dhintay iyadoo yar. Waxay ku qasbanaatay in ay cidda u xoojiso. Waxay shaqo ka bilawday hoteel iyo maqaayad uu leeyahay siyaasigii iyo odaygii reer Hiiraan, Sheekh Cali Jimcaale. Waxay aad u dhagaysan jirtay sheekooyinka siyaasadeed ee Sheekh Cali Jimcaale, iyadoo yar ayayna qayb ka noqotay dhadhaqaaqyadii xornimo-doonka ahaa ee Ururkii Dhallinyarada Soomaaliyeed (SYL). Waxay hibo u lahayd curinta buraanburka. Waxay mar walba nagu dhiirrigelin jirtay dal-jacayl, iyadoo noo tirin jirtay buraaburradii ay kaga qaybqaadan jirtay halganka SYL. Waxay nooga sheekayn jirtay hawlihii iyo abaabulkii ay SYL ku gacansiin jireen iyada iyo haweenka kale ee reer Hiiraan, gaar ahaan dhaqaale ururinta, buuraanbur tirinta, dibad-baxyada iwm.

Waxay nagu barbaarisay isku-kalsoonaan. Waxay nagu dhiirrigelin jirtay in aan karti yeelanno, isku fillaanno ku-tiirsanaanta dadkana aannu ka maaranno intii karaankayaga ah. Xisaabta iyo Carabiga ayay xaafadda noogu dhigi jirtay.

Geeridii Hooyaday (sannadkii 2015) waxay ahayd maalintii noloshayda iigu naxdin badnayd, qalbigayga ugu xanuunka badnayd, iiguna murugada badnayd. Waxaan kari waayey maalmo dhan in aan illinta indhahayga ka qubanaysa joojiyo. Xanuunka waxaa igu sii siyaadiyey dambiga aan dareemayey oo ah in aannu Hooyo cidlaynnay oo aannaan dhinaceeda joogin aniga iyo walaalahay: Shantii wiil ee ay dhashay midna la ma joogin markaa, geeriduna ku-soo-booddo ayay ahayd. Saddex walaalahay ka mid ahi qurbaha ayey jireen, halka mid kale uu arday ku ahaa dalka Suudaan, aniguna waxaan ku xaraysnaa Xerada Xalane oo xilligaa waxaan la-taliye u ahaa Ergeygii Gaarka ah ee Xoghayaha Guud ee Qarammada Midoobay u qaabbilsanaa Soomaaliya. Sidii ay jeclaan lahayd in aan noqonno oo ah rag wax bartay, Allahooda ku xiran, shaqaysta, iyada iyo dadka kale ee ehelka ahna wax tara waannu noqonnay, laakiin, sida ku dhacday kumannaan qoys oo Soomaali ah, hal meel ku ma aannaan wada noolayn oo waan kala firirsanayn. Duruufaha dagaallada sokeeye iyo argagaxisadii ka dhalatay ayaa diiday in aan nabad hal meel ugu wada noolaanno oo aannu Hooyaday u adeegno, mar walbana dhinaceeda joogno.

Hooyo waxay deggenayd guri aan degmada Huriwaa uga dhisnay. Waxaa gurigeeda ku la noolaa dad qoyskeenna ka mid ah iyo kuwo ehelka ah intaba. Kala-qoqobka iyo isu socod la'aanta ay keeneen Kooxaha Argagaxisada ah ayaa sababay in aannaan ku la noolaan karin halka ay deggenayd, ama xataa aannaan soo booqan karin. Sababtoo ah argagaxisada Al-Shabaab waxay bartilmaameedsanayeen ruux kasta oo dawladda iyo hay'adaha caalamiga ah u shaqeeya, ama cid kasta oo ay ku tuhmaan in uu halis ku yahay qorshahooda. Dil qorshayn, qarax is-maadiin ah ama shirqool kale ayay ku dilayeen, waxayna gallaafteen nolosha kumannaan ruux oo Soomaali ah. Dad badan ayaa masaajidda in ay ku tukadaan ka go'ay, waalidkood iyo ehelkooda in ay la noolaadaan ama booqdaan kari waayey, nolosha caadiga ahna ka soomay, sababo la xariira beegsiga argagaxisada dartood. Hooyo iyadoo ii naxaysa iigana turaysa beegsiga argagaxisada ayey iga diidi jirtay in aan la noolaado, ama xataa aan soo booqdo oo iyada ayaana usbuucii mar booqasho iigu imaan jirtay. Waxaan ku ballami jirnay hoteellada ku dhow garoonka diyaaradaha ee Aadan Cabdulle (Aadan-Cadde).

Waxyaabaha laga dhaxlay colaadihii sokeeye waxaa ka mid ah in waalidkii iyo ubadkoodii ay kala qaxaan oo dalka iyo dabaddiisa ku kala noolaadaan iyo argagaxiso dadkii u diidday in ubadkii iyo waalidkood ay meel ku wada noolaadaan. Waa waxyaabaha uurkutaallada leh raadka tabanna ku yeeshay nafsiyaadka iyo saykoolajiga bulshada.

Hooyo oo iyaduna agoonnimo ku soo kortay annagana nagu soo korisay, waxay ahayd qof karti iyo adkaysi iyo dulqaad badan, dadnimo leh, naxariis, kalgacal iyo xannaano badanna leh. Wax kasta waxay uga tanaasushay in wiilasheeda iyo kuwa kale ee ay korisay ay korriimo ololeed fiican helaan. Sida Hooyada lagu yaqaan, nafteeda annaga ayaa uga darnayn, xammaali garab-rarato ah ayeyna nagu soo korisay. Waxay ku dadaashay in ay noo diyaariso in aan wajahno caqabadaha nolosha ee na soo foodsaari doona, waxayna naga ilaalisay koolkoolin badan iyo in aan kibir nacaseed ku hana-qaadno. Karti iyo dadnimada ayuu halbeeggeedu ahaa.

Allaha u naxariistee, Abbaahay Cabdishakuur Warsame Beyle wuxuu ahaa dufcaddii ugu horraysay ee ciidanka Xoogga Dalka Soomaaliyeed loo qoray. Waxaa laga soo qoray baaddiyaha Gobolka Galgaduud ee agagaarka deegaanka Guriceel. Wuxuu ahaa nin dheer, dhuuban oo cas, taasoo ahayd sifada loogu jeclaa ee ruux ciidan loogu qoro. Isagoo ciidanka ka tirsan ayuu iskiis wax isu baray, taas ayaana keentay in uu ka mid noqdo qaybta maamulka iyo saadka Ciidanka Xoogga Dalka (CXD). Wuxuu ahaa xisaabiye ka tirsan ururka maamulka iyo saadka ciidanka, gaar ahaan qaybta maaliyadda ee ciidanka. Allah ha u naxariistee, Aabbe wuxuu ahaa shakhsi aad u dhawrsan oo dishibiliin adag leh. Wuxuu nagu barbaariyey intii uu noolaa qaab askarinimo ah. Noo ma uu oggolayn kubbad ciyaarka, shineemo galista, iyo haasaawe iyo maaweelo, nooc kasta oo ay tahayba. Dugsiga Qur'aanka, iskuulka, shaqo-guriga iskuulka laga soo dhiibo, Qur'aan akhris, cunto cunis iyo hurdo ayuu jadwalka noloshayadu ahaa. Mararka uu shaqadiisa aado ama masjidka u baxo ayaannu dhuumasho kubadda ku dheeli jirnay.

Buulaburte waa degmo dabeecad ahaan dhoobley ah oo dhismaha xaafadaha, kuwa ganacsiga iyo xarumaha dawladdu kala baxsanyihiin. Gurigayaga waxaa dhabarka ku hayey guryo dhismahoodu dhagax yahay oo ay degganaayeen saraakiisha ugu sarraysa saldhigga qaybta 49-aad ee Ciidanka Xoogga Dalka oo Buulabarte ku yaallay. Waxaan ilaa iyo hadda tebayaa dareenkii degaan ee ay nolashaasi lahayd, sida dadku ay isugu tiirsanaayeen, isu jeclaayeen, bulsho ahaan isugu xirnaayeen, isu caawin jireen, deris wanaagga, is-dhexgalka iyo wadadhaqan iyo is-aamminaadduna uga dhaxeeyeen. Waa waxa loogu yeero Raasamaalka Bulsheed (scoial capital). Haweenku waxay lahaayeen Bil-labo ay bil kasta labadeeda ducaystaan oo raashin isku darsadaan. Arbaco kasta masjidka waxaa laga akhrin jiray Mowliidka, markii la dhammeeyana xus yar ayaa la samayn jiray. Odayaashu casirayaha ayey isku warsan jireen, dhallinyaradna iskuulka subaxii, kubbad galabtii ah, halka fiidkii Shineemo Camalow la aadi jiray. Kubadda cagta, koleyga, laliska, teeniska miiska, dubnadda, turubka iyo iskaakadu (chess) waxay ka mid ahaayeen ciyaaraha kala duwan ee Degmada Buulaburte laga ciyaaro oo ay dadku isku maaweeliyaan, gaar ahaan dhallinyarada magaaladu.

Webiga Shabeelle ee magaalada mara iyo gurigayaga waxaa u dhexeeyey labo beerood. Subax kasta waxaan u qubays tegi jirnay Webiga oo ay aroortii biyihiisu diirranyihiin. Saabbuunta iyo shukumaanka ayaad horay u sii qaadanaysaa. Waxaad kaloo soo fiirinaysaa maqaalinta mallayga ee aad casargaabkii shalay ku xiratay geedaha webiga ku hareeraysan: waa hubaal in uu mallay ku jiro maqaalintaas habeenkii oo idil Webiga dhex sabbayneysay. Quraacda, haddii laga gaaro ama qadada ayaa la cunayey.

Yaxaaska ka ma cabsan jirin. Waxaan aamminsanayn in xataa aad webiga ugu dhex goyn karto. Habeennada qaar ayaan ku dhuuma jirnay webiga, markii ciyaarta kaadhimey-kadhimta la ciyaarayo. Waxaa laga yaabaa in aad gabdho isku koox tihiin oo aad is-qariska ka wada qayb gashaan, haddana dhaqanka iyo dhowrsanaanta oo adag darteed la isku ma saqaami jirin. Mar dambe oo aan Mallaysiya wax ku baranayey ayaan waxaan arkay sida uu dhaqanka Shiinaha oo aan diin ku dhisnayni u adagyahay.

Qabiilka aad tahay iyo qoyska aad ka soo jeeddo waxaa ka xoog badnaa dareenka bulsho ee degaanka. Hooyo waxay dadka ugu saaxibsanaayeen naftuna u dhexeysay eeddo Cabdiyo Aammin Nuune Abtiile oo qabiilada Makanne ahayd, eeddo Faadumo Cumar oo qabiilada Marreexaan (Wagardhac) ahayd, eeddo Maryan oo Isaaq (Habar Jeclo) ahayd, eeddo Xaliimo-dheer oo Baadicadde ahayd, eeddo Asli Bullo oo Majeerteen ahayd, eeddo Timiro Ugaas oo Xawaadle ahayd; eeddo Xaawo Geelle, Xaliimo Naxar iyo Xaawo Dhoorre oo Habargidir (Cayr) ahaa, iyo eeddo Madiino Tarabbi oo Dududuble ahayd. Qabiillada eeddooyinkaas oo dhan markii aan waynaaday ayaan wada bartay. Ii ma kala soocnayn.

In kastoo aysan jirin diin barasho badan, wacdi culimmo iyo masaajiddo cammiran, haddana dhaqanka dadku wuu adkaa wuxuuna salka ku hayey Diinta Islaamka. Gabdhaha iyo wiilashu hawl kasta ayey wada qaban jireen, iskuulka ayey wada dhigan jireen, shineemada ayey wada gelayeen, magaalada ayey isu raacayeen, safarka ayey wada gelayeen, webiga ayey ku wada dabbaalan jireen, ciyaaraha kala duwan ee gariirka, kaadhimey-kadhimta, kuukta, boojada, iyo darbo-ka-boodka ayey wada dheelayeen, shukaansiga iyo haasaawaha ayey wada samaynayeen; haddana anshaxa, asluubka iyo dhaqanka suubban wuxuu ahaa mid adag oo lamataabtaan ah.

GURMADKII SHAQADA QARAN

Iskuulka hoose, dhexe, iyo sareba Buulaburte ayaan ku dhammaystay. Labadii sano oo Gurmadka Qaranka waxaan sannadkii hore ku qaatay macallinimo. Dugsiga Saree ee degmada Jalalaqsi ayaan macallin ka noqday. Waxaa laga yaabaa in aad la yaabto sidee arday ka soo baxay dugsi sare uu macallin uga noqon karaa dugsi sare kale? Waa arrin aan aniga qudhaydu is-waydiiyey markii la igu qoray in aan macallin ka noqdo dugsiga sare ee degmada Jalalaqsi. Axmad Cawad oo ahaa maamulaha dugsiga ayaa imtixaan afka ah ka qaaday aniga iyo ardaydii kale ee iskuulka lagu soo qoray, ka dibna wuxuu igu qoray in aan maaddada Ingiriiska oo uu isagu dhigayey la dhigo. Axmad Cawad oo ahaa nin degaanka Buuhoodle ka soo jeedaa wuxuu ahaa nin dad la dhaqan wanaagsan oo akhyaar ah.

Sannad markii aan dhammaysannay ayaa la soo rogay in dhammaan ardayda Gurmadka Qaranka (Shaqo Qaran) ku jirta ee macallimiinta ahi ay xeryaha millateriga ku noqdaan oo ay tababbarkii ciidanka qaataan. Waxaan ku soo noqonnay saldhigga ciidanka ee Qaybta 21-aad ee Buulaburte, halkaas oo aniga iyo saaxiibbaday uu nagu dhaafay tababbarkii adkaa ee sannadkii hore saaxiibbadayadii kale ee ardayda ahaa ay qaateen, laakiin waxaa na la siiyey tababbar kooban oo ka dhib yar kii kale.

Degmada Buulaburte waxaa Shaqada Qaran ee tababbarka ciidanka lagu geli jiray Xerada Dab iyo Dhagax ee ka tirsan Saldhigga 49aad ee Ciidanka Xoogga Dalka. Ardayda ka soo baxda dugsiyada saree ee Gobolka Hiiraan, Shabeellaha Dhexe iyo Galgaduud ayaa ku xaroon jiray. Waxay ahayd sannadihii dambe ee siddeetamaadkii oo waxaa soo xoogaystay dagaalkii Gobollada Waqooyi ee dawladda iyo Jabhaddii SNM u dheexeeyey. Waxaa Buulaburte ku soo noqday arday aan isku iskuul ahayn oo iyaga oo aan dugsida sare dhammaysan galay Akadeemiyada Ciidanka ee Jaalle Siyaad lagu na qaatay derjada xiddiglayaal.

Waxaan xusuustaa subax in ay saldhigga yimaaddeen ciidan fara badan oo dhinaca Muqdisho ka yimid. Waxaa la doonayey in ciidan kale laga qaado Saldhigga 49-aad ee degmada Buulaburte. Habeenkaa waxaan ku qornaa waardiyaha xerada. Waxaa halka laamiga looga soo leexdo ee dhanka xerada loo soo aado iiga soo muuqday nalalka gawaari is daba taxan oo aanan weligay horay u arag. Cabsi wayn ayaa i gashay. Waxaan raadiyey askarigii kaabba-boostaha ahaa, mana aanan helin oo qolkii uu jiifay wuu ka maqnaa. Waxaan raadiyey sarkaalkii heeganka lahaa, isagana ma helin. Qorigii inta aan tiiriyey ayaan dhanka Webiga u cararay. Waxaan sawirtay in ay ciidan Xabashi ah ama kuwii Gorgor ay yihiin. Gorgor wuxuu ahaa nin jabhad ah oo si quraafo oo kale ah looga sheekaysan jiray. Nin kaa maqan oo ku la jooga oo kale. Markii aan hubsaday in aysan ciidan wax dhibaya ahayn ayaan tartiib u soo xaluushay xeradii oo ku soo laabtay.

Aroortii waxaa shir galay saraakiishii ciidankii Muqdisho ka yimid iyo kuwii saldhigga haystay. Waxay la yimaaddeen qorshe ah in dhammaan ciidanka saldhigga 49-aad loo qaado Waqooyi Galbeed, saldhigganana looga tago ardayda Gurmadka ah oo keli ah. Markii ciidanka la qaadi lahaa la soo fayliyey ee saraakiishii saldhigga iyo kuwii Muqdisho ka yimid ay khudbaynayaan ayaa nin waday gaari dayacan ah oo uu qori Jiib ahi ku xirnaa si xawli ah u soo kaxeeyey kuna soo beegay dhankii ay saraakiishu taagnaayeen. Halkii ayaa lagu kala cararay, askarigiina waa la qabtay oo gacmihiisa garbaduud lugihiisa loogu xiray. Ilaa hadda ma garan waxa ku kallifay askarigaas, laakin dhallinyaro aan asxaab nahay oo ka mid ahaa saraakiishii Akadeemiyada ka soo baxay ciidanka Waqooyiga loo qaadayna ka tirsanaa waxay ii sheegeen in uu ninkaasi reer Waqooyi ahaa, intii ay jidka ku sii jireenna la toogtay oo gaari socda maydkiisii laga tuuray.

Waxaan nasiib u yeeshay in aan ka mid noqdo arday kooban oo ciidanka ahayd oo saldhigga lagu reebay, Ilaahay waa iga samatabixiyey ciidankii loo qaaday dagaalkii ka socday Waqooyi Galbeed, laakiin saaxibbo badan iyo askartii saldhigga oo aan intooda badan aqaanno ayaa ku dhintay, geeridoodana mar walba la soo sheegi jiray. Waxaan xusuustaa askari la oran jiray Cabdi-Buur oo doonayey in uu Saldhigga ku haro oo yiri: "Waxaan koriyaa ilmo rajo ah oo hooyadood dhimatay, mushaarkaygu ku ma filna noloshooda oo wax aan biibito yar uga biyabiyeeyo ayaan noloshooda ku kabaa. Anigaa hooyo iyo aabbe u ah oo waa ubad isumaqaddo ah ee taliyow arrinkaas ha la ii tixgeliyo." La ma dhagaysan ee waxaa lagu amray in uu gaariga raaco. Xataa waxaa loo diiday in uu dardaaran dib ugu noqdo xaafaddiisa!

IMTIXAANKII JAAMACADDA

Waxaan dhammaystay hawshii Gurmadka. Imtixaankii jaamacadda waxaan u soo aaday Muqdisho. Caasimaddu waxay ahayd magaalo aan fasaxyada soo aadno, Buulabartana u jirta 220 km. Subixii gawaarida ka soo baxda quraacda waxay ka soo gaari jireen Muqdisho. Ku-dhowaad soddon kun (30,000) oo arday ayaannu imtixaanka ku fariisannay, jaamacadduna waxay qaadanaysay in ka yar labo kun (2,000) oo arday. Niyad sami badan ma jirin, sababtoo ah labadaas kun ee boos boos waxaa lagu gelayey eex iyo laaluush iyo in aad garab ku tiirsantahay.

Waxay ahayd maalin Jimca ah. Ma xasuusto taariikhdu inta ay ahayd, laakiin waxaan Imtixaanka ku galay Dugsiga Sare ee Raage Ugaas oo markaas dhismihiisa gacanta laga qaaday, kuna yaalla Ceelgaabta, dhabarka dambe ee Hoteel SYL. Lix maaddo ayaa isku maalin imtixaankooda la gelayey. Markii aan ka soo baxay imtixaanka ayaan soo maray fasalkii nagu xigay oo ardaydii kor tuurantahay macallinkii waardiyaha ka ahaa oo ka shaqaynaya imtixaanka ardayda qaarkood inta kalana ay ka minguursanayaan. Anigoo aan awalba aamminsanayn in aan dadaalka wax ku helayo, markii aan arkay sida fasalkii igu dhegganaa wax uga socdaan ayaan niyadjab kale oo wayn ka sii qaaday. Joornaalka Xiddigta Oktoobar ayaa lagu soo daabacay ardayda natiijada ku guulaysatay. Maalintii uu soo baxay magacaygu ku ma jirin liiska ardayda guulaysatay.

Waxaan isku dayey in aan shaqo raadsado maadaama aan imtixaankii gelista jaamacadda ku baasi waayey, irrid kasta oo aad shaqo ka raadisana garab iyo cid ku gacan qabata ayaad u baahnayd. Maaddaama aan gobol ka imid oo Muqdisho aanan garab ku lahayn, waxaan la noolaa habaryartay oo magaalada deggenayd.

Qoraalka Afka Soomaaligu wuxuu ka mid yahay guulaha waawayn ee ay dawladdii Kacaanku dadka iyo dalka Soomaaliyeed u soo hoyisay, laakiin in waxbarashada Iskuullada lagu dhigo Af Soomaali ma ahayn mid wax badan u tartay jiilkii aan ka midka ahaa, sababtoo ah macallinka iyo ardayguba waxay wadaagayeen hal buug oo maaddooyinka laga dhigo. Iskuulku ma lahayn maktabad, ardayduna af aan Soomaali ahayn ma aqoon. Aqoontii suugaanta iyo sayninskuba waxay noqotay mid aad u kooban. Kacaanku wuxuu kaloo maaddadii muwaadinnimada (civics) ku beddelay *Soomaali iyo Kacaan* oo aan nuxur badan lahayn. Waxaa meesha laga saaray maaddadii lagu baran lahaa masuuliyadda iyo xuquuqda muwaadinka saaran, nidaamka dawladda, jacaylka dalka, iyo xiriirka ka dhexeeya dawladda iyo muwaadinka. Waxaa xoogga la isugu geeyey in ardayda la baro qalbigoodana lagu wayneeyo Madaxweynaha oo loo bixiyey magacyo kala duwan, sida: Guul-wade, Aabbaha Garashada, Halyeyga Ummadda, Daljirka Dalka.

Mar dambe waxa aan akhriyey buugga cinwaankiisu yahay *Doctor in the House* ee uu qoray Ra'iisulwasaarihii hore ee dalka Malaysiya, Dr Mahathir Mohamad, oo uu kaga sheekeeyey dagaalkii dhex maray isaga iyo qowmiyiinta Malayga ahaa ee dalka Malaysiya, ka dib markii sannadkii 1972 loo magacaabay Wasiirka Waxbarashada, uuna soo rogay in Dugsiga Sare maaddooyinka oo idil lagu qaato luuqadda Ingiriiska. Qowmiyiinta Malayga ahaa ayaa go'aankaas si xoog leh uga hor yimid. Dr Mahaatir wuxuu ku dooday in aqoonta ku qoran afka Malaygu ay koobantahay Malaysiyana aysan tabar u lahayn in ay turjumaad ku samayso aqoonta adduunka ee afafka qalaad ku qoran oo dhan, maadaama ay luqadda Ingiriisku tahay afka aqoonta adduunka in iyada maaddooyinka dugsiga sare lagu qaato.

Wuu saxnaa Dr. Mahathir. Haddii ay madaxdii waxbarashada dalkeennu go'aankaas oo kale qaadan lahaayeen waxaan ahaan lahayn arday waxbarasho hesha oo fursad u hela in ay akhristaan aqoonta afka Ingiriiska ku qoran. Xilligii aan dhammaynayey dugsiga sare, sannadkii 1986, aqoontaydu aad ayey u koobnayd, aragtidayda nolosha iyo adduunkuna way xaddidnayd, aniga iyo macallinkayguna wax badan isma aannu dhaamin.

Waxaan macallin ka noqday dugsiga sare ee Degmada Jalalaqsi oo aan ka dhigayey maaddada Ingiriiska. Waxaan ka dhigi jiray buug la yiraahdo *Kooshin*. Keli ah waan soo xifdin jirey waxa ku qoran si jajab ah oo aan fahan lahaynna ardayda ugu gudbin jiray. Dhab ahaan, aqoonta adduunka waan ka go'nayn, xataa buugaagta lagu dhigo iskuulka ee la soo turjumay lahjadda afka Soomaaliga ee ay ku qornaayeen macnahooda aad u ma fahmi jirin mana ka bogan karin.

GEERIDII AABBAHAY

Aabbahay wuxuu hawlgab ka noqday Ciidanka Xoogga Dalka (CXD). Waxaa loo wareejiyey Wakaaladda ONOD oo uu Hantidhawrka wakaaladda ka noqday. Xanuun beerka ah oo in muddo ah hayey ayuu sannadkii 1983 u geeriyooday. Geeridiisu waxay ahayd mid magaalada Buulabarte, gaar ahaan xaafaddayada Oktoobar, laanta Bag-Abeeso, laga dareemay. Tacsida aabbe waxay ahayd mid ay dadkii degaanku noo muujiyeen dareen ehelnimo, mid degaan iyo mid Islaamnimo intaba. Aabbe waxaa lagu aasay qubuuraha Shariif Naasir ee xaafadda Bag-Abeeso.

Geeridu waxay ahayd musiibo wayn. Waxay lahayd xanuun iyo murugo. Waxay ahayd dhacdo la isugu soo baxo, la baroorto, la isugu yimaaddo, tacsiduna waxay tiiraanyo bixin u ahayd qoyska laga geeriyooday. Waxay socon jirtay maalmo badan oo la garab taaganyahay qoyska laga dhintay. Waxay ka tarjumaysay sida ay bulshadu isugu xirnayd oo dareen beelnimo (community) uga dhexeeyey.

Maanta geeridu waxay noqotay wax iska caadi ah oo aan laga nixin, tacsi iyo tiiraanyo bixinna warkeeda daa. Dadku, si ay xaaladahan qallafsan u la noolaadaan, waxay iska xireen dareennadii naxariista, naxdinta iyo nugaylka, dhimrinta iyo turista. Waxaa la la yaabaa ama lagu diimayaa ruuxa qof dhintay ka naxa, u ooya, u tiiraanyooda, u baroordiiqa. Dhimashada oo xilligaa cudur iyo xanuun sababteedu ahayd ayaa waxaa ku soo kordhay in dadkii ay sababsadaan dil, gaajo, qarax, duqayn iyo dagaal, geeridiina ay noqotay joogto maalinle ah. Tani waxay keentay in dadkii ay dhimashada la qabsadaan oo wax caadi ah agtooda ka noqoto. Ruuxa dareenka nugaylka, naxariista iyo damqashada lehna uu noqdo ruux nacas iyo miskiin jilicsan lagu tilmaamo.

Oday Suufi ah oo ehelkayaga ah oo uu Aabbe aad u aamminsanaa ayaa laga keenay degmada Matabaan. Wuxuu noo sheegay in haddii aan toddobaatan kun (70,000) oo Suuratul Sadar ah (Alam-nashrax) Aabbe ku akhrinno uu bogsan doono. Laakiin taasi Aabbe noo ma badbaadin. Isagoo beerka ka jirran ayaa baaddiye la geeyey. Wan wayn ayaa loo qalay, si loogu baaniyo. Wacyi-darrida dhanka caafimaad ee xilligaas jirtay, welina jirta, ayaa geerida Aabbe sababtay oo neefkii Idaha ahaa ayaa beerkiisa baabbi'iyey.

KIISKII WAKAALADDA ONOD

Maaddaama uu Aabbe ku magacawnaa Hantidhawrka Wakaaladda ONOD, waxay qoorta isla galeen maareeyaha Wakaaladda ee Degmada Buulaburte oo aan magaciisa Xaashi ka xusuusto. Waxay isku qabteen qalab alwaaxyo iyo makiinadaha cagafka ah oo ay wakaaladdu lahayd oo la lunsaday. Xaashi wuxuu isku dayey in uu Aabbe musuqmaasuq dhinac ka geliyo oo ay qalabka qaybsadaan, laakiin aabbe waa diiday arrinkaas. Wuxuu isku dayey in uu shaqada ka joojiyo, laakiin aabbahay wuxuu dacwad ka dhan ah Xaashi u gudbiyey maamulka gobolka. Niyadjab wayn ayuu aabbahay kala kulmay ka dib markii maamulka gobolku ay ku wargeliyeen in uu maareeyaha ka dambeeyo, joojiyana buuqa uu wado. Wuxuu tiriyey gabay kooban oo uu dareenkiisa ku cabbiray. Waxaanse ka xumahay buug aan gabaygaas ku diiwaangelinnay in uu ku dhex lumay qaxii dagaallada sokeeye.

Aabbahay wuxuu kaloo ahaa xilligii askarta ciidanka qaybta saadka, maamulka iyo maaraynta ciidanka. Dadkii isaga oo kale ahaa hanti badan ayey ka tabcadeen lacagaha ay ka lunsadeen ciidanka. Laakiin aabbahay wuxuu ahaa xalaal-miirad aad uga fog musuqa, eexda iyo is-dabamarinta. Waa qiyamka iyo akhlaaqda uu nagu soo barbaariyey oo aniga iyo walaalahay uu na dhaxalsiiyey. Qiyamkaasi waxay noo noqdeen ilaalo gaar ka haysa damiirkayaga akhlaaqeed oo mar walba naga fogaysa eexda, musuqa, iyo qaraabo-kiilka, nagana ilaalisa dhaca iyo boobka hantida dadwaynaha.

Hooyaday oo weli markaa da'deedu meel-dhexaad ahayd oo aan weli afartankii gaarin ayaa dhabarka u xiratay in ay koritaankayaga ku dadaasho. Waxay diidday guur kasta oo dumaal ah ama aan ahayn, sababtoo ah waxaa mudnaan u lahaa in ay wiilasheeda shanta ah iyo walaalahayaga kale meel ka soo bixiso. Macaanka nolasheeda waxay meel isaga dhigtay in aan annagu nolol fiican ku noolaanno. Hanti aan badnayn oo Aabbe nooga dhintay ayey ganacsi geddisle ah ku bilawday. Waxay isaga gooshi jirtay gobollada Waqooyi iyo Buulabarte. Iyadoo Burco ku sugan, halkaasna geysay badeeco ayaa waxaa ku qabsaday dagaalkii qaraaraa ee dawladdii milateriga ahayd iyo jabhaddii SNM. Qisooyinka xanuunka badan ee ay nooga sheekaysay waxaa ka mid ah in ay magaalada ka qaxeen, iyagoo aan ogayn meel ay u socdaan. Waxay ka tagtay badeecaddii ay suuq gaysatay. Waxay isla socdeen eeddo Maryan oo reer Buulabarte ahayd, laakiin Burco ka soo jeedday oo ay ganacsi-wadaag ahaayeen. Waxay noo sheegtay in haween badan oo carruur wata ay la qaxeen. Haweenka ayaa carruurta dhabarka ku sita, qaarna gacmaha ku jiiddaya. Waxay nooga sheekaysay in haweenka qaar ay jidka uga tagayeen ubadkooda qaar markii ay kari waayaan in ay isku wada wataan, tabaryari ka dhalatay gaajo iyo harraad iyo waliba ka dhuumasho ciidanka dawladda. Waligay isma oran ayey tiri riyadii aan qabay markii aan dhallinyada ahayn ee xorriyadda loo dirirayey ayaa sidaan isu beddelaysa. Ciidanka Qaranka Soomaaliyeed ayaa duqaynayey dad rayad ah oo Soomaaliyeed. Diyaaradihii ka kacayey Hargaysa in ay isla Hargaysa, Burco iyo Berbera duqeeyaan ma ahayn mid aan marna sawirtay. Mar kasta xusuusta falkaas maskaxdeeda ka ma go'in. caaddifadda iyo dareenka aan u qaaday dhibka loo gaystay walaalaheen reer Waqooyi hooyaday ayuu iga soo raacay. Waxaase wax laga xumaado ah in ciidanka Somaliland ay muddo 30 sano ah ka dib ay duqayn tii oo kala ah u gaysteen shacabkii Laascaano. Waa la oran karayaa awoodda ciidan ee rajiimkii kacaanka iyo maamulka Somaliland ayaa kala yarayd, laakiin maquuninta iyo awood-sheegadku waa isaga mid.

Adkaysiga hooyaday, nafhurka ay noo samaysay, daacdnimada iyo dareenka waddaniyadeed ee ay nagu soo barbaarisay waxay qayb wayn ku lahaayeen qaabaynta fahanka nolosha aniga iyo walaaladey, qiyamka na haga iyo wacyiga dad la-dhaqan intaba. Magaalada Buulabarte waxaan ka helay qiyamka wada-dhaqanka iyo dareenka wadajir ee bulsho, sababtoo ah marna qabiilku kaalin wayn ku ma lahayn xiriirka bulsho ee dadka degaankaas ku dhaqan. Waxay ahayd magaalo deggan, dhoobley ah, dhul beereed ah, webiga Shabeelle maro, inta badan adeegga dawladeed ee daruuriga ahi yaallo; sida iskuullo, isbitaal, boosto, baanka, saldhig boolis, shineemo, garoommo kubbadda lagu ciyaaro, guddoon waxbarasho, saldhig ciidan, naadiga saraakiisha, wakaaladda ONOD, Daaqa Daranka, Xannaanada Xoolaha, guriga martida, maamul dawlad hoose, maxkamad iyo suuqyo ganacsi. Waxay ahayd magaalo dadkeedu inta badan is-garanayo oo odayaasheedu is-yaqaannaan.

Aqoontayadu waxay ku koobnayd muqararrada iyo buugagga laga dhigo iskuullada. Ma jirin maktabad, wargays, idaacad iyo naadi dhaqan oo aqoonta ardayga ama guud ahaan muwaadinku ku kobocdo. Ma lahayn meel aad kala socon kartid dhacdooyinka dalka iyo kuwa dunida ka socda. Waxaan ahaa arday aqoontiisa, aragtidiisa nolosha, iyo sida uu dunida u arkaaba ay mid xaafadeed tahay. Xaafaddayada waxaa jiray labo oday oo aanan marna illoobin. Cabdi Balac oo reer Dhuusamareeb ahaa oo ka tirsanaa askartu wuxuu galabtii dayrka aqal mudul ah uu degganaa ku akhrisan jiray buug cufan oo aan ka dib u gartay in uu ahaa sheekafaneed (novel) afka Ruushka ku qoran. Oday kale oo reer Buuhoodle ahaa oo Xaaji aan magaciisa ka xusuustaana waxaa mar walba u daarnaan jiray Idaacadda BBC laanteeda afka Carabiga.

SARAAKIISHII RUUSHKA

Xaafaddayada waxaa degganaa saraakiil iyo hawlwadeenno Ruush ah, kuwaas oo madaddaalo u samayn jiray dhallinyarada xaafadda: filimaan, buugag ay qisooyin nooga akhriyaan, aqoon juqraafi oo adduunka ku saabsan, shukulaatooyin kala nooc ah iyo nacnac aan magaalada oollin ayaan ka heli jirnay. Kubbadaha, fiilooyinka mallayga lagu dabto, iyo joornaallo aan sawirrada uun ka daawan jirnay ayey na siin jireen.

Waxay noo ahayd maalin murugo leh markii aan aragnay saraakiishii iyo hawlwadeenkii Ruushka ahaa oo guuraya. Ma garan karin sababta dalka looga eryey kumannaankii saraakiisha iyo hawlwadeenka Ruushka ahaa ee dalka ku kala firirsanaa. Dhallinyartayadii way ka xumaadeen. Waxaan ka xumayn wixii aan ku qabnay oo aan waayi doonno ee ka ma aannaan xumayn saamayn taban ee siyaasad-degeleed ee ay dalkeenna ku yeelan karto, sababtoo ah maba la socon loollankaas. Waxaase jiray guux iyo hoos u hadal ay qaar ka mid ah odayaasha xaafaddu isla dhex marayeen oo ahaa in ay qalad ahayd in Soofiyeetka la bixiyo, annagase waxaa noo darnaa filimadii, kubbadihii cusbaa, shukulaatadii, sheekooyinkii iyo nacnacii aan ka heli jirnay.

2

BARAARUGGII ISLAAMIYIINTA

BARAARUGGII ISLAAMIYIINTA

*D*hallinyaradii i la mid ahayd ee gurmadkii qaranka soo dhammaystay fursadna aan u helin in ay jaamacaddii galaan, dalkana shaqo ka waayey—sababtoo ah intaba eex, qaraabo-kiil, iyo garab qabasho ayaa lagu helayey—waxay u kala qaybsameen kuwo isku mashquuliya in ay dalka ka baxaan oo u badan kuwii ay qoysaskoodu ladnaayeen, kuwo ku biiray xarakaadkii iyo Baraaruggii kooxaha Islaamiyiinta oo dabayaaqadii sideetamaadkii si xawli ah dalka uga socday, iyo kuwo kale oo jabhadihii ka mid noqday.

Waxaan ka mid noqday dhallinyaradii ku biirtay Xaraakaadka Islaamiga ah, iimana sahlanayn sababtoo ah waxaan ka tirsanaa Dariiqada Saalixiyada. Macallinkayga dugsiga Quraanka, Allaah naxariistiisa ha siiyee, Macallin Ciise Sheekh Aadan, ahaana imaamka masjidka wayn ee Degmada Buulaburte, ayaa ka tirsanaa Dariiqada Saalixiyada oo degmada Buulaburte ku xoog badnayd. Sheekhiisa, Sheekh Rashiid, oo isagu ahaa Sheekha magaaladu wuxuu ahaa masuulka dariiqada. Mawliidka, Safiina Salaadka iyo kitaabbada naxwaha intaba waxay ardaydu akhriskooda u imaan jireen masjidka wayn ee magaalada. Macallin Ciise wuxuu macallin u noqday inta badan dadkii wax noqday ee ka soo jeeda Buulaburte. Wuu ka duwanaa macallimiinta kale ee Quraanka. Ma ahayn macallin ardayda uleeya, cadaadiya, ama waxyeello jirkooda iyo nafsaddooda u geysta. Wuxuu lahaa haybad, degganaan iyo xeelad uu ardayga culays ku saaro, si uu Quraanka u barto. Mar walba dharka ugu qurxan magaalada ayuu ku labbisan jiray, dugsiguna wuxuu ahaa dhisme dhagax ah, nadiif ah, udgoon oo luubaan laga shido.

Bartamihii toddobaatameeyadii ayaa waxaa magaalada yimid dhallinyaro loo keenay shaqo qaran. Dhallinyaradaas waxaa ka mid ahaa Sheekh Cabdiraxmaan Sh. Cumar oo hadda ku nool dalka Maraykanka, gaar ahaan magaalada Minneapolis, iyo Sheekh Cabdisamad. Waxay magaalada keeneen aragtidii Baraarugga Islaamiga ah oo ka yiqiin Akhwaanu Muslimiin.

Walaalaheyga iga waawaynaa, Cismaan iyo Cilmi, ayaa ku biiray Baraarugga iyo fikirka cusub ee Akhwaanul Muslimiinka. Xaafaddayada ayaa ahayd saldhigga casharrada lagu qaato laguna kulmo. Keli ah waxaan ka xusuustaa in hablaha xaafadda imaanayey ay asturnaayeen oo saakooyin gacmo dheer ah iyo go' wayn ay xiran jireen. Kitaabbo yar yar iyo Tafsiirka Quraanka ayaa loo akhrin jiray. Dhallinyaradaasi way kordhayeen oo maalin walba qof ayaa ku soo biirayey, laakiin muddo ka dib booliska degmada ayaa kala eryey qaarkoodna maalmo kooban xirxiray, kitaabbadii ay akhrisan jireena kala wareegay.

Waxaa dadkaas ka mid ahaa nin ciidanka ka tirsan oo Cabdi Jaamac la oran jiray. Wuxuu ahaa nin markii uu xaafadda imaanayo nacnac noo soo iibiya oo dadka kale waa uu nooga soocnaa. Muddo ayaan waynay Cabdi Jaamac, markii aan Hooyo wayddiinayna waxay noo sheegtay in la xiray. Waxaan moodnay in Akhwaanul Muslimiinimo loo xiray. Waxaan ku niri oo maxaa kaligii loo xiray oo saaxibbadiisii kalaba bannaanka ayey joogaane? Waxay nagu tiri wax kale ayaa loo haystaa. Markii aan su'aasha ka badinay ayey tiri qabiilkiisa ayaa loo haystaa! Mar dambe waxaan ogaaday in ay isku hayb ahaayeen raggii inqilaabkii 1978 abaabulay, sidaasna loo xiray.

Sheekh Cabdiraxmaan iyo Sheekh Cabdisamad way ka tageen magaalada. Dabadeed waxaa yimid dhallinyaro kale oo iyaguna xambaarsan fikirka Takfiirka. Dhammaan dhallinyaradii fikirka Akhwaanul Muslimiinka qaadatay waxay ku biireen Takfiirka. Waxay bilaabeen in ay masaajidka ka go'aan, kaligood tukadaan, xoolahana gooni u qashaan, intoodii badnaydna is-guursadaan.

Wax badan ka la ma socon hawlaha iyo fikradaha meesha lagu hayo, in kasta oo ay xaafaddayadu xarun u ahayd dhaqdhaqaaqyada oo idil, maaddaama labo walaalahey ah ay ka mid ahaayeen, in kasta oo ay ugu dambayntii isaga baxeen. Aabbe (Aun) marna salaadda jamaacada masaajidka ah ma dhaafi jirin, Hooyana waxay ahayd ahlu salaad isu-imaadka hawlaha haweenka xaafadda aad ugu fara adag, sida Bil-labada, xuska Mowliidka, abbay-abbayda iwm. Marna Aabbe iyo Hooyo ku ma saamoobin fikirka walaalahey ka mana hor istaagin in xaafaddayadu noqoto xarun uu dhadhaqaaqa baraarugga Akhwaanu Muslimiinku ka socoto.

Wiilasha walaalahey ah waxay la haysteen adduun kale oo waxay qayb ka ahaayeen Akhwaanu Muslimiin, ka dibna Takfiir u xuubsiibtay. Intayada kalana waxaan ahayn dhallinyaro waalidkood u hoggaansan, walaalahoodna la nool, laakiin wax badan nagu ma ay darsan jirin. In kastoo aan dhallinyaro da' yar ah ahayn, haddana marna isku ma deyin in ay fikirkooda naga iibiyaan. Xaafadda waa lagu wada noolaa, cidina cid kale dhib badan ku ma qabin. Walaalahey midkoodna wuxuu galay iskuulkii Xannaanada Xoolaha oo Buulaburte ayuu dib ugu soo laabtay isaga oo dhakhtar xoolaha ah; midna wuxuu galay Akadeemiyaddii Ciidanka oo wuxuu noqday sarkaal ka tirsan Ciidanka Xoogga Dalka.

In kastoo aanan wax badan ka ogayn, haddana baraarugga iyo xaraakaadka Islaamiga ahi igu ma cusbayn oo xilli hore ayaan Buulaburte uga warqabay.

Waxaa gabaabsi sii ah sannadihii siddeetamaadka. Dalka rejo badan ka ma muuqato. Siyaasaddu way qasantahay oo cabsi iyo qalqal badan ayaa meel walba ka taagan. jabhadaha Somali National Movement (SNM), Somali Salvation Democratic Front (SSDF), iyo United Somali Congress (USC), iyo Somali Patriotic Movement (SPM) ayaa soo xoogaystay. Dhaqaaluhu hoos ayuu u dhacay, ammaankiina gacanta dawladda waa uu ka sii baxayaa. Waxaan xusuustaa nin oday ah oo ganacsade ah ehelkana ahaa in xaafaddayada Wardhiigley lagu dilay. La ma aqoon cid dishay. Qolada saldhigga booliska degmadu waxay noo sheegeen in uu ahaa qofkii 50-aad ee habeenkaa Muqdisho lagu dilay. Muqdisho xilligaas waxaa si xawli ah uga socda dhaqdaqaaqa ururkii United

Somali Congress (USC). Waxaa si aan ka yarayn u socda dhaqdhaqaaq Islaamiyiinta ah oo ay ugu xooggantahay xarakada Al-Itixaad Al-Islaami.

Waxaan yeeshay saaxiibbo cusub. Waxaan imid Muqdisho magaalo caasimad ah oo baaxad wayn. Degmada Wardhiigley oo aan ku noolaa ayaannu iska barannay dhallinyaro xilligaa ka mid ahaa Baruurugga Islaamiyiinta. Waxaan bilaabay in aan casharro diineed ka qaato dhowr Masjid; sida tafsiirka Quraanka, Axaaddiista, Siirada iyo Naxwaha, aniga oo markaan noqday nin si buuxda ugu soo jeestay barashada Diinta.

Dhallinyaradii xaafadda oo aan ka xusuusto Sheekh Maxamad Muumin (Aun) oo markii dambe ku biiray Salifaya Jadiida, lana sheegay in ay Al-Shabaab dileen, iyo Sheekh Cali Raage oo markii dambe noqday nin liberaal ah ayaa ugu firfircoonaa xaafadda. Waxaan kaloo samayn jirnay "Dacwatul Shaaric" oo ah in makarafoonno jidadka la la istaago oo dadwaynaha la wacdiyo. Mararka qaar waxaa la isku bahaysan jiray in Masaajid la "xoreeyo" oo macnaheedu yahay in maamulka gacanta ku haya oo u badnaa dariiqooyinka laga la wareego.

Waxaa la isku ballansan jiray Masjidka la doonayo in gacanta lagu dhigo. Waxaa lagu imaanayey basas la soo kireeyey. Waxaa la joogayaa shanta waqti ee salaadaha la tukado. Aadaanka salaadda ayaa lagu dhufanayaa wax yar ka hor xilligii masjidka laga addimi jiray, waxaa kaloo la la wareegayaa imaamnida masjidka. Inta badan masaajidda waxaa ku tukada dad kooban oo odayaal u badan oo iyagu qudhooda ku farxaya dhallinyaradan salaadaha iyo masaajidka soo buuxisay. Sidaas ayaa dhowr maalmood ka dib lagu la wareegayey maamulka masjidka. Dariiqooyinkuna waxay ahaayeen dad foojigan oo Wahaabiyada iyo kooxaha Islaamiyiinta dhufays uga jira. Waxaan xusuustaa masjid ku yaallay degaandegga Wardhiigley in maalin la isku farasaaray oo toorreey iyo middiyo la isku weeraray, halkaasna uu dhiig ku daatay. Qofna ku ma dhiman laakiin dhaawac ayaa jiray.

Sida aan dib ka ogaaday, Maxamad Muumin iyo Cali Raage waxay xubno ka ahaayeen Ururka Al-itixaad Al-Islaami. Dhowr jeer ayey isku dayeen in ay igu qanciyaan in aan ururka galo laakiin ma suuragelin. Waxaan xaafadda wada joognaa walaalkey Cabdiqaadir oo iga waynaa ardayna ka ahaa jaamacadda, kulliyadda Daraasaadka Islaamka, kana tirsan ururka Al-Islaax. Cabdiqaadir weligiis iga la ma hadal ururkiisa, isku mana shiddayn in uu igu qanciyo.

Habeen habeennada ka mid ah ayaa nin dhallinyarada xaafadda ka mid ah oo muddo badan arrimaha siyaasadda iiga sheekeyn jiray wuxuu igu qanciyey in aan u raaco kulan muhiim ah oo ay odayaal siyaasiyiin ahi imaanayaan. Waxaan tagnay guri ku dhow Hoteel Tawfiiq. Muddo ka dib ayaa dhallinyaro mid mid u socotaa yimaaddeen. Sidii loo kala aammusnaa ayaa waxaa yimid nin oday ah, nalkiina waa la demiyey. Ninkii wuxuu bilaabay khudbo dheer oo xumaanta xukunka Siyaad Barre la xariirta, kaalinta dhallinyarada looga baahanyahay iyo in aan xubno ka noqo ururka USC. Su'aalo dhowr ah ayaa la waydiiyey wuuna ka jawaabay. Ninkaasi wuxuu xoogga saaray in loo baahanyahay in qabiilka Hawiye uu iska xoreeyo Siyaad Barre iyo dulmigiisa, iyo dulmiga qabiilkiisa. Wuxuu ka sheekeeyey halganka SNM iyo SSDF iyo sida ay qabiillada Isaaqa iyo Majeerteenka ahi u doonayaan in ay heeryada gumaysiga qabiilka Siyaad Barre isaga qaadaan. Wuxuu adkeeyay in nin waliba uu ku xirnaado ninkii keenay. Ninkaa odayga ah wuxuu la hadlay caaddifaddayada. Wuxuu kiciyey xammaasaddayada qabiil wuxuuna na geliyey dhiillo iyo colaad wax iska dhicin ah. Laakiin wax badan nooga ma sheegin danahayaga shakhsiga ah ee la xariira shaqo la'aanta iyo jaamacad la'aanta na haysta! Noo ma bidhaamin sida looga raysanayo kaligiitaliska, sida uu dalku noqonayo ama ay noloshayadu isu beddelayso. Noo ma uusan sawirin mustaqbal ifaya oo mugdiga kalitaliska ka dambeeya ee wuxuu naga buuxiyey ciil, caro iyo cabsi.

Wax wayn iga ma beddelin kulankiisa, sababtoo ah bay'addii dhooblayda ahayd ee Buulabarde qabiilka iyo qabyaaladdu aad uga ma jirin, sidoo kalana baraarugga Islaamiyiinta ee aan markaa dhex boodayo qabyaaladdu waxay ka ahayd nijaas iyo xaar-walwaalka oo kale. Waxaa lagu carbiyey ummad Islaam wayne ah oo Soomaalida ka qaro wayn in aad ka mid tahay oo aadan u baahnayn in aad qabiil yar wax biddo.

Maxamad Muumin iyo Cali Raage waxay ugu dambayntii ku guuleysteen in ay igu qanciyaan in aan ku biiro ururkii Al-Itixaad. Waxay galab casar dheer ah i geeyeen xaafad Fagax ku taal oo ay markaa joogeen Sheekh Cali Warsame (Sheekh Cali-Burco) oo ahaa guddoomiyihii ururka iyo Sheekh Xasan Daahir Aways oo ahaa ku-xigeenkiisa. Waxaa halkaas la iiga qaaday wax loo yaqaanay *bayco*, ka dibna waxaa la ii sharraxay sida ururku u shaqeeyo, qaab-dhismeedkiisa iyo kala-dambaynta iyo addeecitaanka la iska rabo.

In dadka diinta la baro, caqiidada laga saxo, asturka haweenka lagu dhiirrigeliyo, bidcada iyo khuraafaadkana la la diriro ayaa ugu muhiimsanaa farriimihii ay odayaashu igu wacdiyeen. Waxay noo sheegeen in aan nahay ciidanka ay diintu sugayso. Wax wayn naga ma aysan oran xaaladaha siyaasadeed, dhaqan-dhaqaale iyo bulsho ee uu dalku marayo, ka mana muuqan walwal ay ka qabaan xaaladda dalku ku suganyahay, halista soo socota, iyo burburka dawladda ku imaan kara. Ma kala ogaan karo in ay wadaaddadu sidaa siyaasadda ka ahaayeen iyo in ay is dhahayeen dhallinyaradan hawlahaas ha ku jahawareerinnina. Laakiin mar dambe oo aan aad u sii bartay xarakaadka Islaamiga ah waxaa ii soo baxday in aysan dan wayn ka lahayn fahanka, la socodka iyo ogaalka xaaladda siyaasadeed, dhaqan-dhaqaale, iyo bulsheed ee dalka.

Islaamiyiintu waxay ahaayeen dad ladan oo hanti leh. Waxay taageero dhaqaale ka helayeen dalka Sucuudiga oo ahaa maalgeliyaha ugu wayn ee fikirka Wahaabiga ah. Inta badan culimada iyo odayaasha dacwadu waxay mushaar fiican ka qaadanayeen hay'adda Raabidada Caalamka Islaamka. Sucuudigu wuxuu la dirirsanaa fikirkii Hantiwadaagga ee meelo badan oo dunida Islaamka iyo Carabta ah ka taagnaa. Inta badan dalalka Khaliijka ee uu Sacuudigu u waynaa waxay la dhinac ahaayeen Maraykanka iyo xulafadiisa Galbeed oo ay Dagaalkii qaboobaa isaga soo horjeedeen Midowgii Soofiyeetka. Marka laga soo tago in fikirka Wahaabiga ahi uu saldhig u ahaa Dawladda Sacuudiga, haddana ujeedka kale ee ugu wayn ee uu Sacuudigu u maalgelinayeen fikirka Wahaabiga wuxuu ahaa in lagu jebiyo fikirka shuuciga ah iyo aragtida hantiwadaagga.

XABSIGII IYO EEDDII QARAN-DUMISKA

Dabayaaqadii 1989 ayaa aniga iyo saddex kale oo dhallinyaro ah oo cashar tafsiirka Quraanka ah ka soo baxnay waxaannu sheeko ku qabsannay barxadda wayn ee xaafadda Xamar Bile oo aheyd guryo qurxoon oo xilligaa ay dawladdu shaqaalaheeda u dhistay. Waxaa na soo maray nin xiran dirayska Guulwadayaasha oo saddex gabdhood eryenaya, isagana dhaawac daqar ahi ku yaallo. Habluhu way xijaabnaayeen. Ninkii ayaannu qiiradayadii kala dul dhacnay oo intaan dhinacyada ka galnay gabdhihii ka reebnay. Muran ayaa meeshii nooga bilawday annaga iyo ninkii Guulwadaha ahaa. In muddo ah markii aan meesha ku murmaynay, waxaa goobtii yimid boolis ka soo baxay saldhigga Wardhiigley. Afartayadii waa na la kexeeyey oo saldhigga Wardhiigley ayaa na la ku xiray. Waa aniga, Cabdiraxmaan Xasan Maxamad (Cabdiraxmaan-Huu), oo aannu isku meel ku soo kornay ehelna ahayn iyo labada wiil ee kale oo aannu isku barannay xalaqada Masjidka oo Cabdirashiid iyo Cabdiweli la kala oran jiray. Markii dambe ee aan xabsiga isku warsannay ayuu Cabdrashiid noo sheegay in uu qabiilka Ogadeen ka soo jeedo, halka Cabdiwelina uu Dhulbahante ahaa. Waxaa na la dhex geeyey qol ay ka buuxaan dad dambiyo kala duwan lagu soo xiray. Waxaa ku jiray qaar dad soo dilay oo aan weli maxkamad la saarin, kuwo dhac iyo boob ku eedaysan, iyo qaar kaloo ka-ganacsi daroogo loo haysto.

Waxaa na la ku soo eedeeyey in aan darbiyada ku qoraynay ereyo lid ku ah hoggaanka dalka, sida "Madaxweynuhu ha dhaco!" isla markaana aannu qaybinaynay qoraallo liddi ku ah dawladda. Rag waxaas ku jira ma aannu ahayn, laakiin gadaal ayaanu ka ogaannay cidda shirqoolka noo maleegtay. Waxaan la degganaa habaryartey Saaqo Xasan Xalane oo xaafadda Xamar-Bile wax ka degganayd. Ninkeedu, adeer Saciid Sheekh Maxamuud (Ahn), wuxuu ahaa guddoomiyaha Degmada Lughaya. Safka guriga aan ka degannahay Xamar-Bile waxaa deggan taliyaha saldhigga Wardhiigley, kabtan Cabdiqaadir. Habaryar waxay isku dayday in ay cid walba oo ay taqaano la xariirto.

Waxay u tagtay Xeer-ilaaliyaha Booliska, Allaah ha u naxariistee, Bashiir Salaad Cilmi Dhurwaa, oo ay isku fasal ahaayeen magaalada Beledweyne, ehel ahaanna aan is xigno. Cabdiraxmaan-Huu waxaa u yimid seeddigiis oo markaa guddoomiyaha Degmada Buulabarde ahaa. Cabdiweli waxaa u yimid walaalkii oo kabtan ciidanka Nabadsugidda ka tirsan ahaa. Ma xasuusto cid Cabdirashiid u soo gurmatay. Dadkaas soo gurmaday oo dhan waxaa loo sheegayey in faldanbiyeed wayn na loo haysto, laakiin wax faahfaahin ah la ma siinayn. Taliyaha saldhiggu wuxuu isku deyey in uu xaalkayaga furdaamiyo. Waxba se ma qaban karin, maadaama dambiga na loo haysto uu ahaa mid culus.

Maalin maalmaha ka mid ah ayaa saldhigga waxaa soo booqday taliyaha Qaybta Bari ee booliska Gobolka Banaadir, nin aan magaciisa ka xasuusto in Xiis-Dheere la oran jiray (waxaan filayaa in uu Ogaadeen ahaa). Dhammaan dadkii xabsiga ku jiray ayaa la soo bixiyey, si warbixin looga siiyo cid kasta iyo waxa lagu soo xiray. Afartayadii oo dhinaca isku haynna ayaa lagu warbixiyey in fal-dambiyeed dawladda iyo Madaxweynaha liddi ku ah na la ku soo xiray. Cabdirashiid ayaa wuxuu gacanta ku haystay kitaab siiro ah (*Al-Duruus Wal Cibar*) oo uu Sheekh Mustafa Subaaci qoray. Taliyihii ayaa kitaabkii ka qaaday. Intuu rogrogay oo ruux akhrinaya iska dhigay ayuu ku yiri oo Abuu Jahal baa ku qoran buuggaagee ma kuwii Bidcadaa tahay? Cabdirashiid ayaa si dhiirranaan leh ugu jawaabay hadde maxaa ku jaban in Abuu Jahal ku qoranyahay, sow ma ogid in Abuu Lahabba uu magaciisu Kitaabka Quraanka ku jiro? Taliyihii wuu xanaaqay. Sigaarkii uu cabbayey ayuu madax kaga demiyey, markaasuu ku yiri, "war ma anigaad diin i baraysaa, saqajaanyahow?"

Halkaas markii ay joogto ayaa buuq iyo sawaxan uu daaradda kore is qabsaday, wax yar ka dibna xabbad ayaa dhacday. Taliyihii waa naga tegey, maxaabiistiina waxaa lagu celiyey qolalkii. Waxaa dadka dambiyada lagu soo oogay ka mid ahaa nin sheegtay in uu Nabi yahay. Ku ye, "Nabi Mursal baa la i yiraahdaa"! Buuqii iyo qayladii way sii socdeen. Mar dambe waxaan ogaannay in nin xoghaynta Cabdiqaadir Xaaji Masalle ah oo dad meesha kaga xirnaayeen ay isku dhaceen ciidankii saldhigga oo inta damceen in ay xiraan uu bistoolad iska soo jaray!

Ku-dhowaad saddex usbuuc markii aan xirnayn, reerahayagiina ay quus iyo yaab joogaan, ayaa maalintii dambe habaryartey waxay sheekada xabsigayga la wadaagtay haweeney dumaashideed ahayd oo Xisbiga Hantiwadaagga meel wayn ka joogtay lana oran jiray Xaliimo Sheekh Maxamuud (Xaliimo-Kaaraan). In kasta oo ay reer Qardho ahayd, Xaliimo oo ay ninka habaryartay qaba walaalo ahaayeen, waxay ahayd qof saamayn wayn ku dhex leh Xisbiga Hantiwadaagga Kacaanka

Soomaaliyeed (XHKS). Xaliimo waxay daba gashay arrinkayaga, waxa na la ku haysto iyo cidda na haysata. Waxay soo ogaatay haweenay haysata Xisbiga Degmada Wardhiigley in ay shirqoolka noo maleegtay oo ay gabadheeda ka mid ahayd hablihii uu ninka guulwadaha ahi bursanayey. Haweenayda ayaa Guulwadaha u soo dirtay in gabadheeda uu Akhwaanul Muslimiinka uga soo saaro, kana soo reebo gabdhaha inanteeda ka duufsaday. Haweenaydu waxay ku xirnayd sheekh Suufi ah oo Sheekh Cabdi-Shiiqaal la yiraahdo oo masjidka xaafadda Xamar-Bile ugu wayn xer ku haystay. Xaliimo markii ay ogaatay shirqoolka ayay haweenaydii caro iyo ciil kala dul dhacday, hanjabaad iyo cagajuglaynna isugu dartay. Sidaas ayaa dacwaddayadii lagu soo afjaray oo aannu uga badnaadnay in Maxkamadda Badbaadada dambiyo aannaan gelin qoorta na loo ku suro.

Waxyaabaha i nacsiiyey kalitalis waxaa ka mid ah duruuftaas sida shakhsiga ah ii soo martay. Waxaa halkaas ka cad in kalitalisku uu yahay qof u nugul beenta iyo barabagaandada kuwa isaga u shaqeeya, awooddiisana ay ku takrifali karto cid kasta oo dan iyo maslaxo gaar ah leh, wax kastana waxaa qoorta loo surayaa in xukunkiisa lagu badbaadinayo. Ku takrifalka awooddana heer walba ayuu u degayaa. Waa hubaal in wax kasta oo xumaan ah oo dalka ka dhacay uusan Siyaad Barre samayn, laakiin waxaa lagu sameeyey magaciisa iyo in xukunkiisa lagu ilaalinayo.

ISDIIDDADA XARAKOOYINKA

Islaamiyiintu waxay dhallinyarada Xarakaadka ku soo biirayey ku barbaarinayeen in ay qabiilka isaga fogaadaan. Waxaa qofka loo carbinayey in uu ummad wayn oo Islaam ah qayb ka yahay, masuuliyadina ka saarantahay soo celinta Khilaafadii Islaamka ee duntay. Waxaa lagu beerayey xammaasad iyo dhiifoonaan uu isaga jiro cadowga Islaamka. Sawirka laga siinayey Taariikhda Soomaaliya wuxuu ahaa in gumaystihii iyo kuwii beddelay aysan wax badan is-doorin oo isticmaarku uu nooga tegey kuwo nagu midab ah laakiin fikirkiisa iyo aragtidiisa xambaarsan. Wax wayn ka ma aysan soo qaadaynin taariikhda waddaniga ah ee dadka Soomaaliyeed lahaayeen, kifaaxii iyo halgankii loo galay gumaysi la-dirirka, dawlad dhiska iyo xaqiijinta hanka iyo hammiga muwaadinka Soomaaliya. Waxba looga ma sheegayn ruuxa waaqaca, taariikhda iyo juqraafiga Soomaaliya. Waxaa la la noolaysiinayey taariikhdii hore ee Islaamka. Waxaa la geliyey hammiga iyo higsiga Islaamku leeyahay ee ah dhisidda dawlad Islaami ah, soo celinta khilaafadii Islaamka, la-dirirka kuwii dumiyey. Waxaa ruuxa lagu beerayaa nacaybka gaalada iyo kuwa iyaga u shaqeeya ee camiiliinta ah ee masaxay taariikhda iyo wanaaggii Islaamka, haddana hor taagan in ay soo noqoto. Waxa uu qofka Xarakiga ahi ka raaxaysanayaa oo uu ka war la'yahay Soomaalida iyo waxa ay isku hayso. Wuxuu ka maranyahay fahanka siyaasadeed, bulsho, dhaqan-dhaqaale, taariikheed ee dadkiisa, taasoo ka dhigaysa ruux aan la noolayn dareenka iyo duruufaha, caqabadaha iyo yididdiilooyinka nololeed ee muwaadinka Soomaaliga ah. Si fudud oo sahlan ayaa maskaxdiisa loo geliyay in xalka keli ee dadka dhibka lagaga saari karaa uu yahay qaadashada iyo ku dhaqanka Diinta Islaamka. Si halkudheg ahaan ah oo aan fahansanaan qodan lahayn ayuu qofka xarakiga ahi u aamminsanyahay oraahda in "Islaamku xal yahay", haddiise la waydiiyo in uu furfuro oo hoos ugu daaddego si camali ahna u sheego way ku adkaanaysaa. Waxaa taa ugu wacan in qofka xarakiga ah aan la dhisin wacyigiisa siyaasadeed. Waxa aan waxba looga sheegayn dhaqanka, afka, suugaanta iyo hiddaha bulshadiisa. Wuxuu la noolyahay waayo iyo taariikh hore oo Islaamku lahaa, oo weliba inta qurxoon oo keli ah laga soo xulay. Waa fikrad ruuxa gelinaysa tamar, xammaasad iyo yididdiilo intaba, laakiin aan waxba uga tarayn waaqaca dhabta ah ee hor yaalla. Taas ayaana keentay in annaga oo dacwadii iyo diin faafintii wadna ay dagaalladii sokeeye nagu dul qarxeen, dadkii qabiil iyo beelo u kala baxeen, dawladdiina nagu dul duntay. Dadkeennii walaalaha ahaa ee kitaabbada wada akhrisanayey, dacwada isla fidanayey, in ay hal mar kala dareereen oo ruux walba beeshiisa la qaxay, sababtoo ah ma jirin feker laga haystay waxa dalka ka dhici doona, sawir iyo aragtina laga ma haysanin in maalintaa oo kale ay imaanayso. Waxaan ahayn dad waaqaca ka dhacsan oo sawir khiyaal ah laga siiyey nolosha.

Maalin Axad ah oo ka mid ah dabayaaqadii 1990 ayaa shaqaaqooyin dagaal iyo xabbad is wataa ka dhaceen Suuqa Siinay. Subixii xigay ayaa qolyo macawisley hubaysan ahi xaafaddayadii Wardhiigley oo dhanka Geed-Jacayl ah gudah u soo galeen. Waxay xaafadda ku dhex dileen nin dhar madani ah xirnaa oo ay ku sheegeen qolyaha jabhadda ah oo buuq iyo is-dhexyaac badan ka muuqday in uu ka tirsanaa booliska uuna ahaa nin dadka ku dhiba Suuqa Siinay. Laakiin ninku wuxuu lahaa ma ahi ninkaad mooddeen ee aad sheegaysaan, mana ihi qabiilka aad igu sheegaysaan. Wuxuu gacanta haystay canug yar oo afar ama shan jir ah. Iyadoo murankii lagu jiro ayaa ruux dumar ahi goobta timid. Baroor iyo qaylo ayey isku dartay: *waa asagii, alla tol beelayeey waa isagii, war maxaad u fiirsanaysan* ayey tiri. *Waa kii na baadi jiray oo na bahdili jiray, hantidayda iyo jirkayga ayaan kala baxsan waayey* ayey si caro iyo ciil is wata ah ugu boyday. Xaafadda oo idil ayaa isu soo baxday, wiil ka mid ah kuwii qoryaha sitay ayaa xabbad ku kala gooyey. Wuxuu ahaa dilkii ugu horeeyey ee aan nolashayda arko; labo maalmood raashin si qumman waa iiga degi waayey.

Hooyadey waxay dareentay in ciidanka dawladdu uu si xoog leh u soo geli doono gudaha xaafaddayada Wardhiigley oo ah halka ay jabhadda USC dagaalka ka bilawday, waxayna go'aan ku gaartay in ay aniga iyo walaalkey Cabdiqaadir noo dirto xaafadda Towfiiq; saddexda wiil ee kale—Cabdirisaaq, Cabdicasiis iyo Cabdifitaax oo iyagu da' ahaan aad u yaraana ay iyadu gacanta qabsato lana qaxdo. Waxay la aadday Maxamuud Aw-Maxamad oo aan ilma-abti iyo ilma-eeddo ahayn, kana tirsanaa ciidanka Asluubta, gacantana ku hayey beeraha ciidanka Asluubta ee dhinaca Afgooye.

Waxaan maalintii Talaadada u boqoolnay xaafadda Towfiiq oo u deggaanaa Daahir Xasan Cabdi (Daahir-caato) oo aan qaraabo dhow nahay, reer Buulabardana isla ahayn. Habeenkii markaan xaafadda u hoyannay ayaa waxaa la sheegay in ciidan jabhada SSDF ka tirsani ay ku jiraan Garoonka Ciyaaraha ee Muqdihso, dawladduna ay soo weerarayso, weliba diyaarado lagu weerarayo. Reerkii aan martida u ahayn waxay goosteen in ay Xamar-Weyne u qaxaan, laakiin annagu degmada Huriwaa ayaannu u sii kacnay. Is-cayrsigii iyo ciriirigii dagaalka ayaa sababay in aan walaalkey Cabdiqaadir kala lunno. Waxaan tegey xaafad nin ehelka ahi leeyahay oo isla Huriwaa ku taalla.

Dagaalladii way sii socdeen. Inta badan xubnihii Xarakada ee aan Daaroodka ahayn waxay ku hareen dalka, halka xubnihii Daaroodka ahaa ay ehelkooda la qaxeen. Saldhig tababar ciidan ayaa Kismaayo laga sameeyey. Saldhiggaas waxaa furay Ibraahim Xaaji Jaamac Meecaad oo loo yaqaanay Ibraahim-Afgaan oo mar dambe noqon doona asaasaha ururka Al-Shabaab. Dhallinyaro badan ayaa gashay xeradaas oo loo yaqaanay *Mucaskar*.

Dhinac walba caadifadda qabiilka iyo diintu way isku marnayd. Dhinaca intayadii Xarakada ee Hawiyaha ahaa, in kasta oo aannaan dagaalka ka qaybgalin haddana waxaan ahayn dad guulaystay oo qabiilkoodu rajiimkii ka adkaadeen. Marna ma dareemi karin xanuunka, jabka iyo bahdilka ay la kulmayeen dadkii nagu xarakada ahaa ee qabiilkooda la baacsaday, hablahooda la kufsaday, hantidooda la dhacay, dadkoodana la laayey.

Dhallinyaradii iyo odayadii Xarakada ee beesha Daarood waxay isku gureen mucaskarkii. Waxay gooni uga baxeen qolooyinkii qabiilka ee ay ka mid ahaayeen Jeneraal Moorgan, Jeneraal Gabyow iyo saraakiishii kale ee qabiilka. In kastoo uu magac diin iyo Islaamnimo huwanaa mucaskarku, haddana way iska caddayad in uu ahaa mid lagu difaacaayey karaamada iyo dadnimada beesha. Ibaraahim Meecaad wuxuu markaa ka soo noqday Afgaanistaan oo uu kala yimid qorshe iyo hawlgal ah in uu Jihaadka ka fidiyo Soomaaliya. Wuxuuna fursada ka arkay qolada ugu dhow ee hawshaasi ka socon karto in ay tahay qolada markaas jabka iyo dhibka dagaalku soo gaaray, waana sababtaa uu saldhigga Kismaayo ugu doortay.

CAYDIID IYO AL-ITIXAAD

Xarakada Itixaad odayaasheedii ku haray Muqdisho oo u badnaa reeraha kale ee aan Daaroodka ahayn ayaa shir isugu yimid. Waxaa laga qabtay guddi saddex ruux ah oo kala ahaa: Xasan Daahir Aways oo Habargidir ah, Xasan Calasow oo Abgaal ah, iyo Cabdullaahi Lakari oo Murusade ah. Warbixintii ay bixiyeen markii ay safarka ka soo laabteen waxay ahayd in ay la soo kulmeen Jeneraal Maxamed Faarax Caydiid iyo dhallinyaradii Mucaskarka Kismaayo iyo odayaashii Itixaad. Kulankaas faahfaahin badan ma aysan ka bixin ee keli ah waxay sheegeen in Jeneraal Caydiid uu ku shardiyey in uu nabadgelinayo dhallinyarada wadaaddada ah haddii ay gooni uga baxaan ciidanka uu hoggaaminayo Jeneraal Moorgan.

Waxay sheegeen markii ay farriintaa geeyeen dhinicii kale in la waydiiyey damaanadda ay hayaan. Waxay sheegeen in aysan wax dammaanad ah hayn, aan ka ahayn ballanqaadka Caydiid. Waxay kaloo sheegeen in laga diiday soo jeedintaas. Xasan Daahir ayaa sheegay in hubka ay haystaan dhallinyaradaasi aysan saddex maalin ka badan dagaal isaga celin karin ciidanka iyo hubka Jeneraal Caydiid. Isagoo aad u murugaysan ayaa kulankii lagu kala tegey. Maalmo ka dib Jeneraal Caydiid iyo dhallinyaradii Mucaskarka Kismaayo dagaal xooggan oo saddex maalmood socday ayaa dhex maray, Caydiidna wuxuu gudaha u galay Kismaayo oo uu qabsaday. Dhallinyaro badan ayaa halkaas ku dhintay, kuwo kalena waa la soo badbaadiyey oo Muqdisho ayaa qaarkood la keenay.

TABABARRADA CIIDAN IYO MUCASKARAADKA

Muqdisho waxaa ka bilawday abaabullo lagu furayo xeryo ciidan oo afka Carabiga *Mucaskar* lagu yiraahdo. Mucaskarkii ugu horreeyey waxaa furtay ururka Al-Islaax. Saddexda macallin ee kala ahaa Korneyl Cabdillaahi Cali Xayle, Korneyl Guushaa iyo Kornayl Black oo seddaxduba Murusade ahaa ayaa macallimiinta tababarka ciidanka bixiya ahaa. Dr. Ibraahim Dasuuqi iyo Dr. Cali Baashina waxay bixin jireen tababarka caafimaadka degdegga ah. In kastoo aan xilligaa Ururka Al-itixaad ka tirsanaa, haddana aniga iyo dhallinyaro kale oo aan Islaax ka tirsanayn ayaa mucaskarka ku tababaran jirnay.

Muddo kooban ka dib waxaa Mucaskar kale ururka Al-itixaad ka fureen Madarasadda Imaamu Shaafici. Sababaha ugu wayn ee loo tababaranayo ayaa lagu fasiray in ay tahay is-difaac. Muddo ka dib, Ururka Al-itixaad wuxuu mucaskar ka furay magaalada Marka oo maamulkeeda iyo dekedda macmalka ahaydba ururku la wareegay. Waxaa dhammaan xubnaha ururka lagu wargeliyey in ay Marka iska xaadiriyaan. Xilligaas Muqdisho waxaa ka bilawday dagaallo is-tuurtuur ah oo Caydiid iyo Cali Mahdi u dhexeeyay.

Anigu waxaan go'aansaday in aan ku noqdo degaankii aan ka imid. Waxaan tegey magaalada Buulaburte, muddo ka dibna waxaan u gudbay magaalada Beledwayne. Waxaan halkaas iska barannay asxaab badan oo ururka Islaax ka tirsan. Maktabad magaalada bartankeeda ku taalla ayaan imaan jiray oo ay lahaayeen Al-islaax. Waxaa yaallay kitaabbo fikirka Akhwaanka ka hadlaya oo ay qoreen culimmo waawayn oo xarakadaas ka soo jeeda. Waxaan akhriyey buugaag kala duwan oo ay qoreen wadaaddo ka soo jeeda ururka Akhwaanul Muslimiinka, dhallinyarada Al-Islaax ka tirsanna doodo ayaa na dhex mari jiray. Sheekh Cumar Daahir oo Al-islaax ka tirsan ayaa doodaha ugu badani na dhex mari jireen. Wuxuu ka soo baxay Jaamacadda Madiina ee dalka Sacuudiga wuxuuna sannad ku soo noolaa dalka Norway oo uu isaga soo laabtay. Wuxuu ahaa nin daacad u ah faafinta fikirkiisa; cagta ayuu cagta ii saaray.

Sanadkii 1992 ayaa waxaa dhacay dagaalkii Boosaaso ee Al-itixaad iyo Jabhaddii SSDF u dhexeeyey. Waxaa la ii soo sheegay dhallinyaro badan oo aan aqaannay oo dagaalka ku dhintay. Markaa ayaan go'aansaday in aan isaga tago ururka Al-itaxaad. Waxa iigu waynaa waxay ahayd in qorshaha dagaal-oogista iyo awood xukun ku qabsiga ahi uu ii cuntami waayey.

Al-islaax fikirkoodu qunyarsocod ayuu ahaa. Waxa ay dhiirrigelinayeen waxbarashada iyo aqoonta maaddiga ah. Xoogaa reer magaalnimo iyo wada noolasho ayey ka hadlayeen. Dagaallada way ka soo horjeedeen. Waxay nagu la doodayeen in waddada barbaarinta, samafalka iyo dariiq nabadeed lagu kasban karo shacabka xukunkana sidaa lagu gaari karo.

Waxaan ku biiray Al-islaax dhammaadkii 1992. Waan ka guuray Al-itixaad. Sheekh Cabdiqaadir oo markaas u wayn xubnaha Ururka Al-itixaad ee Gobolka Hiiraan ayaan ku wargiliyey in aan isaga baxay ururkii Al-itixaad, maanta ka dibna aysan igu tashan. Al-islaax waxay igu dhiirrigeliyeen in aan magaalada Buulaburte ku noqdo oo aan halkaas dacwada faafinteeda ka bilaabo. Waxaan xusuustaa in maalintii shan cashar aan ka akhrin jiray magaalada. Waxaa casharrada imaan jiray macallinkaygii, Macallin Ciise, oo ku faraxsan in ardaygiisii uu yahay Sheekh cashar akhrinaya. Odayaasha iyo dhallinyarada magaalada ayaa casharkayga ku taxnaa, waxaana aan ahaa nin magaalada laga yaqaanno, taas ayaana ii sahashay in aan dhallinyaro badan ururka Al-Islaax ku soo xiro.

DOODDII ANIGA IYO MAXAMAD XALANE

Maxamad Xalane wuxuu ka mid ahaa dadka ku taxan casharkayga diiniga ah ee aan masjidka wayn ee Buulaburte ka akhriyo. Wuxuu galab i la wadaagay xanuunka ay ku hayso xaaladda dalku uu galay iyo shallayga uu ka qabo kaalinkii isaga iyo hormuudkii (elite) kale ee dalku ku lahaayeen burburka dhacay. Magaalada waxaa ka taliya markaas mooryaan ay Maxamad Xalane qaraabo yihiin. Wuxuu yiri dadkaan annaga ayaa baaddiyaha ka keennay, waxaana nagu khasbay caro iyo ciil aan ka qaadnay habdhaqanka dadkii dawladda madaxda ka ahaa. Wuxuu ii sheegay in uu agaasime ka ahaa Wasaaradda Beeraha, isla markaana shahaadada maasterta ka soo qaatay dalkii Midowga Soofiyeetka la isku oran jiray. Waxaa la i kor keenay oo wasaaraddii Agaasime Guud si eex ah looga soo dhigay nin aan wax baran oo ay Madaxweynaha isku hayb yihiin, ayuu yiri. Ninkan oo aan wax aqoon ah u lahayn hawlaha waasaradda, ayaa intaa ku darsaday amar ku taaglayn, aflagaaddo joogto ah, iyo yasid uu ku hayo shaqaalaha wasaaradda. Taas ayuuna ku sababeeyay waxa ku khasbay in uu ka mid noqdo xubnihii sida wayn ugu ololeeyey dhismihii ururka USC. Maxamad markii uu muddo waday sheekadaas ayuu hadalkii hakiyey, wuxuuna yiri, "Kuwaa Ina Geesey uu hor kacayo ayey mirihii noqdeen" oo uu ka waday magaca mid ka mid ah mooryaantii magaalada ka talinaysay. "Wixii dumayna dawlad ma ahayn, wax ka sii daranna waan keennay ee Alle ha yasiro ummuuraha," ayuu hadalkii ku soo idleeyey

Dad kale oo badan oo aan la sheekeystay ayaa Maxamad la mowqif ahaa. Waxay qabeen dareenka qoomammada, iyagoo is-barbardhigayey natiijada halgankoodii iyo in aan loo adkaysan karin habdhaqankii dadkii talada dalka hayey. Waxaa la oran karaa waxa gubaya halka uu ku dhammaaday halgankii ay soo galeen. Xukunka inta badan dalalka Afrika waxaa xillgaas la wareegey jabhado iska dul qaaday rajiimkii kalitaliska ahaa, laakiin jabahadihii Soomaalidu way ku fashilmeen in ay talada dalka la wareegaan oo ay hawlihii dawladda halkeedii ka sii wadaan. Sababtu waa in cidda diriraysay ay ahayd hormuudkii ama madaxya-weyntii ee shacab aysan ahayn waxa diriray. Iyaga ayaana qabiilooyinkoodii u kala qaylo-dhaansaday. Kuwa dawladda haystay waxay ku haysteen magaca qabiilkooda, kuwa ka soo horjeedayna waxay xoog ka dhigteen qoladooda. Markii ay kuwii dawladda haystay culayska iyo cadaadiska jabhadaha u adkaysan waayeen ayey dadkii qabiilladii ay ka soo jeedeen jabahadaha dil, xarig iyo xasuuq isugu dareen. Falkaas waxshinimada leh ayaa dadka ku dhiirrigelinayey in ay taageeraan jabhadaha ay cid qabiilladooda ahi hoggaaminayaan, dawladdiina uu ka dhex abuurmo cadow gudaha ah, kaas oo ugu dambayntii dumiyey.

MAR KALE IYO MUQDISHO

Markii ay istaageen dagaalladii Afar-biloodka ahaa ee u dhexeeyey Alle ha u wada naxariistee Cali Mahdi Maxamad iyo Maxamad Faarax Caydiid ayaan Muqdisho ku soo laabtay. Xilligaa waxaa dalka soo galay ciidanka Maraykanka ee Hawlgalkii Rejo-soo-celinta. Waxaan shaqo ka helay hay'adda Lajnada Muslimiinta Afrika oo uu madax ka ahaa Faarax Sheekh Cabdiqaadir. Qaybta waxbarashada ayaan masuul ka ahaa. Faarax markaas ayaa isugu kaaya horraysay, laakiin Cabdikariin Xusen Guuleed oo aan horay isu naqaannay iyo Xasan-Badawi ayaa ka mid ahaa raggii aan wadashaqaynta bilawnay. Wuxuu adduunka uu Maraykanka hoggaaminayaa u soo gurmaday samatabixinta maalaayiin Soomaali ah oo xilligaa wajahayey colaad iyo macluul. Waxaa xilligaa loo bixiyay *Cagabararka*. Waxaan aad ugu hawlanayn gargaarka bani'aadannimo.

Safka Kaarka

Wada-shaqayn ayaa ka dhexeysay hay'adaha ka shaqeeya samafalka iyo hawlgalka Qaramada Midoobay (QM). Waxaa jiray kaar aqoonsi ah oo hawlgalka QM daabici jiray, kaasoo lagu galo xarumahooda iyo garoonka diyaaradaha laguna raaco diyaaraha QM leedahay ee gobollada dalka u kala goosha. Waxaa loo sameeyaa shaqaalaha QM iyo dadka u shaqeeya hay'adaha caalamiga ah. Waxaan xusuustaa annagoo saf ugu jirna kaarkaas aniga iyo Faarax Sheekh Cabdiqaadir oo ahaa agaasimaha hay'adda ayaa nin ka tirsanaa hay'ada UNICEF oo degdegsanaa na jiiray. Wuxuu galay qolkii kaarka lagu samaynayey. Faarax ayaa ka daba tegey oo la galay qolkii. Halkaas ayey isaga iyo qoladii kaarka samaynaysay oo reer Norway ahaa muran dhex maray. Waxay ku doodeen in ninkani uu degdegsanyahay diyaaradina u taagantahay. Faaraxna wuxuu ku dooday in dadka safka ku jira uu ka soo idan qaato. Soomaalidii safka ku jirtay ayaa Faarax ku qaylisay oo tiri walaalayaalow iska daaya gaalka, waxaan iyagaa iska leh sidey rabaan ha ka yeelaane. Ugu dambayntii, waxay ku qasbanaadeen in kaararkii horta annaga na loo sameeyo, ka dibna isaga lagu xigsiiyo. Waxaa halkaas ku jira cashar ah sida Soomaalida loogu carbiyey in ay aqbalaan duudsiinta xuquuqdooda oo ay ka doorbidaan adeeg in ay helaan, balse abaal looga dhigo adeeg ay iyagu xaq u leeyihiin.

Habeenkii aan sigannay

Habeen ayaan shaqada xaafiiska ku daahnay; waxaan ka baxnay xilli dambe oo ku beegnayd labadii habeennimo (2 a.m.). Isla markii aan ka baxnay xafiiska Lajnada oo ku yaallay KM4 ayaa waxaa na soo daba galay diyaarad helikopter ah oo ay Maraykanku leeyihiin. Xilliyadaas waxaa dhici jiray in maleeshiyaad daacad u ah Jeneraal Caydiid ay hoobiyayaal ku weeraraan xarunta QM ee siligga Ameeriikaanka ku taallay, ka dibna ay xaafadahooda ku laabtaan iyagoo koox koox u socda. Kooxahaasi marna baabuur ayey adeegsadaan marna way lugeeyaan.

Diyaaraddii aad bay noogu soo dhowaatay. Gaariga waxaa saaran aniga, safiir Cumar-dheere oo dalka Qadar safiir ka noqday kana tirsanaa xildhibaannadii baarlamaankii ku-meelgaarka ahaa, iyo Cabdikariin Xuseen Guuleed oo mar dambe noqday madaxweynihii Galmudug. Markii aan tarabuunka marayno ayey haddana aad noogu soo dhowaatay. Waxaan u leexannay Waddada Wadnaha ee dhinaca Masjidka Sheekh Cali Suufi. Way nagu soo dhowaatay oo hawo nagu furtay. Waxaannu wadannaa Xaajiyo Khamsiin labo-shirley ah oo uu ku xirnaa calanka hay'adda oo si muuqata u babbanaya. Intaas ciidanka helikopterka saarani way qaylinayaan qolo kale ayeyna isgaarsiin kula hadlayaan. Intayadii gaariga saarnayd waxaannu isku qabannay aan socono iyo aan istaagno. Buuq, cabsi iyo duco ayaa la isku daray. Ugu daynbayntii, meel u dhow Al-Baraka ayaan istaagnay oo uu nal ka iftiimayo, iyagiina wayn naga hareen.

Markii aan dhacdadaas soo xusuusto iyo sida ay ciidanka Itoobiyaanka iyo AMISOM ay madaafiicda ugu garaacayeen shacabka Muqdisho, waxaan ogaadaa in ciidanka Maraykanka uu tababarkiisu sarreeyo lahaayeenna xeer hawlgal (rule of engagement). Way dhacaysay in ay dad dilaan ama ay goobaha qaarkood duqayn dad ku laayeen, haddana marna kuwa Itoobiya iyo AMISOM la ma barbardhigi karo. Ciidanka markii ay dad rayad ahi xukumaan oo uu la-xisaabtan ka dambeeyo waa ka duwanyahay midka aan cidina la xisaabtamayn.

Bilawgii sannadkii 1993 ayaan go'aansaday in aan waxbarasho dalka dibaddiisa u raadsado. Waxaan ku taamayey in aan Pakistan tago. Waxaan baasaboor u raadsaday dalka Itoobiya oo xilligaas ay Soomaalidu u doonan jirtay baasaboor, maadaama ay adkayd in keenna lagu dhoofo.

Ugaas Miraad Leyli

Waxaan Godey tagnay aniga iyo saaxibkey Shariif Yuusuf Geeddi horraantii 1993. Waxaa xilligaa Guddoomiye degmada Godey ka ahaa Ugaas Miraad Leyli. Godey waxaan u tagnay in aan Mustowqiyad ka samaysanno, si aan u helno baasaboor Itoobiyaan ah oo markaa ahaa dukumiintiga ugu sahlan ee uu ruuxa Soomaaliga ahi heli karay, si uu dibadda ugu dhoofo. Shariif Yuusuf iyo aniga qorshahayagu wuxuu ahaa in aannu waxbarasho dalka Pakistan u aadno. Markii aan Godey ka degnay ayuu saaxibkey igu yiri waxaan isku fasal ahayn wiil uu dhalay Ugaas Leyli oo Cabdiwahaab la dhaho ee ina kici odayga intaa aan ugu xera galnee. Waxaan u tagnay Ugaas Miraad Layli. Ninkii saaxibkey ahaa wuxuu odaygii u sheegay in ay wiilkiisa Cabdiwahaab ay isku fasal ahaayeen. Waxaan kaloo u sheegnay sababta aan Godey u nimi ee ahayd in aannu doonayno in aan Mustawqiyad samaysanno.

Wuxuu na waydiiyay halka aan ka nimi iyo haybtayada. Waxaan u sheegnay in aan Muqdisho ka nimi Hawiyena nahay. Si odaytinimo iyo Soomaalinimo ku jirto ayuu noo soo dhoweeyey. Wixii uu wiilkayga Cabdiwahaab idiin samayn lahaa ayaad iga mudantihiin ayuu nagu yiri. Wuxuu na dejiyey gurigiisa. Wuxuu Faysal oo ahaa wiil uu dhalay ku yiri la shaqee wiilasha oo tus xaafiisyada loo maro samaynta Mustawqiyadda. Saddex maalmood ayey hawshii noogu dhammaatay, ka dibna diyaarad Dirirdhabe u socoto ayuu nagu soo daray. Ilaa iyo hadda weli xusuustayda ka ma go'in sida Soomaalinimada leh ee uu noo gacan siiyey. Waxaa sannad ka dib, 1994, la ii sheegay in ay ciidanka Itoobiya xireen, xabsiga dhexdiisana ku dileen oo aan maydkiisii la arag. Alle Naxariistiisii ha siiyo. Soomaalidu waa dad gobbonimo iyo shinsi ehelnimo leh, markii aan la isku xumayn oo qabyaalad iyo qurunkeed la dhex dhigin.

Miraad Leyli waa halgamaa Soomaaliyeed oo mudan in la xuso si uu qayb uga noqdo xusuus-wadareedka ummadda Soomaaliyeed. Soomaali waa dad walaalo iyo ehel ah, is bixiya oo markii degaan ciriiri ka jiro mid kale u baxsada. Waagaa waa lagu baxsaday Soomaali Galbeed oo Soomaalidii oo dhan ayaa qaatay baasaboorka Itoobiya, si ay dibadda ugu socdaalaan danahoodana ugu raadsadaan. Halka Jabuuti ay u istaagtay dibudhiska dawladdii Soomaaliya. NFD-na magaceeda ayaa ganacsiga iyo degaanka dalka Kenya lagu haystaa. Hargaysa waagii ay Itoobiyaanku dadka Muqdisho ku xasuuqeen ayaa lagu qaxay. In baadigoobkii Soomaaliweyn iyo sidii qaran mid ah lagu heli lahaa la sii wado iyo in aan noqonno qowmiyad quruumaha Geeska Afrika awood ku leh iyaguna iska warqaba waa dood inoo taalla oo si dhab ah in la isaga warsado u baahan.

Kolkii hawshaas baasboorku noo soo dhammaatay dalka ayaan ku soo laabtay. Ii ma suuroobin in aan Pakistan tago laakiin waxaan deeq waxbarasho ka helay dalka Suudaan.

WAAYIHII SUUDAAN

Bilawgii Febraayo 1994 ayaan dalka Suudaan tegey. Waxaan sii maray Kenya oo aan magaalada Nairobi maalmo ku sii hakaday. Waxaa deeq waxbarasho noo fidiyey hay'ad samafal oo Zam Zam Foundation la yiraahdo oo ay ururka Al-Islaax gacanta ku hayeen. Xilligaa waxaa Suudaan ka taliniyey kacaankii ay kooxda Islaamiyiinta Suudaan hoggaaminayeen. Waxaa jiray xammaasad badan oo uu kacaanku u hayey faafinta aragtida Islaamiyiinta. Suudaan waxay xarun u ahayd dhaqdhaqaaqyada Islaamiyiinta oo idil. Waxaa jiray Kulanka Shirwaynaha Muslimiinta oo uu madax ka ahaa Dr. Xasan Turaabi (Aun) oo isagu ahaa maskaxda ka dambaysa xukunka Cumar Al Bashiir. Waxbarashada jaamacadda waxaa dheeraa kulammo wacyigelin ah iyo barnaamijyo loo sameynayo ardayda.

Ururka Al-Islaax ee aan xilligaa ka tirsanaa wuxuu qayb ka ahaa Ururka Akhwaanul Muslimiinka Caalamiga ah ee ay xaruntiisu Qaahira tahay. Xasan Turaabi waa hore ayuu isaga baxay Ururka Akhawaanul Muslimiin. Laantii ururka ee Suudaana intoodii badnayd isaga ayey raaceen, marka laga reebo koox aan tiro badnayn oo uu hoggaaminayey Sheekh Saadiq Cabdulmaajid (Aun). Waxaa si joogto ah Suudaan u imaan jiray madaxda iyo hoggaamiyayaasha Islaamiyiinta dunida oo idil. Kulammo ayaa ardayda, gaar ahaan kuwooda Xarakaadka Islaamiga ah ka tirsan, loogu ballami jiray.

In kastoo raadkii Dagaalka Sokeeye uu qoyanaa, haddana Soomaalida Suudaan oo arday u badnayn loollankooda waxaa sal u ahaa fikirka iyo kooxaysiga Xarakaadka Islaamiga ah. Al-Itixaad, Al-islaax, Aala-Sheekh, Al-Tadaamun oo ah koox Al-Islaax ka baxday una badan Soomaalida Ogaadeenya iyo Al-Waxda oo reer Waqooyi ahaa ayaa ku sugnaa Suudaan. Tartanka loo gelayo hanashada hoggaanka ururka Ardayda Soomaaliyeed oo ahaa hay'ad xooggan oo deeqaha ardayda iyo hawlqabadyada kaleba maamusha in la kasbado oo xarakada ama ururka lagu soo daro dhallinyarada jaamacadaha iyo loollanka ka dhexeeya Xarakaadka ayaa aad u kacsanaa xilligaas. Waxbarashada ka sokow, Suudaan waxaa laga bartay dhaqanka doodda, dulqaadka iyo in kala aragti duwanaantu aysan cadawtooyo abuurin. Jaamacadda Caalamiga ah ee Afrika waxaa dhiganayey arday fara badan oo dalalka Afrika oo idil ka kala yimid. Akhriska, doodaha, iyo dhexgalka bulshooyin kala duwan, waxay fureen aragtidaydii koobnayd ee aan fahanka diinta, dawladnimada iyo nolasha guud ahaan ka haystay.

Dr. Xasan Turaabi wuxuu ahaa faylasuuf, caalim diineed iyo aqoonyahan wayn oo ay maskaxdiisu furantahay, waxaase isaga iyo dawladda uu hoggaamiyaba loo arkayey in ay halis ku yihiin gobolka oo uu doonayo in uu abuuro Kacaan Islaami Sunni ah oo la mid ah kan Iiraan, kaas oo halis ku ah xasilloonida iyo degganaashaha dawladaha deriska ah, kuwa Carbeed ee Galbeedka la jaalka ah iyo kuwa aan la jaalka ahayn ee ka soo horjeedaba. Dr. Turaabi wuxuu geeriyooday isaga oo ciishoon. Iska daa in uu fikirkiisa duni kale ku faafiyey, waxay is khilaafeen raggii xertiisa ahaa oo uu ugu waynaa madaxweynihii dalka, Cumar al-Bashiir, taas oo keentay in xabsiga loo taxaabo. Dr. Turaabi wuxuu is-haleelsiin kari waayey, waana taxaddiga haysta Islaamiyiinta isaga la midka ah e, damaca shakhsiga ah ee siyaasadeed, dagaalkii kaga furnaa dawladihii deriska iyo kuwa diiddan fikirkiisa Islaamiga ah, iyo loollankii ay ku la jireen Galbeedka oo ay ugu yeeri jireen Imbiriyaaliyadda gumaysiga caalamiga ah. Waxaa kaloo culays ba'an ka haysay, cid kasta oo mashruuca Islaamiyiinta xambaarsanna ka haysata, iswaafajinta Islaamka iyo dawladda casriga ah.

Ardayda Soomaalidu waxay ka imaanayeen shanta gobol ee ay Soomaalidu degto. Kala-duwanaanta lahjadaha, dhaqanka iyo hab-nololeedka ayaa ahaa waayo-aragnimo cusub. Qolo kasta waxeeda ayaa la qummanaa waxayna la yaabbanayd kuwa kale. Waxaa qol la isla dejiyey nin dhallinyaradii Muqdisho ka timid ah iyo nin reer Jabuuti ah. Ninka reer Jabuuti ayaa maalin ka sheekeeyey qiso isaga iyo ninkii kale ee dhex martay.

Wuxuu yiri: Markii aan Suudaan imid oo qolkii aan degayey la i tusay ayaan ugu tegey nin Soomaali ah. Wuxuu igu yiri soo dhawow. Xilligaas anigu aan soo degey ayuu isaguna u sii baxayey fasalkii Jaamacadda ee uu maalintaa lahaa. Wuxuu igu yiri; "Abboowe, *shukumaankaas* qaado, *musqushana jiirada* bidixda ah ayey ku taallaa, markii aad soo qubaysatana *liimo balbeelmada armaajada* ku jirta cun." Wuxuu yiri: "Shukumaan, armaajo, musqul, qubays, liimo balbeelmo iyo jiiro midkoodna ma aqaan. Waxaan is iri ninka lagu la dejiyey waa Keenyaan ama Itoobiyaan, Soomaaliba ma aha. Laakiin maanta afka reer Xamarka ayaan ugu jeclahay."

Halkaa waxaan isku barannay dhallinyaro badan oo wadajirkayaga noloshu uu aad muhiim u ahaa. Maanta gobol walba oo Soomaali ah dhallinyaro aan is naqaanno ayaa jooga. Inta laga fa'iiday waxbarashada jaamacadda waxaa ka badnaa inta aan nolosha kale ee bannaanka jaamacadda ka faa'iidnay. Inta badan dhallinyarada waxaa aad loogu heellanaa mashruuca Islaamiga ah oo loo arkayey waxa keli ah ee dalka lagu badbaadin karo. Dhibaatada ugu wayn ee uu fikirka Islaamiga iyo Islaamiyiintuba leeyihiin waa in ay jawaabo sahlan u hayaan mushkilado iyo su'aalo waawayn oo dunida inteeda kale qarniyo ku qaadatay xallintoodu.

Islaamku waa xal iyo kitaabbo boqol bayj ah ayaa farta lagaa saarayaa, waxaana laguu sheegayaa in Soomaaliya iyo adduunkuba uu adiga ku sugayo. Dhismaha hammiga iyo hanka sare ee laguu yeelayaa waa mid fiican, laakiin sahayda aqoon, cilmibaaris, waaya'aragnimada nolosha, iyo wax ka barashada tijaabooyinka ummadaha kale waa mid aad u yar ama aan jirinba. Taariikhda Islaamka inteeda qurxan ee macaan ayaa lagu sheegayaa, laakiin inteeda mugdiga ah ee loollanka xukun ee dhiiggu ku daatay la socda laguu ma sheegayo, ama waxaa lagu daboolayaa oraah oranaysa "Ma habboona in laga hadlo ama la buunbuuniyo." Waxaa kaloo lagaa dherjinayaa cadaawadda iyo nacaybka kuwa Islaamka hor taagan, kuwa u shaqeeya ee wakiilka u ah, taasoo keenaysa in cid kasta oo ay Islaamiyiinta is qabtaan ay si sahlan shaabbad ah *cadawtooyo* ama *camiilnimo shisheeye u shaqayn* ku dhufan karto. Waxa soo baxaya ruux caraysan, ciil qaba oo ah saaruuq cabbaysan oo jihadii loo rido ku qarxaya.

Doodda Islaamiyiintu qabaan ee ah in reer Galbeedka ama gumaystihii Galbeedku uu dumiyey Khilaafadii Islaamka, inoo keenay dastuurro calmaani ah, naga hor istaagay ku dhaqanka diinta, ilaa maantana uu naga hor taaganyahay waa mid u baahan in dib loogu noqdo. Waxaan sidaa u leeyahay; haddii aad si qoto dheer u deristo taariikhda dunida Muslimka, Afartii Khaliif ee Muslimiinta ka dib, xukunka wuxuu u gacan galay qabiillooyin, sida Umawiyiintii, Cabbaasiyiintii,

Cusmaaniyiintii, iyo dawlado yar yar oo meelo kala duwan iyo xilliyo
kala duwan talinayey. Xukunka waxaa lagu kala qaadanaayay xoog dhiig
badan ku daato. Kacdoonnada ku kaca qabiilooyinkaas saldanadda
haysta cagta ayaa la marin jiray, sida Kacdoonkii (Alle ha ka raali noqdee)
Xuseen bin Cali, kii Cabdillaahi ibnu Zubayr, iyo kuwa kale oo badan.
Khilaafooyinkaas ay qabiilooyinku hoggaamiyaan ma fara gashan jirin
xiriirka ruuxa Muslimka ah iyo Ilaahiisa ka dhexeeya ee ah cibaadaadka
fardiga ah. Waxay kaloo qaban jireen adeegga la xariira nidaamka Xajka,
Maamulka Zakawaadka, Iqaamada salaadaha ciidda iyo jimcooyinka,
afur wadareedka iyo iska xilsaarista afurinta dadka soomman, iyo ilaalinta
aadaabka caamka ah. Laakiin ma uu jirin ruuxda iyo qiyamka xukunka
laga doonayey xukunka Islaamka ee xorriyadda, wadatashiga (shuurada),
xukunka iyo talada oo nabad lagu la kala wareego, sinnaanta xukunka,
hantida iyo khayraadka ummadda, sarraynta sharciga oo kan xukuma iyo
kan la xukumaba uu sharciga ka sarreeyo. Gumaysi iyo reer Galbeedna
ina ka ma hor istaagin, waase jirtaa in ay nagu farageliyeen qawaaniinta la
xariirta axwaasha shakhsiga ah ee qoyska iyo dhaxalka, dunida Islaamka
oo dhanna ma wada aha ee waa qaarkeed. Waxa ina ka hallaysan ee
xukunka la xariiraa horay ayey inoo ka hallaysnaayeen, haddii la saxayana
waa hawl sida lagu saxayaa ay tahay in ay Muslimiintu iska warsadaan,
iyagoo aan cid kale eedda dusha kaga tuurin.

Maadaama uu akhriskaygu badnaa, waxaan fursad u helay in aan
akhriyo lana socdo doodaha dunida Carabta ka taagan. Waa markii
iigu horraysay oo aan ogaado doodaha Qowmiyiinta, Liberaaliyiinta,
iyo Islaamiyiinta Carabta ka dhex socda. Horay waxaan u akhrin jiray
oo keli ah aragtida Islaamiyiinta. Markan se waxay fursad iigu ahayd in
aan akhriyo aragtida qoraayo iyo mufakiriin kala duwan oo qaarkood
magacooda na loo xumeeyey ama na la ku diray. Waxaa ka mid ahaa
Daaha Xuseen, Sheekh Cali Cabdiraasaq, Fariid Zakariya, Nasri Abu
Zayd, Maxamad Cabdo, Sheekh Abu Zahra, Qaasim Amiin, Sheekh
Shaltuut, Maxamad Caabid Al-Jaabiri, Maxamad Arkoon iyo kuwo kale.
Waxaa xoogaa furmay fikirkayga, waxana aan ku soo qancay in uusan
xaalku ahayn sida fudud ee ay Islaamiyiintu wax u sawirayaan.

Buuggii qalinjebinta jaamacadda waxaan ku qaatay kaalinta xisbiyada badan ku leeyihiin horumarka siyaasadda, gaar ahaan Xukunka Islaamiga ah. Waxaan waqti badan u helay akhrinta taariikhda siyaasadeed ee Islaamka, khilaafaadkii siyaasadeed, dagaalladii Saxaabada dhex maray, qoysaskii reer Banii Umayah, Cabbaas, dawladihii kale ee dunida Islaamka ka hanaqaaday, sida Faatimiyiintii, Muraabidiintii, Muwaxidiintii, iyo Cusmaaniyiintii. Waxaan Soomaaliya ku soo laabtay iyadoo ay su'aalo badani iga dhex guuxayaan, laakiin aan cabsi ka qabo in aan dadka kala sheekaysto. Waxaan asxaab badan la furay doodo yar yar oo aan su'aal ka keenayo mashruuca Islaamiga ah guud ahaan iyo kan xarakada Islaax gaar ahaan.

Waxaan madax ka noqday Hay'atul Culyaa oo ahayd hay'ad laga leeyahay Sacuudiga. Waxaan taa horteed wada-shaqayn kooban la yeeshay hay'adda Sheekh Zaa'id iyo Nadwada Caalamiga ah. Wuxuu saldhiggayagu ahaa magaalada Kismaayo oo xilligaa ku jirtay gacanta Jeneraal Morgan, Korneyl Axmad Xaashi oo markii dambe Xildhibaan iyo Senator aqalka sare noqday, iyo Axmad Aw Mahdi oo sarkaal sare ahaa. Magaalada bannaankeeda waxaa joogay Isbahaysiga Walaalaha Galgaduud oo ka koobnaa Cayr iyo Marreexaan, waxaana hoggaaminayay Kornayl Cabdirisaaq Af-gabdheedle. Waa bishii Oktoobar ee sannadkii 1997. Xilligaa waxaa dhacay dayrtii Biyo-badan loogu magac daray ee ay labada webi ee Jubba iyo Shabeelle isku darsameen. Waxyaabihii iigu yaabka badnaa waxaa ka mid ahaa in saraakiil sirdoonka Maraykanka ah ay imaan jireen Kismaayo kulammana la qaadan jireen hay'adaha samafalka iyo hoggaamiyayaasha degaankaas ku sugnaa. Xilligaa ayey ku raad joogeen kooxaha xagjirka ah.

Bishii Mey 1998 ayaannu aqalgalnay xaaskayga, Jamiilo Xuseen Ibraahim. Waxa Alle nagu irsaaqay saddex wiil: Cali oo dhashay 2004, Ibraahim oo dhashay 2006, iyo Idiris oo dhashay 2008.

Dabayaaqadii 1999-kii ayaan go'aasaday in aan waxbarasho heerka labaad ee jaamacadda ah baadigoobo. Nasiibwanaag, waxaan aqbalaad ka helay Jaamacadda Qaranaka ee Malaysiya (UKM).

WAAYIHII MALAYSIYA

Waxay ahayd waayo-aragnimo cusub oo gebi ahaanba beddeshay aragtidayda nolosha, sababtoo ah Malaysiya waxay ahayd dal ka mid ah kuwa ugu horreeya dunida soo koraysa. Dhismayaasha casriga ah ee kaabayaasha dhaqaalaha, nidaamka dhaqaalaha iyo maamulka dawliga ah, iyo adeegsiga tiknoolajiyadda, kala isir duwanaanta dadka, quruxda dabeecadda—waxaas oo idil waxay ahaayeen wax igu cusub. Markii aan ka degey garoonka diyaaradaha waxaa dadka halka ay diyaaraddu ku soo xirato ka rarayey tareen koronto ku shaqeeya oo aysan cidina wadin. Xajmiga iyo dhismaha casriga ah ee garoonka diyaaradaha ayaan kowdiiba ku indha-daraandaray. Waxaan is iri diyaaraddu waa ku la soo luntay oo Yurub ayey kaa dejisay! Hablo xijaaban oo si edeb leh kuu la hadlaya oo waaxda socdaalka (immigration) ka tirsan ayaan baasaboorka u dhiibtay. Waxaa la i waydiiyey kaarka caafimaad ee jaallaha ah (yellow card) in aan sito iyo in kale. Ma aanan haysan, taasina waxa ay sababtay in muddo usbuuc ah la igu karantiilo garoonka diyaaradaha gudihiisa. Qol aad hoteel mooddo oo dadka lagu karantiilo ayaa la i dejiyey. Waxaan fursad u helay in aan si fiican garoonka diyaaradaha u kala barto. Markii aan ka soo baxay oo aan Kuala-Lumpur imid ayaan u sii gudbay jaamacaddii i soo aqbashay oo ku taalla Selangor oo ah degmo duleedka Kuala-Lumpur ku taalla.

Waxaan aad u la yaabay sida fudud ee ay hawlaha is-diiwaangelintu iigu dhammaadeen. Suudaan way adkayd in hawl maalin u soo baxday ay maalintaas iyo maalmo u dhowba kuu dhammaato. Xilligii uu dalkeennu dawladda lahaa iyo Suudaan oo aan jaamacadda ku soo qaatay waxay ka sinnaayeen daahid iyo iska daba wareeg aad mooddo luggooyo ku-talagal ah. Waxaa lagu macnayn karayaa sababta ugu wayn ee sidaas wax ugu dhacayaan in ay tahay in dadka ka shaqeeya xafiisyada adeegga guud ee dadwaynahu (civil servants) ay halkii ay xafiiska u arki lahaayeen adeeg (service) ay dadwaynaha mushaarkooda bixiya u qabanayaan ay u haystaan awood (authority) iyo meel ay iyagu leeyihiin oo markii ay ugu yartahay aad kaga mahad naqdo axsaanka ay kuu sameeyeen, haddiiba aanay laaluush ama weji aqoon wax kuugu qaban. Taas ayaa keenaysa in maalmo iyo muddo badan aad isaga daba laabato, kaa oo ah ku-takrifal maamul kan ugu ba'an.

Malaysiya way ka duwanayd oo hawlwadeennada maamulku waxay u arkaan waxa ay qabanayaan in ay adeeg bulsho oo lagu leeyahay tahay. Dabcan caqliyadda labada dal iyo bulsho ayaa kala duwan.

Wax kasta xilligaa (dabayaaqadii 1999) Malaysiya waxay ku shaqaynayeen kombuyuutar iyo teknoolajiyadda casriga ah, laga bilaabo is-diiwangelinta, bixinta lacagta waxbarashada, isticmaalka maktabadda guud ee jaamacadda iyo tan kuliyadda, halka aad ka daalacanayso natiijada imtixaanaadka, tareenka aad raacayso, wada-xiriirka adiga iyo macallinkaaga idin ka dhexeeya—iyo guud ahaan jaamacaddaba waxaa loo adeegsanayay teknoolajiyadda, halka ay waxaas oo idili Suudaan ka ahaayeen fool-ka-fool in aad u la macaamisho.

Malaysiya waa dal aqlabiyadu Muslim tahay laakiin bulshadu kala isir iyo diin tahay. Marka laga tago dadka dhulka loogu yimid oo (Orang Asal) la yiraahdo, saddex qowmiyadood oo kale ayaa ku dhaqan: Malley, Shiinays iyo Hindi. Ilbaxnimada iyo horumarka Muslimiintu ay gaareen waa su'aalaha aan mar walba is-waydiin jiray, aniga iyo asxaabtayda kale ee Soomaaliyeed, Carbeed iyo kuwa Afrikaanka ahiba. Malaysiya ma ahayn dal xaraakaad Islaami ah oo xoog lehi ka jiraan, sida Suudaan. Islaamnimada dadka Mallayga ahi waa mid qunyarsocod ah, laakiin waxaa dalka jooga dhallinyaro Carbeed iyo kuwo Afrikaan ah oo mashruucii Islaamiyiinta xanbaarsan. Dhallinyaradaasi jawaabo u ma aysan hayn sababta dalalkooda dib u dhigay Malaysiyana horumariyey.

Qaar badan oo dhallinyaradaas ka mid ahi waxay ku qancayeen in mashruuca Islaamiyiintu uusan miradhal wayn ahayn loona baahanyahay in Malaysiya wax laga barto, gaar ahaan is-waafaajinta Islaamnimada iyo dawlad casri ah oo horumar dhaqaale, mid tiknoolajiyadeed iyo wada-noolaasho bulsho intaba leh. Horumarka Malaysiya waa la la wada dhacsanaa, laakiin cid haysay taladii iyo qaabkii wax looga baran lahaa ma jirin. Halkudhigga "Islaamku waa xal" ee looga jawaabayo mashaqooyinka iyo caqabadaha ragaadiyey bulshooyinka aan ka soo jeedno, waxaa kooxaha Islaamiyiinta u dheer "aragtida shirqoolka ku dhisan" (conspiracy theory) ee dunida Galbeedka lagu eegayo, taasoo ah in aysan horumar la rabin dalalka Carbeed, Afrika iyo kuwa Islaamka ah intaba ee keli ah ay doonayaan in ay kheyraadkooda daldashaan, dhibka, faqriga, jahliga iyo cudurkana ku hayaan. Aragtidaas shirqoolka ku dhisani waxay keentay in wax kasta oo Galbeedka ka yimaadda indha xun lagu eego lana dhinac maro xadiiskii Suubbanaheenna (scw)ee ahaa "Xikmaddu waa baadida Mu'minka, halkii uu ka helana dadka isagaa uga xaq badan" oo ka dhigan in tijaabooyinka iyo waaya'aragnimada ummadda laga faa'iido, iyada oo aan la eegin abtirkiisa, diintiisa iyo jinsigiisa intaba.

Malaysiya waxay ahayd dal ka faa'iiday tiknoolajiyada, maamulka casriga ah, hannaanka dawladnimo iyo maalgashiga Galbeedka. Waxay xoogga saareen in ay eegaan mu'asasaadka dawladaha Galbeedka, tiirarka aqooneed ay ku taagantahay, horumarka dhaqaalaha, tiknoolajiyadda, welise waxaa ka dhimmanaa tixgelinta xuquuqda iyo ilaalinta xurmada muwaadinka, horumarka hay'adaha cilmibaarista, is-dheellitirka hay'adaha siyaasadeed iyo kala madaxbannaanida laanta fulinta, sharcidejinta iyo garsoorka, iyo kobcinta raasumaalka bulsho ee isku haya muwaadiniinta.

Markii aan waxbarashada dhammaystay ayaan waxaan kala doortay in aan Soomaaliya dib ugu laabto iyo in kale. Weliba saaxibbo badan ayaa igu dhiirrigeliyay in aan aqoontayda dalka uga fa'iideeyo. Xilligaas waxaa la dhisay dawladdii Carta ee uu Cabdiqasim Salaad Xasan madaxweynaha ka ahaa. Ka hor intii aanan Soomaaliya ka tegin oo Malaysiya u aadin waxbarashada, waxaan qayb ka ahaa dhaqdhaqaaq ka socday Muqdisho oo ay isla wadeen ururka Al-Islaax iyo koox uu Cabdiqasim Salaad hormuud u ahaa oo ay ka mid ahaayeen Jeneraal Galaal, Maxamad Sheekh Cusmaan, Amoore, Jeneraal Liiqliiqato, Sheekh Jaamac iyo Abuukar-Huu oo dhammaantood ahaa raggii Muqdisho ku haray kana tirsanaa rajiimkii Maxamed Siyaad Barre. Dr. Dasuuqi, Dr. Baadiyow, Dr. Cali Baashi, Cabdikariin Xuseen Guuleed iyo rag kale ayaa hawshaas dhinaca Islaax qayb uga ahaa. Waxay asxaabtayda quud-darreynayeen in aan dalka dib ugu soo laabto, maadaama aan Cabdiqasim horay u wada shaqaynnay isku beelna nahay, taa oo fududayn karta xiriirka labada dhinac. Laakiin waxaan door biday in aan qurbaha ka wardoono.

Waxaan aad u danaynayey in aan waxbarashada sii wato, waxaana taa igu sii dhiirrigelinayey asxaab horey qurbaha u tegey oo waxbarasho iyo shaqaba dalalkii ay tageen ka bilaabay. Safaaradaha Galbeedka ee Malaysiya ku yiillayna fiisaha si fudud ayaa looga qaadanayey, gaar ahaan Soomaalida waxbarashada sare dhammaysatay.

INGIRIISKA IYO QACDII KOWAAD

Qof walba wax ayaa ka soo jiita dalka uu ku cusubyahay. Aniga Ingiriiska waxaa qacda horeba (first impression) i soo jiitay dadka tareennada ka buuxa oo qof walba buug ama wargays uu akhrinayo, qof qof la hadlayana uusan jirin. Taa waxaa dheer in xaafad iyo laan kasta oo ka mid 32 degmo ee ay magaalada London ka koobantahay ku taallo Maktabad dadwaynuhu wax ku akhristaan. Waxaan qaxootinimo ka dalbaday Wasaaradda Arrimaha Gudaha. Way ii soo diideen, waxaanse rafcaan u qaatay Maxkamadda madaalimta ama maamulka oo iiga garnaqday Wasaaradda. Sharciga magangeliyada dalka Ingiriiska waxaa laga keenay heshiiskii Geneva (Geneva Convention). Dawladda Ingiriiska iyadoo ka duulaysa ilaalinta xuquuqda bani'aadamka ayay go'aansatay in ay heshiiskaas qayb ka noqoto. Garsoorayaasha dalka Ingiriiska wuxuu xil ka saaran yahay in ay sharciga ilaaliyaan oo ay xukuumadda ka garnaqaan haddii ay isku daydo in ay sharciga ku xadgudubto. Waa qiyamka dimoqraadiga ah ee kala madaxbannaanida iyo is-dheellitirka awoodaha dawladda.

Doodda Federaalka

Warqaddii casuumaadda ee aan dalka Ingiriiska ku imid waxaa ii soo diray Soomaali Association of Britain (SAB) oo uu xilligaa guddoomiye ka ahaa Maxamad Nuur Tarsan oo mar dambe noqday Duqa Magaalada Muqdisho iyo Safiirka Soomaaliya ee dalka Kenya. Tarsan wax aqoon ah isu ma lahayn, laakiin walaalkey Cabdiqaadir Cabdishakuur oo ay wada shaqaynayeen ayaa casuumadda iiga soo qaaday. Waxaa dadka qiimaha badnaa ee SAB ka shaqaynayey oo aan xilligaa is-barannay ka mid ahaa (Alle ha u raxmadee) Prof. Maxamuud Guure oo isagoo Xildhibaan ah kooxda Argagaxisada Al-Shabaab ku dileen Hoteel Ambassador ee magaalada Muqdisho. Waxay ahayd geeridii iigu naxdinta iyo xanuunka badnayd ee muddo i soo wajahda.

Tarsan iyo Guure ayaa soo qabanqaabiyey kulan doodcilmiyeed ah oo ku saabsan xalka Soomaaliya sida lagu wajihi karo. Waa bilawgii sannadkii 2002. Dood kooban oo aan ka soo gaabiyey buuggayga aan kaga qalinjebiyey heerka labaad ee jaamicadda ayaan goobta ka jeediyey. Waxaan ku dooday in maadaama Soomaalidii ay kala socotay oo nidaamkii xukuumad dhexe oo mid ah (unitary state) ku dhinsaa uu burburay dib aan loo soo celin karin, xalka keli ah ee waaqacu meerinayana uu yahay hannaanka Federaalka. Hoolkii shirka ayaa isla guuxay. Dood kulul ayaa meeshii ka dhalatay. Marka laga reebo saaxibbaday Tarsan iyo Guure iyo tiro kale oo dad yar ah, inta badan dadka goobta joogay i ma aysan aqoon. Markii shirkii dhammaaday ayaa waxaa gees ii la istaagay Sureer Abshir Muuse oo ay walaalo yihiin (Alle ha u naxaristee) Jeneraal Maxamad Abshir Muuse oo reer Garoowe ah. Sureer waxay ii qaadatay in aan reer Puntland ahay. Waxay i waydiisay in aan Kanada ka imid iyo in kale oo aan hebel ahay. Waxaan ku iri Kanada ka ma imaan, ninkaasna ma ihi, qolada aad ii malaynaysana ka ma soo jeedo.

Goobta shirka waxa isaguna joogay oo dood adag i la galay (Alle ha u naxariistee) qoraa Cabdulqaadir Cusmaan "Aroma." Qoraaga mar aan isku helnay goob tolku isugu yimid ayuu igu la kaftamay war adigu ma Cayr baa ahayd? Oo maxaa hadde meesha i keenay ayaan ugu jawaabay. Sow ninkii maalin dhoweed doodda Federaalka ee reer Puntland watay ma ahayn ayuu si kaftan ah ii yiri. Wuxuu sii raaciyey lahjadda hadalkaaga waa reer Hiiraan, waxaan ku mooday in aad Gaaljecel ama Baadicadde midkood tahay. Buulaburte waa magaalo dad kala qabiil ahi degganyihiin. Taasi waxay keentay in lahjado badan is dhex galaan, luqad fudud oo Buulaburtaysanna ay ka soo baxdo. Qofkii sida Cabdiqaadir-Aromo si fiican dhaqanka, degaannada iyo qabiillada Soomaaliya u kala yaqaan, way u sahlantahay in uu soo qabto degaanka aan ka imid. Dood kulul oo la xariirta Federaalka ayaa aniga iyo Aromo meesha nagu dhex martay. Alle ha u naxariistee, Cabdiqaadir iyo dad kaloo badan oo aan dabadii ka doodnay arrimaha Federaalka waxay dooddoodu ku dhisnayd cabsi iyo walwal ku aadan niddaamka federaalka, taas oo ka imaanaysay shaki ay ka qabaan cidda federaalka keentay oo ay ku sheegayeen Itoobiya oo doonaysa in ay Soomaalida kala googoyso, iyo Soomaali ay isku siyaasad yihiin oo markaa ay farta ku godayeen siyaasiyiinta reer Puntland. Waa dhab in Reer Puntland ay Federaalka hor boodayeen, laakiin aniga dhan siyaasadeed kaga ma aanan imaanayn ee waxaan ka eegayey dhan akadeemi ah.

Malaysiya oo aan xilligaa ka imid waxna ku soo bartay ayaa ahaa dal federaal ah. Taariikhdiisa dal-dhiska iyo xaaladda uu federaal uu ku noqdayna waxay u egtahay tan Soomaaliya. Dhowr iyo toban Suldaan ayaa xukunka sannado badan ku loollamayey, kuwaasoo ugu dambayn ku heshiiyey in ay isugu yimaaddeen hannaanka Federaalka ah oo dastuurkooda gundhig looga dhigay Muwaafaqo oo ah "Is-oggol." Waxaan Cabdiqaadir waydiiyey, cid kasta oo igu la doodda Federaalka in ay Itoobiya nagu kala qoqobaysana waydiiyaa: hannaanka federaalka ee qowmiyadaha ku dhisan ee Itoobiya yaa iyadana ku qasbay oo ku kala qoqobay? Jawaabtu waxay ahayd tan ay qabaan qowmiyadda Amxaarada Itoobiya oo federaalka ka soo horjeedda aamminsanna nidaamka urursan ee awoodda xarunta dawladda dhexe ku aruursantahay, taasoo ah shirqool ay reer Galbeedka Itoobiya la damacsanyihiin. Waxaase dhab ah in Itoobiya aysan cidna ku shirqoolin Federaalka qowmiyadaha ku dhisan ee ay garawsadeen in aysan mar kale dib ugu laaban karin hannaanka hal xarun ka taliska ah. Weliba Federaalka Itoobiya waa mid qowmiyadaha in ay go'aan u oggaalanaya. Waxaan moodi jiray in Islaamiyiinta oo keli ah ay ka adeegtaan aragtida shirqoolka ku dhisan e waa mid Soomaalida ku dhex baahday.

HAWLAHA JAALIYADDA UK

Intii aan Ingiriiska joogay shaqadaydu waxay u badnayd ka shaqaynta hawlaha jaaliyadda, haddii ay tahay dhinaca gacansiinta adeegyada ay dawladda hoose uga baahanyihiin, sida buuxinta foomamka, dalbashada cayrta, degaanka, dhowrista carruurta, ama hawlaha dhallinyarada la xariira Somali Youth Council. Markii dambana waxaan madax ka noqday mid ka mid ah xarumaha ugu wayn ee Muslimiinta Galbeedka London ku nool ku cibaadaystaan oo Masjid iyo adeegga hawlaha Jaaliyadda isugu jira.

Masjidka North London ee Finsbury Park Mosque

Wuxuu ahaa masjidka adduunka ugu caansan sababtoo ah waxaa gacanta ku hayn jiray mid ka mid ah ragga xagjirka ah oo la oran jiray Abu Xamsa Al-Masri. Dacwo dheer oo ay xukuumadda Ingiriiska Garsoorka u gudbisay ayaa Masjidka lagu xiray. Abu Xamsa ma qarsan jirin in ay saxanyihiin uuna taageersanyahay weerarrada lagu qaado Ingiriiska iyo Maraykanka. Wuxuu si cad minbarka masjidka uga sheegi jiray in uu jeclaan lahaa in uu arko No. 10 (xafiiska looga taliyo dalka Ingiriiska) oo la qarxiyey. Wuxuu lahaa dhallinyaro badan oo isaga xer u ah wuxuuna u sheegi jiray in ujeedkooda ugu wayn uu yahay in ay Ingiriiska Dawlad Islaami ah ka dhisaan, isagoo ku boorrin jiray in ay u baxaan Jihaadka dunida ka socda una gargaaraan walaalahooda dunida lagu darxumaynayo.

Xukuumadda Ingiriisku mar kasta oo ay dacwad ka gudbiso garsoorka ayaa soo fasaxayey Abuu Xamsa, maadaama aan caddaymo ku filan oo lagu eedeeyo la hayn. Sirdoonka Ingiriiska ayaa dad badan ku dhex darsaday xertiisa. Muslimiinta Ingiriisku way isku khilaafsanaayeen Abuu Xamsa. Inta badan Muslimiintu waxay u arkayeen in uu yahay nin u shaqeeya sirdoonka Ingiriiska oo la doonayo in lagu sumcad dilo Muslimiinta, laakiin waxaa jiray in yar oo aamminsanayd in uu yahay nin xaqa ku taagan oo Muslimiinta iyo diinta Islaamka difaacaya. Markii ay dhacday 11 Sebteembar ayuu Baarlamaanka Ingiriisku dejiyey sharciyo badan oo argagaxisada la xariira oo xukuumadda awood dheeri ah siinaya. Ugu dambayntii, waa la xiray Abuu Xamsa, masjidkiina waa la la xiray, isagiina waxaa loo gacan geliyey dawladda Maraykanka.

Saddex sannadood oo dood iyo dacwo ay Muslimiinta Galbeedka London ku jireen ka dib ayaa Masjadkii la furay. Waxaa lagu wareejiyey mid ka mid ah ururrada Muslimiinta. Ururkaas ayaa imtixaan uu qaaday oo aan ku galnay dhowr iyo toban ruux waxaan ku guuleystay in aan shaqadii maamulka xarunta helo. Shaqadaydu waxay ahayd maamulka xarunta oo uu masjidku ugu muhiimsanyahay. Waxaa kaloo jira hawlo kale oo jaaliyadda loo qabanayo, sida shaqo abuurka, la-talinta dhallinyarada, xoojinta ardayda waxbarashadoodu hoosayso oo macallimiin loo qabto, ka hortagga dhallinyaradu in ay kooxaha daroogada ka shaqeeya ama xagjirka ku lugta leh duufsadaan. Waxaa la la shaqaynayaa Wasaaradda Arrimaha Gudaha, maamulka dawladda hoose ee degaanka, hay'adaha qaabbilsan sharciyeynta iyo maamulka hay'adaha samafalka, xildhibaanka xaafadda, dadka diimaha kale haysta iyo hay'adaha nabadgelyada intaba. Waxaan ku guuleysannay in aan imaam Jaamacadda Azhar ka keenno oo labada luqadood ee Carabiga iyo Ingiriiska ku hadla iyo in aannu dibuhabayn ku samaynno guddiga xarunta u taliya oo uu maamulaha hoos tago. Waxaan dejinnay qaab hawleed aan ku la shaqaynno hay'adaha shaqadu naga dhaxayso.

Maxamad Macruuf

Waxaa subax anigoo xaafiskayga ku jira iigu soo galay nin ku labbisan dharka Pakistan oo garkiisu xuddunta agteeda joogo, kana muuqato calaamadihii sunnada oo idil. Wuxuu si tartiib tartiib ah ii waydiiyey su'aalo nolshadayda ku saabsan. Waxaan la yaabay sida uu ii yaqaano ama ii la socdo. Mar kasta uu su'aal igu saabsan i waydiinayo wuxuu raacinayaa sow sidaas ma aha; waxaan ku iraahdaa "haa." Hawl xafiiska ayaan mashquul ku ahaa oo kumbuyuutarkayga ayaan ku sii jeeday, su'aalihiisana waan dhibsanayey. Soomaali haddii aan nahay, in kastoo aan in badan innagu si bilaash ah sirteenna dadkoo idil ugu sheegno, haddana ma jeclin in su'aalo badan oo nolosheenna la xariira na la waydiiyo. Ugu dambayntii, salaaddii duhur ayaa la galay, aniga iyo Maxamadna jamaacadii ayaan ku wada tukanay. Markii aan ka soo laabannay salaadda oo aan xafiiska ku soo noqonnay ayuu iiga sheekeeyey qiso ku dhacday markii ay 11 Sebteembar dhacday isagoo tareen saaran oo ay koox xagjirka caddaanka ahi soo wareereen oo uu yaa Allaah uga baxsaday. Wuxuu igu yiri; waxay arkayeen calaamadaha sunnada ee iga muuqda laakiin ma aysan aqoon waxa aan ahay, marnana u ma sheegin cidda aan ahay. Wuxuu ii soo taagay kaarkiisa xiriirka (business card). Maxamad wuxuu ka tirsanaa Booliska Ingiriiska, qaybta sirdoonka iyo dabagalka oo loo yaqaanay "Laanta Gaarka ah"(special branch). Wuxuu ii raaciyey in uu xiriirka xaafadda iyo booliska qaybtiisa uu isagu u qaabbilsanyahay.

Sababta uu shaqadan u qortay ayuu ii sheegay in ay tahay si uu dalkiisa Ingiriiska iyo dadkiisa Muslimiinta ahba ugu ilaaliyo. Wuxuu ii sheegay in aan iska kaashanno qabanqaabada koorsooyin uu masjidka siiyo dhammaan laamaha dawladda ee xaafadda ku sugan, booliska, waaxda caafimaadka (NHS), guriyeynta, iskuullada, hawlwadeennada ilaalinta carruurta, kuwa oo la xariira Islaamka iyo Muslimiinta. Waxay ay dhibsanayaan Muslimiinta oo diintooda iyo dhaqankooda dhibka ku ah. Ujeedka koorsooyinka ayaa ahaa in hawlwadeennada la baro Islaamka iyo dhaqanka Muslimiinta. Xataa waxaan baraynay sida loo tukado salaadda iyaga oo aan Muslim ahayn. Dadka sida wayn noo la shaqeeyey waxaa ka mid ahaa xilligaas xildhibaanka xaafadda, Jeremy Corbyn, oo markii dambe noqday hoggaamiyaha Xisbiga Shaqaalaha (Labour Party), laakiin aan ku guulaysan tartankii madaxtinimada.

Waxyaabaha aan hawshaas ka faa'iiday la ma soo koobi karo, laakiin waxaa ugu muhiimsanaa in aan fahmo sida dawladda Ingiriisku u shaqayso, aragtida laga qabo Muslimiinta, iyo sida ay jaaliyadaha kale u shaqeeyaan. Waxaan kaloo aad wax ugu ogaaday markii aan sheekeysannay hoggaamiyayaal Diinta Masiixiga qaybaheeda kala duwan in shacabka Ingiriiska inta diinta Masiixiga ku dhaqanta ay aad u yaryihiin. Waxaan kaloo wax ka fahmay sida jaaliyadda Yuhuuddu ay u shaqayso, xiriirka iyaga iyo dawladda ka dhexeeya, iyo saamaynta ugu badan ee ay dalka ku leeyihiin.

Aniga iyo Inantii Yuhuudda ahayd

Maalin waxaa jaaliyadda diinta (Faith Communities) laga wacay xafiiska taliyaha Booliska dalka Britain. Waxaa i soo dhinac fariisatay inan da'deeda aan ku qiyaasay dhowr iyo labaatan jir. Waxaan ku iri xaggeed ka socotaa? Waxay ii sheegtay in ay ka socoto jaaliyad yar oo kuwa Yahuudda ka mid ah. Markii aan waydiiyey waxa ay qabato waxay ii sheegtay in ay shaqadeedu tahay in ay dabagal ku samayso wargaysyada lagu daabaco dalka Britain eegtana haddii ay qoraan wax liddi ku ah jaaliyadda Yuhuudda. Waxaan waydiiyey maxaad qaban haddii aad wax liddi idinku ah aragto? Waxay igu tiri waxaa liis iigu jira 50 kun oo email oo xubnaha jaaliyadda ah oo aan u diraa farriin qoraal ah oo aan diyaariyey, si ay ugu diraan IPSO (The Independent Press Standards Organisation) oo ah hay'ad madax bannaan oo sharciyeysa warbaahinta Ingiriiska. Waxay tiri: Haddii ay IPSO hesho farriimo cabasho oo 5 kun gaaraya waxay ku qasbantahay in ay tillaabo ka qaaddo wargayskaas. Ugu yaraan 25 kun oo dadka liiska emial-lada iigu jira ayaa farriinta u dira hay'dda. Waxaan waydiiyey cidda maalgelisa. Waxay igu tiri: xubnaha 50-ka kun ah ayaa midkiiba bishii wuxuu bixiyaa hal gini, kontankaas kun ee gini ayaa kirada xafiiska iyo mushaarka labo ruux oo kale oo i la shaqeeya ka badan. Sheekada markii ay halkaa marinayso ayuu kulankii aan u nimid bilawday. Waxaan marna maskaxdayda ka go'in hawsha ay inantaasi dadkeeda u hayso, sida ay u fududdahay, u qarash yar tahay, qof walbana ugu qaybqaadanayo iyo sida ay waxtarka u leedahay. Muslimiinta Ingiriisku waa 3 milyan, jaaliyadda Yuhuudduna waa 3 boqol oo kun. u ma baahnid in aad is waydiiso sababta ay u kala saamayn bateen; waa isku xirnaanta, wada shaqaynta iyo tayada abaabulka.

Ingiriiska markii aan imaanayey waxaa qaab fekerkayga iyo sida aan adduunka u arko saamayn ku lahaa aragtida Islaamiyiinta iyo qoraallada fasiraadda shirqoolka ku dhisan. Waxaan bilaabay in aan akhriyo buugaagta siyaasadeed ee ay qoraan aqoonyahanka Galbeedka ee bidixda u janjeera, sida Tariq Ali, George Monbiot, John Pilger, iyo sheekha wayn ee bidixda, Noam Chomsky. Aqoonyahanka Galbeedka ee bidixda iyo Islaamiyiinta waxay aragti wadaag ka yihiin doodaha qaarkood, meelo badanna way isaga soo dhacaan. Markii ay soo xoogaysteen kooxdii madaxweynaha Maraykanka, Georg W. Bush, ku hareeraysnaa ee loo yaqaanay Muxaafidiinta Cusub (neo-conservative) ayaan isku dayey in aan doodahooda fahmo. Waxaan bartay aqoonyahanno kooxdaas ka tirsan oo ay ka mid yihiin Richard Pell, Robert Kagan, Neil Ferguson, Paul Wolfowitz, iyo Francis Fukuyama. Akhriska raggaan wuxuu ii furay aafaaq cusub iyo hir hor leh. Waxaan kaloo bartay rag kale oo bidixda dhexe ah oo ay ka mid yihiin Freed Zakaria, Thomas Freedman, Richard Haas, Robert Cooper iyo rag kale. Waxaan dhabtii helay fikrado dheellitiran.

Dhinaca kale, dhexgalkii hay'adaha siyaasadda iyo xarumaha cilmibaarista, la socodka siyaasadda iyo saxaafadda waddanka Ingiriiska, waxaan ka faa'iiday in aragtiyo shirqool iyo kutirikuteen u badnaa aan meel iska dhigo. Sawir dheellitiran ayaan ka helay loollanka awoodaha adduunka, danaha la isku hayo, isha iyo asalka fikradaha kala duwan. Waxaa kale oo waxyaabaha aan ka faa'iiday ugu waynaa in aan wax ka soo qaadin kutirikuteen iyo cilmi-dhegood ee aragti walba aan iska xaqiijiyo, qaatana haddii ay xujo iyo burhaan leedahay. Haddii aad cilmi-dhegoodka iyo kutirikuteenka u badato waxaa sahlan in wax kasta aad dhayal u qaadato, dadkana sidaa ku xukunto. Waa tan keentay in Soomaalida oo dhaqankaas u badan ay iyaga qudhoodu sidaas isku xukmiyaan oo ay go'aanno ku qaatan wax la yiri iyo wax la sheegay.

Waxaan fahmay in aanu adduun hal ahi jirin. Waxaan kaloo ka nastay fikirkii iyo aragtidii shirqoolka ku dhisnayd. waxaan ogaaday in mushkiladuhu ay ka weynyihiin sida sahlan ee loo sifaynayo, xalkuna uusan cidna jeebka ugu jirin. Waxaan kaloo dhexgal wayn ku sameeyeey xoogagga kala duwan ee Islaamiyiinta Dunida Carabta ka yimid ee dalka Britian ku noolaa. Waxaan la macaamalay wejiga dhabta ah ee Islaamiyiinta: loollanka, shirqoollada, is daba-geddinta, damaca shaqsiga ah iyo sida magaca diinta loogu danaysto. Waxaan is lahaa Soomaalida ayaa mashaakilkaani ku koobanyahay laakiin waxaan ogaaday in kooxaha Islaamiyiinta ah meel kasta oo ay joogaanba ay isku mid yihiin. Waxay ahayd waayo'aragnimo wayn oo nolashayda wax wayn ka beddeshay.

Doodaha furan ee Jaamacadda, xarumaha cilmibaarista iyo warbaahinta UK ka socda, dhiirrigelinta akhriska, aqoonta iyo qiyamka tasaamuxa, dulqaadka iyo ixtiraamka xuquuqul insaanka, sarraynta sharciga, u sinnaanta cadaaladda horteeda—waa waxaan mar kasta oo aan Ingiriiska ka maqanahay tebo.

3

BILAWGII SIYAASADDA

BILAWGII SIYAASADDA

Aniga iyo asxaab badan waxaan hawlaha adeegga jaaliyadda ka sokow ku hawlanayn arrimaha siyaasadda. Waxaan asaasnay ururka Somali Concern Group, kaa oo ujeedkiisu ahaa difaaca xuquuqda siyaasadeed ee Soomaalida dalka UK ku dhaqan. Waxaase taas ka xoog batay hawlaha siyaasadda dalkii hooyo ka socday. Xilliyadaas waxaa soo idlaanayey muddo-xileeddii dawladdii Carta lagu soo dhisay ee uu Madaxweyne Cabdiqaasin Salaad Xasan hoggaaminayey. Waxaa furmay shirkii Eldoret ee dalka Kenya oo markii dambe Mbagathi loo soo wareejiyey.

Ururka Somali Concern Group waxaan ku talagalnay in uu guddoomiye ka noqdo (Aun) Prof. Maxamuud Guure, laakiin koox asxaabta ka mid ah oo isa soo abaabushay ayaa na la rogay. Aniga iyo Maxamuud Axmed Nuur (Tarsan) iyo saaxiibbo kale oo fikirka curinta lahaa waxaan u bandhignay (Aun) Cabdillaahi Kabaweyne oo markii dambe isagoo ah Xildhibaan Baarlamaanka ka tirsan lagu dilay weerar Hoteelkii Ambasador, isaga iyo Prof. Guure. Waxaa kaloo ka mid ahaa Jeneraal Bashiir Goobbe, Xuseen Macallin oo noqday la-taliyaha amniga qaranka, (Aun) Eng. Cabdiraxmaan Cumar (Yariisow), duqii hore ee magaalada Muqdisho oo ay argagaxisada al-Shabaab ku dileen xafiiskiisa oo ku yaallay xarunta gobolka Banaadir, iyo Durraan Faarax oo noqday wasiirkii Gaadiidka Cirka iyo Dhulka ee xukuumaddii Farmaajo. Dastuurka ururka aniga ayaa qoray laakiin markii la gaaray xilligii doorashada kooxdayadii waa la la geddiyey waxaana guddoomiye loo doortay, Alle ha u naxariistee, Cabdiraxmaan Cumar Cusmaan (Eng. Yariisow).

Somali Concern waxaan ku barannay in aan dhex galno hay'adaha dawliga ah ee dalka Ingiriiska, sida Baarlamaanka, Wasaaradda Arrimaha Dibadda, Chatham House, Warbaahinta dalka iwm. Waxaan ka mid noqannay dadka arrimaha Soomaaliya laga la tashto. Asxaabta qaar ayaa ka qaybgalay shirkii Soomaalida ee Kenya ka socday, waxaan isku daynay in magaca Somali Concern looga qaybgalo laakiin ma suuragelin. Waxay asxaabtaas ku qasbanaadeen in ay ka mid noqdaan guddiyadii hoggaamiye-kooxeedyada.

Hawlaha SCG ka sokow, aniga iyo asxaab kale waxaan gacanta ku haynay mareeg warbaahineed oo magaceeda Goobjoog.net la oran jiray oo aan tafatire ka ahaa iyo majallad Hiraal la yiraahdo oo aan London ka soo saari jirnay. Saaxibbada kala ah walaalkeey Cabdiqaadir Cabdishakuur, safiir Cumar Idiris, Maxamad Amiin Haadi, Dr. Maryam Qaasim iyo saaxiibbo kale. Waxaan kaloo qayb ka ahaa Hiraal Book Club oo bil walba buug ruux soo akhriyey looga doodi jiray. Saaxibbada kala ah Ibraahim Axmed Cusmaan, Mustafa Ibraahim, Cabdiraxiin Shaafici, Cabdiqaadir Cabdishakuur, Maxamad Amiin Haadi, Ilyaas Cumar, Cabdijabaar, iyo Maxamad Cabdiraxmaan ayaa qeyb ka ahaa. Wuxuu ahaa kulan xiiso leh oo akhriska iyo aqoon is-waydaarsiga dhiirrigeliya.

Geeridii Cabdiqaadir Yaxye

Mudane Cabdiqaadir Yaxye Cali waxaan is barannay sannadkii 1998, xilligaa oo aan ahaa madaxa maamul ee Hay'atul Culyaa. Xarunta Hay'adda oo xilligaa ahayd dhisme markii dambe loo beddelay Hotel Amiira oo ay lahayd Xildhibaanad Maryan Cariif Qaasim ayaan deris ku ahayn Cabdiqaadir. Wuxuu qabay gabar Dr. Maryan dhashay. Si aad ah ayaan isku sheeko barannay. Wuxuu markii dambe madax ka noqday Xarunta Cilmibaarista ee CRD. Magaalada London ayuu sannadkii 2005 nagu soo booqday. Shaah iyo sheeko dheer ka dib, waxaan ka qaaday waraysi uu siiyey mareegta *Goobjoog.net* iyo majaladda Hiraal. Waxa uu ii sheegay in ay tahay markii ugu horraysay ee noloshiisa uu ka fekeray in uu dalka ka baxo uuna go'aansaday in uu Maraykanka muddo soo joogo. Wuxuu aad uga dayriyey xaaladda dalka. Cabdiqaadir waxyaabihii iga yaabiyey ee uu xilligaa ii sheegay waxaa ka mid ahaa in kooxo argagaxiso ah oo dadka haldoorka ah dila ay dalka ka abuurmeen, waana kuwa markii dambe naftiisa galaaftay. Wuxuu kaloo walwal wayn ka qabay in Itoobiya si toos ah dalka u soo faragelin doonto. Wuxuu aad uga soo horjeeday rajiimkii Cabdillaahi Yuusuf. Wuxuu kaloo cabsi ka qabay ay shirqoolaan Itoobiyaanka iyo dawladda Cabdillaahi Yuusuf. "Cabdiraxmaan, waa iga bes Soomaaliya," ayuu igu yiri, "haddii aan Muqdisho tago waxaan joogayaa ugu badnaan usbuuc ama labo waana aan soo baxayaa, waana idin soo marayaa," ayuu igu macasalaameeyay. Waxay ahayd bilawgii July, sannadkii 2005.

Dhowr maalin ka dib 11 Julay 2005 ayaa la ii soo sheegay geerida Cabdiqaadir Yaxye, Alle naxariistiisa ha siiyee. Maalintaas waxaan joogay xaafiiska aan ka shaqaynayey oo ku yaalla xaafadda Camden ee Galbeedka London. Hadalkii ayaa igu istaagay. Xafiiska xilligaa kaligey ayaa joogay. Illinta ayaa si aan kala joojin waayey iiga qubanaysay, waxaana mar kasta i hor imaanayey hadalladii Cabdiqaadir igu macsalaameyey, iyo geerida degdegga ah ee la ii soo sheegay. Waxaan kaloo la murugooday ninka ay Soomaali waysay. Cabdiqaadir wuxuu ahaa kaadir burji leh, xog-ogaal ah, si waynna u la socda siyaasadda Soomaaliya, dunidana ay ka warsato arrimaha dalkeenna oo markaa aad u cakirnaa. Maalmo ayey murugada iyo xanuunka dilka Cabdiqaadir wehel ii ahaayeen. Saaxibbo badan ayaan gudaha dalka ka wacay oo aan waydiiyey in aan wax ka ogaado dilka Cabdiqaadir; waxay ii sheegeen in aysan jirin cid la ogyahay laakiin tuhummo ay jiraan.

Muddo usbuuc ah ka dib ayaa moobilka la soo garaacay, haddii aan qabtayna, "Hello! This is Massimo from *Corriere della Sera*. Waxaan rabaa in aan kaa waraysto Cabdiqaadir Yaxye iyo wax aad ka taqaan. Xasan Bariise oo markaa ahaa wariye ka tirsan BBC-da ayaa taleefankaaga i soo siiyey, wuxuuna ii sheegay in aad Cabdiqaadir is taqaanneen." Waxaan ku iri haye. Waan la ballamay. Xilligii ballanta ayaa waxaa ii wada yimid Massimo iyo nin la socday oo Matt Brayden la yiraahdo oo ii sheegay in uu u shaqeeyo hay'adda xasaradaha adduunka (International Crisis Group). Massimo ayaa iga waraystay wixii aan ka aqaannay Cabdiqaadir

Yaxye oo intii Ilaahey iga garansiiyey ayaan u sheegay. Waxay wax iga waydiiyeen ragga dilka Cabdiqaadir lagu tuhunsanaa oo Islaamiyiinta Jihaadiyiinta ah. Waxaan u sheegay in aanan wax badan ka ogayn. Matt wuxuu ila wadaagay warbixin ay hay'addiisa ICG usbuucaas soo saartay oo cinwaankeedu ahaa *Counterterrorism in Somalia: Losing Hearts and Minds*? Waxaan akhriyey warbixintaas oo ka hadlaysa kooxaha jihaadiyiinta, dilalka qorshaysan ee Muqdisho ka dhaca, hawlgallada sirdoonnada reer Galbeedka iyo kuwa Itoobiya, siyaabaha loo kala xiranyahay. Dadka la dilo, kuwa dila iyo sida la isu shirqoolo. Afka ayaan qabsaday, waxayna ahayd warbixin indhaha ii furtay, walwal badanna dalkii iga gelisay.

SOO-IFBIXII MAXKAMADIHII ISLAAMIGA AHAA

Maxkamaduhu waxay ahaayeen fursad dadka Soomaaliyeed, gaar ahaan kuwooda Muqdisho deggan, ay isaga xoreynayeen hoggaamiye-kooxeedyadii. Dad badan oo Soomaaliyeed oo gudaha iyo dibadda ah ayaa taageeray. Somali Concern iyo asxaab kaloo badan ayaa u istaagay taageerada Maxkamadaha. Waxaan ku taageeri jirnay shirar iyo kulammo jaaliyadda loo abaabulo, dhaqaale ururin, idaacadaha oo laga difaaco, gaar ahaan BBC, Aljazeera, Horn Afrik iyo Shabeelle. Dad badan waxaa soo galay rejo iyo ruux dadnimo oo ah in dalkii wax laga qaban karo. Waxaan si toos ah u la hadli jirnay hoggaamiyayaasha Maxkamadaha, Shariif Sheekh Axmed, Sheekh Xasan Daahir Aways, Sheekh Cabdiraxmaan Maxamuud Faarax (Janaqow), Jeneraal Yuusuf Maxamed Siyaad (Indha-cadde), Sheekh Cabdiqaadir Cali Cumar iyo kuwa kale oo badan. Sheekh Xasan iyo Sheekh Janaqow waxaan isku barannay ururkii Al-itixaad, Sheekh Shariifna Suudaan. Wuxuu ahaa arday wax ka barta magaalo Kordofaan la yiraahdo. In kastoo uusan aad ugu sii nagaadin Suudaan oo uu xagga Liibiya uga sii gudbay, mar mar uu Kharduum yimaaddo ayaan arki jiray isagoo la socda Xasan Xundubeey Jimcaale.

Dooddii ugu horraysay ee taleefashinka Aljazeera aan ka galo, gaar ahaan Barnaamijka warka dabadii (Maa Waraa' Al-Khabar), waxaa la i soo siiyey jeeg ay 190 Gini ku qorantahay, markii aan waydiiyay maxay tahay waxaa la igu yiri waa ka qaybgalka doodda. Markii horena gaari ay iyagu leeyihiin ayaa xaafaddayda iga soo qaaday, dibna iigu celiyey. Waxaan la yaabay arrinkaas, sababtoo ah warbaahinta Soomaalida adiga ayey tahay in aad lacag siiso si laguu waraysto (sharuur) ama war kaaga ah loo sii daayo.

Dalka Ingiriiska aad ayey hay'adaha dawladda iyo xarumaha cilmibaaristu ugu mashquulsanaayeen in ay wax ka ogaadaan qaabdhismeedka Maxkamadaha, u jeedka ay leeyihiin, cidda ka dambaysa iyo sida ay u la jaanqaadi karaan marxaladda cusub ee uu dalku galay. Waxaan ka mid ahayn dadka la la soo xariiro oo wax laga waydiiyo. Annaga qudheena xog badan ka ma aanan hayn ee waxaan samayn jirnay xog ururin badan. Si joogto ah ayaan dad gudaha jooga u la xariiri jirnay si aysan u fashilmin hoggaanka Maxkamadaha. Waxaa mar walba noo soo baxaysay jahawareer xooggan in uu gudaha maxkamadaha ka jiro iyo kooxaha isku tegey sida ay u kala itijaah iyo aragti duwanyihiin. Keli ah waxay ka midaysnaayeen in hoggaamiye-kooxeedka la la diriro, laakiin waxa ka dib la samaynayo u ma caddayn. Isku-dayo badan oo dadka in maamulka u celiyaan oo ay maamul u sameeyaan gobolka Banaadir ahaa waa suuroobi waayeen. In ay wadahadal la galaan dawladdii uu hoggaaminayey Cabdillaahi Yuusuf iyadana ma suuroobin.

Waxaa soo badanayey shakiga iyo tuhunka laga qabo halka ay Maxkamaduhu u jeedaan. Qoraallo iyo lafagur badan ayaa intaa lagu daabacayey wargaysyada gobolka iyo kuwa caalamiga ah ee reer Galbeedka. Xarumaha cilmibaarista ayaa siyaabo kala duwan loogu lafagurayey. Hal mar ayaa qalinka loo wada qaatay in wax laga fahmo Maxkamadaha. Taleefishinka Aljazeera ayaa marti ahaan loo keenay Hoggaamiyihii Maxkamadaha, Sheekh Shariif, barnaamij xilligaa indheergaradka Carabta aad u daawan jireen oo la yiraahdo Bilaa Xudduud. Dad badani waxay filayeen in uu wadaadku sheego sababaha keenay Maxkamadaha, halka ay higsanayaan, caqabadaha hor taagan, waxa ay ka damacsanyihiin dawladda ku-meelgaarka ah, aragtidooda dawladaha deriska ah iyo kuwa caalamka. In uu iska dalfiyo tuhunka dul saaran, warka ay cadawgoodu ka faafinayaan, iyo kuwa loollanka ku la jira. Wadaadku wax badan ma sheegin oo aan ka ahayn deris walaalayn iyo in dalka shareecada Islaamka lagu dabbaqo.

Waxaa la qabtay shirkii Khartuum ee wadahadallada Maxkamadaha iyo Dawladdii Ku-meelgaarka ahayd u dhexeeyey. Kulankii kowaad ayaa dhacay. Rejo badan ayaa dadka soo gashay in ay labada dhinac is fahmaan, laakiin kulankii labaad ayaa fashilmay. Dad badan oo waxgarad ah way u muuqatay in uusan xaalku qummanayn, sababtoo ah waxaa Maxkamadaha ku awood xoogganaa kooxda Jihaadiyiinta ee markii dambe la baxay Al-Shabaab. Kooxdaas ajandahoodu ma ahayn in dalka ay dawladi ka dhalato. Waxay diiddanaayeen wada-hadalka u dhexeeya dawladda ku-meelgaarka ah iyo maxkamadaha. Waxay doonayeen in hoggaanka Maxkamadaha Islaamigu uu iyaga si buuxda gacanta ugu soo galo. Maxkamaduhu waxay ahaayeen kooxo kala jaad ah oo isugu jira qabiillo, hoggaamiye beeleedyo, ganacsato, wadaaddo Islaamiyiin ah, iyo xubno kala duwan oo ka soo goostay hoggaamiye-kooxeedyadii qabiilka.

Maadaama aan aqoon durugsan u lahaa Islaamiyiinta iyo siday u kala baxaan, walwal wayn oo ay saaxibbadayda kale ee Somali Concern qabin ayaan qabay. Aad ayaan u waraystay asxaabta badan oo aan dalka gudihiisa kala xiriiri jiray, kuwaa oo si faahfaahsan iigu warrami jiray sida loo kala taaganyahay. Maxkamadaha waxaa markaas ku midaysan Kooxda Aala Sheekh, Al-Itixaad iyo garabka Al-islaax ka baxay ee Dammul Jadiid. Ururka Islaax waa diiddanayeen in ay Maxkamadaha ku biiraan. Ma kala ogi sababta ay ku diiddanayeen in ay xafiiltan xagga hoggaanka ah ay tahay iyo in ay arkayeen halka ay ku socdaan in aysan qummanayn, laakiin Islaax waxay aragti joogta ah ka lahayd in aan qori iyo xoog wax lagu raadin. Sidaas daraaddeed, waxaa dhici karta in ay diiddanaayeen qaabka iyo dariiqada ay Maxkamaduhu isticmaalayaan, ka mana marnayn in ay ku diideen markii kooxdii fallaagada ahayd ee Dammul Jadiid ay qayb ka noqdeen Maxkamadahii. Weliba iyagoo awoodda Maxkamadaha adeegsanaya ayey daandaansi awood-sheegad ah ku sameeyeen ururkii ay qaybta ka ahaayeen, taas ayaana keentay in Madaxdii Al-islaax ay iyaguna dawladdii kumeelgaarka ahayd u galaan oo ay Madaxweyne Cabdillaahi Yuusuf iyo Ra'iisulwasaare Cali Geeddi gacansaar la yeeshaan.

Shirwaynihii dalka UK

Maxkamadihii waxaa cagta mariyey ciidankii Itoobiya oo helaya taageerada dawladda Maraykanka oo xilligaa ajandaheeda kowaad iyo halisteeda amni u arkaysay la-dagaallanka kooxaha argagaxisada. Soomaali badan oo aan ka mid ahayn u ma sahlanayn in ay arkaan taangiyadii dawladda Itoobiya oo dhex taagan Madaxtooyadii dalka iyo Wasaaraddii Gaashaandhiga Soomaaliya. Dareen ciil, caro iyo cabsi leh ayaa i kulansaday. Waxay ka mid ahayd maalmaha noloshayda ugu murugada iyo xanuunka badnaa. Waxaan ka mid ahaa jiilka Soomaaliyeed ee necaybka iyo dagaalka Xabashida lagu soo barbaariyey loona tusay in ay yihiin cadawga kowaad ee Soomaalida. Marka ma xammili karayn ciidankii dawladda Itoobiya oo gudaha caasimadda Soomaaliya dhex mushaaxaya. Dhakhtar ayaan u tegey maalintaas, sababtuna waa in aan ka shakiyey garaaca xad-dhaafka ah ee wadnahayga. Markuu i waraystay, dhiiggaygana cabbiray, ayuu ii qoray kaniiniyaal i nasiya oo hurdo iyo degganaan i siiya, wuxuuna igu la taliyey in aan nasto, wax kasta oo warbaahinta la xariira ama elaktaroonig ahna muddo 48 saacadood ah iska daayo.

Labo maalmood ka dib ayaan shaqadii ku laabtay. Aniga, Tarsan iyo Guure ayaa kulannay. Waxaannu is-waydiinnay waxa la qaban karo. Wax badan ayaan rogrognay. Dad kale oo dalka UK ku sugan iyo kuwo dunida kale jooga ayaan is-wacnay. Waxaan is tusnay in shir la isugu yimaaddo dalka Swedan, bisha Febraayo, 2007. Labadooda iyo rag kale ayaa aaday, anigu se ma tegi karin sababtoo ah ma haysanin dukumiinti aan ku safro. Waxaa shirkaas ka soo baxay in bisha Abriil 2007 aannu shirwayne ku qabanno Dalka Ingiriiska oo Soomaalida la isugu yeero. Shirka waxaan ku qabannay magaalada Leicester ee dalka Ingiriiska. Reer UK waxay dusha u riteen martigelinta shirka. Waxaan uga mahadcelinayaa jaaliyadda Soomaaliyeed ee dalka UK oo si sharaf leh noogu qaaraamay dhaqaale aan shirka ku martigelinno. Ka soo qabygalayaasha dalka gudihiisa iyo dibaddiisa ka imaanayana, waxaan ku wargelinnay in ay tikidhada iska soo dhiibaan. Ku dhowaad 300 oo qof oo Soomaali qabiilladeeda iyo degaannadeeda iyo qaybaha nolosha ee kala duwan ka yimid ayaa shirka isugu yimid, kuwaas oo jaaliyadaha qurbaha u badan. Xildhibaanno

Baarlamaanka ka tirsan oo diiddanaa duullaanka Itoobiya iyo xubno ka tirsan Maxkamadihii Islaamiga ayaa ka soo qaybgalay shirka. Shirka oo saddex maalmood socday ayaa waxaa laga soo saaray baaq 18 qodob ka kooban:

1. Waxaan si buuxda oo aan hagar lahayn u xusaynnaa qarannimada, midnimada iyo jiritaanka umadda Soomaaliya.

2. Waxaan ku baaqaynaa in ay Itoobiya si degdeg ah oo aanay shuruudi ku xirnayn uga bixiso ciidamadeeda oo dhan waddanka Soomaaliya.

3. Waxaan cambaarayn u soo jeedinaynaa duullaanka iyo qabsashada sharcidarrada ah ee ay Itoobiya ku dumisay qarannimadii umadda Soomaaliyeed.

4. Waxaan cambaaraynaynaa kufsiga, dhaca, jirdilka, xarigga liddiga ku ah xaquuqul-aadamka, iyo duqaynta aan aabayeelka lahayn ee loo gaysanaayo degaannada rayidka, isbitaallaada, iskuullada iyo goobaha ganacsiga. Sidoo kale, waxaan cambaaraynaynaa gumaadyada kale ee Itoobiya ku samaysay waddanka iyo shacbiga Soomaaliyeed.

5. Waxaan ka codsanaynaa adduunwaynaha in la sameeyo maxkamad khaas ah (War Crime Tribunal) oo soo baarta xadgudubka iyo xasuuqa ka baxsan bini'aadannimada ee lagu sameeyay shacbiga Soomaaliyeed. Waa in dambiilayaasha iyo gacan ku-dhiiglayaasha dambiyadaa galay lagu soo oogo dacwad lana soo hor taago maxkamad.

6. Waxaan cambaaraynaynaa hor-istaagga iyo joojinta gargaarka bini'aadannimo ee loogu soo gurmaday maatada dulman ee ka barakacday degaankoodii kaas oo uu sababay gumaysiga ku soo duulay ee xasuuqay shacabka Soomaaliyeed.

7. Waxaan taageero hiil iyo hooba ah la garab taagannahay shacabka Soomaaliyeed ee ka dhiidhiyey gumaysiga Itoobiya.

8. Waxaan ugu baaqaynnaa codsina u soo jeedinaynaa ruux kasta oo qaddarinaya jiritaanka Soomaaliyeed iyo dadwaynaha adduunka ee nabadda iyo caddaaladda jecel in ay u fidiyaan kaalmo bini'aadannimo si ay uga xoroobaan gumaysiga waxashnimo ee Itoobiya.

9. Waxaa caloolxumo ah sida adduunwaynahu isaga indho tiray qabsashada ay Itoobiya qabsatay Soomaaliya iyo xasuuqa maatada iyo waayeelka, taas oo si caddaan ah uga soo horjeedda axdiga Qaramada Midoobey iyo qaraarkii Golaha Ammaanka ee uu tirsigiisu ahaa 1725 iyo shuruucda caalamiga ah.

10. Waxaan umadda Soomaaliyeed ugu baaqaynaa in laga waantoobo dagaalka iyo colaadaha lagana shaqeeyo sidii nabadgelyo loogu soo dabbaali lahaa waddanka loona dhammayn lahaa is-afgaranwaaga iyo is-tuhunka ku kala dhex jira walaalaha Soomaaliyeed.

11. Waxaan ka tiiraanyoonaynaa ayaandarrana ah sida ay dawlad ku-sheeggu ugu maldahday la dagaallan argagixiso qabsashada ay Itoobiyaanku qabsadeen umadda Soomaaliyeed.

12. In la qiro shaqada waddaninimo ee ay Maxkamadaha Islaamiga ah iyo taageerayaashoodu ku guulaysteen dib u soo celinta nabadda iyo degganaanshaha gobollada koofureed muddadii gaabnayd ee ay shacbiga horseedka u ahaayeen. Waxaa mudan in la qiro furitaankii dekadda iyo madaarka Moqdisho ee u xirnaa dagaal-oogayaasha.

13. Waa in la sugaa sidii adduunka loogu shaacin lahaa in dawladda ku-meelgaarka ahi aysan sharci ku dhisnayn shacbiga Soomaaliyeedna aysan kalsooni ka haysan, sida ku cad gumaadka ay ku hayaan umadda Soomaaliyeed. Dawlad ku-sheegga Mbagathi lagu soo dhoodhoobay waxay caddaysatay dabadhilifnimo Tigree iyo Melez oo ay ku caanbaxday.

14. Waxaan u aqoonsannahay in uu Shariif Xasan Sheekh Aadan yahay afhayeenka sharciga ah ee Barlamaanka.

15. In dib loo sugo baahida loo qabo dib u heshiisiin run ah oo ay horseed u yihiin dhexdhexaadiyaal madax bannaan laguna qabto goob ay ka soo qaybgalayaashu kalsooni ku qabaan codkoodana xor u yihiin.

16. In la dhiso guddi ku-meelgaar ah oo soo diyaariya urur siyaasi ah oo u istaaga xoraynta Soomaaliya.

17. In aan meel uga soo wada jeesanno oo aan si degdeg ah u midayno awooddayada sidii aan u dhisan lahayn dawlad sharciga waafaqsan

oo loo dhanyahay, taa oo ku salaysan ku-dhaqanka diinta iyo dhaqanka Soomaaliyeed.

18. Maxkamadaha Islaamiga ah, xubnaha Barlamaanka Xorta ah, iyo Soomaalida dibadda ku nool waxay isku raaceen in laga xoreeyo waddanka gumaysiga Itoobiya.

Guddi qabanqaabo ayaa lagu doortay shirkaas, iyadoo lagu ballamay in shir labaad lagu qaban doono magaalada London bisha Agoosto, 2007. Shirkaas oo dhammaystir u noqon doona shirkii hore ee Leicester ka dhacay Abriil 2007 isla markaana lagu asaasi doono Dhaqdhaqaaqa Soomaalida Qurbaha (Somali Diaspora Movement - SDM). Ka-qaybgalayaashu waxay ka iman doonaan waddamo kala duwan oo ku yaalla daafaha dunida, waxayna ka doodi doonaan oo qiimayn doonaan xaaladda dalka, iyadoo sidoo kale halkaas lagu ansixin doono barnaamijka siyaasadeed iyo cahdiga ururka cusub ee Dhaqdhaqaaqa Soomaalida Qurbaha. Ka-qaybgalayaasha ayaa lagu heshiiyey in martiqaad rasmi ah shirka ku yimaaddaan oo waddamada qurbaha metalaad ka haysta. Shirkaa waxaan qabannay 27-28 Agoosto, 2007. Waxaa halkaa lagu dhisay Dhaqdhaqaaqa Soomaalida Qurbaha oo Guddoomiye loogu doortay Maxamad Nuur Tarsan, waxaana lagu heeshiiyey:

✔ In dalkeenna loo aqoonsado in uu *gumaysi* ku jiro.
✔ In gumaysiga lagu saaro waddo kasta oo sharci ah.
✔ Awood-qaybsigu i nuu ku salaysnaado hannaan karti iyo degaan ee aan lagu salayn qabiil iyo 4.5.
✔ In la dhiso isbahaysi wayn oo ay ku midaysanyihiin Maxkamadaha Islaamiga ah, Baarlamaanka Xorta ah, qurbajoogta iyo bulshada rayadka ah, si la isaga kaashado dib u xoraynta dalka.

Ugu dambayntii, shirka waxaa ka soo baxay war-mutiyeed nuxurkiisu sidan u dhignaa:

War-murtiyeedka London ee Shirkii 2aad ee Qurbajoota Soomaaliyeed

Araar

Shacabka Soomaaliyeed waxaa lagu yaqaan adkeysi xooggan oo ay kaga guuleystaan cadowga, khilaafaadka iyo halaagga dabiiciga ah ee ka hor yimaada. Waxaan ku tiirsannahay caqiidadeenna iyo kalsooni aan ku qabno nafteenna, kuwaa oo nagu caawiya in aan ka guuleysanno cadow kasta oo naga hor yimaada.

Qurbajoogta Soomaaliyeed waa qeyb ka mid ah bulshaweynta Soomaaliyeed waxaana ka go'an diyaarna ay u tahay in ay gacan ka geysato dib u soo celinta qaranka Soomaaliyeed iyo dib u dhiska dhaqaalaha waddanka iyo kaabayaasha dhaqaale. Waa lagamamarmaan in la mideeyo awoodda siyaasadeed iyo midda dhaqaale ee qurbajoota Soomaaliyeed, si loo gaaro ahdaafta kore.

Qurbajoogta Soomaaliyeed ma taageeri karto mana aqoonsan karto dawlad ku-sheegga ka dhisan Muqdisho, waayo waa mid aan haysan sharciyadda iyo kalsoonida shacabka, waxayna ku timid awoodda ciidamada gumeysiga Itoobiya oo ay ku joogto.

Qurbajoota Soomaaliyeed waxay aad uga xuntahay diideysaana habka foosha xun ee awood-qaybsiga ee loo yaqaan 4.5, ks oo aan hoos dhigayn oo qur ah qayb ballaaran oo waxsoosaar leh oo bulshada ka mid ah balse baabi'ineysa dunta isku xirta bulshaweynta Soomaaliyeed iyo qaranimada, isla markaana dhiirrigelinaysa qabyaaladda iyo qaraabokiilka.

Qurbajoota Soomaaliyeed waxa ay wadi doontaa taageerista xoogagga wax-iska-caabbinta iyo dhaqdhaqaaqa xoreynta waxayna ka qeyb qaadanaysaa dibudhiska dalka iyada oo door wax ku ool ah ka cayaaraysa dibuheshiisiinta bulshada Soomaaliyeed, dib u soo celinta qaranka iyo dib u nooleynta dhaqaalaha.

War-murtiyeed ka soo baxay shirka 3aad ee Qurbajoogta Soomaaliyeed:

1. Qurbajoota Soomaaliyeed waxay rumeysantahay in Soomaaliya ay ku jirto gacanta ciidamada Itoobiya oo aanay xor ahayn, DFKM-na ay tahay maqaarsaar aan qaadan karin go'aan madaxbannaan. DFKM way fashilantahay u mana samaysna oo ma laha tiirarkii ay dawlad ahaan ugu shaqayn lahayd, sidaas darteed waxaan bulshada caalamka uga digeynaa in aanay waqti iyo dhaqaalaba ku lumin sii-taakulaynta wax aan shaqayn karin.

2. Waa in ay Itoobiya kala baxdaa ciidammadeeda dhulka Soomaaliyeed shuruud la'aan, waana in ay xaqiijiyaan bixitaanka ciidammadaasi hay'ado madaxbannaan iyo khubaro ka socota dawlado dhexdhexaad ka ah arrimaha Soomaaliya.

3. Waxaa naga go'an in aan ka xoreyno dhulkeennii hooyo gumeysiga sida sharcidarrada ah ku soo galay, iyadoo la adeegsanayo waddo kasta oo lamahuraan ah, sharci ah, ha noqoto mid siyaasadeed ama mid kale.

4. Waa in si degdeg loo keenaa ciidammo caalami ah oo nabad-ilaalin ah oo aanay ku jirin ciidammada dawladaha safka hore

ee Soomaliya deriska la ah. Ciidammada nabad-ilaalintu waa in ay haystaan waajibaad qeexan iyo waqti go'an oo ay waddanka ka bixi doonaan, isla markaana waa in la helaa wadahadal dhab ah oo dhinacyada lafdhabarta u ah arrinta Soomaaliyeed ay ku gaarayaan dibuheshiisiin siyaasadeed.

5. Waxaan rummaysannahay in la yagleelo dawlad Soomaaliyeed oo loo dhanyahay oo ku salaysan caddaalad, xorriyadda cabbirka dareenka iyo dhawrista xuquuqda aadanaha. Dawladda caynkan ah waa in aysan handadaad ku noqon nabadgalyada caalamka iyo midda dawladaha dariska ahba. Waxaan ugu baaqaynaa dhammaan dawladaha nabadda jecel iyo kuwa saaxiibka ahba in ay gacan ka gaystaan sidii loo heli lahaa dawladdan oo kale.

6. Waxaan u mahadcelinaynaa dhammaan dawladaha iyo hay'adaha samafalka ee gacan siiyey Soomaalida ay barakicisay duqaynta aan kala-sooca lahayn ee ciidammada gumaystaha Itoobiya u gaysteen. Waxaan kaloo u mahadcelinaynaa ururrada xuquuqda aadamiga ee soo bandhigay xasuuqa iyo dhibaatada loo gaysanayo shacabka Soomaaliyeed, waxana aannu beesha caalamka ka codsanaynaa in baaritaanno lagu sameeyo xadgudubyada ka dhacaya Soomaaliya.

7. Waxaan ugu baaqaynaa xoogagga iska-caabinta qaranka, maleeshiyada beelaha iyo kuwa DFKMG in ay xaqdhawraan shacabka, iskana ilaaliyaan in la weeraro meelaha shacabku degganyahay iyo goobaha danaha guud, sida isbitaallada, iskuullada, masaajidda iyo ilaha dhaqaalaha. Sidoo kale, waxaa laga codsanayaa in hay'adaha samafalka fursad u siiyaan kaalmaynta dadka ku tabaaloobay xadgudubyada Itoobiyaanka.

8. Waxaan ugu baaqaynaa Midawga Yurub iyo Maraykanka in ay ka soo gutaan xilkooda ka saaran nabadgalyada caalamka ayna soo afjaraan gumaysiga Itoobiya iyo dhibaatada bini'aadannimo ee Soomaaliya ka taagan, iyaga oo ku cadaadinaya Itoobiya in ay ciidamadeeda ka saarto Soomaailya.

9. Waxaan ugu baaqaynaa shacabka Soomaaliyeed in ay midoobaan kana xoreeyaan dhulkooda gumaysiga Itoobiya, kaa oo ku kacay xadgudub kasta oo ka dhan ah bini'aadannimada.

ISBAHAYSIGII DIBUXORAYNTA

Kulan hordhac ah oo wakiillo ka kala socda xoogagga Maxkamadaha Islaamiga ah, Baarlamaanka Xorta ah, qurbajoogta iyo Bulshada Rayadka ah ayaa lagu qabtay magaalada Dooxa ee dalka Qatar. Waxaa lagu heshiiyey in magaalada Asmara ee dalka Eritrea lagu qabto shirwayne lagu asaasayo Isbahaysiga Dibuxoraynta Soomaaliya. Ergooyin ku dhow 500 ayuu shir uga furmay magaalada Asmara, kaa oo socday intii u dhexaysay 05/Sebt/2007 ilaa 14/Sebt/2007. Waxaa lagu ansixiyey axdiga isbahaysiga waxaana lagu dhisay Guddi Fulin oo uu hoggaamiye ka yahay Shariif Sheekh Axmad oo xilligaa ahaa guddommiyihii Maxkamadaha Islaamiga; iyo Gole Dhexe oo uu guddoomiye u yahay Shariif Xasan Sheekh Aadan oo isaguna ahaa guddoomiyihii xubnihii la baxay Baarlamaanka Xorta ah. Aniga waxaa la ii magacaabay guddoomiye-xigeenka Golaha Dhexe.

Kaalintayda Doodaha Shirka

Aniga iyo labo xubnood oo kale ayaa Ururka Qurbajoogtu u doorteen in aan ku metalno guddiga qabanqaabinta shirwaynaha Isbahaysiga. Waxaa na loo xilsaaray diyaarinta axdiga isbahaysiga iyo barnaamijka siyaasadeed. Maxkamadaha Islaamiga ah, Baarlamaanka Xorta ah iyo bulshada rayadka ahna xubno ayey ku lahaayeen. Waxaa shirguddoon noo ahaa Sheekh Cumar Iimaan. Jaamac Cali Jaamac, Yuusuf Dheeg iyo Jaamac-Yare odayaal ay ka mid yihiin ayaa guddiga xubno ka ahaa. Waxaa kaloo ku jiray Saleebaan Colaad (Aun) oo ka tirsanaa xubnihii baarlamaanka xorta ahaa ee uu hoggaaminayey Shariif Xasan Sheekh Aadan iyo xildhibaanad Fowsiyo Maxamad Sheekh. Dhanka Maxkamadaha waxaa ka socday Sh. Cumar Iimaan, Khaliif Cadalle iyo Muxyadiin Maxamad oo ka tirsanaa ururka Al-Shabaab oo markaa aan aad u soo caan bixin. Muxyadiin waxaa la la dilay Aadan Xaashi Ceyrow iyo Cabdifitaax Maxamad Cali oo ku biiray xisbigii uu markii dambe dhisay Sheekh Xasan Daahir Aways ee la oran jiray Xisbul Islaam, ka dibna kooxda Al-Shabaab ay ku dishay Buuhoodle. Doodda ugu badnayd ee na dhex martay aniga iyo ragga Maxkamadaha ka socday waxay ku saabsanayd in xeerku uu yahay mid xubnaha isbahaysigu ay ku heshiinayaan ee uusan ahayn Kitaabka Qur'aanka, sababtoo ah waxay ka soo buuxiyeen Aayado Quraan ah, axaadiista Nabigeena (nnk) iyo siiradiisa. Waxaan kaloo si wayn uga doodnay qaabdhismeedka isbahaysiga oo ay iyagu u dhigayeen qaab Amiir iyo inta kale oo addeecaysa ah. Sheekh Cumar Iimaan waxaan isla ahayn reer Buulaburte oo dad reerahoodu is-yaqaannaan ayaannu ahayn. Aqoonta aan diinta u lahaa iyo qaanuunka oo aan markaas Master ku haystay ayaa ii saamaxayey in aan wadaaddada dood la galo; dood adag oo aysan odayaasha kale iyo xubnaha Baarlamaanka ka socdaa la geli karin. Odayaasha siyaasadda muddada badan nooga horreeyey way isku kaaya dhagaysan jireen, sababtoo ah diinta aqoonteeda ayaa ku yarayd, mana aysan doonayn in ay wadaaddada isku dhacaan ama u babacdhigaan. Doodahaas oo ahaa kuwo aad u kululaa ayaan ugu dambeyn meel dhexe isugu nimid oo ahayd in Axdiga loo daayo in uu noqdo mid qodobbo siyaasaadeed, maamul iyo sharci ka kooban, lagana saaro aayadaha Quraanka iyo axaadiista Nabiga (nnk).

Doodahaas kuwa la mid ah ayaa hoteelka aan degganaa ku yeelan jirnay xubno badan oo u xammaasadaysan xagjirnimada diineed. Qodobbada aan isku mari waynay waxaa ka mid ahaa in lagu caddeeyo Axdiga Isbahaysiga erayga *Jihaad* iyo in lagu dhigo *dagaal*. Is-mariwaa ka dib waxaan isku raacnay in shirwaynaha loo gudbiyo. Shariif Xasan Sheekh Aadan oo ahaa laacib siyaasadeed oo xariif ah ayaa la dhacay doodahaygii, isaga ayaana markii dambe olole u galay in aan noqdo Guddoomiye-ku-xigeenka Golaha Dhexe. Halkaas ayaan isku barannay. Mar kasta wuxuu oran jiray, war ninyahow Ilaaheey ayaa noo kaa soo diray, sababtoo ah wadaaddada haddii aan wax yar isku khilaafno waxay nagu af-jigaan diinta miyaad diiddantihiin?

Wadaaddadu waxay diideen soo bandhigista koox faneed ay dawladda Eritrea u diyaarisay in ay dadka maaweliyaan inta uu shirku socdo. Kooxda ayaa la baray heeso waddani ah oo ay Afsoomaaliga ku qaadayaan. Aniga iyo odayadii kale ee guddigu waxaan aad ugu doodnay in kooxda la keeno shirwaynaha, balse wadaaddadii ayaa ku mintiday oo ku mayal adaygay in aan la keenin. Si wayn ayey hawlwadeenkii dawladda Eretrea uga niyad jabeen arrinkaas.

Kulankii Isbahaysiga

Waxaa furmay shirwaynihii. Waxaa guddoomiyaha shirka loo doortay Sh. Cumar Iimaan. Dad kala duwan ayaa hadaljeedin lagu qoray oo aan ka xusuusto: Sheekh Shariif, Shariif Xasan, Jaamac Maxamad Qaalib (Jaamac-yare), iyo xubno kale oo badan. Aniga waxaa la igu qoray in aan jeediyo muxaadara ku saabsan is-daafaca (self-defence) waxa Islaamka iyo qaanuunka dawliga ahiba ay ka qabaan. Waxaan ku dooday in qaanuunka dawliga ahi uu qabo is-difaaca iyo iska-caabbinta dulmiga kuwa dal madaxbannaan ku soo duula, iyo xaqa sharciga ah ee ay qawaaniinta caalamiga ahi dhigayaan in la iska daafaco. Sidoo kale, in Diinta Islaamkuna ay qabto in dulmiga la iska difaaco, sababta ugu wayn ee Jihaadka loo keenayna ay tahay iska-caabbinta dulmiga iyo iska dul qaadista dulliga.

Waxaa dooddayda qayb ka ahaa in dagaalladii uu Nabigu (nnk) qaaday oo idil ay ahaayeen is-difaac ee aysan jirin cid uu isagu marna ku duulay, sababtoo ah Jihaadka ujeedkiisa waa iska-caabbinta dulmiga ee ma aha in dadka Diinta Islaamka la soo geliyo. Hoolkii ayaa qaylo is-qabsaday. Wadaaddo badan ayaa istaagay oo qaylo iyo buuq hoolkii ka dhex kiciyey, qaarkood waxay ku doodeen minbarka ka soo dejiya ninka. Waxaa ugu darraa wadaad Sheekh Xasan-Dheere la yiraahdo oo kooxda Aala Sheekh ka tirsanaa oo inta uu istaagay qayliyey, ka dibna baxay isagoo leh: annaga ayaad kitaab-gaablow aan diinta wax ka aqoon leedihiin dhagaysta.

Wadaaddada Soomaalida waxaa ku yar dulqaadka, dhegaysiga aragtida ka duwan ra'yigooda iyo in ay aamminaan oraahdii Al-imaam Shaafici laga wariyey ee ahayd: "Ra'yigaygu wuu ila saxanyahay, laakiin wuu khaldanaan karaa; ra'yiga dadka kalana wuu ila khaldanyahay, wuu se saxnaan karaa."

Buuqii waa sii socday, ilaa la hakiyey muxaadaradii. Waxaa la qaatay dhextaal. Markii aan bannaanka u soo baxnay ayaa wadaaddadii oo dhammi igu soo xoomeen. Qaarkood ayaa igu yiri gaalada ayaad iska gadaysaa oo sidaas ayaad Jihaadka u diiddantahay. Sheekh Cabdillaahi Cali Xaashi oo indha caddaynaya ayaa igu yiri sow ma ogid in Ilaahey yiri, "Yuhuud iyo Nasaaro kaa raalli noqon maayaan ilaa aad diintooda ka raacdo"? Wadaadkii kale ee hoolka ka dhex qayliyey ayaa isaguna goobta soo istaagay. Wuxuu igu yiri marka aad leedahay Nabigu (nnk) dagaal ma qaadin, muxuu ahaa dagaalkii Tabuuk? Waxaan ku iri anigu Jihaadka ma diiddani, laakiin in uu is-difaac yahay ayaan sheegay, dagaalka Tabuuk ee aad sheegaysaana weerar ma ahayn ee Nabiga (nnk) waxaa halkaa loogu sheegay in cadaw isaga duullaan ku soo ahi uu isku urursanayo, sidaa daraadeedna uu ka hortegey duullaanka iyo in uu abaabulka kala dhantaalo, waana waxa luqada casriga ah ee dagaalka maanta lagu yiraahdo weerar kahortag ah (pre-emptive strike, Al darba Al isdibaaqiy). Haddii aysan sidaas ahayn muxuu gaalada deriskiisa ah dagaal ugu qaadi waayey? Qaar badan oo aan Islaam ahayn ayaa magaalada Madiina iyo nawaaxigeeda degganaa. *Waxaasi waa diinxumo*, inta yiri ayuu dhaqaaqay.

Waxaan kaloo Sheekhii lahaa gaalo kaa raalli noqon mayso ayaaddana igu kor akhriyey ugu jawaabay: waa dhab cid iska raalli noqonaysaa ma jirto ee cid waliba danteeda ayey raacanaysaa, ayaadduna intaa uun bay sheegaysaa oo waa khabar digniin ah ee wax xukun ah oo ka dhalanaya ma jiro, adduunkaana cid iska raalli ahi ma jirto. Wuxuu igu yiri "Kufrigu waa diin qudh ah." Waxaan ku iri: haa waa xagga baadilka ee in ay isla wada jiraan oo ay isku dhinac yihiin ma aha, sow tan Ilaaheey yiri, "in ay wada jiraan ayaad mooddaa, laakiin quluubtooda way kala tagsantahay." Wuu yara degey wadaadkii. Dad badan oo dhallinayro qurbaha iyo gudaha dalka ka timid ayaa u riyaaqay dooddaydii si gooni ahna ii la saaxiibay. Nin aan aad isu niqiin oo doodda dhagaysanayey ayaa wadaaddadii ku yiri, "war ninkaani caama ma aha e waa nin diinta yaqaanna oo masaajidda iyo jaamacadaha ka bartay ee is yara dejiya." Waxaan ku iri muxuu Qur'aanku markii ay Roomaanka iyo Beershiyaanku dirireen noogu sheegay in ay Muslimiintu ku farxi doonaan Guusha Roomaanka? Sababtu waa in ay haystaan diinta Masiixiga ah oo ka mid ah diimaha samaawiga ah, halkaasna aanu ka nahay dad qiyam-wadaag ah leh. Waa tan maanta dunida laga sheego qoladaas qiyam wadaag ah (shared values) ayaan leennahay.

Waxaan filayaa, haddii aysan xusuustu i khaldin, in maalintaasi ay Khamiis ahayd oo bil Ramadaan lagu jiray. Jimcihii ayaa Imaamka masjidka wayn ee Asmara, isla markaana ahaa muftiga guud ee Muslimiinta Eritrea oo intayada badani ku tukanno, wuxuu khudbaddii ku soo qaatay Jihaadka. Wuxuu si faahfaahsan oo cilmi iyo aqoon ku fadhida u qaadaadhigay in Jihaadku uu is-difaac yahay, sababta ka dambaysana ay tahay dulmi iska caabbin iyo dulli iska kor qaadis. Imaamku wuxuu aad u diiday in Jihaadku yahay duullaan ka dhan ah dadka aan Islaamka ahayn, wuxuu kaloo bayaamiyey in dagaalladii Nabigu (nnk) uu galay ay dhammaantood is-difaac ahaayeen. Markii aan khudbaddii ka soo baxnay ayaa wadaaddadii guux iyo dood ka dhex bilaabatay. Markiiba waxay dhaheen dawladda Eretrea waxay ogayd dooddii hoolka shirka ka dhacday, sababtaas ayey Imaamka u soo direen. Dooddaasi maalmahaas oo idil way sii socotay.

Aqrinti axdiga ayaa Sabtigii xigay la guda galay. Waxaa loo yimid qodobkii uu guddiga qabanqaabadu ku heshiin waayey ee shirwaynaha loo dib dhigay. Dad badan oo qurbaha ka yimid iyo inta badan xubnihii Baarlamaanka Xorta ah iyo bulshada rayadka ka socday waxay ka gows-qabsadeen in erayga *Jihaad* lagu dhigo Axdiga, taas beddelkeeda se lagu qoro *Dagaal*. Waxay ku doodeen in dalalka ay ka yimaaddeen erayga Jihaad suurad khaldan laga haysto. Waa dhab oo haddii aad eegto qaamuuska Ingiriiska ugu faca wayn ee Oxford wuxuu Jihaadka ku macnaynayaa dagaal ay Muslimiintu ku qaadaan dadka aan Muslimka ahayn.

Wadaaddadii meesha ugu tunka waynaa, sida Xasan Daahir, Cumar Iimaan iyo Cabdillaahi Cali Xaashi way diideen. Xubnihii Baarlamaanka xorta ahaa iyo qaar badan oo qurbojoogta ahaa, gaar ahaan dadkii ugu firfircoonaa, ayaa shirkii isaga baxay, taas oo keentay in shirkii hakado. Xubnihii Maxkamadaha ka socday ayaa la isu daayey oo la yiri arrinkaas meel soo saara. Rag badan oo ka tirsanaa Maxkamadaha ayaa taageeray in la qoro *dagaal*. Raggaas waxaa ka mid ahaa Sheekh Cabdiraxmaan Janaqow, Sheekh Daahir Maxamuud Geelle, Sheekh Yuusuf Cali Caynte, Sheekh Bashiir Caddow iyo Ustaad Cumar-Dheere. Doodda culimadani waxay ahayd in Qur'aanka ay *Jihaad* iyo *Qitaal* (dagaal) labadaba ku soo arooreen oo waliba uu dagaalku badanyahay, macne isu dhigmana ay leeyihiin. Dood dheer ka dib, wadaaddadii Maxkamaduhu way oggolaadeen in *dagaal* la qoro.

Waxaa xusid mudan in wadaaddadu intii ay doodda shirku socotay aad u adeegsanayeen erayga "Masiixiyadda Saliibiga" ah. Markii dambe shirguddoomiyihii oo ahaa Sheekh Cumar Iimaan ayaa waxaa dhegta hadal u saaray ninkii masuulkii ka ahaa agaasinka, iyo hannaanka baratakoolka shirka ee dhinaca dawladda Eritrea, ninkaa oo sidoo kale ahaa Safiirka dawladda Erirtea u fadhiya dalka Masar. Sheekh Cumar ayuu ku la hadlay af Carabi wuxuuna ku yiri: Sheekhow soo ma ogodin in aan annaga qudhayadu Masiixiyiin nahay? Itoobiya waxaad isku haysaan waa duullaan ay dalkiinna ku soo qaadday ee ma aha in ay diintiinna ku soo duushay oo ay doonayso in ay diinta Masiixiga idin ku qasbaan. Dagaalku waa mid siyaasadeed ee ma aha mid diineed ee naga khafiifiya ayuu ahaa nuxurkiisu.

Sheekh Cumar hadalkii kor ayuu u sheegay, dadka hadlayana wuxuu ka codsaday in ay dareenka dadka aan martida u nahay ilaaliyaan oo ay iska daayaan adeegsiga oraahda ah "Masiixiyaa nagu soo duushay."

Markii laga gudbay dooddii la xariirtay Jihaad iyo dagaal midka la qorayo ayaa waxaa haddana bilowday dood kale oo la xariirta cidda isbahaysiga hoggaaminaysa. Shariif Xasan Sheekh Aadan wuxuu soo istaagay: adduunku ma aqbalayo wejigii hore ee hoggaankii Maxkamadaha Islaamiga ah ee waxaa loo baahanyahay in weji cusub oo uu adduunku aqbalayo la keeno, sidaas daraadeed waa in Baarlamaanka Xorta ah loo dhiibo hoggaanka isbahaysiga—taas oo, dabcan, ka dhignayd: waa in Shariif Xasan uu noqdo hoggaanka isbahaysiga. Halkaas waxaa ka bilaabatay dood adag oo xammaasad, caadifad hayb, iyo hiil qabiil leh. Wadaaddadii Maxkamaduhu waxay ku doodeen: war annaga ayaa ah cidda culaysku ku dhacayo, dagaalka gudaha dalka ka socda wadna, kalsoonida iyo aamminaadda bulshada Soomaaliyeedna haysanna ee sidee masuuliyadda u wareejinaynaa?

Dooddaas waxaa ka horraysay mid Maxkamadaha soo dhex martay oo ahayd in Maxkamaduhu ay sidoodii u sii jiraan, hoggaanka Maxkamadaha Islaamiga ahna loo dhiibo Sheekh Xasan Daahir Aways, Sheekh Shariifna loo daayo hoggaanka Isbahaysiga. Laakiin dooddaasi waxay u dhexaysay Maxkamadaha. Waxaad moodday in ragga mayalka adag ee Maxkamaduhu aysan kalsooni badan ku qabin Isbahaysiga, iyo in ay is-lahaayeen haddii Sheekh Shariif idin ka dhex galo dadkaa tirada badan armuu idin ka fara baxsadaa! Waxay ku dhegeen in ay masuuliyadda iyo magaca ururka Maxkamaduhu kala haraan. Kor ayaan anigu kala socday dooddaas. Inta badan raggii Maxkamaduhu way diideen soo-jeedintaas, waxayna go'aansadeen in isbahaysiga laga mid noqdo, Sheekh Shariifna uu labada xil isku hayo.

Dooddii hoggaaminta isbahaysigu waa sii socotay. Aniga caqligal ila ma ahayn doodda Shariif Xasan. Waxaan taageersanaa in Maxkamadaha loo daayo hoggaanka isbahaysiga, sababtuna waa doodda ah in dagaalka ay iyagu ku jiraan, kalsoonida iyo aamminaadda shacabkana haystaan. Saaxiibkay Tarsan ayaa Shariif Xasan si adag u la hadlay oo ku yiri: "Shariifow maxaad meesha ku darsatay, wiilasha dhimanaya, hantida baxaysa iyo dhiigga qubanaya waxba ku ma lihid, ma magac qallalan ayaad hoggaanka ku doonaysaa?" Hadalkaasi si aad ah ayuu uga caraysiiyey Shariif Xasan. Runtii dad badanina waa ka xanaaqeen, sababtoo ah wuxuu u muuqday xadgudub, xataa haddii ay dooddu sax tahay, si ka habboon oo asluub diblomaasiyadeed leh ayaa loo dhigi karay.

Ugu dambayntii dawladda Eritrea ayaa soo dhex gashay dooddii waxayna soo jeediyeen in la sameeyo guddi fulin oo madaxtinnimadiisa Maxkamdahu leeyihiin iyo gole dhexe oo ay hoggaankiisa Baarlamaanka Xorta ahi qaataan. Sidaas ayaa labada Shariif ku kala noqdeen Guddoomiyaha Guddiga Fulinta, ahna hogaamiyaha isbahaysiga, iyo Shariif Xasan oo noqday Guddoomiyaha Golaha Dhexe ee Isbahaysiga.

Waxaa 13/09/2007 ergadii shirwaynaha oo ka kala socday Barlamaanka Xorta ah, Golaha Midowga Maxaakiimta Islaamiga Soomaliyeed, Qurbajoogta Soomaaliyeed iyo Bulshada Rayidka ahi ansixiyeen Dastuurka Isbahaysiga. Waxaana ururka cusub loo bixiyey Isbahaysiga Dibuxoraynta Soomaaliya (Alliance for the Re-liberation of Somalia [ARS]). Waxa la ansixiyay gole dhexe oo ka kooban 191 xubnood, iyo sidoo kale barnaamijkii siyaasadeed ee Isbahaysiga. Waxaa hoggaamiyaha Isbahaysiga loo doortay Shariif Sheekh Axmad, halka guddoomiyaha Golaha Dhexe loo doortaay Shariif Xasan Sheekh Aadan.

Guddoomiyaha Guddiga Fulinta, ahna hoggaamiyaha Isbahaysiga, ayaa magacaabay 27 xubnood oo Golaha Fulinta ah, Golaha Dhexe ee Isbahaysiguna wuxuu yeeshay 11 guddi joogto ah, laba guddoomiye-xigeen oo aan midkood anigu noqday kan kalana Xuseen Maxamad Faarax Caydiid; halka uu Sheekh Cabdiraxmaan Maxamuud Faarax (Janaqow) noqday xoghaye guud. Intii lagu guda jiray doodda dhismaha Isbahaysiga waxay koox uu hoggaaminayo, Alle ha u naxariistee, Dr. Cumar Cismaan Raabi miiska soo saareen in la dhiso dawlad. Dooddaas oo maalmo socotay ma ay helin taageero badan. Sidoo kale, dawladda aan martida u ahaynna ma doonayn in la meelmariyo, laakiin waxay ahayd dood xoog leh oo dad badani u riyaaqeen.

Sagaal biloood ka dib ayuu Isbahaysigu go'aansaday in wadahadal ay Beesha Caalamka, gaar ahaan Qaramada Midoobay garwadeen ka tahay, la la galo dawladdii ku-meelgaarka ahayd ee uu hoggaaminayey Madaxweyne Cabdullaahi Yuusuf. Waxaa jiray farriimo beesha caalamka iyo hoggaanka Isbahaysigu ay si aan toos ahayn isu dhaafsanayeen oo la xariiray in la furo wadahadal dhex mara labada dhinac ee ARS iyo TFG. Ergooyin iyo farriimahaa ayaa muddo socday. Laakiin kulankii ugu muhiimsanaa ee arrinkaas lagu gorfeeyaa wuxuu Nairobi ku dhex maray safiirkii Maraykanka ee dalka Kenya, arrinta Soomaaliyana gacanta ku hayey, Ambassador Michael Ranneberger, iyo xubno ka tirsanaa Isbahaysiga. Kulankaas waxaa ka qeyb galay Sheekh Shariif, Shariif Xasan, Dr. Cumar Iimaan, Professor Ibraahim Xasan Caddow, iyo Jaamac Maxamad Qaalib (Jaamac-yare). Wafdigaa markii ay Asmara ku soo laabteen ayey warbixin kulankii la xariirta siiyeen Golaha Dhexe ee Isbahaysiga intii markaa magaalada ku sugnayd. Waxa ugu muhiimsan ee ay sheegeen waxay ahayd in beesha caalamku ay doonayso in wadahadal laga dhex furo Isbahaysiga iyo dawladda KMG ah ee madaxweyne Cabdullaahi Yuusuf. Waxay kaloo sheegeen in Maraykanku uu qirtay in ay muhiim tahay in Isbahaysigu uu yahay laacib asaasi ah oo aan Siyaasadda Soomaaliya looga maarmin. Wuxuu kaloo sheegay in labada dhinac ee Maxkamadihii Islaamiga ahaa iyo Maraykankuba ay khaladaad sameeyeen tahayna in horay looga socdo. Intaa waxa ay raaciyeen in Maraykanku qiray in ay khalad ahayd in ciidanka Itoobiya ay Soomaaliya ku fasaxaan, taasna laga qoomamaynayo loona baahanyahay in hore loo socdo oo wadahadal la furo.

Dadkii shirka fadhiyey badankoodu way u riyaaqeen warbixinta waxaana la taageeray in wadahadal la furo, laakiin hoggaanka dawladda Eritrea ku ma qanacsanayn in wadahadal la galo. Markii ay ka war heleen in dadka badankiisu ay wadahadalka taageereen ayey bilaabeen in ay olole ka dhex bilaabaan Isbahaysiga. Waxay si gooni ah u la kulmeen hoggaamiyayaashii Maxkamadaha. Waxay u sheegeen in Soomaalidu go'aanka leedahay, laakiin xogta ay hayaan ay tahay in wadahadalka uu dhagar yahay. Waxay kaloo sheegeen in ciidanka Itoobiya uu qadyaan joogo muddo saddex bilood gudahood ahna ay Soomaaliya kaga baxayaan, sababta wadahadalka loo furayaana ay tahay in weji badbaadin (face saving) loo sameeyo, sidaa daraaddeedna ay ku talinayaan in wadahadalka la diido oo dagaalka la sii wado. Dabcan, Eritrea waxay is hayaan Itoobiya, sababta na loo martigeliyeyna waa "cadawgaaga cadawgiisu waa saaxibkaa." Dagaalkii Baadame oo ah dhulka ay isku hayeen Eritrea iyo Itoobiya in uu Bakaaraha (Muqdisho) ka socdo dan ayaa ugu jirta, laakiin in badan oo madaxdii Maxkamadaha ka mid ahi waa ku soo qanceen doodda hoggaanka sare ee Eritrea, marka laga reebo Sheekh Shariif.

Markii ay hoggaankii Maxkamaduhu soo warceliyeen ayaa waxaa furmay dood iyo muran Isbahaysiga dhexdiisa ah. Eritriyaanku ku ma ekaan Maxkamadaha ee waxay bilaabeen in ay Isbahaysiga qaybihiisa kale ka dhex kalluumaystaan oo ay shirar-doceedyo la yeeshaan. Dad badan oo markii dambe Asmara ku hari doona ayey aragtidooda ku qanciyeen. Waxa ka mid ahaa: Xuseen Caydiid, Jaamac Cali Jaamac, Sakariye Xaaji Cabdi, Shariif Saalax, Jaamac Maxamad Qaalib, Fawsiyo Maxamad Sheekh, danjire Xashara iyo qaar ka mid ahaa hoggaanka sare oo ay ugu muhiimsanayeen Sheekh Xasan Daahir iyo Dr. Cumar Iimaan.

Eritriyaanku markii ay arkeen in Sheekh Shariif iyo Isbahaysiga intiisii badnayd ay go'aansadeen in ay wadahadalka gelayaan ayey isku dayeen in Isbahaysiga madax looga dhigo Xuseen Caydiid. Wargays afka Carabiga ku hadla ayaa subixii dambe lagu soo qoray in Xuseen Caydiid uu yahay hoggaamiyaha Isbahaysiga. Sheekh Shariif wuxuu u yeeray dhowr ruux oo beesha Habar Gidir meesha ka joogtay wuxuuna ka codsaday in ay Xuseen Caydiid la hadlaan.

Aniga, Alle ha u naxariistee, Cabdi Maxamad Abtidoon, Daahir Xasan Guutaale, Bashiir Meerito iyo Macallin Axmed ayaa qaabbilnay Xuseen Caydiid. Dood dheer ka dib, wuxuu noo sheegay in uu Eritrea heshiisyo hore uga baxay haddii uu markaan kan uga baxana ay khaarajinayaan, qorshuhuna yahay mid ay iyagu wataan. Xalka ayuu annaga na weydiiyay. Waaxaan ku la talinnay in Eitriyaanku wixii ay iyagu falayaan ay tahay arrin dadkoo dhan u taalla laakiin uusan isagu marna sheegan madaxtinnimada Isbahaysiga, ama magaca ARS uusan ku hadlin, wuuna naga aqbalay.

Magacaabistii Guddiga Wadahadalka

Xaaladdu markii ay soo kululaatay, labada Shariif waxay go'aansadeen in ay Guddiga wadahadalka magacaabaan si dhaqso lehna looga guuro Eritrea. Waxaa la magacaabay guddi 15 xubnood ka kooban oo Isbahaysiga wadahadalka u metela. Waxaa la go'aamiyey in la magacaabo guddiga Isbahaysiga wadahadalka u geli lahaa. Dhinacyada Isbahaysigu ka koobanyahay ayaa lagu heshiiyey in guddiga ay metalaad ku yeeshaan. Sheekh Shariif wuxuu soo jeediyey in Maxamad Nuur Tarsan uu guddiga u metelo Golaha Qurbajoogta, maaddaama uu guddoomiyihii golahaas yahay, isla markaana uu guddiga fulinta ee Isbahaysiga ka tirsanyahay, laakiin Shariif Xasan ayaa ku adkaystay in aan anigu noqdo ruuxa qurbajoogta u metelaya Guddiga Wadahadalka. Shariif Xasan dhawr sababood ayuu markaa xeerinayey, sida uu dib iiga sheegay: dooddii aan wadaaddada kaga dhiciyey, firfircoonida aan Isbahaysiga la soo galay iyo dhiirranaanta iga muuqatay iyo dhinaca metelaadda qabiilka oo uu is lahaa qof Habargidir ah looga ma maarmo Guddiga. Iyadoo ay intaas oo dhan jirto ayaa haddana waxaa dhici karta in uu Tarsan dagaal hoose oo faalladiisii adkayd ee ku aaddanayd xilligii uu Shariif Xasan gudoomiyaha Isbahaysiga isku soo taagay ay meesha ku jirto. Sheekh Shariif wuxuu, sida gadaal ka soo bixi doonta, hoosta ka watay in hoggaanka Guddiga wadahadalka laga dhigo Dr. Ibraahim Xasan Caddow (Aun), sidaas daraaddeedna ma rabin in aan labadayadu guddiga wada galno. Waxaa kaloo dhici karta in uu iga fiigsanaa.

Ugu dambayn dooddii Shariif Xasan ayaa guulaysatay oo aniga ayaa guddigii la igu daray. Markii laga gudbay magacaabista ayaa waxaa la isku qabtay guddoonka guddiga. Sheekh Shariif ayaa soo jeediyey in Prof. Ibraahin Xasan Caddow laga dhigo guddoomiyaha guddiga wadahadalka. Shariif Xasan wuxuu la soo baxay dood adag oo uu leeyahay Prof. Caddow anigoo hoggaaminaya wafdigii dawladda KMG ah ayaan ka kari waayey in uu na la fariisto miiska wadahadalka ee shirkii Maxkamadaha iyo DKMG ah, sidee mar kale uu wafdi wadahadal u hoggaaminayaa? Wuxuu kaloo ku dooday in Prof. Caddow uusan Isbahaysiga ka tirsanayn xubinna ka ahayn labadiisa gole ee Fulinta iyo Golaha Dhexe. Tan kale, Cabdiraxmaan guddiga la magacaabay isaga ayaa u mansab sarreeya oo waa guddoomiye-xigeenkii Golaha Dhexe, adiga oo guddoomiyihii ARS ah iyo aniga oo guddoomiyaha Golaha Dhexe ah oo qura ayaa xilka kala wareegi karna. Sheekh Shariif oo doodda diiddan, eeddana ka cararaya, lugna u laabantahay ayaa oggolaaday. Shariif Xasan ayuu ku yiri adigu magacow guddiga iyo guddoomiyaha guddigaba, kuna soo saar magaca iyo xafiiska guddoomiyaha Golaha Dhexe.

Markii laga dhammaaday magacaabista guddiga iyo guddoomiyaha wadahadalka ayaa lagu heshiiyey in ruux waliba uu tabtiisa uga baxo Asmara. Sheekh Shariif wuxuu ku baxay in uu Jaamacadda Qaahira muxaadaro ka soo jeedinayo, saraakiil sare oo dawladda Masar ka socdana uu la soo kulmayo. Dawladda Masar ayaa ballanqaadday in ay dib ugu soo celinayaan Asmara. Shariif Xasan in uu dano iyo hawlo ka leeyahay Dubai ayuu ku soo baxay, aniga iyo rag kalana in aan London iyo reerihii aadayno, qaar kalana dalkii in ay ku noqonayaan, halka qaar kale ay sheegeen in ay Hargaysa kulammo ku la leeyihiin xubno muqaawamada ka socda. Qof waliba xeelad ayuu uga siibtay Asmara. Sirdoonka Masar qayb ayey ka ahaayeen in Sheekh Shariif laga saaro Eritrea.

Shirka ayaa loo asteeyey in uu bilawdo 1-da bisha Mey ee 2008. Markii wafdigii intisii badnayd ay Jabuuti soo gaareen oo maalmo la joogo ayaa waxaa Jabuuti yimi saddex xubnood oo raggii Maxkamadaha ahaa oo qoraal Sheekh Shariif ka wada. Waxa ay kala ahaayeen Prof.

Ibraahim Caddow, Safiir Daahir Geelle, iyo Safiir Cumar Idiris (Cumar-Dheere). Qoraalka oo uu Sheekh Shariif ku saxiixnaa ayay u gudbiyeen xafiiska Ergayga Gaarka ah ee Wakiilka Xoghayaha Guud ee Qaramada Midoobay, Danjire Axmadu Walad Cabdalla. Waxaa qoraalka ku qornaa in Prof. Ibraahim Xasan Caddow uu yahay madaxa guddiga wadahadalka. Prof. Caddow wuxuu hore uga cudurdaartay in uu ka soo qaybgalo shirkii Asmara ee lagu dhisayey Isbahaysiga. Wuxuu kaloo ka cudurdaartay in uu noqdo ku-xigeenka xoghayaha arrimaha dibadda ee Guddiga Fulinta ARS, xilkaas oo uu uga sarreeyey Safiir Yuusuf Dheeg. Dood iyo buuq ayaa ka dhex aloosmay guddigii wadahadalka ee Isbahaysiga. Walad Cabdalla wuxuu la hadlay Shariif Xasan oo uu ka codsaday in muranka la xalliyo. Aniga iyo guddiga intiisa kale waxaan wacnay saddexdii oday ee warqadda Sheekh Shariif ka la timid. Waxay noo sharraxeen in ay ka socdaan hoggaamiyaha Isbahaysiga, isaguna uu masuuliyadda u soo xilsaaray. Markii ay hadaljeedintoodii dhammaysteen ayaan xubnihii guddiga fursad u siiyey in ay u jawaabaan. Dhammaan si aan kala-harid lahayn ayaa loo diiday go'aankaas. Cilladda ugu wayni waxay noqotay in Prof. Caddow uusan xubinba ka ahayn Isbahaysiga, xilligii Maxkamadahana laga soo gudbay. Si uu madaxa guddiga u noqdo waa in uu Isbahaysiga xubin ka soo noqdo. Dhinaca kale, labada Shariif way isku noqdeen, murankiina way soo xalliyeen.

Shirkii ayaa furmay sidii loo qorsheeyey, 01 Mey 2008. Markii ay xafladdii rasmiga ahayd dhammaatay ayuu Walad Cabdalla gees ii la baxay, wuxuuna ii sheegay in aan caawa fiidkii aniga iyo ugu badnaan saddex qof oo kale kulanno, si aan uga wada hadalno ajandaha wadahadalka. Xilli ay ku beegan tahay 10-kii fiidnimo ayuu noo yimid isaga oo ay la socdaan saddex ruux oo kale, laba nin iyo haweenay. Wuxuu soo jeediyey sida ay la tahay in uu ajanduhu noqdo. Qodobbada badankooda waa isku raacnay laakiin hal qodob ayaan isku mari waynay, kaa oo ahaa "In la abuuro jawi ay ciidanka Itoobiya ku bixi karaan"—taa oo aan annagu u qaadannay in ay tahay shardi laga hor marinayo in ciidanka Itoobiya ay baxaan. Taa beddelkeeda, waxaan annagu istaagnay in ciidanka Itoobiya ay baxaan. Walad Cabdalla wuxuu ku adkaystay qodobka, annaguna waan ku dhegnay dooddayadii. Markii aan su'aalnay maxaad u la jeedda jawi ama duruuf ay ku baxaan wuxuu ku jawaabay "in aad nabad gelisaan dawladda KMG ah." Waxaan ku niri qodob ka dhig amaanka dawladda KMG ah. Salaaddii Subax ayaa aadaankii korkeenna ka dhacay. Kulankii sidaas ayuu ku dhammaaday. Wuxuu yiri waan dhoofayaa maanta, saddex maalmood ka dib ayaan soo noqonayaa. Soo-laabadkii dambe ayuu noo keenay ajande kii ka beddelan oo si guud u qodobbaysan, sida in laga wada hadlo siyaasadda, amniga iyo gargaarka bani'aadannimada.

Waraysigii Sheekh Shariif iyo Falceliskii Madaxweyne Geelle

Aroortii hore ee 10-kii bisha Mey ee 2008 oo lagu wado in shirku si rasmi ah Hotel Kempinski ee Jabuuti uga furmo ayaa waxaa illinka Hoteelka aan degganaa igu soo garaacay Wasiirka Awqaafta iyo Arrimah Diinta Jabuuti, Dr. Xaamud Cabdi Suldaan, oo uu Madaxweynaha Jabuuti, Ismaaciil Cumar Geele, u xilsaaray fududaynta shirka. Ma filayn imaanshaha wasiirka, ballan aan lahayna ma jirin oo aan ka ahayn in goobta shirka la isugu yimaaddo. Caadi ahaan, taleefankayga markii aan seexanayo codka waan ka xiraa oo mar dambe ayaan ogaaday in Wasiirku uu dhowr jeer i soo wacay. Markii aan illinkii furay ina salaamay ayuu igu yiri, "War waa maxay waxa uu ku hadlay hogaamiyihiinnu, ma wadahadalkii ayaad ka baxdeen? Ma sidaas ayaad dad waawayn oo siyaasad lagu aamminayo ku noqonaysaan? Soo labbiso, adiga iyo saddex kale oo guddigaaga ah Madaxweynaha ayaa idin doonaya e." Ma aanan garanayn waxa uu Wasiir Xaamud ka hadlayo. Waxaan waydiiyey waxa dhacay, wuxuuna igu yiri "ma dhagaysan miyaa waraysigiisa?" Waxaan ku iri waraysigee? "Kii uu xalay saqdii dhexe Shariif BBC-da siiyey." Hadda dhegeyso ayuu igu yiri. Gadaal ayaan qolkayga ugu laabtay oo intii aan is-diyaarinayey ayaan waraysigii Sheekh Shariif uu siiyey Yuusuf Garaad oo ahaa tifaftiraha Laanta Afka Soomaaliga ee BBC dhagaystay. Sheekh Shariif wuxuu waraysigaas ku sheegay in Isbahaysigu uusan aqoonsanayn dawladda Soomaaliya, isla markaana aan wax wadahadal ah oo toos ahi dhex mari doonin. Wuxuu kaloo sheegay in Isbahaysigu uu wadahadal la gelayo Qaramada Midoobay, isagoo sabab uga dhigay in aanay jirin wax gacanta dawladda KMG ah ku jira ayna madaxda dawladdu dabadhilif u yihiin Itoobiya, wax go'aan ah oo ay gaari karaanna uusan jirin. Waxaan wacay Sheekh Shariif oo markaas ku sugan magaalada Dooxa ee dalka Qatar, laakiin taleefanka iga ma qaban. Farriimo dhowr ah ayaan u qoray ii mana soo jawaabin. Waxaan kaloo wacay Shariif Xasan Sheekh Aadan oo markaa Dubai ku sugnaa, waxana aan waydiiyey sababta keentay in Sheekh Shariif uu waraysiga bixiyo. Waxaan kaloo u sheegay in aan ku sii socdo madaxtooyada Jabuuti oo uu Madaxweynuhu na wacay. Wuxuu igu yiri Sheekh Shariif ayaan raadinayaa ee Madaxweynaha bal deji una sheeg in aan diyaar u nahay wadahadalka, xataa haddii uu Sheekh Shariif ka baxo.

Waxaannu tagnay madaxtooyada Jabuuti. Haddii aysan xusuustu i khaldin, waxaa kulanka igu weheliyey Cabdiraxmaan Ibi, Cabdiraxmaan Janaqow iyo Prof. Gaandi. Madaxweyne Geelle oo aad u caraysan laakiin degganaani ka muuqato ayaan u tagnay. Wuxuu durbadii na waydiiyey waxa nagu kallifay in aan go'aanka caynkaas ah qaadanno, iyadoo lagu wado in shirka uu maanta furmo? Maxay tahay sababta aan wejigabaxa ugu ridayno dawladda Jabuuti oo shirka martigelisay? Haddii aan tabasho qabnase maxaan u la socodsiin waynay? Madaxweynaha waxaan u sheegnay in uusan jirin go'aan Isbahaysigu qaatay oo wadahadalka looga laabanayo, wax iska beddelayna aysan jirin mowqifkayagii, waraysiga uu bixiyey Guddoomiyaha Isbahaysiguna uu nagu wada cusubyahay. Waxaan ka codsannay in uu waqti na siiyo aan arrimaha ku soo kala caddayno, xiriirna ku la samayno Sheekh Shariif. Wuxuu na waydiiyey in aan wacno si uu u la hadlo, laakiin Sheekh Shariif marna ka ma jawaabin taleefankiisa. Madaxweyne Geelle aad ayuu u caraysnaa laakiinse si deggan oo adag ayuu noo la hadlay, wuxuuna na siiyey muddo 48 saacadood ah in aan jawaab ku keenno. Farriinta dambe isagu toos noogu ma oran e Wasiirka ayuu noo soo faray. Ilaa markii aan ka soo baxay Madaxtooyada Jabuuti waxaan wicid ku waday Sheekh Shariif, marna ka ma uu jawaabin taleefanka. Waxaan ku celiyey Shariif Xasan oo aan uga warbixiyey kulankii Madaxweynaha. Waxaana isla garannay in uu Sheekh Shariif raadiyo oo uu Dooxa ugu tago, arrinkaana meel la soo saaro. Shariif Xasan wuxuu Sheekh Shariif ugu tegey Dooxa.

Qorshihii Qatar

Dawladda Qadar aayaa Sheekh Shariif ka raaridday in wadahadalka Jabuuti la hakiyo, isla markaana Amiirka Qatar, Sheekh Xamad Bin Jaasim, uu la hadlo Madaxweynaha Eritrea si waanwaan looga dhex furo labada garab ee Isbahaysiga, dhinaca kalena hawlaha muqaawamadu ay sii socdaan. Dawlada Qadar waxay bixinaysay taageerada ugu badan ee dagaalka muqaawamada idaacadda al-Jazeerana waxay ahayd halka lagu soo gudbiyo hawlgalka iska-caabbinta. Sheekh Shariif wuu aqbalay soo-jeedinta Amiirka. Shariif Xasan wuxuu isku deyey in uu Sheekh Shariif ku qanciyo in aan go'aankeennii hore ku adkaysanno oo aysan wax natiijo ah ka imaaneyn in Asmara lagu noqdo, laakiin taasi u ma suuroobin.

Madaxweynaha Eritrea, Isaias Afewerki, qudhiisa ku ma qanacsanayn soo-jeedinta Amiirka Qadar, laakiin ugu dambeyn 'dani ku tiri' ayuu ku aqbalay. Nin la socday hawlaha xog-ogaalna ah ayaa mar dambe ii sheegay in Afewerki uu Amiirka ku yiri lama aammino karo Sheekh Shariif, waxa uu kuu sheegayana waxba ka ma jiraan. Laakiin Amiirka ayaa ku adkaystay in fursad la siiyo wadahadalka labada dhinaca ee Isbahaysiga. Sida aan mar dambe ogaaday, Sheekh Shariif xilliga uu waraysiga BBC siinayo waxa Dooxa la jooga Sheekh Cumar Iimaan, Prof. Caddow iyo Fahad Yaasiin oo dhinaca Dooxa ka socda, soona diyaariyey waraysiga BBC. Shariifka waxaa habboonayad inta uu farriinta BBC soo marsiinayo in uu toos noo la soo xariiro oo nagu wargeliyo sida xaalku yahay, laakiin ma yeelin.

Afewerki oo aan qanacsanayn ayaa si uu u hor istaago soo-jeedintii Amiirka wuxuu kooxdii Asmara ku hartay ku dhiirrigeliyey in ay hoggaamiye cusub doortaan shir jaraa'idna qabtaan. Wuxuu kaloo ka hadashiiyey Yuusuf Maxamed Siyaad (Indha-cadde) oo ahaa xoghayaha Gaashaandhigga Isbahaysiga oo sheegay in aysan aqoonsanayn hoggaanka Sheekh Shariif, maalin ka dibna Afewerki qudhiisa ayaa BBC laanta Carabiga u sheegay in aysan aqoonsanayn shirka Jabuuti, wadahadallada QM waddo iyo dawladda KMG ah, Soomaaliyana uu u aqoonsanyahay dal la haysto. Wuxuu kaloo si dabdan u sheegay in hoggaanka Isbahaysigu uu yahay Sheekh Xasan Daahir Aways oo dhowaantaas Asmara loogu doortay guddoomiyaha Isbahaysiga.

Sheekh Shariif oo kolkii horeba cadaadiska Amiirka Dooxa u dhag-raariciyey ayay u soo baxday haddii uu Asmara ku laabto in uusan waxba ka keeni doonin lagana yaabo in uu mushkilo qoorta la galo kana soo lug bixi waayo Afewerki. Halkii uu Asmara ka aadi lahaa, wuxuu ka soo degay Jabuuti. Sheekh Shariif ma uusan wargelin Amiirka Dooxa sababta uusan Asmara u tegaynin una meel marayn wixii ay ku wada hadleen. In kastoo saaxiibkii arrimahan la socday uu arrinkan ii sheegay, haddana aniga qudhayda oo qayb ka ahaa dood kulul oo mar dambe dhex mari doonta Sheekh Shariif oo Madaxweyne ah oo aan wafdigiisa ka mid ahaa iyo Amiirka Qadar ayaan ku ogaaday.

Kulankii Shariifka iyo Geelle

Sheekh Shariif wuxuu ku soo laabtay Jabuuti. Waxaa loo diyaariyey kulan isaga iyo Madaxweyne Geelle dhex mara, aniga iyo Shariif Xasan ayaana kulanka ku wehlinnay. Sheekh Shariif cudurdaar ayuu siiyey Madaxweynaha. Wuxuu si kooban ugu sharraxay cadaadiska kaga imaanayey dhinacyada kala duwan. Geelle maalintaas si adag oo waano iyo wax tusaalayn ah ayuu noo la hadlay. Wuxuu tusaale ku bixiyey labo dhacdo oo uu soo joogay, dhacdada kowaad waxay u dhexaysay Soomaalida Jabuuti oo ka caraysan qoondada uu Faransiisku ka siiyey Baarlamaanka Jabuuti beesha Cafarta. Wuxuu yiri: shacabkii Soomaalida oo caraysan ayaa soo buux dhaafiyey hoyga mudane Xasan Guuleed Abtidoon oo ahaa Madaxweynihii ugu horreeyey ee Jabuuti. Geelle wuxuu xilligaas ahaa sarkaal dhinaca amniga ah. Wuxuu yiri; Waxaan Madaxweyne Xasan Guuleed ku wargelinnay in dadku ay aad u caraysanyihiin wax walbaana ka suuroobaan ee aan ka hawlgalno sidii aan ku kala eryi lahayn. Madaxweyne Xasan wuxuu yiri: maya, waan u bixi oo waan la hadlayaa. Madaxweyne dadkani waa caraysanyihiin wax walbana way ka suuroobaan ayaan ku niri ee bal ha ku degdegin. Wuxuu nagu yiri: adeer wixii ii qorani i seegi mayaan ee waan u bixi waana la hadli ee is-diyaariya. Madaxweyne Xasan dadkii isu soo baxay ayuu iyagoo buuqaya la hadlay, wuxuuna ku yiri:

> I dhegaysta Soomaaliyey; aniga waxaad ii dirateen xorriyad ee kuraas ii ma aydaan dirin; haddii aad kuraas ii diri lahaydeen

waan idiin keeni lahaa, gumaystuhuna wuu idiin joogi lahaa ee
kala doorta in aad kuraas heshaan oo gumaystuhuna idiin joogo
iyo in aad kuraas iska daysaan oo aad xorriyad heshaan. Waxaad
hadda haysataan xorriyad, waxaa idin ka maqan dhowr kursi oo
walaalihiin Cafartu idin dheeryihiin, laakiin haddii aad sidan ku
sii socotaan xorriyad iyo kuraasba waad waayaysaan.

Dadkii way aammuseen, iyagoo qanacsan ayeyna meesha ka tageen.
Qisada kale ee uu sheegay waxay ahayd mid dhex martay isaga iyo
Cabdiraxmaan Axmad Cali (Tuur). Wuxuu yiri: halkan madaxtooyada
ayaan ku qaabbilay, waxaan ku iri: war habaarqabe, maxaad dalka u
kala goysay? Wuxuu ii sheegay in cadaadis ba'an uu la kulmay oo qori
dhafoorka laga saaray uuna waayey meel uu uga baxsado cadaadiska
shacabka. Waxaad sidaas u yeeshay waa in aad dadka is-raaciso oo waxa ay
rabaan u yeesho, adigana aad xukunka iyo xilka sii haysato, laakiin maanta
xilkiina ma haysid dalkiina waad kala goysay; haddiise aad maalintaa
go'aankaaga ku adkaysan lahayd ama dal mid ah ayaad ka tegi lahayd ama
waxa ugu badan oo lagu sameeyaa wuxuu noqon lahaa in lagu dilo oo
aad shahiid ummadeed noqoto. Haddaba, Sheekh Shariif, haddii aad
doonayso in aad hoggaamiye ummadeed noqoto, waxaad u baahantahay
in aad go'aan yeelato. Waa ay jirtaa mar dadka la daba galo laakiin waxaa
kaloo jira marar badan oo ay tahay in hoggaamiyuhu uu isagu dadkiisa
horkaco, waddo aan la marinna u jeexo. Nin dhallinyaro ah ayaad tahay
waqti badanna siyaasadda ku sii jiraya ee taladaas iga qaado. Sidaas ayuu
hadalka ku soo afjaray. Kulankii ijaabo iyo is-fahan ayuu noogu soo
idlaaday, waxaana durbaba bilawday wadahadalladii labada dhinac ee
Isbahaysiga iyo DMKG ah.

Diblomaasiyadda Walad Cabdalla iyo Daaddihintii Wadahadalka

Axmadu Walad Cabdalla wuxuu ahaa diblomaasi guun ah oo in
badan ka soo shaqeeyey dalal ay xasarado badani ka aloosnaayeen.
Wuxuu xirfad u lahaa maaraynta hawlaha khilaafka iyo colaad-xallinta.
Wuxuu xoogga saaray in uu gacanta ku dhigo dawladaha shirka iyo
arrimaha Soomaaliya danaynaya ee awoodda qayaxanna ku leh Golaha
Ammaanka, maadaama uu isagu hoostago Xoghaya Guud ee Qaramada

Midoobay, kaa oo isaguna hoos taga Golaha Ammaanka. Waddamada Maraykanka, Ingiriiska iyo Faransiiska ayuu isku daabay. Wuxuu kaloo si dhow u la shaqaynayey dawladda Itoobiya oo si dadban wadahadalka qayb uga ahayd, maadaama ciidankeeda Soomaaliya laga saarayey, iyo dawladda Jabuuti oo ahayd halkii ay gogushu taallay. Waxaa la sameeyey saddex guddi oo labada dhinac ee dawlada ku-meelgaarka ah iyo Isbahaysiga dibuxoraynta ka kala socda, kuwaa oo ka wada hadla arrimaha siyaasadda, amniga, iyo gargaarka bani'aadannimada. Guddiyadaas maalintii ayey shirar rasmi ah soo yeeshaan. Kulan kasta wuxuu Walad Cabdalla ku casuumaa in ay mid ka mid ah dawladahaasi noqoto shirguddoonka kulanka. Tusaale ahaan, Norway, Talyaaniga, Kanada, Swedan, Sacuudiga iyo Masar, maalinba dawlad ayaa shirguddoon noqota. Laakiin shirka dhabta ahi wuxuu dhici jiray habeenkii xilliyada dambe waxaana lagu qaban jiray safaaradda Faransiiska. Seddax ruux oo Isbahaysiga ka mid ah ayaa u xilsaarnaa oo kala ahaa aniga, Prof. Maxamad Cabdi Gaandi iyo Sh. Cabdiraxmaan Janaqow. Shirarka xooggoodu waxay ku jihaysnaayeen in la qanciyo Isbahaysiga, is-fahanna la dhex dhigo isaga iyo beesha caalamka. Sababta ugu wayn waxay ahayd in DKMG ah ay qaybsanayd, ajanda ay isku raacsanyihiinna uusan jirin. Qaar in wadahadalku guulaysto ayey rabeen, halka kuwa kale ay diiddanayeen, khilaaf xooggan ayaana dhexdooda ka jiray.

Aniga iyo Waardihayga Gaarka ah

Maaddaama aan ahaa madaxa wadahadalka Isbahaysiga, waxaa la i dejiyey qol iyo fadhi isku furan (Suit ama janaax). Waxaa kaloo la i siiyey gaari madaxeed Mercedes ah iyo waardiye gaar ah. Waardiyaha gaarka ah afar iyo labaatanka saac wuu i la socdaa, keli ah xilliga aan jiifo oo aan qolkayga galo ayuu iga haraa. Wuxuu ahaa nin xoogaa da' ah, si aan badneynna lug uga dhutinaya. Dhowr jeer oo aan meelo u baxbaxayey ayaan ku iri iska joog waxba ha is dhibin, wax badan oo laga cabsado ma jiraan oo Jabuuti waa aammin e—sababtoo ah waxaan u haystay in uu amnigayga sugayo. Dhowr maalmood oo kala duwan ayaan isla intaa ku celceliyey laakiin isagoo qoslaya ayuu mar walba igu yiraahdaa waxba ma ahan ee iska daa, hawshayda ayaan qabsanayaa, wax aan qabanayana ma laha haddii aan kaa tago, shaqadan ayaa la igu ogyahay. Maalinkii dambe ayaan la hadlay masuul sare oo reer Jabuuti ah oo aan ku iri ninkaan odayga ah iska fasaxa wax ilaalo ah u ma baahniye. Waan isku dhibbannahay; nin maantoo idil horay iyo gadaal u socda ayaan ahay, isagana dhib ayey ku tahay in uu i daba socdo maanta oo dhan. Si kaftan ah ayuu ii yiri: iska daa ninka hawshiisa ayuu haystaaye. Waxaan ku iri hawshee? Wuxuu igu yiri, ma in uu adiga uun ku ilaalinayo ayaad mooddaa? Waxaan ku iri oo hadde maxaa kale. Haa wuu ku ilaalinayaa, wuuna kaa warbixinayaa ayuu igu yiri. Waan fahmay ujeedkiisa, maalintaa ka dib ku ma aanan oran iska tag. Waxay ii ahayd bilawgii cashar aan qaadanayo oo ah in dawladnimadu ay ka duwantahay xiriirka caadiga ah oo aysan shaqo ku lahayn qalbi xaarnaan iyo lillaahinnimo aadan cidna wax ka filaynin.

Kulankii Golaha Ammaanka iyo Khudbaddii Sheekh Shariif

Axmadu Walad Cabdalla iyo diblomaasiyiintii kale ee wadahadallada qaybta ka ahaa ayaa xil iska saaray in ay Golaha Ammaanka ku qanciyaan in uu Jabuuti yimaaddo, si uu wadahadallada u dhiirrigeliyo. Maraykanka iyo Ingiriiska waxaa u jooga wakiillo, weli safiirro ma yeelan. John Yates oo Maraykanka ka socda iyo Nick Pyle oo Ingiriiska ka socda, Faransiiska waxaa shirka u matalayey safiirkooda Jabuuti fadhiya. Labada dhinac ayaa lagu wargeliyey in ay u diyaar garoobaan qaabbilaadda Golaha Ammaanka. Waxaa na loo sheegay in Madaxweynah DKMG ah, mudane Cabdillaahi Yuusuf Axmad (Aun) iyo hoggaamiyaha Isbahaysiga, Mudane Shariif Seekh Axmad, uu kiiba Golaha la hadlayo saacad isugu jirta 20 daqiiqo oo khudbo ah iyo 40 daqiiqo oo dood-wadaag iyo su'aalo waydiin ah.

Dhowr maalmood ka hor inta uusan Golaha Ammaanku soo gaarin Jabuuti ayaa waxaa iga codsaday in uu shaah i la cabbo Nick Pyle oo ahaa wakiilka dawladda Ingiriiska Soomaaliya ku metelaya. Goobtu waa hoteelka Kempinski ee Jabuuti. Golaha Ammaanka waxaa lagu wadaa in uu labada Juun soo gaaro Jabuuti. Ma xasuusto maalinta, laakiin xilligaa aan Nick kulmaynaa waa dabayaaqadii bisha May. Nick Pyle wuxuu qayb ka ahaa wadahadalladii guuldarraystay ee Maxkamadaha iyo dawladda ku-meelgaarka ah Khardoum ku dhex maray 2006. Wuxuu iiga soo sheekeeyey in isaga, safiirka Talyaaniga iyo kan Norway ay isku dayeen in ay wadahadalka badbaadiyaan, halka Jendayi Fraser oo ahayd kaaliyaha xoghayaha Africa ee Wasaaradda Arrimaha Dibadda Maraykanku ay ku adkaysanaysay in ragga wadahadalka Kharduum u jooga aysan gacantooda waxba ku jirin ee ay jiraan koox mayal adag oo awoodda Maxkamadaha haysata. Wuxuu ii sheegay in ay aad u kala aragti duwanaayeen iyaga iyo Jendayi Frazer, balse ay saddexdoodii kale ku fashilmeen in ay wafdigii Maxkamadaha ku qanciyaan in ay wadahadalka oggolaadaan, doodda ay ka qabaan joogitaanka ciidanka Itoobiya ee Baydhabana dalbadaan in guddi xaqiiqo-raadis ah loo saaro. Waxaan arrinkaas heshiis ku ahayn oo na la waday dawladda Suudaan oo shirka martigelinaysay ayuu igu yiri, laakiin hoggaankii Maxkamadaha waxaa lagu kari waayey in ay shirka fariistaan. Wuxuu ii sheegay in safiirka Jaamacadda Carabta ee shirka ku sugnaa uu la hadlay Sheekh Shariif iyo Sheekh Xasan Daahir, si wadahadalka loo badbaadiyo. Labada nin ayaa la soo hadlay madaxii wafdiga wadahadalka Maxkamadaha ninkii hoggaaminayay, Prof. Ibraahim Xasan Caddow, laakiin ma dhicin in uu arrinkaas ka aqbalo.

Wasiirudawlaha Arrimaha Dibadda ee Suudaan, Cali Karti, oo shirka garwadeen ka ahaa ayuu ii sheegay in uu dadaal kasta ku bixiyey in uusan shirku fashilmin. Mar dambe oo aan Prof. Caddow waydiiyey sababta uu shirka u fariisan waayey farriimaha Sheekh Shariif iyo Sheekh Xasanna u fulin waayey wuxuu ii sheegay in ay jirtay wax la yiraahdo Shuurada Joogtada ah (Alshuuraa Daa'ima) oo uu madax ka ahaa Dr. Cumar Iimaan, iyagana uu si toos ah uga amar qaadanayey. Goobtaas waxaa ku badnaa ragga mayalka adag oo Al-Shabaabka u janjeera. Waxa aanan kala garayn in Prof. Caddow uu ka cabsanayey kooxda mayalka adag iyo in uu isaga qudhiisaba fikirka la qabay. Mar dambe oo ay Maxkamadahii jabeen ayaa lagu casuumay Prof. Caddow in uu hadaljeedin ka sameeyo Xarunta Cilmibaarista Xiriirka Caalamiga ee Chatham House ee dalka UK. Mayal adayg ka ma muuqan wuxuuna ahaa nin yiqiin sida loo la hadlo Galbeedka, si fahan sare lehna u garnaqsanayey. Wuxuu sheegay in mayal-adayg, waaya'aragnimo la'aan iyo cadaadis ay isugu darsameen.

Nick Pyle markii uu taariikhdaas hore ii dul maray ayuu wax iga waydiiyey khudbadda uu Sheekh Shariif Golaha ka jeedin doono iyo qodobbada ugu muhiimsan ee aan Golaha la hortegi doonno. Wuxuu kaloo rabay in uu talo igu biiriyo, maadaama aan ahaa madaxii wadahadalka ee Isbahaysiga. Si kooban ayaan u dulmaray waxa aan doonayno oo intooda badan wadahadalka la xariiray. Sida in ciidanka Itoobiya dalka laga saaro, in kuwo waddamada Islaamka ka socda la keeno; in Soomaalida talada loo madax banneeyo; in la baaro tacaddigii iyo xadgudubyadii dadka Soomaaliyeed loo geystay; in Isbahaysiga saami xooggan laga siiyo talada dalka, haddii aan laguba wada wareejinayn. Wuxuu iigu jawaabay waa qodobbo muhiim ah, laakiin waa kuwii wadahadalka, Golahuna u ma iman Jabuuti in uu wadahadal idin la galo. Qodobbada aad sheegtay iyo kuwa kalaba oo qayb ka ah wadahadalka waxaa Golaha wakiil uga ah danjire Walad Cabdalla iyo Safiirrada kale ee goobta jooga ee aan talo ku siiyo. Waxaan ku iri soo daa.

Wuxuu yiri: Dhegayso Cabdi, waa markii ugu horraysay ee urur hubaysan fursad loo siiyo in uu Golaha Ammaanka ka hor hadlo. Golaha dawlado uun baa la hadla, marna ha isku deyina in aad Golaha Ammaanka la gorgortantaan ("Don't ever try to negotiate with the Security Council"). Isagoo hadalkisii wata ayuu wuxuu yiri: Goluhu u ma iman Jabuuti gorgortan wadahadal ee wuxuu u yimid in uu dardar geliyo hawlaha dibuheshiisiinta labada dhinac, laakiin waxaa taa u la jira in la akhriyo lana fahmo hoggaanka Isbahaysiga; ma yahay mid Soomaaliya hoggaamin kara? Maxay tahay aragtidiinna siyaasadeed? Sidee u aragtaan deriska iyo la-macaamalka adduunka…? Waxaa la idin ka rabaa waa aragti iyo hiraal siyaasadeed ee ma aha gorgortan siyaasadeed. Waxay ahayd talo wax ku ool ah wax waynna ka tartay khudbaddii uu hoggaamiyaha Isbahaysigu halkaa ka jeediyey iyo dooddii su'aalaha iyo jawaabaha wadatay ee khudbadda daba socotay.

Qoraalka khudbadda Sheekh Shariif waxaa loo saaray aniga, Safiir Daahir Geelle, Safiir Cumar-Dheere iyo Maxamad Xasan Daryeel oo ahaa Xildhibaan ka tirsanaa Baarlamaanka Xorta ah. Inta khudbo qoristu aysan bilaaban ayaan saaxibbaday waydiiyey waxa aan rabno in aan ka xaqiijino kulanka Golaha Ammaanka. Dabcan, qodobbadii aan aniga qudhaydu qabay ayey afka ku wada dhufteen, waxaanse iri sow qodobbadaasi ma aha kuwa aan wada-xaajoodkooda halkan ay ka socdaan oo Walad Cabdalla iyo safiirrada kale ay halkaan ka wadaan? Sow ma habboona in Golaha aynu la hor tagno aragtideena ku aaddan xukunka dalka, xiriirka deriska iyo kan caalamka, sida aan u aragno dibuheshiisiinta Soomaaliya iyo dib u yagleelidda dawladnimada? Sow inoo ma aha fursad fahanka qaldan ee na la ka haysto iyo dacaayadda na la ka faafiyey aynu isaga fogayn karno kuna muujin karno in aan nahay dad masuul ah oo fahan iyo fogaan-arag leh?

Dood dheer ka dib, ugu dambayn, waxaan ku heshiinnay in la qaato dooddayda, arrimaha aan doodaha ka qabnana si dulmar ah khudbadda loogu sheego, annagoo rajaynayna in xal laga gaaro, laakiin aan xoogga saarno aragtida iyo himilada iyo halka aan geeddiga ku furayno haddii aan talada dalka qabano. La-kulanka Nick Pyle si wayn ayaan uga faa'iiday, waxayna runtii ahayd talo uu Isbahaysigu ka faa'iiday. Xubnaha Isbahaysiga intooda badani waxay ahaayeen dad dawladnimada iyo diblomaasiyadda xiriirka caalamiga ah ku cusub shaki waynna ka qaba ajnabiga kuna buuxa in ay dibindaabyo wadaan. In kastoo Rasuulkeena Suubbani (nnk) uu yiri "Xikmaddu waa baadida Mu'minka, halkii, goobtii iyo qofkii kasta ee kale isaga ayaa uga xaq badan," haddana mar kasta waxaa naga buuxda in na la dhagrayo, gaar ahaan dadka fikirka Islaamiga iyo kan qawmiga ah ku soo barbaaray. Waa sax in aad taxaddar iyo foojignaan leedahay laakiin taa macnaheedu ma aha in aan aragtida dhagar-maleega (conspiracy theory) u gacan-gasho.

Xiriirka diblomaasiga waxaa ugu horreeya waa in lagu akhriyo, fahmo oo la ogaado itijaahaaga iyo aragtidaada siyaasadeed halka ay ku socoto. Waxaad u baahantahay in aad leedahay dhagaysi qumman, su'aalo waxku-ool ahna aad waydiin karto, iskana ilaalisid laablakac iyo caaddifad. Ma jirto cid aad gacal iyo xigto tihiin, diblomaasiyaddana dan jirasho ayaa sal u ah, mana aha sida aad adigu wax u aragto ama aad u qorshaysatay oo keli ah. Waxaad u baahantahay in aad dhinaca kale dhagaysato raadisana meel aad isugu imaan kartaan danahiinnana isku waafajin kartaan. Waa in aad iska jirto danaha is-burinaya ee dawladaha loollamaya. Dawladahu iyaga oo isku gaashaanbuur ah ayey haddana kala dano duwanyihiin. Waxaa la arkaa in heshiis aad dan u aragto oo dal la gashay ay dawlad kale dhib u aragto. Waxaa laga yaabaa faa'iidada aad ka helayso heshiis aad dawlad (B) la gashay in uu ka badanyahay dhibka iyo halista kaaga imaanaysa dawladda (T) diiddan heshiiska dawlad (B). Diblomaasiyadu ma aha in aad dan xaqiijiso oo keli ah ee waa in aad halistana iska badbaadiso. Dalkeennu weli ma yeelan hay'ado xooggan oo jaangooya, ilaaliya, meelmariyana danaha amniga qaran ee dalka, kuwaa oo ka madaxbannaan isbeddelka ku dhacaya hoggaanka dalka. Hoggaanka markaa jira ayaa laga rabaa in uu danta qaranka jaangooyo, jeriyana oo uu dhowro sumcadda dawlada, dhisana kalsooni iyo aammin lagu qabi karo iyo in uu la yimaaddo fahan buuxa oo dheellitiran, aragti cad oo dhammaystiran iyo go'aan-qaadasho aan labac-labac iyo laablakac lahayn; iyo in uu miisaami karo danaha is-diiddan iskuna dheellitiro dawladaha loollanku ka dhexeeyo.

Kulankii Sheekh Shariif iyo John Sawers

Safiirkii Golaha Ammaanka u fadhiyay dawladda Ingiriiska ayaa codsaday in uu kulan la qaato Sheekh Shariif oo qur ah. Laakiin Shariif oo ahaa guddoomiyaha Isbahaysigu wuxuu ku adkaystay in Shariif Xasan uu kulanka ku weheliyo. Nick Pyle oo ahaa wakiilka Ingiriiska u qaabbilsan Soomaaliya ayaa isku deyey in uu Shariif Axmad ka dhaadhaciyo in kulanka uu kaligiis galo, laakiin taasi ma dhicin. Kulan qaatay 30 ilaa 40 daqiiqo ayuu Safiir John Sawers su'aalo isdabajoog ah si darandoorri ahna u socda ku waydiiyey Sheekh Shariif. Sida uu ka yeelayo Al-Shabaab; Federaalka waxa uu ka aamminsanyahay; xiriirka dawladaha deriska ah; wadahadalka Somaliland iyo taageerada uu uga baahanyahay dawladda Ingiriiska... In kasta oo uu guddoomiye ahaa Sheekh Shariif xilligaas, haddana su'aalaha la waydiinayo waxay ahaayeen nin Madaxweyne dalka ah oo kale. Safiirka indhihiisa waxay diiradda u saarnaayeen Sheekh Shariif wuxuuna akhrinayey ishaarada jirkiisa. Mararka qaarkood Shariif Xasan ayaa isku deyeyey in uu jawaabaha qaarkood bixiyo, laakiin Safiirku ma jecleysanayn ee inta ka soo dhex galo ayuu oranayey "guddoomiye su'aashaydu waxay tahay..." Aniga oo u turjumayey aad ayaan ugu dhibtooday: miisaanka su'aalaha iyo erayada siyaasadeed ama diblomaasiyadeed ee ay xanbaarsanayd luqadda uu safiirku ku hadlayo iyo jawaabaha labada Shariif ka imaanayey isu ma dhigmin. Waxaanse aad u la yaabay sida uu Safiirku u la socday maalinlaha siyaasadda dalkeenna iyo sida ay su'aalihiisu isugu xiriirsanyihiin oo aad is-leedahay ninkaan ma Soomaaliya iyo waxa ka socda oo keli ah ayuu ku mashquulsanyahay? Haddii uu hor oolli lahaa qoraal uu su'aalaha ka eegayo waxaan is oran lahaa waa loo soo diyaariyey, laakiin su'aalaha iyo su'aalaha jawaabaha ka dhashaba korka ayuu ka xifdisanaa! Markii uu kulanku dhammaaday ayaa waxaa gadaal iiga dhawaaqay Nick Pyale. Dib ayaan u soo noqday. Wuxuu igu yiri ma taqaan wuxuu John igu yiri? Waxaan ku iri maya. Wuxuu igu yiri ninkaan khudbaddii uu akhrinayey isaga ka ma imaan. Waxaan ku iri khudbadda waa la soo qoray, weliba taladaadii ayaa qayb wayn ka ahayd. Waan ogahay ayuu iigu jawaabay; laakiin ugu yaraan khudbadda iyo Sheekhu in ay isa soo dhoweeyaan ayaa fiicnayd ayuu igu yiri. Shan bilood ka dib, John Sawers waxaa laga dhigay agaasimaha hay'adda sirdoonka dalka Ingiriiska (MI5). Waxaa markaa igu soo dhacay John Sawers oo ka mid ahaa hay'addaa in kulanka Sheekh Shariif uu la qaadanayey ahaa in uu cabbiro qiyaasna ka helo fahankiisa iyo itijaahiisa siyaasadeed. Bishii Maarso, sannadkii 2010, ayaa mar aan booqasho ku tagnay dalka Ingiriiska wuxuu John Sawers dalbaday in uu Sheekh Shariif oo Madaxweyne ah la kulmo. Shariif Xasan in uu kulanka ku weheliyo ayuu ku adkaystay Sheekh Shariif, laakiin markaan waa laga diiday waxaana kulankaas ku wehliyey Cabdikariin Jaamac oo ahaa agaasimaha xafiiska Madaxweynaha.

Caqabadihii Wadahadallada Jabuuti

Dawladda Itoobiya oo ciidankeedu Soomaaliya joogay dagaalladii iyo muqaawamadii laga la hor tagayna u adkeysan weysay ayaa oggolaatay in la wada hadlo, Maraykanka oo gadaal ka riixayay ayay isaguna u caddaatay in joogitaanka Itoobiya ee Soomaaliya ay ka sii dhalaneyso sii baraaridda kooxaha xagjirka ah ee mayalka adag. Dawladda Itoobiya shirka way joogtay, annaguna waxaan mar kasta dalbaneynay in laga saaro shirarka rasmiga ah, laakiin siyaabo kala duwan ayay saamayn ugu lahayd wada-xaajoodka.

La-yaabku wuxuu aha in ka dib markii wada-hadalladii Jabuuti bilowdeen kulammo sir ah ay dhex mareen Guddoomiyaha Isbaheysiga, Sheekh Shariif, iyo Sirdoonka Dawladda Itoobiya. Kulammadu waxay ka kala dhaceen dalka Kenya; Jidda (Sacuudiga), iyo Sanca (Yaman). Is-aragyadaas dadkii Isbaheysiga ku jiray gadaal ayay ka ogaadeen, marka laga soo tago Shariif Xasan oo la ogaa. Sheekh Shariif ayaa iga dalbaday in aan Cabdullaahi Maxmed Cali (Sanbaloolshe) oo markaas ka shaqeynayay OCHA fasax uga qaado Mark Bowden oo ahaa nin Ingiriis ah oo madaxna ka ahaa xafiiska QM ee Soomaaliya, qaybta Gargaarka Bani'aadanimada iyo Horumarka RC/HC iyo Wakiilka UNDP ee Soomaaliya. Mark Bowden oo ahaa nin aan is niqiin ayaan ka codsaday in uu fasax kooban noo siiyo Sanbalooshe oo uu guddoomiyaha Isbahaysigu hawl uga maarmi waayey. Sheekh Shariif ii ma sheegin waxa uu ka rabo Sanbaloolshe oo markaa magaciisa iigu horreysay. Mar dambe ayaan ogaaday in Guddoomiyuhu doonayay in uu u turjumo wadahadallada qarsoodiga ah ee uu la yeelanayo sirdoonka Itoobiya. Cumar Idris oo ka mid ahaa xubnihii Isbahaysiga ugu firfircoonaa oo mar dambe noqday safiirka Soomaaliya ee Qadar ayaan ku kulannay Jabuuti. Wuxuu i siiyay faahfaahin ku aaddan kulankii Sheekh Shariif iyo sirdoonka Itoobiya ay Kenya ku yeesheen. Markii aan arrintii raadiyayna run ayay noqotay. Kulankii labaad magaalada Jiddah ayuu ka dhacay, wax faahfaahin ahna ka ma aanan helin. Shariif Xasan ayaa mar dambe soo jeediyay kulanka soo socda ee Yaman ka dhacaya in la iga qeyb geliyo. Xilligaa inta badan xubnaha Isbahaysigu waxay u socdeen gudashada waajibka Cumrada. Shariif Xasan ayaa Nairobi iga soo wacay wuxuuna ii sheegay in isaga, Sheekh Shariif, Guddoomiyaha, aniga iyo Cumar Xaashi Aadan (Aun) aan safar taransit ah ku marayno magaalada Sanca ee dalka Yaman, laakiin ii ma sheegin sababta. Waxaan u sheegay in howlo yar yar aan ka qabsanayo Jabuuti cumradana aan toos u aadayo oo taransitku igu dheeryahay. Wuu ku adkaystay in aan is raacno. Maadaama uusan faahfaahin iga siin sababta, waa ka cudurdaartay. Waxaan dib ka ogaaday in kulankii lagu qabtay Sanca uu ka soo qaybgalay Wasiirudawlaha Arrimaha Dibedda ee Itoobiya iyo Taliye-xigeenka Nabadsugidda dalkaas. Waxaa la isla soo qaaday in Sheekh Shariif uu Addis Ababa tago oo ay kulmaan Wasiirka

Arrimaha Dibedda iyo Raysalwasaaraha Itoobiya, si loo soo gunaanado wadahadalka u dhexeeya labada dhinac, waxna la isugu ogaado.

Markii Cumrada laga soo laabtay ayuu Guddoomiyaha Isbahaysigu kulan isugu yeeray Guddigii wadahadalka ee Isbahaysiga. Wuxuu guddoomiyuhu sheegay in ay jireen wadahadallo iyo kulammo qarsoodi ah oo ay sirdoonka Itoobiya la yeesheen, taasoo ay ugu danaynayeen in wadahadalku guulaysto. Maadaama aan diidnay in aan dawladda Itoobiya si toos ah wadahadal noo dhex maro, iyaduna ay tahay cidda aan sida dhabta ah isu hayno ee aysan ahayn TFG, waxaan ku qasbanaannay in aan si qarsoodi ah u la xaajoonno. Ilaa wada-xaajoodku ka mira-dhalana dadka u ma soo bandhigi karin. Waxaan idiin caddaynayaa in wadahadalladii ay mira-dhaleen marayaanna halkii ugu dambaysay, aniguna aan tegayo Addis Abbaba, si aan isu soo aragno madaxda dalkaas. Taladiinna in aad ka dhiibataan ayaa la idin ka doonayaa ee soo dhowaada ayuu yiri. Dadka intooda badan xanta kulammada sirta ah way maqleen laakiin tafaashiisa hoose ee wada-xaajoodka la ma ay socon. Aniga iyo tiro yar oo kale waannu haynay xogta. Dood dheer oo adag ayaa ka dhalatay goobtii kulanka. Si aqlabiyad ah ayay dadkii isugu raaceen in ay qalad tahay in Guddoomiyahu uu xilligaa Addis Ababa tago, welibana iyada uu doonayo in uu xilka Madaxweynaha u tartamo. Waxaa loo batay in Itoobiyaanku ay doonayaan in dhaawacaan sumcaddiisa, si uu fursad u helo ninka lagu wado in uu la tartami doono ee ah Nuur Xasan Xuseen (Nuur-cadde). Shariifku wuxuu ahaa nin dad isku-wadka jecel; in uu dhinacyada oo dhan wada qanciyo jecel; ciddii maqan la doono oo xaal mastuur arrimaha lagu xalliyo. Waxaan xasuustaa markii Eritrea ay ka shaqeysay in si dadban Xuseen Maxamed Faarax Caydiid looga dhigo Guddoomiyaha Isbahaysiga in uu noo diray oo uu yiri Xuseen ha la la soo hadlo. Sheekh Shariif waxaan intii aan la shaqaynayey ku ammaani karaa in uu ahaa shakhsi musuqmaasuqa ka fog, qabyaaladda iska ilaaliya, ku dadaala in uu wejiga dawladda iyo muunadda qaranka ku qurxiyo in uu xafiiska keeno dad kala qabiillo duwan, waana waxa Soomaalidu u baahantahay.

Xanaaqii Safiirka Talyaaniga

Wakiilkii dawladda Talyaaniga u qaabbilsanaa Soomaaliya ayaa ka carooday in Ergeyga gaarka ah ee Qaramada Midoobay u qaabbilsan Soomaaliya, Walad Cabdalla, uu saddex dawladood oo keli ah kala tashado arrimaha Soomaaliya: Maraykanka, Ingiriiska iyo Faransiiska. Saddexdaas dawladood si gooni ah ayuu Walad Cabdalla mudnaan gooni ah u siin jiray, maadaama ay yihiin dawlado saamayn xooggan ku leh Golaha Ammaanka, gaar ahaanna leh codka qayaxan ee diidmada ah. Talyaanigu waxay isu haystaan in ay yihiin dawlad Soomaaliya xiriir taariikhi ahi ka dhexeeyo ayna tahay in mudnaan laga siiyo talada arrimaha Soomaaliya. Stevan De Jack oo ahaa wakiilka Soomaaliya u qaabbilsan ayaa iiga cawday sida ay wax u socdaan iyo in habdhaqanka Walad Cabdalla uu qaldanyahay. Talyaaniga ayuu sheegay in uu Soomaaliya saaxiib dhow la yahay oo marna aysan yeelayn in kaalintooda meesha laga saaro ama sha'nigooda sidaas loo yareeyo. Farriinta safiirka ayaan u fahmay in uu iga rabo in aan Soomaali ahaan ugu hadalno dawladda Talyaaniga lana socodsiinno Walad Cabdalla in aan doonayno in Talyaaniga kaalin laga siiyo wadahadalka. Walad Cabdalla ayaan arrintii gaarsiiyay oo an ku dhahay dawladaha qaar waxa ay ka cabanayaan in wadahadallada aysan wax talo iyo saameyn ah ku lahayn, dawladaha qaarna la siiyay mudnaan gaar ah, loona baahanyahay in la xalliyo dawladaha tabashada qaba. Wuxuu ii sheegay in saddexdaas dawladood uusan uga maarmi karin socodsiinta qaraarka Golaha Ammaanka laakiin uu dawladaha kalana kaalimmo ka siinayo wadahadalka. Ugu dambayn, dawladaha Norwey, Sweden iyo Talyaaniga ayaa kaalimo muuqda laga siiyey shirka iyo wadahallada.

Waxaa laga yaabaa in aad is-waydiiso sababta ay dawladahaas oo dhami u doonayaan in kaalin laga siiyo wadahadalka. Wakiillada dawladaha u jooga shirka waxay caasimadahoodu ka doonayaan warbixino joogta ah oo la xariira shirka. Waxay kaloo isku deyayaan in Soomaalidu ay ogaato kaalintooda iyo abaalka aan u haynno. Waxay kaloo u sii gogolxaaranayaan xiriirka Soomaaliya iyo dawladahooda ka dhaxayn doona.

Ahmadu Walad Cabdalla wuxuu ka soo jeeday waddan yar oo Mauritania la yiraahdo, laakiin qibraddiisa diblumaasiyadeed ayaa siineysay in uu xiriir toos ah la yeesho Madaxtooyada Faransiiska, Aqalka Cad ee Maraykanka iyo No.10-ka Igiriiska looga arrimiyo. Wuxuu ahaa nin xiriirkiisa caalamiga ahi aad u xoogganyahay. Waxaan aad u fiirin jiray dhaqdhaqaaqiisa iyo sida uu u maareynayo wadahallada, maadaama aan ku cusbaa siyaasadda iyo diblomaasiyadda, waxana aa aad isugu taxallujin jiray in waaya'aragnimadiisa aan ka faa'iido. Walad Cabdalla oo ku hadla luuqadaha Carabiga, Faransiiska iyo Ingiriiska ayaa inta badan si talantaalli ah ugu wada hadli jiray luqadaha Carabiga iyo Ingiriiska. Maalin ayuu igu la kaftamay: Cabdi hadda ayaan gartay halka ay Soomaalidu madax-adaygga iyo qabka ka keeneen; wallee idinka iyo Mauritaniyaanka isku mid ayaa tihiin. Dad la mid ma tihiin, xoola dhaqato oo dhan waa madax adagyihiin, wayna isla weyn yihiin, waa dad madax bannaan oo adduun kale in uu jiro aan aamminsaneyn—illeen markaas ayuu soo akhriyay qoraal ay daabacday *Hiiraan Online* oo ku saabsan wadahadal 1977 dhex maray Wasiirkii Batroolka Soomaaliya, Xuseen Cabdulqaadir, oo markaas ahaa kusimaha Wasiirka Arrimaha Dibadda, iyo Wasiirkii Arrimaha Dibadda Maraykanka, Henry Kissinger, oo wada hadlaya ka hor dagaalladii 77, Maraykankuna ay Soomaaliya ku leeyihiin duullaan ayaad Itoobiya ku tihiin, wasiirka Soomaaliyeedna uu leeyahay cidna duullaan ku ma nihin laakiin cidna in aan xaqeena doonanno uga haybaysan maynno. Goosgooska doodda waxaa ka muuqda in Henry Kissinger la yaabbanyahay in Xuseen Cabdulqaadir uu u la hadlayo dhiggiisa oo kale oo Soomaaliya uu ku dhererinayo Maraykanka. Danjire Cabdalla wuxuu dhahay: niman tabartoodu u qiimeysantahay ma tihiin oo go'aanno qaraar ayaad iska gaareysaan. Hadalkaas waa runtii oo haddii aad dib ugu laabato taariikhda siyaasada arrimaha dibedda Soomaaliya waxaad ku arkaysaa qar-iskatuurnimo aan loo meel deyin go'aannada la qaadanayo. Laga soo bilaabo markii xiriirka loo jaray Ingiriiska, 1963; markii ay dawlada Soomaaliya dagaal ku iclaamisay Israa'iil iyadoo sheegtay in ay Masar taageersantahay ciidanna u dirayso (1967); markii aan u wareegnay Soofiyeetka oo aan diidnay taladii Maraykanka, Ingiriiska, Talyaaniga iyo Jarmalka Galbeed oo wada socda oo sheegay in inoo dhisayaan 5 kun oo ciidanka Milateriga ah, taasna ay nagu filantahay, dhanka kalana ay xoojinayaan hay'adaha nabadgelyada sida Booliska, Sirdoonka iyo Maxkamadaha. Dawladahaasi waxay ina siin jireen oo kale taageero miisaaniyadeed. Laakiin waxaan ka doorbidnay Soofiyeetka. Waxaa taa la mid ahaa in Soomaaliya laga celin waayey dagaalkii 77 ee aannu Itoobiya la galnay, markii aan galnayna innaga oo garab iyo taageero meel ku ogayn waxaan xajisan waynay guulihii la gaaray oo waxaan diidnay in aan ku ekaanno Jigjiga, halkaasna wada-xaajood laga galo. Ku keen ilaa markii Maxkamadihii Islaamiga ahaa ay sheegeen in ay salaadda ciidda Addis Ababa ku soo tukanayaan, ilaa dagaalkii ay dawladda Farmaajo ku qaaday dawladaha deriska, gaar ahaan Kenya iyo Jabuuti.

Shirar ka-bixiddii Isbahaysiga

Maaddaama ay Itoobiya ahayd caqabadda ugu wayn ee hor taagan heshiiska labada dhinac, Isbahaysigu wuxuu go'aan ku gaaray in aysan marna shirka qayb ka noqonin. Laakiin Itoobiya waxa ay madax ka ahayd urur-goboleedka IGAD; waxay kaloo qayb ka tahay Ururka Midowga Afrika, saamayn wayn ayayna ku lahayd Soomaaliya iyo Gobolkaba, dabcanna ma ahayn dawlad si sahlan loo takoori karo. Shir walba way soo fariistaan, annaguna waannu ka baxnaa. Dhowr iyo toban jeer ayey sidaasi dhacday. Jabuuti waxaa Itoobiya xilligaa u fadhiyey safiir Soomaalida Itoobiya ka soo jeeda oo la yiraahdo Shamsudiin Axmad Rooble oo dhammaadkii sannadkii 2018 ay dawladda Itoobiya u magacaawday wakiilkeeda Somaliland u fadhiya. Waxaa qosol lahayd in aan maalin Jimce ah masjidka wayn ee Jabuuti isku aragnay. Shamsudiin wuxuu igu yiri "Waryaa Cabdiraxmaan, masjiidkana miyaad iiga baxaysaa?" Waxaan mar kale ku kulannay magaalada Nairobi isagoo ah Safiirka Itoobiya u fadhiya waddanka Kenya.

BIXITAANKII CIIDANKA ITOOBIYA

Marka laga soo tago caqabadaha kale ee awoodqaybsiga, khilaafka ka dhex taagnaa DMKG ahayd, gaar ahaan Madaxweyne Cabdullaahi

Yuusuf iyo Raysalwasaare Nuur Xasan Xuseen (Nuur-cadde) oo si wayn ugu kala aragti iyo ra'yi duwanaa dibuheshiisiinta iyo wadahadalka Jabuuti. Qodobka ugu culus uguna dhibka badnaa wuxuu ahaa bixitaanka ciidanka Itoobiya.

Waxaa dib loogu soo laabtay halkii aan habeenkii kowaad isku khilaafnay Axmad Walad Cabdalla oo ahayd abuurista jawi ama xaalad ay ku baxaan ciidanka Itoobiya, taasoo macnaheedu yahay ammaan buuxa oo ay DKMG ah ka hesho muqaawamada iyo waji-dhowr (face saving) loo sameeyo ciidanka Itoobiya oo aysan u muuqan in ay jabeen oo xabbad iyo dagaal lagu saaray. Qodobkani wuxuu ahaa kan ugu dhibka badan ee heshiiska lagu daray. Runtii, Axmad Cabdisalaan Xaaji Aadan oo dhinaca TFG garwadeen ka ahaa iyo Nuur-cadde oo Raysalwasaare ahaa, xildhibaanno badan oo ay ka mid yihiin Cabdi Axmad Dhuxulow (Dhagdheer), Cabdalla-Boss, Kiish-buur iyo rag kaloo badaniba waxay kaalin togan ka ciyaareen wadahadalka iyo isu soo dhowaynta labada dhinac. Annagu waxaan rabnay in si cad oo aan mugdi lahayn loo qoro in ciidanka Itoobiya ay Soomaaliya ka baxaan, laakiin dhinaca Itoobiyaanku waxay rabeen in si wajigooda dhowraysa loo qoro, taasoo keentay in saacado la isku hor taagnaado siiqada qoralka.

"Muddo 120 cisho gudahood ah oo ka bilaabanaysa marka heshiiska la saxiixo ayay dawladda ku-meelgaarka ah (TFG), iyadoo dhaqangelinaysa go'aankii ay dawladda Itoobiya horay u go'aansatay in ay ciidankeeda Soomaaliya kala baxdo, markii ay ciidan ku filan oo nabad-ilaalineed oo Qaramada Midoobay ka socda ay Soomaaliya soo gaaraan..."

Qodobkani wuxuu ahaa kan u adag heshiiska. Sida muuqata ma caddaynayo in ay ciidamada Itoobiya baxayaan, laakiin dhammaan diblomaasiyiinta shirka ku sugan ee beesha caalamka ayaa nagu dhiirrigelinayey in aan sidiisa ku aqbalno, maaddama ay hubaan in ciidanka Itoobiya ay baxayaan, qoralka ay sidan ugu adkaysanayaanna ay tahay waji dhowris. Siiqada qoralka waxaa soo meeriyey Wasiirkii Arrimaha Dibadda ee Itoobiya, Seyoum Mesfin. Dood dheer oo saacado qaadatay ka dib, heshiiskii qalinka ayaa lagu duugay 18 Agoosto 2008, waxaana saxiixay Axmad Cabdisalaan Xaaji Aadan oo dhinaca TFG ka socday iyo aniga oo dhinaca Isbahaysiga Dibuxoraynta ka socday.

Taleefankayga codka ayaa ka xirnaa. Markii heshiiska qalinka lagu duugay oo aan dibadda u soo baxnay ayaan eegay, waxaa saarnaa 128 wicitaan oo aanan ka jawaabin; wicitaankii 129 ayaan qabtay. Nin ayaa igu yiri, "sow ina Cabdishakuur ma aha?" Waxaan ku iri haa waa isagii. "Murtad baad tahay qoorta ayaana kaa goynayaa," ayuu igu yiri. Waxaan ku iri walaalow dalkeenna maanta in qof la dilo oo qudha laga jaro waa wax uu ruux kasta samayn karo ee waxaa la isku hayaa yaa dad badbaadin kara ee caqli kale ma haysaa? Wiilkaasi mar dambe ayuu xaafaddayda iigu yimid ina xasuusiyey dooddii khadka taleefanka nagu dhex martay, isagoo iiga cudurdaartay in uu xilligaa khaldanaa. Wiilku markii uu isku kay sheegayna waxaan noqonnay ehel isku beel hoose ah.

ISCASILAADDII CABDULLAAHI YUUSUF IYO ABAABULKII AADAN-MADOOBE

Waxaa xoogaystay khilaafkii u dhexeeyey Madaxweyne Cabdullaahi Yuusuf iyo Raysalwasaare Nuur-cadde. Dhinaca kale, in kastoo Isbahaysiga Dibuxoreynta iyo DKMG ah ay heshiis kala saxiixdeen, kooxda Al-Shabaab oo heshiiska diiddanayd waxay sii waddey weerarradii ay ku qaadaysey ciidanka dawladda iyo kuwa Itoobiya. Bishii Agoosto 22, 2008, ayay Al-Shabaab qabsadeen magaalada Kismaayo, halkaa oo uu dagaal faraha looga gubtay ka dhacay. Bishii Nofeembar 12-keedii ayey haddana la wareegeen magaalada Marka, iyagoo markii dambe ku soo siqay Ceelasha Biyaha iyo Siinka Dheer. Madaxweyne Cabullaahi Yuusuf ayaa caddeeyey in heshiiska Jabuuti uusan wax miradhal ah lahayn, dalkana ay Al-Shabaab la wareegeen, isagoo adduunka ugu baaqay in dawladdiisa la badbaadiyo. Laakiin bishii Nofeembar dhammaadkeedii ayey dawladda Itoobiya ku dhawaaqday in ay ciidankeeda Soomaaliya kala baxayso, ka dib markii uu xoogaystay khilaafka u dhexeeya iyaga iyo Madaxweyne Cabdullaahi Yuusuf oo ay saaxiib wayn ahaayeen. Sheekh Shariif ayaa magaalada Muqdisho markii ugu horraysay ku laabtay 10-kii Diseembar 2008, si uu kulammo u la yeesho hoggaamiyayaasha muqaawamada iyo saraakiisha Midowga Afrika. Hay'adaha xuquuqul insaanka maxalliga ah ayaa sheegay in 17 kun oo dad rayad ah lagu dilay dagaalladii Muqdisho ka dhacay. Raysalwasaarahii Itoobiya, Meles Zenawi, ayaa 11-kii Diseembar 2008 ku dhawaaqay in Midowga Afrika ay waydiisteen in ciidanka Itoobiya ay Soomaaliya isaga baxaan. Dawladda Itoobiya iyo beesha caalamku waxay cadaadis xoog leh ku saarayeen Madaxwayne Cabdullaahi Yuusuf in uu taageero shirka Jabuuti ee Isbahaysiga iyo Dawlada KMG ah u dhexeeyay, laakiin 14-kii bishii Diseembar ayuu Madaxweyne Cabdillaahi sheegay in uu xilkii ka qaaday Raysalwasaare Nuur-Cadde, isagoo sheegay in uu xukuumadda Nuur-Cadde ku fashilantay ammaan ku soo dabbaalidda dalka, laakiin Baarlamaanka ayaa maalintii xigtay go'aankaas ku gacansayray.

Madaxweyne Cabdullaahi Yuusuf wuxuu 16-kii Dizeembar ee 2008 Raysalwasaare u magacaabay Maxamad Maxamuud Guuleed (Gacmadheere), laakiin 24-kii Diseembar ayuu Gacmadheere is-casilay, isagoo sheegay in uusan doonaynin in uu caqabad ku noqdo hawlaha dibuheshiisiinta. Dawladda Maraykanka ayaa Madaxweyne Cabdullaahi Yuusuf ku cadaadisay in uu la shaqeeyo Raysalwasaare Nuur-Cadde, taageerana hawlaha dibuheshiisiinta Jabuuti ka socda. Laakiin taa beddelkeeda, Cabdullaahi Yuusuf wuxuu go'aansaday in uu is-casilo 29-kii Diseembar 2008, dabadeed xilkii Madaxweynaha waxa si ku-meelgaar ah u la wareegay Sheekh Aadan Maxamed Nuur (Madoobe) oo ahaa guddoomiyaha Baarlamaanka.

Abaabulkii Aadan-Madoobe

Axdiga ku-meelgaarka ahaa wuxuu dhigayaa in haddii Madaxweynuhu uu is-casilo, ama xilka laga qaado, ama ay si kale xil gudasho la'aan ugu timaaddo, in guddoomiyaha Baarlamaanku xilka Madaxweynaha muddo bil ah sii haynayo, bishaas dhexdeedana lagu doorto Madaxweyne cusub. Sheekh Aadan-Madoobe wuxuu bilaabay abaabul ka dhan ah shirka Jabuuti, isagoo ku dooday in doorasho Madaxweyne lagu qabto magaalada Baydhabo, Madaxweynahaasna uu hoggaamiyo hawlaha dibuheshiisiinta. Dawladda Itoobiya ka ma marnayn gacansiin dadban oo ay u fidinayso abaabulka Aadan-Madoobe, waxaana arrinkaas ku wehliyay Raysalwasaare Cali Maxamad

Geeddi oo xilka uga horreeyey Nuur-cadde. Dhinaca kale, waxaa socday cadaadis beesha caalamku ay saarayeen Sheekh Aadan-Madoobe. Dawlada Itoobiya waxay doonaysay in Baydhabo lagu qabto doorasho madaxweyne, Cali Geeddina laga dhigo madaxweynaha beddelaya Cabdullaahi Yuusuf, Calina uu hoggaamiyo wadaxaajoodka u dhexeeya TFG iyo Isbahaysiga.

Ballanqaadkii Aadan-Madoobe

Si abaabulka Itoobiya iyo doorashada Baydhabo loo baajiyo, beesha caalamku waxay cadaadis xoog leh ku saareen Sh. Aadan-Madoobe in uu shirka Jabuuti ka socda ka qaybgalo uusanna ku degdegin in uu doorasho ku qabto Baydhabo. Aadan oo ka qaybgelayey shir-madaxeedka Jaamacada Carabta oo lagu qabanayey dalka Kuwait ayaa dalbaday in xilka guddoomiyaha loo daayo haddii la doonayo in uu shirka Jabuuti ku soo biiro. Wuxuu cabsi badan ka qabay Shariif Xasan oo uu aamminsanaa in uu kursiga ka qaadanayo haddii tartan doorasho la galo. Kulan ay goobjoog ahaayeen Axmadu Walad Cabdalla, Nuur-cadde, Wasiir Xaamud, Shariif Axmad, Shariif Xasan iyo aniga ayaa si wadajir ah khadka taleefanka lagu la hadlay, halkaasoo loo xaqiijiyey Aadan-Madoobe in aan kursigiisa doorasho la gelin doonin. Marka laga reebo Shariif Xasan, inta kale ayaa Aadan-Madoobe u xaqiijiyey in aan la la tartami doonin, laakiin Aadan-Madoobe wuxuu doonayey in uu ballanqaadkaas ka maqlo afka Shariif Xasan. Ugu dambayntii, isaga iyo Shariif Xasan ayaa afka Mayga ku wada hadlay, halkaasoo uu Shariif Xasan u xaqiijiyey in uusan kursigaas damac kaga jirin. Ugu dambayntii, Aadan-Madoobe wuu aqbalay in uu shirka ka soo qaybgalo.

4

DOORASHADII SHARIIFKA IYO DURUUFIHII JIRAY

DOORASHADII SHARIIFKA IYO DURUUFIHII JIRAY

Ka dib markii uu is-casilay Madaxweyne Cabdullaahi Yuusuf Axmad, waxaa lagu qasbanaaday in bil gudaheed lagu buuxiyo xilka Madaxweyne. Waxaa la gudagalay diyaargarowgii iyo loollankii doorashada madaxnimada. Waxaa jiray guux ah in dad aan Sheekh Shariif ahayni isu sharraxaan xilka madaxweynaha. Dad kale oo badani waxay qalqaalinayeen in Isbahaysiga murashaxiin kale iska soo taagaan. Sheekh Shariif iyo Shariif Xasan ayaannu kulan gaar ah arrimahaas ka yeelannay. Waxaan isla garannay in kulan weyn loo qabto Golaha Dhexe ee Xisbiga oo lagu shaaciyo in Sheekh Shariif yahay murashaxa Isbahaysiga. Kulanka in aan anigu guddoomiyo ayay Labada Shariif soo jeediyeen. Waxaan ku dooday in Shariif Xasan oo ah Guddoomiyihii Golaha Dhexe uu shirguddoomiye noqdo laakiin waxay ku adkaysteen in aan anigu guddoomiyo, iyadoo ujeedku ahaa in la diro farriin lagu aammusinayo guuxa Isbahaysiga ka dhex taagan mowqifkayguna uu caddaado. Mar haddii anigoo guddoomiyihii wadahadalka ah, ahna qofka seddaxaad ee Isbahaysiga, marka laga tago Labada Shariif, kuna hayb ah Sheekh Shariif, aan taageero musharaxnimada Shariifka, taasi waxay farriin u diraysaa xubnaha kale ee Isbahaysiga ka tirsan damacuna ku jiro. Halkaa waxaa ka bilawday loollankii doorashada. Shariif Xasan oo ahaa madaxa ololuhu wuxuu ku dadaalay in uu wada hadashiiyo Sheekh Shariif iyo cid kasta oo tabasho qabta. Waxaa muhiim ah markii aad olole doorasho ku jirto in madaxa ololaha doorashadaadu uu yahay shakhsi burji leh, dadku u soo istaagayaan, loona arko in uu fulin karayo ballamaha uu magacaaga ku qaadayo. Ma jirin dhaqaale badan oo xilligaa lagu bixinayey ololaha doorashadu. Iimaandarrida hadda baahday iyo lacagta waalan ee maanta ololaha doorashada lagu bixiyaana ma jirin. Walwal wayn ka ma aanan qabin in uu Sheekh Shariif guulaysanayo, mar haddii aysan jirin murashaxiin kale oo Isbahaysiga ka tirsan oo la loollamaysaa. Keli ah waxaa filanwaa ahaa in Nuur-cadde oo aan u haysaney in uu ahaa ninka halista nagu ah, maadaama uu helayey taageerada beesha caalamka iyo bahwaynta Hawiye, uu ka hoos maray Maslax Maxamad Siyaad Barre oo kaalinta labaad galay! Dad badan arrintaasi yaab ayey ku ahayd. Waxaa jiray tabasho wayn oo ay ka qabeen Nuur-cadde qolyihii ka soo jeeday dawladdii ku-meelgaarka ahayd, gaar ahaan taageerayaashii Madaxweyne Cabdullaahi Yuusuf iyo in ay dooanayeen in ay ka aargutaan, maadaama ay u arkayeen in uu dawladdii uu raysalwasaaraha ka ahaa isagu dumiyey kulana heshiiyey koox jabhad ah oo reerkiisa u badan, haddana uu doonayo in uu madaxweyne noqdo. Laakiin waxa filanwaaga ahaa in dadkaasi ay ku ciil baxaan doorashada Maslax Maxamad Siyaad, iyadoo ay murashaxiin kale tartanka ku jireen, sida Dr. Cali Khaliif Gallayr iyo Maxamed Cusmaan Aadan Edson. Sheekh Shariif wuxuu wareeggii kowaad helay 215, halka uu Maslax helay 60 cod, Nuur-Cadde helay 59 cod, Dr. Gallayr 31 cod, Edsonna helay 25 cod, Jeneraal Cabdiraxmaan Cabdi Xuseen (Guulwade) helay 10 cod. Nuur-cadde oo u arkayey in ay ku dhacday dhirbaaxo bahdilaad ah ayaa isaga haray wareeggii labaad ee doorashada, iyada oo sidaa oo kale ay saddexdii murashax ee kalana yeeleen. Galayr, Guulwade iyo Edson iyaguna way iskaga hareen tartanka. Sheekh Shariif iyo Maslax Maxamad Siyaad ayaa isugu soo haray tartanka, halkaa oo uu Sheekh Shariif ku guulaystay wareeggii seddexaad oo uu ka helay 293, halka uu Maslax ka helay 123 cod.

Maslax ku ma sii negaan siyaasadda, sababtoo ah wuxuu helay ayaa ahaa cod caraysan (protest vote) oo lagaga aargudanayey Nuur-cadde. Maslax wuxuu ahaa wiilka Madaxweynihii 21 sannadood dalka ka talinayey, kaa oo eedo badan loo haystay. Dad badan ayaa la yaabbanaa in sidaas sahlan uu masraxa ugu soo noqon karayo oo mansabka ugu sarreeyana sigi karayo. Ma waxaa loo tiirin karayaa in Soomaalidu illowshiyo dhowdahay, cafiskeedu sahlan yahay, oo caaddifadda qabiilka wax kasta kala wayntahay? Mase sidii uu, Alle ha u naxariistee, Abshir Bacadle ku gabyey ayaa rajiimkii 21-ka sannadood talinayey loo darsaday: "Duqii doona, ducana ugu dara waa na dilateenne" ayey noqotay xaaladdu miyaa?

MADAXWEYNE SHARIIF IYO JOHN YATES

Markii aan ka soo dareernay doorashadii Madaxweyne Sheekh Shariif oo habeenkii xilli dambe la isku gaaray ayuu John Yates oo ahaa ninka Mareykanka u qaabbilsanaa Soomaaliya iga dalbaday in uu isagu noqdo diblomaasiga ugu horreeya ee Madaxweynuhu la kulmo. Madaxweynaha ayaan farriintii gaarsiiyey, 10-ka barqannimo subixii xigay ayaana la qabtay ballantii. Yates waa yimid xilligii ballanta, wuxuuna hadal ka bilaabay: Madaxweyne Washington waa kuu soo hambalyeyneysaa, waxayna diyaar u tahay in ay kula shaqeyso. Waxaan rabnaa in aan ka wada shaqeynno wax kasta oo ay danta labada dali ku jirto. Nagu tasho wixii garab iyo taakulo ahna Maraykan diyaar ayuu kuu la yahay. Waxaan kaloo doonaynaa in aan iska kaashanno wax allaale wixii amniga Soomaaliya, kan gobolka iyo caalamkaba halis ku ah.

Hadalkaas diblomaasiyadeed ka dib ayuu Madaxweynaha su'aal weydiiyay. Wuxuu ku yiri: Ma ogaan karaa cidda "cabinet" aad ka dhiganaysid? Markaas waxaa kulanka fadhiya: aniga, Madaxweynaha, Shariif Xasan iyo Maxamed Sheekh oo mar dambe noqon doona taliyaha Nabad-sugidda. *Cabinet*-ka anigu waxaan u qaatay Golaha Wasiirrada, laakiin wuu noo fasiray oo Mareykanka waxaa *cabinet* la yiraahdaa Madaxweynaha iyo dadka ku hareereysan oo la-taliyayaashiisa ah, sida; agaasimaha xafiiskiisa, la-taliyihiisa amniga qaranka, la-taliyihiisa siyaasadda—dadkaas hareeraha Madaxweynaha taagan ayay Marykanku u yaqaannaan *cabinet*. Madaxweynuhu wuxuu ugu jawaabay, "Raysalwasaarihii wali go'aan ka ma gaarin *cabinet*-na ma dhowa, aniguna sidii ayaan ugu turjumay. Markaas ayuu John Yates yiri; *cabinet* waxaan ka wadaa dadka adiga kuugu dhow ee aad rabto in aad u magacawdo xafiiskaaga, sida agaasimaha xafiiskaaga oo ay Maraykanku "Chief of Staff" u yaqaanaan, la-taliyahaaga amniga qaranka, madaxa baratakoolka, la-taliyaha Siyaasadda iyo arrimaha kale—wuxuu ka waday dadka ugu muhiimsan ee Xaafiiska ka shaqayn doona. Maraykanka iyo dunida kalaba dadkaas oo idili waa dad horay loo sii yaqaanno oo ololaha doorashada kala soo shaqeeyey madaxweynaha ee ma aha dad guusha doorashada ka dib laga fekero.

Sheekh Shariif wuxuu sheegay in uusan wali fikrad ka heysan magacaabista dadkaas oo uusan weli go'aan ka gaarin. Yates indhaha ayuu is-qabtay wuxuuna muujiyey la-yaab iyo filaanwaa. Kulankii markii uu dhammaaday oo aan sii sagootinayay, dad is bartayna aan ahayn oo 8 bi
lood wada shaqeyneynay, ayuu i yiri: Cabdi, ma hubtaa Madaxweynuhu in uu su'aasheyda si sax ah u fahmay? Markaas ayaan ku iri: Haa waa hubaa in uu sax u fahmay. Waxaana kuu xaqiijinayaa, ayaan u raaciyay, in uusan waxba kaa qarsan ee ay jawaabtiisu run ahayd. Wuu yaabay. Wuxuu dhahay: Sannad ka badan ayad Asmara joogteen, ku-dhawaad siddeed biloodna halkaan (Jabuuti) ayaad joogteen ee ma waxaad i leedahay Madaxweynuhu ma yaqaan cidda uu ka dhiganayo Chief of staff, madaxiisa Hab-maamuuska, la-taliyihiisa siyaasadda iyo amniga qaranka? Waxaan ku iri: waa laga yaabaa in uu dad maanka ku hayo laakiin aniga waxa ay i la tahay in jawaabta uu ku siiyay ay sax tahay. Xilligaas dawladnimada waan ku cusbaa, waxaan se gadaal ka ogaaday, safiirrada ama wakiilladu waxa ay jecelyihiin xubnaha *cabinet*-ka dadka ugu hor ogaanaya in ay noqdaan, si ay xogtooda u sii diyaarsadaan ka dibna ugu diraan dalalka ay ka socdaan, si loo ogaado dadka Madaxweynaha ku hareereeysan ee saamaynta ku yeelan doona go'aannadiisa.

HAWO IYO HUNGOOBID

Waxaa bilowday loollankii Raysalwasaare raadinta. Dad badan ayaa is sharraxay. Inta badan dadka xilkaas raadinayay 90% waxa ay ka soo jeedeen degaannada Puntland, maadaama Madaxweynihii meesha ka baxay, Cabdullaahi Yuusuf, uu ka soo jeeday degaanka. Waxaa la isku wada raacsanaa oo beesha caalamka, dawladaha dariska ah ee arrinka ku jiray, sida Jabuuti oo aan marti u ahayn iyo kuwa kale ee saameynta lahaa ee Itoobiya iyo Kenya, isla oggolaayeen in raysalwasaaruhu ka yimaaddo Garoowe, si loo sameeyo dibuheshiisiin. Dad badan oo kala duwan ayaa loollan xooggan bilaabay, intooda badan shaqsiyaadka anigu ma aqoon. Waxaan ka aqaannay kaliya Siciid Cabdullaahi (Dani) iyo nin kale oo koox wadaaddo ah oo ururka Ictisaam u badnaa riixayeen oo la yiraahdo Nuuradiin Diiriye. Nuuradiin wuxuu markaa iska soo casilay wasiirka Qorshaynta ee Puntland. Wuxuu ahaa nin aan sheeda sare iska garanaynay, dadka aan magaalada London kulammada iyo nashaadaadka isku aragno ayuu ka mid ahaa aadna isu ma aannaan aqoon, markii dambe ayaanse si fiican isu barannay. Siciid-Dani isaga si fiican ayaan isu niqiin oo xilligii aan shahaadada labaad diyaarinayay ayaannu Malaysiya isla joognay, dabayaaqadii 1999-kii ilaa dhammaadkii 2000, horana waa isu sii niqiin oo ilaa horraantii sagaashamaadka nin aan is garaneyno ayuu ahaa. Markii uu Jabuuti yimid dadkii uu ka soo lug bilaabay ayaan ahaa. Markii uu ii sheegay in uu doonayo in aan arrinka raysalwasaaraha ka sheekeysanno waxaan u qaatay in uu dad kale wado, sababtoo ah isaga siyaasadda ku ma ogayn: nin ganacsade ah oo waxbarashada iyo samafalka ka shaqeeya ayaan ku aqaannay. Laakiin xillka in uu isagu rabo ayuu ii sheegay. Waan ka aqbalay in aan ololaha la galo, sababtoo ah ma jirin ruux aan markaa si gooni ah u la doonayey in uu jagadaas buuxiyo.

Waxaa meesha yimid odayaal ka tirsan ururka *Al-Islaax Al-qadiim* oo olole ugu jira sidii Saciid uu xilkaa ku heli lahaa. Al-Islaax labo garab ayay u kala jabeen: Al-islaax Al-qadiim oo asalkii ururka ah iyo koox ka fallaagowday oo sheegatay in ay iyagu ururkii saxda ahaa yihiin oo loo yaqaan *Dammul Jadiid* (dhiigga cusub). Raggaas waxaa ka mid ahaa Dr. Cali Sheekh Abuubakar oo xilligaa ahaa Guddoomiyaha Jaamacadda Muqdisho kana mid ahaa asaasayaashii ururka iyo Jaamacadda, Dr. Cabdiraxmaan Cabdullaahi Baadiyow, iyo Dr. Cali Baashi Cumar Rooraaye. In kasta uu Saciid-Deni ii sheegay in uu gebi ahaanba ururka Al-islaax isaga baxay, haddana raggaasi waxay si xawli ah ugu jireen ololihiisa. Isbahaysiga dhexdiisa, gaar ahaan Maxkamadaha Islaamiga ah, waxaa ku xoog badnaa kooxda Damul Al-jadiid oo iyagu ka soo horjeeday in qof ay raggaas qadiimka ahi wataan raysalwasaare laga dhigo. Siciid-Dani waxaa aad u taageersanayd dawladda Jabuuti, halka uu garab iyo taageero xooggan ka helayay madaxweynihii xilligaas la doortay ee Puntland, Cabdiraxmaan Faroole iyo ganacsatada Soomaaliyeed, gaar ahaan kuwa Muqdisho oo ay ka mid ahaayeen Axmed Nuur Cali Jimcaale, Sheekh Abuukar Caddaan iyo ganacsato kale oo saameyn ku leh Sheekh Shariif. Saciid wuxuu ahaa musharrax aad u xooggan, taa ayaana keentay in madaxweyne Shariif uu go'aansado magacaabistiisa, ka dib markii uu miisaamay dhinacyada kala duwan ee uu taageerada ka heysto.

Waxaa kaloo isaguna jira nin aanan xilligaas aqoon laakiin meesha aan ku bartay ahaana la-taliyaha ergeyga gaarka ah ee xoghayaha guud ee Qaramada Midoobay oo la yiraahdo Maxamed Cabdirisaaq Maxamad Abuubakar, mar danbana noqday Wasiirka Arrimaha Dibadda ee Dawladda Federaalka ah. Maraykanka iyo QM Maxamed Cabdirisaaq ayay aad u rabeen, laba jeer ayeyna ugu yimaaddeen Madaxweynaha in uu Raysalwasaare u magacaabo Maxamad, iyagoo ku doodaya in uu yahay ninkii dheelitiri lahaa, taa oo ay ka wadaan in Sheekh Shariif dhanka Islaamiyiinta ka yimid Maxamedna uu yahay nin libaraal ah oo ay iyaga is-fahmi karaan.

Waxaa kale oo jiray nin kale oo xildhibaan Cabdirashiid-Cirro la yiraahdo, markii danbana noqday Wasiirkii Ganacsiga. Cabdirashiid wuxuu ku fadhiyey kursigii baarlamaanka ee uu banneeyey madaxweynihii is casilay, Cabdullaahi Yuusuf Axmad (Aun), wuxuuna ahaana raggii aadka ugu dhowaa una muuqday nin saameyn ku leh taageerayaashii dawladdii TFG, gaar ahaan kuwii Cabdullaahi Yuusuf. Dabcan, rag kale oo badan ayaa doonayay xilka raysalwasaaraha, laakiin saddexdaas ayaa ahaa dadka soo dhowaaday oo ay fursadahoodu muuqdeen.

Madaxweynuhu wuu go'aansaday magacaabista Saciid-Deni, wuuna ku wargeliyey dawladda Jabuuti iyo Cabdiraxmaan Faroole oo ahaa dhinacyadii u ololaynayey, laakiin waxaa ka hor yimid laba mowjadood oo xoog leh. Kooxda Dammul Jadiid ayaa qaadday olole xoogan oo Saciid ka dhan ah. Waxay si gaar ah uga dhex ololeeyeen garabkii hubaysnaa ee Maxamadaha ee gudaha ka dirirayey, iyagoo ku wargeliyey in la soo wado nin raggii Islaax Al-qadiim ka mid ahaa ee Maxamadaha ka soo horjeeday lana safnaa TFG-da, taasina ay dhabarjab ku tahay halgankii.

Maxkamadaha oo ay inta badan Islaamiyiintu ku wada jireen. Waxaa debadda ka joogay kooxda Al-islaax Al-qadiim oo si adag u diiddanaa mashruuca Maxkamadaha. Sheekh Shariif waxay kooxda Muqaawamada oo ahaa garabkii hubaysnaa ee Maxkamaduhu u sheegeen in aysan marna aqbali doonin Deni. Caqabadda kale ee Saciid laf dhuun gashay ku noqotay waxay ahayd: Shariif Xasan Sheekh Aadan oo ahaa nin saamayn badan ku leh Isbahaysiga, gaar ahaan go'aannada Madaxweynaha, ayaa ka soo hor jeestay magacaasbita Deni, wuxuuna soo garab dhigtay Cumar Cabdirashiid Cali Sharma'arke. Cumar ku ma jirin xubnaha xilka loo saadaalinayay.

Maadaama la oran karay in aan ahay qofka seddexaad oo saamaynta ku leh Isbahaysiga, marka laga tago Labada Shariif, Shariif Xasan wuxuu i weydiiyay in uu jiro qof aan la raadinayo xilka raysalwasaaraha. Waxaan u sheegay in aan dhisayo nin ganacsade ah oo aan saxiib nahay, meelna wax ku wada barannay, muddana is naqaanay oo la yiraahdo Siciid-Deni. Wuxuu igu yiri, sow ma ogid in ay dhisayaan raggii Islaax Al-qadiim ee naga soo horjeeday? Siciid meel noo dhig ee ninka Cumar Cabdirashiid ah ila qaad, lana soo sheekeyso. Cumar hore u ma aan aqoon, laakiin la-sheekeysigii ayaa waxa iiga baxay in uu ahaa nin garaad iyo aqoon ahaan dhisan, deggan, oo siyaasadda Soomaaliya iyo marxaladaheeda kala duwan ay u kala baxsanyihiin, caqabadaha iyo sida xalku ugu muuqdana aragti fiican ka haysta. Dhowr kulan oo aan isku noqnoqanay, doodihiisa iyo aragtiyihiisa siyaasadeed waxay ahaayeen kuwo heer qaran ah, qabiilka hoose ka maran, siyaasadda gobolka iyo Soomaaliyana la socda. Mana ahayn nin ay iimaandarro siyaasadeed ka muuqato oo xilka u xusulduubaya.

Iyadoo ay sidaas tahay ayaa waxaa Nairobi iga soo wacay koox isku xiran oo aqoonyahanno ah. Ragga ila hadlay waxaan ka xasuustaa Faarax Sh. Cabdulqaadir, Cabdi Maxamed Sabriye oo mar dambe noqday Wasiirka Arrimaha Gudaha ee xukuumaddii Farmaajo, iyo Cabdi Faarax Shirdoon (Saacid) oo isaguna Madaxweyne Xasan Sheekh uu raysalwasaare u magacaabay; Cabdullaahi Maxamad Cali (Sanbalooshe) oo markii dambe noqday wasiirka amniga iyo taliyaha nabadsugida; Baafo oo isaguna markii dambe noqday wasiirka beeraha; iyo Cabdi

Raage oo ahaa nin ay aad isugu dhowaayeen Axmad-Madoobe, in kastoo ay markii dambe kala boodeen. Cumar Cabdirashiid wuxuu ka mid ahaa madal ay raggaasi isku aruursadeen. Si wadajir ah ayey taleefan sameecaddiisu furantahay iiga la hadleen, iyagoo iga codsaday in haddii qof reer Puntland ah la qaadanayo aan Cumar Cabdirashiid la qaado oo an olole u galo, markii danbana guddi raggaas ka socday ayaa yimid Jabuuti oo Cabdullaahi Maxamed Cali (Sanbaloolshe) uu ka mid ahaa. Aniga oo doodihii iyo sheekadii Cumar la dhacsan, walina maanka ku haya in Sicii-Deni igu soo hor maray ayay arrintaasi dhacday.

Waxaa soo xoogaystay diidmada ka imaanaysa raggii gudaha ee muqaawamada, waxaa kaloo xoogaystay ololaha Cumar loogu jiro. Qoladii Maraykanka iyo QM oo murashaxoodii la diidayna way yaabbanyihiin oo waxay is-waydiinayaan Sheekh Shariif miyuusan rabin in aan garab siinno, muxuu farriinteena u dhayalsanayaa? Weliba waxay sheegeen in arrinkan Washington laga ogyahay oo aysan ahayn wax iyaga ku eg, haddii Maxamad Cabdirisaaq la qaatana ay hawl badan oo degdeg ah dawladda la qabanayaan. Kooxdan, mar haddii Maxamad Cabdirisaaq la qaadan waayey, aad ayey u danaynayeen in Cumar la qaato oo waxay diiddanaayeen in labo nin oo Islaamiyiin ahi ay madaxwweyne iyo raysalwasaare wada noqdaan, laakiin ololaha ay magacaabista Saciid kaga gows-haystaan wuxuu ahaa mid hoose, anigase waxba iga ma qarsan jirin.

Ugu dambayn, Shariif Xasan oo doonaya in uu dagaalkii ugu dambeeyey ee ololaha magacaabista Saciid lagaga hor tagayo qaado ayaa iga codsaday in aan garab siiyo oo aan madaxweynaha u la tago, isla markaana aan Cumar la riixo. Waxaa maalinkaa soo baxay warar sheegaya in Madaxweyne Shariif uu qoray warqaddii magacaabista Deni. Shariif Xasan sababaha ku kallifayey in uu Cumar Cabdirashiid u ololeeyo ayaa waxaa ka mid ahaa haweeney markii dambe dhimatay (Aun) oo la oran jiray Caaliya, qaraabana la ah Cumar, lana sheegayey in uu qabo ganacsade wayn oo reer Dubai ah, Shariif Xasanna saaxiib iyo qaraabo yihiin ayaa ololaha dhankeeda kaga jirtay, waxayna ka mid ahayd dadka Shariif Xasan saameeyay.

Madaxweynaha ayaannu ballantiisa raadsannay. Waxaa na loo qabtay ballan qado ah. Shariif Xasan aqoon rasmi ah ma laha, mana aha nin siyaasadda buug ka bartay, laakiin wuxuu ahaa nin aad ugu fiican taatikada iyo istiraatiijiyadda siyaasadda. Wuxuu igu yiri, aniga ayaa cirka ku dhejinaya doodda ee adigu deji. Markii aan qadaynnay oo ay dooddii furantahay ayuu Shariif Xasan si kulul oo qiiro iyo xammaasad leh u yiri: "Madaxweyne, waxaan ku xusuusinayaa in xilligii la qalqaalinayey in Sheekh Aadan-Madoobe lagu qanciyo in uu Jabuuti yimaaddo, lagana soo weeciyo in baarlamaanku uu madaxweyne ku doorto Baydhabo, ka dib markii uu si lamafilaan ah isu casilay Madaxweyne Cabdullaahi Yuusuf, waa tii aad ogayd oo uu Aadan-Madoobe shardi ka dhigay in xilkiisa loo daayo oo aan la la tartamin. Waa tii uu dalbaday in beesha caalamka iyo aniga Shariif Xasan ahi aan dammaanaqaad rasmi ah siiyo. Waxaan sidaa u yeelay in aysan qalqal gelin in aad madaxweyne noqoto. Waa tii markii aan adiga, aniga iyo Cabdiraxmaan wada fariisannay aan ku ballannay in aan adiga ku dhisno, cidina ku la tartamin; waa tii aan go'aansannay in Golaha Dhexe ee Isbahaysiga degdeg loo fariisiyo Cabdiraxmaanna shirguddoomiyo, si loo soo afjaro nuxnuxda iyo xubnaha kale ee damaca yeelan kara; waa taan ku ballannay in aan madaxtinnimada ku la raadinno, wixii ka soo harana annagu aan ka talinno; haddana waxaa muuqata in markii aad kursiga ku fariisatay aad kaligaa tashatay. Waad tashatay, go'aan ayaad gaartay ee qofkaad rabtid raysalwasaare ka dhigo, kugu la ma jirno. Aniga iyo Cabdiraxmaan waxba kaa ma rabno; wasiir kaa ma rabno, xildhibaanno baarlamaanka ka tirsan ayaan nahay ee waxaaga qaado, adiguna qaso."

Madaxweynuhu aad ayuu runtii arrinkaas u dhibsaday. Wuu dhididay. Wuxuu isku dayay in uu is-difaaco. Wuxuu sheegay in Saciid ay Puntland, dawladda Jabuuti iyo rag kaloo ganacsato ahi wadaan. Shariif Xasanna wuxuu sheegay in ay raggii Muqaawamadu diiddanyihiin, isaguna uu diiddanyahay, aniguna aan la qabo. Wuxuu kaloo ku daray, dawladda Jabuuti ayaa iigu daran marka aad leedahay, soow tii aad Maraykankii oo adduunka ugu waynaa tiisii diidday? Sheekh Shariif wuu aqbali lahaa Maxamad Cabdirisaaq, laakiin wuxuu shaki badan ka qaaday—Sheekhuna waa nin shaki badan e—sida xooggan oo ay inta badan ajnabigii wadahadalka qaybta ka ahaa, ha ugu darnaadaan Maraykanka iyo QM e, ay u riixayaan Maxamad. Maadaama aanay isaga iyo Maxamad is aqoon, wuxuu is-yiri armay ajandaha uu Maxamad ku shaqayn doonaa uu kooda yahay oo aysan huri doonin haddii aad isku dhacdaan, maadaama uu garab wayn haysto. Tan kale, waxay ahayd habdhaqanka bulsho ee Maxamad oo ahaa mid aad libaraal u ah oo galbeedaysan, taa oo ragga wadaaddada ah ee Isbahaysiga u badan ay aad u dhibsan jireen markii ay arkaan isagoo xaaladdaa ku jira. Maxamad qudhiisa ma ahayn nin si muxaafidnimo u dhaqma oo baarlamaan iyo dawlad ay wadaaddo xoog ku leeyihiin wax ka doonaya, oo malaha damaca raysalwasaare-raadintu wuxuu ahaa mid ay qolada gadaal ka riixaysaa ku dhaliyeen. Sida kale, Maxamad wuxuu ahaa nin deggan, sheeko macaan, fahanna ka haystay xaaladda siyaasadeed ee dalka, feker heer qaranimo gaarsiisana leh. Wuxuu iska soo casilay agaasimaha xafiiska Madaxweyne Cabdullaahi Yuusuf. Soomaalida badiyaa ninkii reer Galbeed la socda waxay u haystaan in uu wargal ama jaajuus u yahay. Rag reer Puntland u badan baa ku dacaayadeeya in uu sirta Xafiiska Madaxweynaha siin jiray ajnabiga ay saaxiibbada yihiin, sababta loo watana ay sidaas tahay. Laakiin aragtidayda taas way ka duwanayd oo Maxamad wuxuu ahaa nin ay raggaasi intaa iska la fogaayeen, markii danbana waxaa madax looga dhigay hay'adda dimoqoraadiyeynta Maraykanka ee National Democratic Endowment (NDI) la yiraahdo.

Ugu dambayn, Sheekh Shariif wuxuu codsaday in aan waqti siinno. Qolkiisa ayuu dib ugu noqday. Taleefan ayuu qabsaday aan filayo in uu ku la hadlayay madaxdii Jabuuti, gaar ahaan agaasimihii Xafiiska Madaxweynaha oo la oran jiray Ismaaciil-Taani (Ismaaciilka labaad) oo laga wado xagga saamaynta. Wuxuu u sheegay in uu qorshihii Saciid-Deni ka laabtay uuna go'aansaday in uu Cumar Cabdirashiid magacaabo. Sheekh Shariif isaga oo dhididsan ayna ka muuqato sida ay ugu adagtahay in uu Jabuutiyaanka arrinka ku celiyo ayuu soo baxay. Wuxuu yiri, taladiinna ayaan yeelay. Ugu dambeyn, sidaas ayaa Cumar lagu magacaabay, Siciidna uu kursigii ku waayay.

Waxaan kaloo u soo joogay in markii ay is-qabteen Madaxweyne Xasan Sheekh iyo Raysalwasaare Cabdiweli Sheekh Axmed uu Saciid Cabdullaahi Deni oo xilligaa ahaa wasiirka qorshaynta iyo iskaashiga caalamiga ahi uu ka mid ahaa wasiirradii taageeray ridista Cabdiweli

Sheekh Axmad, iyadoo ay kooxda Damul Jadiid oo talada haystay u ballanqaadeen in laga tixgelinayo magacaabista xilka raysalwasaaraha, ama ugu yaraan uu wasiirkiisa haysan doono haddii uu Madaxweynaha ku taageero abaabulka lagu bixinayay Cabdiweli. Ballanqaadkii ma fulin oo Siciid oo rejo fiican leh iskuna wada in uu xilka helayo ayaa mar kale Cumar Cabdirashiid la kor keenay. Siyaasadda 4.5 dhibaatada ay leedahay waxaa ka mid ah: dadka dad isugu dhow ayay ka dhigeysaa in ay cadow siyaasadeed isu noqdaan, maadaama ay fursadaha ku baratamayaan.

Haddaba, kolkaa uu madaxweyne Shariif doortay ee ka gudbay marxaladdii magacaabidda Rasyalwasaaraha, waxaa bilowday loollankii Golaha Wasiirrada. Dabcan, Beesha Caalamka, dawladda aan martida u nahay ee Jabuuti iyo cid walba waxaa la isla oggolaa in Goluhu noqdo mid lagu dhanyahay oo ay dhinacyadii is-hayey ku wada jiraan. Xukuumadda Midnimo Qaran ayaa la dhisay, wasiirradiina waxaa laga keenay labada dhinac: qayb Isbahaysiga ka timaadda iyo qayb ka imaaneysa dawladdii hore ee TFG-da, arrintaas oo Golaha ka dhigtay mid isu dheelitiran oo raggii horana ay ku jiraan, rag ku cusub siyaasadduna ay qayb ka yihiin. Waxa ay ahayd xukuumad kulmisay rag siyaasadda isku dagaalay haddana ku heshiiyay.

EED IYO AARSI

Waxyaabaha cajiibka ah waxaa ka mid ah, intii aan wada-hadalka ku jirnay, Xildhibaannada na la siiyay 275 ayay ahaayeen. Heshiisku wuxuu ahaa in aan 75 xubnood ka keenno bulshada rayidka ah, 200 oo Xildhibaanna ay Isbaheysiga ka yimaaddaan. In aan tiro intaas le'eg helno waxa ay ku timid, annaga oo diidnay nidaamka 4.5, sababtoo ah dastuurka Isbaheysiga wuu ka soo hor jeeday 4.5. Ha yeeshee, dood dheer ayaa arrikaas ka dhalatay, waxaana awood badatay doodda ah in Cahdiga Ku-meelgaarka ahi uu ka muhiimsanyahay midka annaga noo qornaa. Markii taa na la ku qanciyay, waxaan mar kale miiska soo saarnay in aysan maangal ahayn in xildhibaannada ka imaanaya dhankayagu ay ka yaraadaan kuwa ka imaanaya dhanka TFG-da, maadaama aan nahay laba dhinac oo is-haya, weliba aannu annagu kaga saamayn badannahay gudaha dalka. Raysalwasaare Nuur Xasan Xuseen (Nuur-cadde) ayaa dooddaas aqbalay. Dad badan ayuu la qaldanaa tanaasulka Nuur-cadde, iyagoo is-weydiinayay: sidee Isbaheysiga loo siinayaa tira la siman dawladda? Laakiin dooddu waxa ay ku biya-shubatay waa dibuheshiisiin. Nuur-cadde xilka Madaxweyne ayuu u doonayay, waana tartamay. Dadku waxay is-weydiinayeen sida ay maangal ku noqon karto in Nuur-cadde uu xilka madaxweynaha u tartamo, isagoo aqbalay in ninkii la tartami lahaa uu qaato 275 Xildhibaan.

Nuur-cadde wuxuu dhexda u galay kooxdii Cabdullaahi Yuusuf taageerayaashiisa ahaa oo aad uga xanaaqsan tanaasulka uu Isbaheysiga u sameeyey. Dadkaas qaar badan oo ka mid ah waxay u tirinayeen in uu Cabdulllaahi qabiil dartii ku la diriray, Isbahaysigana uu qabiil dartii ugu tanaasulay. Halkaa waxaa ka soo raacay caro aad u xooggan. Dhanka kale, Isbahaysigu waa isku duubnaa, wayna ka go'anayd in murashaxiisu uu guulaysto. Marka, way muuqatay in Nuur-cadde uusan halkaas fursad wayn ka heli karin. Waxaase jirtay in Nuur-cadde iyo raggiisu ay saddex arrimood quud-daraynayeen: taageerada beesha caalamka iyo dawladda Itoobiya oo saamayn badan lahaa, in Sheekh Shariif uusan is sharraxi doonin, arrinkaasna uu damaannadiisa hayo Walad Cabdalla. Way dhici kartaa in Walad Cabdalla, si Nuur-cadde uu u qalqaaliyo, horayna dibuheshiisiinta ugu socdo uu ballanqaad caynkaas ah siiyey. Tan saddexaadna waa in uu Isbahaysigu kala jabo oo waxaa jiray dad badan oo Sheekh Shariif tabasho ka qabay. Laakiin intiiba ma dhicin, halkaasna Nuur-cadde wuxuu ku waayey kursigii.

DAGAALKU HADAF IYO HIMILO MA NOQDO

Isbaheysiga dhexdiisu sidii la moodayay isu la ma uu socon oo dadku marka ay muddo wada shaqeeyaan kala-irdhow ayaa ku dhaca arrimo badanna waa la isku qabtaa. Laakiin, xaqiiqdii, waxaannu ku dadaalnay in qof kastaa waxa uu qabo laqo oo guddoomiyaha Isbaheysiga loo tanaasulo, sababtoo ah dood kale ayaa nagu furneyd oo waxaa jiray garab kale oo Asmara (Eritrea) nooga haray, kaa oo ku doodayay in aan annagu nahay niman raqiis ah oo la siray, dabin ajanabi ku dhacay, dawladdana wasiirro aan badneyn laga siinayo, Sheekh Shariifna laga dhigayo Wasiirka Awqaafka iyo Arrimaha Diinta. Rag aan siyaasad fahan ka heysan oo mustaqbalkooda siyaasadeed lagu cayaaray iyo masaakiin qaddiyaddii iibsaday nahay. Sidaa ayay nagu shaabbadeynaayeen, taa ayaana keeneysay in aan laqno wax kasta oo aan u qabno guddoomiyaha iyo fikradaha aan ku kala gaddisannahay, si aan guusha u wada xaqiijinno fashilna uga badbaadno. Labo u jeeddo ayaan xaqiijineynay oo ahayd in hadafkii Isbaheysiga ee ahaa in dagaalku uusan yoolka ahayn ee hadafku uu yahay in siyaasadda laga mira dhaliyo iyo in Isbahaysigu uu la wareego talada dalka. Si labadaas ujeeddo loo xaqiijiyo ayay dad badan candhuuftooda dib u liqeen, khilaafka iyo aragtida taban ee ay hoggaamiyaha ka qabeenna ay kaga tanaasuleen. Kooxda Nuur-cadde way ka war hayeen khilaafka iyo kala aragti duwanaanta Isbahaysiga, waxayna isku dayeen in ay ka kalluumaystaan. Sidoo kale ayay Beesha Caalamka ay isugu dayayeen in Isbahaysigu uu yeesho murashaxiin kala duwan; waxay dhiirrigelinayeen qaar naga mid ahi in ay isu sharaxaan xilka. Labadaas isku-dayba ma ay guulaysan.

Garabkii Isbaheysiga ee Asmara ku haray waxa ay isugu jireen rag ka yimid Maxakamadihii oo la dhihi karo niman wadaaddo ah oo waliba mayal adag ayay ahaayeen; iyo rag kale oo aan wadaaddaba ahayn oo kooxaha Islaamiyiinta aan lug ku lahayn, sida: Shariif Saalax, Sakariye Xaaji Cabdi, Jaamac Cali Jaamac, Jaamac-Yare, Yuusuf-Dheeg iyo siyaasiyiin kale oo ka soo shaqeeyay dawladihii kala duwanaa. Markii Asmara lagu daahay, fikrad waxaa jirtay aan annagu isku qabanay oo dawladda Ereteriya ay gadaysay, gaar ahaan Madaxweyne Isaias Afewerki uu lahaa: Saddex biloo ka dib Itoobiya xoog ayaad dalka uga saareysaan, waddanka adinka ayaa wada xukumaya, cid in aad wada-hadal la gashaan aad u baahantihiin ma jirto ee dagaalka wada ayuu fikirkiisa ahaa. Annaga garabkayagu waxaan aamminsaneyn in haddii Itoobiya oggoshahay in ay wada-hadal iyo nabad ku baxdo aannan annagu xammaasad badan u hayn in aan xoog ku saarno dawlad dadkeedu boqol malyan kor u dhaafayo, ciidankeeduna uu saddex boqol oo kun yahay. Siyaasiyiintii naga haray markii ay arkeen in Dawladdii la dhisay, runtii waa iska kala tageen. Markii dambe qaarkood dawladda ayay ku soo biireen. Laakiin raggii Islaamiyiinta ahaa ee markii hore Maxkamadaha ka socday meesha ayay ku hareen, xisbi ay u bixiyeen Xisbul-Islaam ayayna markii dambe dhisteen. Ka dibna Al-Shabaab ayay beyco la geleen una diga-rogteen. Iyagii iyo Al-Shabaab ayaa is qabtay waana ka soo wada carareen oo guddoomiyahoodii, Sheekh Xasan Daahir Aweys, isagoo baxsad ka ah Al-Shabaab ayuu gobollada dhexe iska dhiibay, ka dibna xabsi-guri ayaa laga dhigay.

KALA-QAYBINTII ISBAHAYSIGA

Inta badan xubnaha beesha caalamka iyo kuwa dawladda Itoobiya waxay la rabeen madaxweynaha Nuur Xasan Xuseen (Nuur-cadde). Waxaa kulan noo qabtay, aniga iyo Xildhibaan Caasho Xaaji Cilmi, diblomaasiyiin ka socday seddax dal oo reer Galbeed ah oo saamayn wayn ku lahaa habsami u socodka shirka iyo wada-xaajoodka siyaasadeed ee TFG iyo ARS. Waxay kulanka arartiisa iyo wada-sheekaysi bilaw ah ka dib u gudbeen dulucdii hadalka iyo ujeedkii ay kulanka noogu waceen. Waxay sheegeen in rag badan oo ka mid ah Maxkamadaha Islaamigu ay diiddanyihiin natiijada wada-xaajoodka, kuwaa oo wada ah beesha Habargidir. Waxay tusaale u soo qaateen Sheekh Xasan Daahir Aways, Jeneraal Yuusuf Siyaad (Indhacadde), iyo Sheekh Cabdiqaadir Cali Cumar. Waxay si qayaxan oo aan dadab iyo diblomaasiyad lahayn u sheegeen in Habargidir ay tahay qabiilka lafdhabarka u ah Maxkamadaha, sidaa daraaddeed ay lagamamaarmaan tahay in midkeen u xilka Madaxweynaha u istaago ama aan keeno qof Habargidir ah oo xilkaas lagu taageero. Aniga iyo Caasho soo ma tashan, midkeenna meesha soo ma dhigan soo-jeedin heerkaan oo kale ah, labadayaduna waxaan ka mid ahayn koox Isbahaysiga ka tirsan oo dhaliilsan hoggaanka Isbahaysiga ee Sheekh Shariif. Dhinaca kale, xataa waxaa nagu socday qalqaalo ka imaanaysay ololaha Nuur-cadde oo ku doodaysay in Nuur uu yahay ninkii dalka iyo dadka badbaadiyey, khibrad iyo waaya'aragnimo dawladnimana uu aad uga badanyahay Sheekh Shariif.

Waxaan u sheegnay in aan soo tashanayno kuna soo war celin doonno. Labadayadu markii aan ka doodnay, waxaan is tusnay in ay adagtahay midkeenna in uu xilkaa u istaago. Sababtoo ah anigu waxaan ahaa nin siyaasadda ku cusub, xilligaana talada iigu ma jirin in aan xil madaxweyne isu soo taago anigoo aan helin waaya'aragnimo igu filan fahanna u yeelan siyaasadda dalka. Caasho waxay ahayd qof waaya'arag ah, sumcad iyo taageero badanna ku dhex leh Soomaalida iyo beesha Caalamka. Laakiin waxaan is tusnay caqabadaha hor yaalla oo ay ka mid tahay in Soomaalidu aysan weli u bislaan in xilka sare ee dalka ay dumarku qabtaan, ku mana sii jirto in ay xubnaha Isbahaysiga ka soo galay baarlamaanka ay u badanyihiin wadaaddo. Dood dheer iyo qiimayn ku saabsan farriinta iyo ujeedka ku hoos jira ka dib, waxaa noo soo baxday in la doonayo in la kala dhantaalo xoogga Isbahaysiga, si uu Nuur-cadde fursad u helo. Jawaabtii aan celinayna waxay noqotay in aannu taagerayno Sheekh Shariif.

CAQABADIHII DAWLADNIMADA

Markii aan dalka nimid, caqabado badan ayaa naga hor yimid. Hay'ado dawladeed oo aan la wareegnay ma jirin, sababtoo ah inta badan dawladdii ku-meelgaarka ahayd ee naga horreysay waxa ay u dhexeysay Nairobi, Jowhar iyo Baydhabo, iyo waqti yar oo ay Muqdisho joogtay, halkaa oo ay ku timid dagaal xooggan oo dhiig badani ku daatay, ka dib markii ciidankii Itoobiga ay duudka Taangiyadooda ku keeneen Villa Somalia. Caqabadaha ugu waaweyni waxa ay naga qabsadeen, sida dadka dagaalkii hubeysnaa ku jiray loo fahansiin lahaa in ay ka mid noqdaan nidaamka dowliga ah. Waqti badan ayay nugu qaadatay in saraakiishii hoggaamineysay dagaalkii Maxkamadaha iyo Muqaawamadu ay nidaamka dawladda ku soo biiraan oo ciidan dawladeed noqdaan. Dawladdu wax miisaaniyad ah oo u qoondeysnaa ma jirin, wax kastaana yabyab iyo gun-ka-dhis ayay u baahnaayeen.

Wasiirka Qorsheynta iyo Iskaashiga Caalamiga ah ayaa la ii magacaabay. Email ayaan xafiiska ugu imid ay ii soo dirtay hay'adda Qaramada Midoobay ee Barnaamijyada Horumarinta (UNDP) oo ay ku leedahay: Si mushaarka loo siiyo howlwadeennada dawladda oo xafiiska Madaxweynaha, Raysalwasaaraha iyo Wasaaradahu ka mid yihiin, soo dira wax la yiraahdo *Output performance* oo ah warbixin ka hadlaysa wax-qabadkii dawladda, si loo fasaxo mushaarkii. Runtii waan ku naxay oo aad ayaan uga anfariiray in mushaarka iyo gunnooyinka dawladda oo dhan ay markaas bixinayeen beesha caalamku, iyadoo la marsiinayo UNDP. Ma jirin dakhli toos ah oo dawladda u imaanayay, mana jirin nidaam maaliyadeed oo dawladda u dhisnaa. Golaha wasiirradu wuu yaraa, si haddii loo fiiriyana wuu badnaa. Sababtoo ah wuxuu ka koobnaa 39 Wasiir oo keli ah iyo 5 wasiirudawle; in kastoo 2 wasiir dib looga soo biiriyey. Ma lahayn wasiir-xigeenno iyo wasiirudawlayaal badan. Wasiirradu, maadaama aysan jirin ku-xigeeno iyo wasiirudawlayaal, iyaga ayaa is-matalayey. Inta badan waxaan matali jiray shaqada Wasiirka Arrimaha Dibadda, markii uu shirar kale iyo hawlo kale ku maqanyahay.

Waxaan inta badan tegi jiray shirarka Midowga Afrika iyo shirarka Jaamacadda Carabta intaba. Shirkii kowaad ee caalami ah oo aan ka qaybgalo wuxuu ahaa shirkii Iskaashiga Afrika iyo Jabbaan oo lagu qabtay caasimadda waddanka Botswana ee Gaborone. Kaligey ayaan ahaa oo xogheyn ma wadan, sababtoo ah la ma heli karin dhaqaale lagu bixin karo safar xogheyn igu raaco, ama dad kale oo ka mida maamulka wasaaradda ama la-talaliyayaal ah. Xataa tigidka waxaa ii soo jaray UNDP, hoteelka aan degayo iyo sahayda safarkana iyaga ayaa bixinayey. Maanta dalku wuxuu leeyahay Miisaaniyad, mushaarka iyo qarashaadka hawlsocodsiintana dawlada ayaa bixisa. Waxaanse weli la gaarin in ay dawladdu keento miisaaniyad adeegga danta guud oo ay dawladu shacabka wax ugu qabato. Waxaa lamafilaan igu noqday in aan Gabarone ugu tegey dad Soomaaliyeed oo garoonka igu sugayey. Waxay ahaayeen dad dawladnimadu ay macno wayn u samaynaysay oo hamuun u qaba madax dalkooda ka socota in ay arkaan. Soomaalidu waa dad dawladnimada jecel, haddana dhaqankoodu diiddanyahay.

Shirkii marki aan tagay oo hoteelki aan degay, farriin ayaa la ii keenay la igu leeyahay berri duhurkii waxaad la kulmeysaa Wasiirka Arrimaha Dibadda Jabbaan. Wax ii diyaarsan oo qorshe ama aragti ahi ma jirin. Nin siyaasadda iyo xukuumadaba ku cusub ayaan ahay. Markaas ayaan raadiyey waxyaabihii ay dawladda Jabnaan ina la qaban jirtay iyo hawlaha ay dawladda Jabaan mudnaanta siiso oo dawladaha Afrikaanka ka caawiso. Waxaan xiriirro badan oo aan sameeyey iyo baaritaan ku soo ogooday in Jabbaan ay ku fooggantahay dhismaha hay'addaha nabadgelyada, sida booliska, garsoorka, xeer-ilaalinta, iyo ciidanka asluubta. Waxay kaloo naga taageeri jireen hawlaha la-dagaallanka Burcad-badeedda oo xilligaa ahayd mawjad aad u kacsan. Wasiirka Jabbaan waxaa la socday 10 qof oo uu i baray, waxayna kala ahaayeen: wasiirka u qaabbilsan Afrika, wasiirka u qaabbilsan horumarinta, agaasimaha arrimaha Afrika, midka Afrikada Bari, agaasimaga u qaabbilsan Bariga Dhexe, saddex la-taliye oo uu isagu leeyahay iyo xoghayayaashiisa. Miiska kaligey ayaa dhanka kale ka fadhiyey. Runtii yaxyax iyo xishood aad u weyn oo ah halka ay dawladnimadeennu joogto ayaan dareemay.

Waddanka Jabaan waa dalkii lagu dhuftay labadii bambo ee atoomikada ahaa oo magaalooyinkiisa Hiroshima iyo Nagasaki dhulka la dhigay 1945-kii, haddana ka soo kabtay, taasoo ku tuseysa in kartida bani'aadamku ay wax waliba ku xiranyihiin. Waxay ahayd dawlad awood badan oo dalalka kale gumaysata. Waxay weerareen Maraykanka oo ay ku qaadeen duullaankii gaadmada ahaa ee *Pearl Harbor*. Sidaa oo ay tahay, markii dhulka la dhigay degdeg ayey u soo kabteen, waxaana sabab looga dhigaa labo arrimood: 1) in ay su'aal sax ah is-waydiiyeen oo ah maxaan iska hallaynay oo naga qaldamay? Ma aysan aadin yaa wax naga halleeyey oo horumarkeena diiddan?; 2) in ay is-waydiiyeen sidee Maraykanka ku helay qumbulo-duriyadda oo aan innagu ku waynay? Sideen innagoo dhaqankeenna iyo qiyamkeenna haysanna uga faa'iidaysan karnaa ilbaxnimada iyo sababaha horumarka ay ku gaareen dawladaha kale? Inaga, Soomaali ahaan, aad isu ma waydiino waxa aan innagu iska hallaynay ee waxaan ku mashquulsannahay baadigoobka cidda wax ina ka halleysay! Waxaan kaloo jecelnahay eedda in aan cid kale u saarno, taa oo masuuliyad qaadasho la'aan ah.

Kulankayagii waxaan wasiirka uga mahadceliyay dedaalka ay dawladda Jabbaan la garab taagantahay Soomaaliya. Waxaan u sheegay in aan jecelnahay in aan dhisno hay'adaheenna nabadgelyada, sababtoo ah waa asaaska dawlad ku shaqaysa sarraynta sharciga. Waxaan ka codsaday in kaalmada iyo garab-istaagga ay xoojiyaan. Wasiirka Arrimaha Dibadda Jabbaan wuxuu sheegay in Soomaaliya ay mudnaan siinayaan, ayna tahay dal ahmiyad wayn ugu fadhiya. Wuxuu sheegay in burcad-badeeddu ay halis ku tahay isu-socodka ganacsiga aduunka, dawladda Jabbaanna ay kaalin wayn ka qaadan doonto la-dagaallanka burcad-badeedda. Wuxuu ballanqaaday 10 milyan oo doolar in ay ku kabayaan miisaaniyadda ciidanka booliska, iyagoo marsiinaya QM; iyo wixii kale ee taageero ah oo ay na la garab istaagi karaan in aysan kala bakhiileyn Soomaaliya. Waxaan ahaa wasiirradii ugu horreeyay ee wasiirku codsaday la-kulankooda. Waxaan u sheegay wasiirka in sida keli ah ee lagu joojin karo burcad-badeeddu ay tahay in wax laga qabto asbaabaha keenay oo dadka Soomaaliyeed ee xeebaha deggan lagu caawiyo sidii ay khayraadka badda uga faa'iidaysan lahaayeen, beddelka intii wiilashooda burcad-badeedda noqday la baacsan lahaa.

Xaalad adag

Golahayaga Wasiirrada waxaa lagu dhisay awood qeybsiga 4.5, kaa oo keenay in Wasaaradaha qaarkood aan loo dhiibin dadkii ku habboonaa. Tusaale: Wasaaradda Maaliyadda waxaa hayey saaxiibkay Shariif Xasan. Dabcan, Shariifku wuxuu ku habboonaa Wasaarad kale, sida Ganacsiga. Sababtoo ah dalka ka ma jirin hay'ado dawladeed iyo kaadir wasiirka ku caawinaya socodsiinta hawlaha wasaaradda. Dad badan oo Soomaaliyeed iyo beesha caalamkuba waxay aad u dhaliilsanaayeen oo ay mar kasta iga codsanayeen in aan Madaxweynaha farriintooda gaarsiiyo, iyagoo leh: si la idiin taageero waxaa loo baahanyahay in wasaarada maaliyada, Hanti-dhowrka iyo Xisaabiyaha Guud loo dhiibo dad karti, aqoon iyo waaya'aragnimo leh. Haddii aydan dhisin hay'adaha la xariira Maaraynta Maaliyadda Guud (Public Financial Management (PFM)), way adkaan doontaa in aad ka baxdaan ku hoos jirka hay'adaha Qaramada Midoobay iyo kuwa kale ee caalamiga ah. Madaxweynuhu aad ayuu tixgelin wayn u siinayey saaxibkiis Shariif Xasan, mana dooneyn in uu marnaba jagadaas ka la hadlo, laakiin taasi waxii caqabadaha noo keenay ayay qeyb ka ahayd oo teegeerada aan ku weynay, ilaa markii dambe qoladii *Monitoring Group* ay soo saaraan in aan nahay dawlad musuq iyo wax-is-dabamarin ku suntan.

Dabcan, lacag meesha maba oollin oo dakhli gudaha ah iyo mid dibadda ah oo buuran midna ma jirin. Aad ayuu dhaqaaluhu u yaraa. Laakiin wixii yaraa ee la helayay ayaa loo maamulayay si daahfurnaan la'aan ah, ku-takrifal iyo musuqmaasuq leh, maadaama aan la marineyn hannaankii dowliga ahaa ee loogu talagay oo lacagta iyadoo caddaan ah ayaa gacanta la isaga dhiibayay. Wasaaradaha si siman ayaa mid kasta miisaaniyad laba iyo toban kun oo doolar ah ($12,000) loogu qoondeeyay. Bal qiyaas lacagtaa iyo howlaha Wasaaradaha hor yaallay. Adeegga Wasaaradda, sahayda safar iyo guud ahaan qarashka hawlsocodsiinta ayay ahayd in miisaaniyaddaas lagu dabbero, wax adag ayayna ahayd. Waxaan xasuustaa, xildhibaan Baarlamaanka ka tirsan ayaan ahaa 10 biloodna mushaarka Baarlaanka ma qaadan, ugu yaraan sagaal biloodna Wasaaradda miisaaniyaddeeda ma aanan helin. Marka, xaaladda dhaqaale waxa ay ahayd mid adag. Caqabadaha waxaa qeyb ka ahaa dadka oo aan aamminsaneyn in dawladdu hore u socon karto, Al-Shabaab oo xilligaas aad u xoogganaa iyo ganacsatada oo ka cabsanaya argagaxisada oo aan la macaamilka Dawladda ku dhiirran karin.

Dawladdu dadaal badan oo gudaha iyo dibadda ah ayay gashay. Ciidanka ayaan isku duwnay oo is-oggoleysiinay oo waxaan mideynnay ciidankii Muqaawamada yo kuwii TFG-da ka haray. Waa tirinnay, waa la diiwaan galiyay, waqti dheer ayayna howshaasi naga qaadatay. Sidoo kale, dallado badan oo aan kaalmo u raadsannay ayaa ballan qaadyo na siiyay.

LOOLLANKII AADAN-MADOOBE IYO SHARIIF XASAN

Markii la joogay sannad iyo dheeraad, waxaa qoorta isla galay guddoomiyaha baarlamaanka, Aadan-Madoobe, iyo Shariif Xasan oo garab buuxa ka helaya Xukuumadda. Aadan-Madoobe wuxuu qabay tabasho ku aaddan in saamaynta siyaasadda iyo mataaladda beesha Digil iyo Mirifle uu kaga xoog batay Shariif Xasan Sheekh Aadan. Waa dhab oo Shariif Xasan waxay jaal siyaasadeed ahaayeen Madaxweyne Shariif Axmad, dhan kalana isaga ayaaba ka dambeeyey saamaynta ugu wayna ku lahaa magacaabistii Raysalwasaare Cumar Cabdirashiid. Aadan garab ma haysan, laakiin waxaa mar kasta taageero gaar ah uu ka helayey hadba kooxdii ama shakhsiyaadkii la collooba madaxweynaha, Shariif Xasan iyo raysalwasaaraha. Aadan-Madoobe ma ahayn nin koox siyaasadeed leh, ma ahayn nin leh burji siyaasadeed oo looga haybaysto, ma lahayn xiriir siyaasadeed ee Soomaalida iyo beesha caalamka ka dhexeeya, mana jirin ajande siyaasadeed iyo aragti uu ka lahaa dibudhiska dalka iyo dawladnimada oo lagu taageero.

Waxaa bilawday abaabul lagu doonayo in xilka looga tuuro Aadan-Madoobe, kaa oo uu gadaal ka riixayo Shariif Xasan Sh Aadan. Abaabulkaas waxaa Shariif Xasan ku wehliyey xukuumadda, laakiin madaxweynuhu ma oggolayn, in kasta oo uusan mowqifkiisa si cad bannaanka u la soo istaagin. Madaxweynuhu wuxuu aniga iyo rag kale oo xildhibaannada iyo wasiirrada isugu jirna noo sheegayey in uusan raalli ka ahayn ridista Aadan-Madoobe. Aadan wuxuu awoodi waayey in uu kulammada Baarlamaanka shir-guddoomiyo. Buuq iyo qaylo ayaa lagu furayey markii uu damco in uu shirka guddoomiyo. Markii ay aammusi waayeen xildhibaannadii taageersanaa Shariif Xasan iyo qaar badan oo xukuumadda wasiirro ka ahaa ayuu Aadan go'aansaday in uu xukuumadda u qaado cod kalsooni, wuxuuna ku dhawaaqay in xukuumaddii ay dhacday. Anigu waxaan ku sugnaa Golaha Shacabka; ma jirin wax habraac ah oo loo maray ridista xukuumadda. Aadan isla markii uu xafiiska ku laabtay wuxuu qoraal u diray madaxweynaha oo ku sheegay in xukuumaddii ay dhacday, bil gudaheedna uu ku soo magacaabo Raysalwasaare cusub.

Waxaa khilaafkii iyo buuqii ku soo baxay beesha caalamka, gaar ahaan Ergeyga Gaarka ah ee Qaramada Midoobay, danjire Walad Cabdalla, iyo safaarada Maraykanka. Dedaallo badan oo is-dabajoog ah ka dib, waxaa lagu qanciyey Madaxweyne Shariif in uu ku qanciyo in Aadan-Madoobe iyo Raysalwasaare Cumar isla baxaan. Shariifku wuu ku qancay soo-jeedintaas, laakiin waxaa la-yaab lahaa habka iyo waddada uu u maray. Subax Isniin ah oo ay bisha Mey tahay 17, 2010, ayaa madaxtooyada Soomaaliya waxaa shir jaraa'id iyagoo is dhinac taagan ku wada qabtay Madaxweyne Shariif iyo Guddoomiye Aadan-Madoobe. Aadan-Madoobe ayaa ku hor maray hadalka, isagoo sheegay in isaga iyo madaxweynuhu ay isku af-garteen in khilaafkii taagnaa la soo afjaro, isaguna uu danta dalka iyo dadka u tanaasulay, xilkii guddoomiyaha Baarlamaankana uu iska casilay. Madaxweynaha oo hadalka qaatay ayaa u mahadceliyey Aadan-Madoobe muddadii uu xilka hayey iyo wada shaqayntii wanaagsanayd ee dhex martay labadooda. Dhanka kale, ayuu sheegay in uu Sh. Aadan uu ku mahadsanyahay tanaasulka uu sameeyey iyo is-casilaadda, isagoo arrinkaa ka jawaabayana uu dhiniciisa go'aansaday in uu xilkii ka qaaday Raysalwasaaraha xukuumadda Federaalka ah, sidaasna uu ku soo magacaabi doono raysalwasaare cusub, Baarlamaankuna uu dooran doono guddoomiye cusub. Waxaa dhacay qarax siyaasadeed, jahawareer iyo xiisad hor leh, sababtoo ah Madaxweynuhu xilka ka ma qaadi karo Raysalwasaaraha oo wuxuu Raysalwasaare xilka ku waayi karaa 50+1 xubnaha Golaha Shacabka oo kalsoonida kala laabta. Madaxweynaha waxaa u furnaa in uu Cumar Cabdirashiid ku qanciyo in uu is-casilo, ama uu aqbalo go'aankii uu Aadan-Madoobe iyo qoraalkii uu u soo diray ee ahaa in xukuumaddii dhacday, ama mooshin Baarlamaanka la geeyo Xukuumaddana kalsoonida laga la laabto. Saddexdaas qoddob midkoodna ma dhicin ee markii Aadan sheegay in uu xilkii ka tagay ayuu Madaxweynuhuna yiri waxaan xilkii ka qaaday Raysalwasaarihii. Waxay fajac iyo yaab ku noqotay cid walba oo siyaasadda ku lug lahayd ama la socotay, kuwa la jira xukuumada iyo kuwa ka soo horjeedaba, in madaxweynihii uu sheegay in uu xilka ka qaado Raysalwasaaraha!

Xilligaa waxaan ku sugnaa xafiiska Raysalwasaare Cumar Cabdirashiid. Waxaa kaloo na la joogay Shariif Xasan iyo wasiirro kale. Gabar ka socotay VOA ayaa soo wacday mid ka mid ah wasiirradii meesha fadhiyey oo ay waydiisay in ay ku xiri karto Raysalwasaaraha, si ay u ogaato falcelintiisa. Markii ay waydiisay waxa laga falcelinayo ayey tiri ma maqal miyaa go'aanka madaxweynuhu xilka kaga qaaday, Raysalwasaare Cumar? Maya ayey ku tiri; taleefankiina Raysalwasaaraha ayay ugu dhiibtay. Cumar makrii loo sheegay warka ayuu ka codsaday in ay muddo ka dib ku soo celiso. Qof walba qaadanwaa iyo anfariir ayaa ku dhacay. Shariif Xasan oo goobta fadhiyey ayaa sheegay in uu Madaxweynaha shan saac oo subaxnimo ka soo tagay waxbana uusan u sheegin.

Cumar Cabdirashiid waa uu diiday isla markiiba go'aanka. Laakiin Shariif Xasan ayaa afka labadiis yeeray oo uu go'aanku amakaag ku sii ahaa, oo wuxuu is-lahaa madaxweyuhu tillaabo aadan ogayn oo sidaa u qara wayn ma qaadayo. Waxaa bilawday hardan iyo loollan siyaasadeed. Cumar Cabdirashiid, xildhibaannadii iyo wasiirradii la degaanka ahaa ee reer Puntland waxay ku gooddiyeen in ay dawladda ku-meelgaarka ah oo idil ay isaga baxayaan, haddii uu madaxweynuhu ku sii adkaysto sharci-darrida siyaasadeed. Ugu dambayntii, seddax maalmood ka dib, 20-kii Mey, 2010, ayuu madaxweyne Shariif soo saaray qoraal uu kaga laabanayo xil ka qaadistii Raysalwasaaraha. Qoraalka ayaa lagu sheegay in Madaxweynuhu uu ka laabtay go'aankaas ayna xukuumadda Soomaaliya sii wadato howsheeda. Qoraalka ayaa waxaa warbaahinta u akhriyey madaxa warfaafinta Madaxtooyada, Cabdirashiid Khaliif Xaashi. Madaxweynuhu markuu dib u eegay go'aankii uu qaatay, lana tashaday xubno sharci-yaqaanno ah, wuxuu ogolaaday in ay xukuumaddu howsheeda sii wadato; waxaa kaloo uu Sheekh Shariif sheegay in uu eegay xaalka uu dalka marayo, isla markaana aysan sharci ahayn in uu xilka ka qaadi karo Raysalwasaaraha.

Guddoomiye Cusub

Waxaa bilawday maaradoonkii iyo loollankii tartanka guddoomiyaha Baarlamaanka. Shariif Xasan oo ay xukuumaddu taageerayso ayaa xilka isu soo taagay. Madaxweyne Shariif ma uusan doonayn in Shariif Xasan uu xilkaas u tartamo. Sidoo kale, xubnihii beesha caalamka ee ku taliyey in guddoomiyaha Baarlamaanka iyo Raysalwasaarahu isla baxaan, iyaguna ma aysan rabin in Shariif Xasan uu xilkaas u istaago, maadaama ay ku tuhunsanaayeen in uu yahay ninka ka dambeeyey aloosankii asalka khilaafka. Heshiiskii Madaxweynaha iyo Aadan-Madoobe ma uusan fulin oo in isaga iyo Raysalwasaaruhu ay isku mar baxaan waa meelmari wayday. Waxaa kaloo xilkii isu soo taagay Shariif Xasan oo ay is-hayeen, kana dambeeyey xil ka tuuristiisa.

Subax ayuu Madaxweynuhu farriin ii soo diray. Waxaan ugu tegey xafiiskiisa. Wuxuu ii sheegay in kulan isaga iyo Shariif Xasan xalay dhex maray uu ku qanci waayey in uu ka haro u-tartanka xilka guddoomiyaha, maadaama aan Shariifka saaxiibbo nahay isla markaana ahay nin ku-dhac leh in aan taladaas u sheego Shariifka. Wuxuu kaloo ku daray, waad ogtahay in beesha caalamku ay arrinkaas ka soo horjeeddo ayna ku tuhunsantahay Shariif Xasan in uu asalka khilaafka isagu kiciyey, si uu Aadan kursiga uga tuurto, heshiiskeennii Jabuutina wuxuu ahaa in Aadan kursigiisa loo daayo, waadna ogtahay saamaynta ay Beesha Caalamku leeyihiin oo ninkii loo sheegi lahaa ma tihid.

Shariif Xasan oo xafiiskiisu ku yaallo xafiiska Madaxweynaha korkiisa ayaan u tagay intii ayaana aan u sheegay. Odayga indhaha ayaa soo baxay oo wuu qeyliyay. Hadallo kulkul ayuu i dhahay. Wuxuu yiri: Sheekh Shariif markuu beel caalam sheegayo, iyagoo diiddan isaga oo wadaad argagaxiso ah ay u heysta sow dusha ma saaran oo Madaxweynannimo u ma dhisin? Walibana soo booskeygii ka ma tanaasulin oo marqaati adigu ka ma ahayn! Hadallada adag ee uu maalintaa Shariifku igu yiri waxaa ka mid ah: nimankiinnaan Hawiye iska kay celiya haddaad xaniinyo leedihiin! Waxaan ku iri: Shariif ma aha in xanaaqaagu heerkaas gaaro, waxaan kuu soo jeediyey waa talo, mana habboona in aad sidaas miyir la'aanta ah uga falcelisid. Shariif Xasan waa nin hadalkiisu saraaxad leeyahay, dhiirranaan iyo ku-dhacna leh. Wuxuu ii sheegay markii uu soo degey in isaga iyo Madaxweynuhu ay xalay ku soo ballameen in uu u dhiso guddoomiyaha Baarlamaanka, dadka ka soo hor jeedana uu ka qanciyo oo aad adigu ugu horreyso iyo saaxiibbada kale ee Madaxweynaha. Waxaan filayey in adigoo i dhisaya aad saakay i qaabbilayso ee ma aanan filaynin in aad iga hor imaanayso. Waxaan kuu sheegayaa ayuu yiri Cabdiraxmaanow, saaxiibkeey ayaa tahay, sababta aan ugu mintidayo guddoomiyaha Baarlamaanka waa laantii ugu dambaysay ee aan siyaasadda ka cuskan lahayn, Sh. Shariif iyo raggiisa Aalu Sheekhna iskaga celin lahayn ee laantaas i la cusko. Haddalkan wuxuu Shariifku i soo xusuusiyey annagoo Kampala joogna kuna jirna wadahadalkii heshiiskii Kampala (Kampla Accord). Waxay igu noqotay fajac iyo la-yaab. Waxaan ku noqday Sheekh Shariif oo uu markaas la joogay wasiirka arrimaha gudaha, Sh. Cabdiqaadir Cali Cumar. Waxaan u sheegay dooddii na dhex martay aniga iyo Shariif Xasan. Wuxuu igu yiri, Shariifka xalay waan qancin waayey, sidaas ayaana idiin ku yeeray in aad i la qancisaan. Wuxuu ku adkaystay in Shariif Xasan laga celiyo xilka Goddoomiyaha Baarlamaanka. Shirar iyo kulammo is-dabajoog ah oo la qaatay waxaa miiska la soo saaray in la kala doorto in la sharraxo xildhibaan Xaaji Cali iyo Sheekh Madeer oo labaduba Digil iyo Mirifle ka soo jeeda. Laakiin waxaa gadaal nooga soo baxday raggayagii Sh. Shariif la duubnaa in Madaxweynuhu uu taageeray Shariif Xasan lana doonayay afhayeenka Baarlamaanka!

Waxaa jiray abaabul kale oo koox kale ay wadeen, gaar ahaan kooxda madaxweynaha garabkiisa dhow ah ee Aala Sheekh oo lagu sharraxayo Cabdi Xaashi Cabdillaahi oo hadda ah Afhayeenka Aqalka Sare, laakiin ugu dambeyn Shariifka ayaa ku guuleystay kursigii Guddoomiyaha.

IXTIRAAM LA'AAN IYO IS-CASILAAD

Xilkii Wasiirka Qorsheynta Qaranka ayaan iska casilay 9 Juunyo, 2010, sababtoo ah Isbaheysigii Dibuxoreynta waxaan u heystay in uu yahay urur siyaasadeedkii ugu weynaa ee taariikhda soo mara Soomaaliya, marka laga soo tago SYL. Xubnihiisa Golaha Dhexe waxay ahaayeen 191 qof. Asmara ayaa ururka lagu yagleelay. Afar dhinac ayuu ka koobnaa: qurabajoogta, Maxkamadihii Islaamiga ahaa, bulshada rayidka ah iyo xildhibaanno la magac baxay Baarlamaanka Xorta ah ee uu Shariif Xasan hoggaaminayay oo ka soo hor jeestay faragalintii Itoobiya. Ma ahayn hawl sahlan in dad ka badan 200 oo xubnood oo Soomaali ah oo qabiil kasta leh ay hannaan siyaasadeed ku heshiiyaan. Fursaddaas hoggaaminteedana Madaxwene Shariif Sheekh Axmed ayaa yeeshay. Isbaheysigii intaas le'ekaa waa la isku hayn kari waayay oo kooxba mar ayay hartay. Mar waxaan ku soo kala qeybsannay Asmara, in kastoo intii badneyd wadahadalkii Jabuuti ay ka qeyb galeen, haddana maalinba koox iyo qof ayaa tegayay. Ayaandarro ayay ahayd in fursaddaas looga faa'iideyn waayay dadka Soomaaliyeed. Dawladda Itoobiya ayaa Sheekh Shariif ku cadaadisay in uu wadahadal la furo Ururkii Ahlu-sunna Wal-jamaaca oo markaas ahaa koox diimeed awood ku leh gobollada dhexe, fadhigooduna yahay Dhuusamareeb, isla-markaana guulo waaweyn ka keenay dagaallo qaraar oo ay Al-Shabaab la galeen. Ahlu-sunna qudhoodu waxa ay isku dayeen in ay isu beddelaan dhaqdhaqaaq siyaasadeed oo sidii Maxkamadihii oo kale talada dalka gacanta ku dhiga. Waxay kaga dhawaaqeen gobolka Gedo iyo meelo kale oo dariiqada Suufiyadu ku xoogganaayeen in ay yihiin ururwayne siyaasadeed. Ahlu-sunna xiriir dhow ayay la lahaayeen dawladda Itoobiya oo markaas uu hoggaaminayay Meles Zenawi oo ugu sarreeyay rajiimkii TPLF ee dalkaas heystay. Madaxweyne Shariif waxaa lagu cadaadiyay in uu awood-qeybsi la sameeyo ASWJ. Madaxweynuhuna wuu ku qancay soo-jeedintaas, sababtoo ah Ahlu-sunna waxaa laga dhigay laacib siyaasadeed muhiim ah.

Raggayagii Isbaheysiga ee Madaxweynaha u dhawaa waxaan arkeynay in Dawladdu ay hada ka soo baxday dibuheshiisiin iyo awoodqeybsi dhex maray TFG iyo ARS, saxna aysan ahayn suuragalna noqon karin in dibuheshiisiin kale iyo awoodqaybsi hor leh gasho mar kale. Raggayagii isku tirinayey in aannu Madaxweynaha wax la leennahay wax talo ah arrinkaa laga ma galin oo labada Shariif ayaa go'aankeeda lahaa, mar marna waxa ay kaashanayeen Wasiirkii Boostada iyo is-gaarsiinta, Cabdirisaaq Cismaan Juriile. Intayada kale bannaanka ayaa na la dhigay oo cid talo na weydiisay go'aanna na ogaysiisay ma jirin. Waxaan isu heysanay in aan Madaxweynaha u dhownahay laakiin wax kasta sida dadka kale ayaan bannaanka ka maqleynay. Waa meesha aan ka ogaaday in Madaxweynuhu uusan aamminsanayn wax *koox (*team*)* la yiraahdo, balse uu noo arkayey in aannu culays siyaasadeed ku nahay. Aniga oo ahaa Wasiirka Qorsheynta, Cabdiraxmaan Maxamuud Faarax (Janaqoow) oo ahaa Wasiirka Cadaaladda, Daahir Maxamuud Geelle oo ahaa Wasiirka Warfaafinta, iyo rag kale ayuu saameynayay awood-qeybsiga Ahlu-Sunna, sababtoo ah shakhsiyaadka ay Itoobiya doonaysay in Golaha lagu soo daro, iyadoo la adeegsanayo Ahlu-sunna ayaannu isku xisaab ahayn. Sidaa ayaan ku noqonnay dadka miiska saaran ee kuraastooda lagu gorgortamayo.

Markii aan fahmay halka doontu u shiraacatay iyo sida Madaxweynuhu wax u wado, mar kasta waan kala doodayay oo ka ma gabban jirin. Waxaan xasuustaa habeen ay aniga iyo Madaxweynaha dooddu aad nooga xumaatay. Waxaa na la joogay Sheekh Cabdulqaadir Cali Cumar oo ahaa Wasiirkii Arrimaha Gudaha, Sheekh Yuusuf Maxamed Siyaad (Indhacadde) oo ahaa Wasirudowlaha Gaashaandhigga, iyo Sheekh Maxamuud Cabdi Ibraahim (Garweyne) oo sanadkii 2012 ay kooxda argagaxisada ee Al-Shabaab qarax ku dishay. Habeenkaa madaxweynaha waxaan u sheegay in uusan ahayn nin qiimeynaya halgankii aan la soo galnay iyo wixii aan la soo qabannay, saaxiibbadiisana uusan wax qaddarin ah u hayn oo wixii uu rabo iska sameynayo. Markii hadalku aad nooga taagtaagmay ayuu markii dambe Sheekh Cabdulqaadir na kala dhex galay. Habeenkaas ayaan garanayay in aan Madaxweynaha kala dhammaannay, markaas ayaana iigu dambeysay kulankiisa.

Markii aan ka soo tagnay Sheekh Shariif oo aan marayno Hotel Wehliye ayaa miino jidka na loo galiyay, Jeneraal Indhacadde gaari ayaan isla saarnayn, Maxamuud Garweyne (Aun) isagana gaariga naga horreeya ayuu saarnaa, miinaduna gaariga Garwayne saarnaa ayey ku qaraxday. Shaaga gaarigu ku ma aysan wada istaagin miinada oo bac madow ku jirtay ee gees ayey ka taabatay, iyadoo faniin ah ayey u baxday dhinaca midig oo xigay maqaaxi meesha ku taallay. Dhowr qof ayey meesha ku dishay. Baabuurtii ayaan istaajinay, ciidankayagii ayaa rasaas kor u riday, hotelka ayaan galnay, dadkii ayaa nagu soo xoomay. Cabdulqaadir Macallin Nuur oo ay dagaalka ku wada jireen Jeneraal Indhacade ayaa noo soo gurmaday oo ciidan noo soo diray. Difaaca ciidanka dawladda oo gacan ka helaya Xerta Macallin Nuur wuxuu yaallay qabriga iyo mawlaca Macallin Nuur.

Waxaan ka istiqaalooday xukuumaddii, maadaama aanan talada iyo go'aannada dalka waxba ku lahayn. Waxaan ku jiray dadkii dhismihi dawladdaas u soo dhabar adaygay, waxaana aan aamminsanaa in aan xaq u lahaa in la iga la tashto go'aannadda siyaasadeed ee khuseeya masiirka waddanka, ma se ay dhicin, xilkii aan hayeyna wuxuu noqday mid lagu gorgortamo. Labadaas markaan arkay wax macno leh oo aan meesha u sii joogo ma jirin, saaxiibbaday waa u sheegay in aan meesha ka wada tagno, laakiin iga ma aysan yeelin ilaa xilka laga qaaday.

Sidii qorshuhu ahaa waxaa booskeygii lagu baddelay Danjire Axmed Cabdisalaan oo Ahlu-sunna xaggeeda ka socday. Dabcan, Ahlu-sunna awood qeybsiga ayaa lagu saxayey, laakiin rag markaas rajiimkii heystay Itoobiya gacansaar la lahaa ayaa xilalka la siiyay oo na la ku beddelay. Qasab ma aha in la geeyo Wasaaradihii aan joognay laakiin qabiil ahaan xilalkayagii iyaga ayaa ku wareegay. Rag kale oo is-casilay oo arrintaas arkayay waa jireen, sida Wasiirudowlihii Madaxtooyada, Xasan Macallin Maxamuud; Wasiirkii Macdanta iyo Biyaha, Maxamed Cabdullaahi

Salaad (Oomaar) iyo Yuusuf Maxamed Siyaad (Indhacadde). Dhammaantood waxa ay ka niyad jabsanaayeen saluugna ka qabeen hoggaanka Madaxweyne Shariif.

Is-casilaaddii Cumar Cabdirashiid

In kasta oo ay xukuumaddu sii shaqaysay, haddana waxaa dhaawac gaaray kalsoonidii wada-shaqayn ee madaxweynaha iyo raysalwasaaraha. Maadaama xubno qaarkood is-casileen qaarna la beddelay, xukuumadda waxaa lagu sameeyey isku-shaandheyn. Saddex biilood ka dib Madaxweynaha iyo Raysalwasaaraha ayaa isku dhacay; waxaa la isku qabtay arrin ku aaddaneyd sida looga baxayo marxaladda kala-guurka. Cumar Cabdirashiid ayaa qorshe la wadaagay hay'adaha caalamiga ah iyo beesha caalamka. Wuxuu soo bandhigay aragtida xukuumadda ee ku aaddan sida kala-guurka looga bixi karo. Madaxweynuhu arrinkaas aad ayuu u dhibsaday maadaama Raysalwasaaruhu isaga oo aan la tashan meelo kale la wadaagay, halkaas ayuuna ka bilowday khilaafkoodu.

Kooxda Madaxweynaha ku dhowi waxa ay is-tusayeen in la beddelo raysalwasaaraha, iyagoo ku eedeynaya in uu fadhiid yahay oo uusan waxqabad lahayn, raysalwasaare cusubna la keeno. Madaxweynuhu arrinkaas wuu ayiday, waxaana Baarlamaanka laga bilaabay abaabul ku aaddan sidii Cumar Cabdirashiid xilka looga tuuri lahaa. Way adkaatay in la helo tiro ku filan oo xilka looga qaadi karo Raysalwasaare Sharma'arke. Taa beddelkeeda, waxaa la abaabulay mooshin la leeyahay Raysalwasaaraha kalsooni ha soo raadsado, laakiin Cumar Cabdirashiid waa diiday, wuxuuna ku dooday in aysan jirin sabab uu Baarlamaanka kalsooni u weydiisto ee haddii Goluhu uu wax isku hayo codka aqlabiyadda tirada guud ee Golaha Shacabka 50+1 oo gacan-taag ah looga qaado xilka. Muran iyo dood is-jiidjiid badan leh ayaa arrintaas ka dhashay, xaalkuna waa cakirmay, laakiin ugu dambeyn Raysalwasaaraha ayaa tanaasul sameeyay, maadaama isaga iyo Madaxweynuhu aysan heshiis ahayn qeyb badan oo ka tirsan Xildhibaannaduna ay ka soo hor jeesteen. Sidaas ayuuna 21 Sebteembar, 2010, isu casilay raysalwasaare Cumar Cabdirashiid.

MAGACAABISTII MAXAMMAD CABDULLAAHI FARMAAJO

Waxaa bilawday loollankii Raysalwasaare magacaabista. Waxaa inta badan Raysalwasaaraha laga raadinayey beesha Mareexaan. Cabdi Faarax Shirdoon (Saacid) oo markii dambe Madaxweyne Xasan Sheekh Maxamuud u magacaabay Raysalwasaare ayaa qarka u fuulay in loo magacaabo Raysalwasaaraha, laakiin kooxda Aala Sheekh ayaa abaabul xooggan u gashay magacaabista Maxamad Cabdullaahi Farmaajo. Farmaajo oo ay Soomaaliya ugu dambaysay dhowr iyo labaatan sano ka hor, sida uu inoo sheegay markii uu xildhibaannada la kulmayey, ayaa magaalada Muqdisho soo gaaray 14 Oktoobar, 2010. Isla galabkiina waxaa loo magacaabay Raysalwasaare. Waxaa xilka Raysalwsaaraha ku-sime ka ahaa Cabdiwaaxid Cilmi Goonjeex oo ay qaraabo dhow yihiin Farmaajo.

Gogol Marreexaan

Magacaabista Farmaajo waxay ku soo aaddelay khilaaf iyo dhaawacyo kala gaaray raggii ku soo midoobay Isbahaysigii dibuxoraynta. Aniga iyo rag kale waan is-casilnay, kuwo kale xilka ayaa laga qaaday, Laba Shariifna isku ma uur fayooba oo dhaawac ayaa kalsoonidooda kala gaaray. Kooxda Aala Sheekh oo Madaxweynaha ku dhaweyd ayaa u ololeysay Maxamed Cabdullaahi Farmaajo. Waxaa dhismay Isbahaysi ka kooban shakhsiyaad siyaabo kala duwan tabasho uga qaba Madaxweyne Shariif. Aniga iyo kooxdii Isbahaysiga oo dhinac ah, kooxo kale oo ka soo jeeda dawladdii TFG, iyo koox kale oo reer Puntland ah oo u arkayey in xilka Raysalwasaaraha la dhaafiyey ayaa isugu yimid Isbahaysi xiriirkiisu dabacsanyahay laakiin hal ujeeddao leh oo ah in la diido Raysalwasaaraha ay wataan madaxweynaha iyo kooxdiisa. Ma jirin cid naga mid ah oo Farmaajo taqaannay, mana la garanaynin qofka uu yahay, keli ah waxaa lagu diiddanaa waa tabasho iyo gocashooyin is kor-koray oo ku saabsanaa hannaanka Madaxweynuhu wax ku wado; sida uu heshiiskii Ahlu-sunna iyo Itoobiya u maamulay, sida uu loollankii Baarlamaanka u maareeyay, sida raggiisii la soo halgamay uu taladii dibadda uga dhigay, tixgalin la'aanta, iyo kuwo kale ee aan soo sheegay.

Sida caadiga ah, marka hore Rasyalwasaaraha ayaa la ansixiyaa, ka dibna Xukuumadda uu soo dhiso ayaa kalsoonida la siiyaa. Inta badanna sida caadiga ah Raysalwasaaraha gacantaag ayaa lagu ansixiyaa isaga iyo xukuumaddiisaba. Shariif Xasan oo isaga qudhiisu tabasho ka qaba la-tashi la'aanta Raysalwasaaraha iyo xoogaysiga kooxda Aala Sheekh, ayaan ku heshiinnay in aan keenno mooshin lagu dalbanayo in ansixinta Raysalwasaaraha cod qarsoodi ah laga dhigo. Soo jeedinta mooshinku waxay u baahantahay 10 xubnood. Durba miiska ayaan saarnay, waana loo codeeyey, sidaas ayey xujo adkaatay ku noqotay ansixinta Farmaajo.

Waxaan dooddayada ku salaynay haddii la doonayo in beesha Marreexaan laga magacaabo raysalwasaaraha, maxaa loogu baahanyahay in qof cusub oo dalka muddo badan moogaa dibedda laga keeno, maa Cabdiwaaxid Cilmi Goonjeex oo raysalwasaare ku xigeen ahaa, haddanna ah ku-simaha la magacaabo? Waxaan ku doodnay in la doonayo afganbi cusub iyo in Madaxweynaha iyo kooxdiisa Aala Sheekh ay afduubi rabaan siyaasadda Soomaaliya.

Waxaa halkaas ka bilawday loollan cusub oo aan hoggaankiisa ahay. Madaxweynahu Baarlamaanka ayuu yimid waana ka qudbeeyay, Raysalwasaaraha waa la ansixinayaa ayuu ku gooddiyey. Olole ayaa bilawday labada dhinacba. Intii uu loollanku socday ayaa waxaa galab i soo wacay danjire Axmad Cabdisalaan Xaaji Aadan oo iga codsaday in aan gurigiisa soo maro. Axmad deris isu dhow ayaan ahayn. Galab casargaab ah ayaan soo maray; waxaaba goobta fadhiya waxgaradkii inta badan siyaasiyiinta beesha Marreexaan ee xilligaa ku sugnaa Muqdisho. Dhowr iyo laabatan ruux ayey ahaayeen. Waxay iigu gar-dhigteen in beesha aan ka soo jeedo ee Cayr iyo Mareexaan ay is-bahaysi ku yihiin siyaasadda iyo loollanka dalka ka socda, ayna tahay markii ugu horreysay oo ay beesha Mareexaan ay heleen fursad ay siyaasadda ugu soo laabtaan, adiguna fursaddaas dadka naga hortaagan ayaad hormuud u tahay, ha nooga hiillin qolo aan is haynno ee naga hor wareeg, mooshinkana jooji, annaga darteen noogu tanaasul.

Waxay ahayd dood adag iyo gar meel laga maro aan lahayn. Waxaanse ku jawaabay in aan garawshiyo ka bixinayo dooddooda, xilka in ay helaana aan ka hortaagnayn, laakiin aan diiddanahay ninkan cirka laga soo riday qaabka lagu keenay iyo ragga keenay wax ay ka damacsan yihiin. Waxaan ku iri: Cabdiweli Goonjeex, Jeneraal Axmed Warsame, Kol. Cabdirisaaq Biixi, Xuseen Warsame iyo akhayaarta i hor fadhisa ninkii la doono ha laga soo qabto, laakiin nin ay qolo kale siyaasadda ku afduuban rabto ayaan diiddanahay. Waxaan dhaar ugu maray in aanan Farmaajo aqoon, shakhsigiisana wax aan u qabo aysan jirin. Waxay sheegeen in aysan iyaguba midkoona uusan Maxamad Cabdullaahi Farmaajo aqoon, laakiin aabbihii uu ahaa nin aad loo yaqaan, iyaga oo raaciyay in aysan damaanaddiisa qaadi karin laakiin ay doonayaan in fursadda taariikhiiga ah ka faa'iidaan, mana hubno ayey dhaheen in haddii Farmaajo la diido uu Madaxweynuhu mar kale nin Marreexaan ah magacaabayo.

Waa igu dhageen, aniguna waan dhaafi waayey. Waxaan u sheegay in aan tixgelin siinayo codsigooda. Waxaan galabtii dambe u imid Shariif Xasan oo aan u sheegay in cadaadis ba'an iga haysto beesha Marreexaan. Shariifka neef ayaa ka soo fuqday. Wuxuu yiri aniga qudhayda beesha caalamka ayaa cadaadis iga haystaa oo ku doodaya in ansixinta Raysalwasaaraha ay tahay oggolaansho ee waxa u baahan in kalsoonida la siiyo lana daba galo ay tahay xukuumadda ee fadlan fursad siiya Raysalwasaaraha. Is-qabqabsiga iyo daahidda xukuumaddu wuxuu dib u ridayaa hawlihii aan idin la qaban lahayn.

Nafta bani'aadamka waa daciif, waxayna u nugushahay aargoosiga iyo isu-muuqadka ragga aad is-haysaan oo gaboodfalka ka tabanayso. Ruuxa waxaa celiya cabsi la xisaabtan uu xag Alle ka qabo iyo la xisaabtan kaga yimaadda bulshada. Barbaarinteenna diineed ku ma badnayn dhowridda qiyamka siyaasiga ah, xalaasha iyo xaraamta wacdiga culimada ku ma badnayn jirrooyinka siyaasadda la xariira. Waxaan kaloo jirin awood dadwayne iyo mid shacab oo laga cabsanayo, taa oo siyaasiga ka dhigaysaa dantii-raacde mutuxan oo ka aargoosta ruuxa ay is-hayaan. Taasi waxay keenaysaa in ajnabiga beesha caalamka ka socda uu danaheenna nooga damqasho bato. Waa arrin xanuun badan, laakiin in la xuso u baahan.

Waxaan aniga iyo Shariif Xasan ku heshiinnay in aan mooshinka fasaxno. Laakiin su'aashu waxay ka tagaantahay sidee loogu qancinayaa xoogaggii kale ee nagu la jiray isbahaysiga. Wuxuu igu yiri: Waxaan kuugu wacay mooshinkaas in aan iska fasaxno, waliba adigu fasaxdid, maadaama aad tahay ninka keenay. Shariif Xasan wuxuu iga codsaday in aan la hadlo asxaabta hawsha mooshinka nagu la jirtay. Waxaan u sheegay in aan mooshinka la sii wedi karin, guddoomiyuhuna uu ii sheegay in cadaadis badani saaranyahay, aniga qudhayduna uu mid kale siyaabo kale ii soo fuulay. Alle ha u naxariistee, waxaa intii aanan warka dhammayn soo booday Maxamad Ibraahim Xaabsade oo yiri xalay ayaa rag ii sheegeen in aad na gadan rabto. Warkii ayaa naga taagtaagmay. Xaabsade wuxuu ka mid ahaa ragga ay asxaabta iyo jaalka yihiin siyaasiyiinta beesha aan ka soo jeedo. Ka mid ma aanan ahayn ragga siyaasadda dillaalnimada ugu jira, xataa la igu ma xaman jirin. Waxaanse mar dambe oo aan Xaabsade arrinka ka heshiinnay uu ii sheegay in danjire Axmad Cabdisalaam u sheegay gogoshii Marreexaan iyo dooddii na dhex martay. Buuq iyo sawaxan ayey goobtii kulanku isu beddeshay. Dadkii way diideen dooddayadii, laakiin waxaan u sheegay in aan mooshinka la sii hayn karin. Xilligaa waxaa mooshinka ka laabashadiisa ku filnaa in qofka ku saxiixani uu ka laabto, hadda se waa la beddelay xeer-hoosaadkaa oo waxaa laga dhigay in xataa haddii ruuxa geeyey uu ka laabto uu sii soconayo mooshinku.

Shariif Xasan ayaa la hadlay Sheekh Shariif, wuxuuna u sheegay in aan u tanaasulnay aniguna aan u iman doono. Aad ayuu arrinkaas ugu farxay, sababtoo ah markii aan xafiiskiisa ugu tegey waxaa ku sugnaa 25 Xildhibaan oo shanta beelood min shan uga kala socda, waxayna ka wada hadlayeen sidii ay Baarlamaanka ku marsiin lahaayeen ansixinta Raysalwasaraha. Sheekha waxaa isugu kaaya dambeysay habeenkii aan kala jiidannay, ka hor inta aanan xilka iska casilin. Waxaan u sheegay in aan u tanaasulay mooshinkiina la fasaxay, raggii gogosha ii dhigtayna intaas oo kale ayaan u sheegay. Farmaajana sidaas ayuu ku helay kalsoonidii Baarlamaanka.

Kalsooni-siintii Xukuumadda Farmaajo iyo Xeeladdii Shafiif Xasan

Dhibaatada jirtaa waxay noqotay dhismihii Xukuumadda ayaa laga talagalin waayay Shariif Xasan, ballamihii laga qaadayna waa loo tixgalin waayay. Dib ayuu abaabul u galay haddana, si aan loo ansixin Xukuumadda, xoogaggii mucaaradsanaa magacaabiddii Farmaajo ayuuna dib isugu soo celiyay isagoo leh khatar ayaa soo socota: Niman Aala Sheekh la yiraahdo oo koox diimeed ah ayaa xukuumaddii afduubay oo dad ay dibedda ka keeneen ka soo buuxsaday. Xukuumaddii waa na la ka qaatay! Marada ayuu bitiyay, kooxihii gadoodsanaa ayuu isu soo celiyey, waxaana lagu heshiiyay in ansixinta Xukuumadda la hor istaago.

Anigu xammaasad badan u ma heyn abaabulkaas dambe. Xukuumadda ma taageersaneyn ka mana soo hor jeedin, laakiin waxaan arkaayay abaabulka Shariif Xasan in uusan mid sahlan ahayn.

Olole xooggan ayaa la galay. Tiro ku filan in ay meel-marinta Xukuumadda hor istaagto ayaa la helay, laakiin maalintii Xukuumadda la hor keenayay Baarlamaanka habeenkii ka horreeyay ayuu Shariif Xasan la heshiiyey Madaxweynaha. Shariif Xasan nin gadgaddoon badan oo siyaasadda rogroga ayaa lagu sheegaa. Waan xasuustaa habeenkaas; aniga, Cabdullaahi Maxamed Cali (Sanbaloolshe) iyo Xuseen Maxamuud Sheekh (Badni) ayaa gurigiisa ugu tagnay. Guddoomiyuhu Madaxweynaha ayuu ka yimid. Waa iska sheekeysanaynay. Markaa waxaan ku iri: Berri Xukuumadda maxaa laga yeelayaa? Markaasuu yiri la ma ansixinayo, laakiin haddii Madaxweynuhu yimaaddo Golaha in lagu buuqo oo wax lagu tuurtuurana ma fiicna. Hadal jilicsan ayaan ka dareemay, markaas ayaan ku iri ma soo heshiiseen Sheekha? Wuu inkiray. Waa ka soo tagay. Subixii Baarlamaanka ayaan imid. Waxaan ka mid ahaa dadka taxliilka siyaasadda iyo xaaladaha taagan wax laga weydiiyo. Rag badan oo kooxda ansixinta Xukuumadda ka soo horjeeda ka mid ahaa ayaan ku iri aniga Guddoomiyaha xalay ayaan soo arkay, wuxuuna u ekaa nin Madaxweynaha heshiis la soo galay ee Xuukuumadda waa la ansixinaaye waqti yuusan idin ka lumin, iyaguna waxa ay ku faanayeen in ay heysteen tiro ku filan oo ay ku diidi karaan meel-marinta, maadaama Xukuumadda laga rabo in ay ansixiyaan 276 xubnood. Waxa ay ku doodayeen in ay dhowr iyo sagaashan xubnood heystaan, tirada Xildhibaannada ee markaas golaha xaadirka ahaa marka laga jarana uu rabitaankoodu meel marayo. Ugu dambayn, Shariif Xasan codkii ayuu qaaday, Xukuumaddii cod ku filan ma helin oo halkii looga baahnaa 276 waxay heshay 250 cod. Xildhibaannaadii diidanaa ansixinta xukuumada ayaa hal mar sacab iyo sawaxan isku daray. Shariifka ayaa makarafoonka qabsaday, si uu natiijada ugu dhawaaqo. Halkii laga sugayey in uu sheego in ay xukuumaddii ansixi waysay, ayuu beddelka taas wuxuu yiri: Baarlamaanku 550 ayuu ahaa laakiin 70 xubnood oo imaan weysay intii Baarlamaanku furnaa ayaan ka saaray Golaha, haddii tiradii Golaha ee 550-ka ahayd 70 xildhibaan laga saaro tirada guud waxay noqonaysaa 480, haddaba 50+1 in xukuumadda lagu ansixiyo loo baahanyahay waa 241, xukuumadduna waxay heshay 250 cod, sidaas ayeyna ansax ku tahay.

Fadhiyada Baarlamaanka saddex fadhi qofkii fasax la'aan uga maqnaada in laga saarayo ayaa xeer-hoosaadka ku qoran, laakiin ka saaritaanka uu guddoomiyuhu sameeyay waxa ay ahayd arrin uu markaas kulanka ku dul allifay ee howl hore u socotay iyo dad la soo hubiyay ma jirin. Sidaas ayay Xukuumaddii ku ansaxday. Qoladii dhowr iyo sagaashanka xubnood ahaa ee is lahaa Xukuumadda waa dhacday waaga ayaa ku baryay mar kale. Wax la-yaab leh ayuu ahaa gadgoddoonka ceynkaas ah, shaqsiga dantiisa iyo maslaxaddiisa ayay ku xirneyd, mabda' wax lagu diidayo ama lagu yeelayo ma jirin.

Maxamed Cabdullahi Farmaajo inti uu Raysal wasaaraha ahaa hal maalin oo uu Xildhibaannada Hawiye u yeeray ayaan is aragnay. Markaas wixii ka dambeeyay dalka dibaddiisa ayaan u batay oo Raysalwasaaraha iyo Xukuumaddiisa midna isma aannaan arki jirin. Waxyaabaha siyaasadda Soomaaliya aysan dunida kale la wadaagin waxaa ka mid ah;- qof aan siyaasadda horay ugu jirin, nashaadaadka dadwaynaha iyo danta guud lagu aqoon, wax waaya'aragnimo ah u lahayn siyaasadda iyo xoogaga ku loollamaya dalka gudihiisa iyo debaddiisaba, qaddiyadaha la isku hayo, xasaasiyadaha la kala qabo, waxyaabaha dhisi kara kalsoonida bulshada kala aammin baxday, iyo ficillada dhaawaci kara, ayaa jug lagu siinayaa xil sare. Wuxuu shakhsigaasi ku qasbanyahay in ay waqti ku qaadato barashada iyo la qabsiga siyaasada.

Farmaajo wuxuu la kowsaday xilli dawladihii aan taakulada weydiisannay soo jawaabeen kuna guuleysannay isku-dubbaridka iyo is-dhexgelintii ciidanka, wuxuu ka faa'iideystay fursadihii Xukuumadda soo tabacday, laakiin isagu wuxuu halkaas ka bilaabay dacaayad iyo buunbuunin ah in aysan isaga hortii waxba jirin, taasaana keentay in dad badani aamminaan in isaga yahay ninka wax qabtay. Runtu se waxa ay tahay in mira la soo abuuray iyo hawl la soo qabtay uu wax ku dul dhisay. Dadka caqliga ka shaqeysiiya waa fahmi karaan in nin 20 sannadood ka badan dalka ka maqnaa ee kaliya lix biloood joogay xafiiska oo si uu shaqada u fahmo u baahnaa sannad uusan howl baaxaddaa leh uu sheeganayo uusan qaban karin, laakiin Farmaajo wuxuu ku fiicnaa barabagaandada iyo adeegsiga warbaahinta, wuxuuna fahansanaa sida la isu buunbuuniyo, dadwaynahana la isaga iibiyo. Nin ka tirsan Xafiiska Raysalwasaaraha oo aan ku kalsoonahay wuxuu ii sheegay in ay bil kasta qarash gaaraya $150,000 ku bixin jireen warbaahinta, si loogu sameeyo dacaayad ujeedkeedu yahay in Xukuumaddiisu tahay tan kaliya ee wax qabatay, waana mid ka mid ah mushkiladaha dadka Soomaaliyeed waxyeelleeyay, sababtoo ah Suubbanaheenna (nnk) wuxuu yiri "In aan dhammeystiro akhlaaqda teeda wanaagsan ayaa la ii soo diray." In aan bilaabo ma uusan oran, taa oo macnaheedu yahay in aad qirtid waxqabadkii kaa horreyeey waxna aad ku dul dhisto. Waa dhaqanka dawladeed ee dunida dawladnimada casriga ahi ku hanaqadday. Inkiraadda wixii kaa horreeyey ama aad ku calaamadiso xumaandhisku waa sababta dawladdii Kacaanku ay u dilayeen sumcadda dawladdii rayadka ahayd ee ka horreysay oo ay ku tilmaameen in ay musuqmaasuq, eex iyo qaraabakiil miiran ahayd oo aysan wax wanaag ah lahayn. Sidaas oo kale, xukuumaddii la baxday *Tayo* ee uu Raysalwasaaraha ka ahaa Maxamad Farmaajo waxay suuqa gashatay in 6 biloood ciidankii lagu dhisay, mushaarkiisa lagu diyaariyey, caasimaddiina lagu xoreeyay. Marnaba ma xusin in ciidan isku duwan iyo dhaqaale xukuumaddii ka horaysay soo yaboohsatay ay u yimaaddeed. Inkiraadda wanaaggii kaa horreeyey waa kan keenaya halhaysyada uu ka mid yahay kii caanbaxay xilligii uu Madaxweynaha ahaa: "Waa markii ugu horreysay!"

LUGGOOYO AANAN MARNA FILAYNAYN

Waagii aan ahaa Wasiirka Qorshaynta arrin dhacday ayaa ma- harto igu reebtay. Waxa ay ahayd arrin xiiso iyo xammaasadba leh in Soomaaliya ay shir-guddoon ka noqoto Golaha Wasiirrada Jaamacadda Carabta. Kulamada iyo shirarka Jaamacadda Carabtu waxay u

qaabaysanyihiin saddex lakab oo kala ah: Safiirrada, Golaha Fulinta oo
ah Wasiirrada Arrimaha Dibadda, iyo shir-madaxeedka oo ah kan ay
Madaxweynayaasha, Boqorrada, Amiirrada iyo Raysalwasaarayaashu ka
soo qayb galaan. Soomaaliya waxa ay heshay guddoonka Golaha Fulinta.
Xilligaas waxaa Wasiirka Arrimaha Dibadda Soomaaliya ahaa Cali Axmed
Jaamac (Jangeli), waxaase kulammada Jaamacadda Carabta shardi ah in
lagu hadlo luqadda Carabiga oo af qalaad laga ma oggola. Safiirkii joogay
Qaahira Cabdalla Xasan (Aun) ayaa soo gudbiyay in ay meertadeenii
tahay shir-guddoonka Golaha Wasiirrada oo ay Soomaaliya lixda bilood
ee soo socota kalkeedii tahay, wuxuuna sheegay in ay qasab tahay in
wasiirka la soo dirayo ee shir-guddoonka noqonayaa uu afka Cariga ku
hadlo, si weliba fasaaxad leh. Madaxweynaha iyo Raysalwasaaraha ayaa
loo soo gudbiyay. Raysalwasaare Cumar wuxuu ii sheegay in isaga iyo
Wasiirka Arrimaha Dibaddu ay Madaxweynaha kula taliyeen in aniga la ii
diro, maadaama aan ahaa Wasiirka ugu dhow Arrimaha Dibedda oo aan
ahaa Wasiirka Qorshaynta iyo Iskaashiga Caalamiga ah. Laakiin Sheekh
Shariif wuxuu soo jeediyay in qof kale la raadiyo, ka dibna wuxuu wacay
Daahir Maxamuud Geelle oo Wasiirka Warfaafinta ahaa. Daahir saaxiib
ayaan ahayn, ilaa haddana waannu nahay, xilligaana wuxuu booqasho
ku joogay waddanka Ingiriiska isaga iyo rag kale oo wasiirro ah:
Cabdiraxmaan Janaqoow iyo Ugaas Bile. Wuxuuna Geelle u sii socday
oo ballamo ku lahaa Maraykanka, sidaas awgeed wuxuu ii sheegay in uu
ka cudurdaartay oo waliba uu soo jeediyey in aniga la ii diro, maadaama
aan luuqadda Caribaga ku hadlo. Madaxweynuhu wuxuu intaas ka dib
soo jeediyay in saaxiibkey, Xildhibaan Cumar Sheekh Cali Idris, oo mar
dambe safiir ka noqon doona Qatar uu Raysalwasaarusuhu u magacaabo
Wasiirudowlaha Wasaaradda Arrimaha Dibadda isagana shirka loo diro.
Raysalwasaaraha waxa ay arrintaasi ku noqotay qaadan-waa. Wuxuu la
fajacay sababta Madaxweynuhu u diiddanyahay in aan shirkaas Dawladda
ku matalo. Wuxuu ii sheegay in uu kala dooday laakiin Sheekh Shariif ku
adkeystay in Cumar Idris la diro.

Cumar Idris wuxuu isaguna markaas ku sugnaa dalka Ingiriiska. Mar
dambe wuxuu ii sheegay in baasboorkiisii Ingiriisku uu ugu xareysaa fiise
Cumra ah oo Sacuudiga uu ku wajahnaa dalkana uusan u soo safri karin.

Markii qof kale la waayay waxaa lagu qasbanaaday in aan anigu shirka aado. Ilaa hadda ma garan karo sababta keentay in Madaxweynuhu uu intaas oo dedaal ah ugu bixiyay in aanan shirkaas Soomaaliya ku matalin. Waa isku dayay in aan ogaado, laakiin jawaab ku filan weli ma helin oo waa arrin iga qarsan. Waxayse ka mid ahayd casharrada aan siyaasadda Soomaaliya ka bartay.

Maadaama aan ku cusbaa shir-guddoonka Golaha Wasiirrada, waxaan u yeertay safiirrada aan is lahaa waa kuwo waaya'arag ah oo in badan ka shaqeynayay diblumaasiyadda, si aan taladooda u dhageysto khibraddoodana uga faa'iideysto. Waxaa igu wehliyey shirka safiirkeennii fadhiyay Jaamacadda Carabta, danjire Cabdillaahi Xasan; safiirkii Soomaaliya u fadhiyey Kuwait, danjire Cabdiqaadir Amiin Sheekh; Safiirkii Soomaaliya u fadhiyey dalka Ciraaq, danjire Ciise Cali Maxamad (Ciise-dheere); Safiirkii Soomaaliya u fadhiyey Liibiya, danjire Cabdiqani Maxamad Wacays, oo dhammaantood ahaa safiirro waaya'arag ah. Waxaan 03 Maarso, 2010, shir-guddoonka Golaha Wasiirradii Arrimaha Dibadda Carabta kala wareegay Wasiirka Arrimaha Dibedda ee Siiriya, Waliid Mucallim. Shirka oo labo maalmood socday ayaan hordhigay horumarka ay dawladdu ka samaysay xagga amniga, dibuheshiisiinta, iyo la-dagallaanka burcad-badeedda. Waxaan kaloo la wadaagay caqabadaha haysta iyo taageerada ay u baahantahay in lagu garab siiyo. Waxaan xilligii qadada si gooni ah u wada fariisannay Xoghayihii Guud ee Jaamacadda Carabta, Camar Muusaa, iyo Wasiirka Arrimaha Dibedda Sacuudiga oo markaa ahaa hormuudka (dean) wasiirrada, Sacuudal Faysal, oo ku-dhowaad 40 sannadood ahaa Wasiirka Arrimaha Dibedda Boqortooyada Sacuudiga. Waxaan si gooni ah u waydiiyey in dawladda taageero loo fidiyo oo sanduuqa horumarinta Jaamacadda laga siiyo kab miisanayadeed. Wasiirku wuxuu iigu jawaabay: dibuheshiisiin diyaar ma u tihiin? Markii aan waydiiyey cidda aan dibuheshiisiinta la galayno ayuu ku sheegay kooxaha hubaysan ee naga soo horjeeda. Markii aan waydiiyey in ay kooxahaas miiska wada-hadalka keeni karaan wuxuu iigu jawaabay: qaarkood ayaan keeni karnaa oo waliba dal aan saaxiib nahay oo galaangal u leh ayaa arrinkaas naga la shaqaynaya. Markii aan dalka waydiiyeyna wuxuu ii sheegay in ay tahay Eritrea. Mar kale ayaan dib u yara fariistay.

Farriintaas madaxda dalka waan soo gaarsiiyey, laakiin diyaar loo ma ahayn.

Waxyaabaha kale oo iigu yaabka badnaa waxaa ka mid ahaa in wafdi uu hoggaaminayo Raysalwasaare Cumar Cabdirashiid oo aan ka mid ahaa ay ka qaybgaleen xafladda dabbaaldega sannadguuradii ka soo wareegtay markii uu talada dalka Liibiya la wareegay Mucamar Al-Qadaafi. Qadaafi wuxuu noo sheegay in uu isku deyey in uu dhex galo dawladda iyo kooxaha hubaysan ee naga soo horjeeda. Wuxuu noo sheegay in uu xiriir la sameeyey kooxahaas oo isaga qudhiisu la hadlay Axmad Godane oo la yaqaanay "Abu Zubayr" oo markaa ahaa hoggaamiya Kooxda Al-Shabaab. Qadaafi wuxuu raysalwasaare Cumar u sheegay in uu Godane ku yiri dagaalka joojin mayno ilaa aan Imaarad Islaami ah ka istaajinno Soomaaliya iyo dunida oo dhan oo ay Liibiya ka mid tahay. Wuxuu yiri kuwaas rejo ma laha wuxuuna ballan qaaday in uu dawladda si buuxda u garab istaagi doono.

Shir-guddoonka Golaha Wasiirrada ee Jaamacadda Carabtu waxay Soomaaliya u noqotay arrin soo celisa ruuxdii dawladnimada, macno gaar ahna u sameyneysay dawladihii Carbeed ee shirka ka soo qaybgalay. Waxaan xusuustaa in wasiirkii arrimaha debedda ee Yaman, Abuubakr Al-Qirbi, iyo wasiirkii arrimaha debedda ee dalka Cummaan, Yuusuf Bin Calawi, ay si gooni ah iigu tahniyadeeyeen uguna faraxsanaayeen shir-guddoonka Soomaaliya. Wasiirka Yaman ayaa igu la kaftamay: ma filaynin in Soomaaliya ay ka imaan karayaan dad iska tiirin kara shir-guddoonka Golaha!

Dood iyo Taagtaag Tacsiyeed

Mudda-xileedda uu qofku heynayo guddoonka shirka Golaha Wasiirrada ee Jaamacadda Carabtu waa lix bilood. Intii aan hoggaanka heynay waxyaabihii i soo wajahay waxaa ka mid ahaa arrinti ninkii reer Falastiin, Mahmoud al-Mabhouh, ee sirdoonka Israa'iil ee Mossad ku dileen magaalada Dubai. Dawladda Imaaraadka Carabta ayaa soo jeedisay mooshin ah in Goluhu uu dilkaas canbaareeyo. Goluhu wuu isku raacay, laakiin waxaa la-yaab lahaa in Goluhu ku kala qeybsamay in magaca ninka la dilay ee Mabhouh laga hor mariyo *shahiid* iyo in aan laga hor marin. Waxaa kaloo dooddaas dhinac socday in la cambaareeyo weerarka doon loogu magac daray "Gaza Freedom Flotilla" oo ahayd doon ay saarnaayeen dadka u dhaqdhaqaaqa xuquuqda Shacabka Falastiin oo ahaa 100 qof oo 50 dawladood oo dunida ah ka kala socday, kuwaa oo ujeedkoodu ahaa in ay jebiyaan cunaqabataynta saaran Gaza. Dood socotay ilaa 12-kii habeennimo ayaa la galay. Dawladda Imaaraadka ee mooshinka keentay waxa ay soo qortay magaciisa kaliya, laakiin Dawladaha Suuriya, Qadar iyo Suudaan waxa ay soo jeediyeen in *shahiid* loo qoro. Xoghayihii Guud ee Jaamacadda Carabta, Camar Muusa, oo waqti badan ahaan jiray Wasiirka Arrimaha Dibadda Masar ayaa dhegta ii soo dhaweeyay iguna yiri: Guddoomiye shirka rafac oo Wasiirrada kaliya in kaligood qolka kulamada gaarka ah isugu yimaaddaan soo jeedi, si aan arrintaan go'aan uga gaarno. Sidaa ayaan yeelay. Maadaama ay shirweynaha dadka oo dhan joogeen, safiirrada iyo wufuudda kale waa ka tagnay oo wasiirradii ayaan meel gaar ah isugu geynay. Dood dheer ayaannu haddana ka galnay. Ugu dambeyn, waxaan go'aan ku gaarnay in falka dilka ah ee Israa'iil geysatay la canbaareeyo ninkaasna magaciisa loo daayo. Waa waxyaabaha aad ka naxayso ee filanwaaga kugu noqonaya ayaa ah in Goluhu uu ku mashquulsan yahay waxyaabo aan waxtar wayn u lahayn shucuubtooda. Doodda kale ee muddada naga qaadatay waxay ahayd cambaaraynta weerarka doonta. Waxaan xusuustaa in Wasiirkii Arrimaha Dibadda Qatar, Sheekh Xamad bin Jaasim, uu hadal kulul kulanka ka jeediyay, isagoo magacaabaya haweenaydii Wasiirka Arrimaha Dibadda Maraykanka ahayd, Hillary Clinton, oo uu yiri: Haddii farriimihii na loo soo diray ee Maraykanka aan meesha ka akhrineynana aan wada akhrinno, haddii qaddiyad Carbeed aan ka doodeynana aan ka doodno. Dooddu kowdii habeennimo ayay nagu gaartay, cashadii ayaa naga daahday meesha ayaana saandawiij iyo cunto fudud na loogu keenay. Ugu dambeyn, xal ayaa laga gaaray kala-qeybsanaantii cambaaraynta doonta ee uu Wasiirka Arrimaha Dibedda ee Turkiga, Ahmet Davutoglu shirka ka codsaday.

Waxyaabaha aan ka bartay waxaa ka mid ah: shirka Jaamacadda Carabta wax weyn oo go'aanno ah oo lagu gaaro ma jiraan, dawladuhuna wax badan oo ay isku raacsanyihiin ma jiraan, wax badan oo mideeyana ma laha. Runtii, aniga waxa ay ii ahayd waaya'aragnimo iyo khibrad kororsi ku aaddan in shir dawli ah oo intaas le'eg aan doodihiisa dhegaysto isla markaana shir-guddoomiyo. Waxyaabaha aad ii kaalmeeyey waxaa ka mid ahaa in aan aqaannay luuqadda iyo dhaqanka Carabta, fahansanaana loollanka siyaasadeed ee dhexdooda ah iyo xeryaha ay ku kala jiraan. Xerada dawladaha qunyar-socodka ah oo ay reer Galbeedka isu dhowyihiin, iyo xerada muqaawamada oo ka soo hor jeedday siyaasaadka reer Galbeedka, gacansaarna la leh awoodaha kale ee aan reer Galbeedka ahayn. Is-haysadka labada dhinac ayaa marar badan keenayay in si qallafsan la isu af dhaafo, markaana waxaad u baahantahay in aad doodaha xakamayso oo aysan xadku ka bixin.

Waxaan xasuustaa wasiirkii arrimaha dibadda Lubnaan ayaa aad uga hadlay Sheekh Shiicada Lubnaan ka mid ahaa oo la oran jiray Imaam Al-Sadar iyo labo nin oo la socotay oo sannadkii 1979 la waayey. Sheekha ayaa markii dad ugu wardanbaysay safar ugu kicitimay dalka Liibiya. Waxay ahayd qiso dunida Carabta oo dhan laga ogaa, waxaana lagu tuhunsanaa in Qadaafi uu dilay. Ajandaha shirka ka ma mid ahayn, laakiin wuxuu la meel dhigayey dilkii ninkii reer Falastiin ah. Wasiirka Lubnaan marna ma sheegin dalka Liibiya, laakiin si maldahan ayuu farta ugu fiiqay. Waxaa durba gacanta taagay wasiirkii arrimaha dibadda Liibiya. Waan gartay in uu doonayo in uu jawaab ka bixiyo hadalka, laakiin ma aanan siin hadalka, sababtoo ah waxaan dareemayay in dooddu ay naga weecinayso ajandaha shirka naguna gol-furayso hawl kale. Waxaan ka wadaa, haddii aanan la socon lahayn dhacdada Imaam Al-Sadar bad ayaa igu furmi lahayd. Qof kasta oo siyaasadda ku jira oo raba in uu fagaare caalami ah tagaa waa in uu la socdo waxa ka dhacaya adduunka, sida ay u dhacayaan, awoodaha is-hardinaya iyo xeryaha ay ku kala jiraan. Waa lagamamaarmaan in aad ilaalin karto dareenka madasha kana fogaato wax kasta oo madal ka faniinid ah oo aad fahansantahay xeerka madasha, dhaqanka, luqada, kaftank-wadaagga goobta; haddii kale waxaad noqonaysaa dhagoole shirka u taga in uu xaadiro oo keli ah.

Waxaa dhacday in Febraayo 2023 la igu casuumay shirwayne ku saabsanaa Samafalka iyo Gargaarka Bani'aadanimo oo ay qabatay dawladda

Sacuudigu. Xilligaa waxaan ahaa Ergayga Gaarka ah ee Madaxweynah Soomaaliya u qaabbilsan gurmadka abaaraha. Madaxdii shirka ka soo qaybgashay waxaa ka mid ahaa Wasiirka Horumarinta Caalamiga ah ee dalka Ingiriiska, Andrew Mitchell. Markii uu soo gabagaboobay kulandoceed aan wasiirka wada lahayn ayaa xilligii sawirka la gelayey waxaan ku tuuray in uu iiga waramo hadalkiisii ahaa: "Soomaalidu waa dad firfircoon oo hal'abuur ganacsi leh laakiin aan dawladnimada u jajabnayn, halka Itoobiyaanku ay yihiin dad dawladnimada u daacad ah laakiin firfircooni ganacsi iyo hala'buurka Soomaalida oo kale lahayn." Waxaan kaloo waydiiyey markii uu Godane amray in isaga la dilo. Wuu yaabay oo wuxuu yiri ma buuggayga ayaad akhrisay. Markaas ayaan ku iri: haa waan akhriyey buugga aad qortay ee *Beyond a Fringe: Tales From a Reformed Establishment Lackey*. Xiiso gooni ah ayey arrinkaasi u yeeshay. Wuxuu iga codsaday in aan ka soo qaybgalayaasha shirka u tilmaamo buugga wuxuuna igu marti qaaday Ingiriiska in aan kula kulmo. Mar dambe ayaa si gooni ah isu aragnay mid ka mid ah labadii xoghaye-joogto ee wasiirka la socday oo igu yiri wasiirku aad ayuu u la dhacsanaa sheekadiina wuxuuna igu yiri Ergayga buuggayga ma akhriyey mise waa looga sheekeeyey?, maadaama ay caado tahay dunida horumartay in warbixin lagaa siiyo qofka aad la kulmayso kulanka ka hor. Waxaan ku iri: Waan akhriyey buugga, sheekooyin kale oo xiiso leh oo Ruwanda ku saabsan, gaar ahaan wixii isaga iyo Paul Kagame dhex maray ee u sheeg kulanka London ayaan uga sheekayn doonaaye.

Diblomaasiyadu waa xiriir u baahan in aad taqaanno dhaqanka dadka xiriirku idin dhex marayo, danaha ay kaa leeyihiin, iyo kuwa aad adigu ka leedahay, isla markaana aad abuuri karto xiriir shakhsi ah oo nafsadaha isu fura. Haddaba, dalkeennu ma laha haya'ado iyo mua'saasaad qofka siyaasiga ah ama diblomaasiga ah ku caawiya dhismaha aqoontiisa, wacyigiisa, xogta iyo waaya'aranimada uu ugu baahi badanyahay ee waa in aad adigu iskaa u dadaashaa, isu dhistaa, buuxisaana firaaqa ay hay'adaha iyo mu'asasaadku kaa la maqanyihiin.

5

DHABAR-ADEYG & DHABANNAHAYS

DHABAR-ADEYG IYO DHABANNAHAYS

Q̲adiyadda la xariirta Is-afgaradkii Soomaaliya iyo Kenya dhex maray runtii 12 sano ayuu magaceyga si taban u la xariiray, la igu dulmiyay, la igu dacaayadeeyay, la iigana been sheegay. Dhab ahaan, waxa ay ahayd masabbid aad u xanuun badan oo aan u sahlaneyn mustaqbalka qof siyaasi ah oo sidaas loo dhaawacay sumcaddiisa, madow lagu midabeeyay magaciisa, har mugdi ahna la dul joojiyey. Waxaan ka soo noqday dalka Botswana oo aan shir u aaday. Nairobi markii aan imid ayaa Wasiirkii Kalluumeysiga iyo Kheyraadka Badda, Md. Cabdiraxmaan Aadan Ibbi, uu igu soo wargeliyey in Heshiis Is-afgarad ah (memorandum of understanding (MOU)) aan la saxiixanayno dawladda Kenya, aniguna magaca dawladda ku-meelgaarka ah aan ku saxiixo. Prof. Ibbi wuxuu kaloo xilligaa ahaa Raysalwasaare-xigeen, waxaanse ka dalbaday in Raysalwasaaruhu i la soo hadlo. Raysalwasaare Cumar Cabdirashiid ayaa i soo wacay wuxuuna ii soo diray qoraalka Is-afgaradka, wuxuuna iga dalbaday in aan saxiixo. Waxaan u sheegay heshiisyada iyo Is-afgaradyada caalamiga ah in ay saxiixaan Wasiirka Arrimaha Dibedda ama raysalwasaaruhu, sidaas daraaddeed in uu raadiyo ay tahay wasiirka arrimaha dibedda oo uu xilligaa ahaa Maxamad Cabdillaahi Oomaar. Wuxuu ii sheegay in wasiirkii uu shaqo kale dalka Talyaaniga ugu maqanyahay, waqtiguna uu ciriiri yahay, taa beddelkeedana uu ii soo dirayo qoraal wakiilasho (power of attorney).

Wuxuu ii soo diray qoraalkii awood-siinta iyo wakiilashada. Intaa ku ma aanan ekaan ee waxaan wacay Madaxweynaha oo aan ka hubiyey arrinka, wuxuuna i waydiiyey in aan Raysalwasaaraha is-maqalnay. In aan wada hadalnay ayaan u sheegay, ka dib wuxuu igu yiri waa arrin la wada ogyahay ee ha ka baqin ee saxiix. Waxaan taa iiga horraysay in aan goobjoog ahaa kulan Golaha Wasiirrada arrinka lagu hor keenay oo khubaro ka socota dalka Norway uuna wehliyey Cabdiraxmaan Ibbi ay ka warbixiyeen in loo baahanyahay in dawladda Soomaaliya ay dalbato xad-badeedka loo yaqaanno Continental Shelves (lakabyo-badeed), ka hor inta aan la gaarin waqtiga kamadambeysta ee ay Qaramada Midoobay u qabatay soo-xeraynta dalabka. Waxay kaloo sheegeen in Qaramada Midoobay ay sannadkii 1998 oo aysan Soomaaliya dawlad ka jirin go'aamisay in muddo 10 sannadood gudahood ah oo ku eg Maarso sannadka 2009 uu yahay waqtiga kamadambaynta ah ee la soo gudbinayo codsiga lakabyo-badeedka. Haddaba, si dalabkaasi u suuragalo, waxaa loo baahanyahay in aan is-afgarad la saxiixanno dawladda Kenya oo aan deris nahay. Khabiirka ka socday dalka Norway wuxuu sheegay in dalkiisu uu in ka badan 14 dawladood oo Afrikaan ah ka gacansiiyeen hawshan, Qaramada Midoobayna ay ka codsatay in ay hawshaas ka caawiyaan dawladaha aan karaanka u lahayn qabashada howshaas.

Golaha intiisa badan way joogeen. Rag badan oo aan hadda nooleyn ayaa ku jiiray: Cumar Xaashi Aadan, Prof. Ibraahin Xasan Caddow, Dr. Axmed Cabdullaahi Sheekh (Waayeel), Dr. Qamar Aadan, Md. Sulaymaan Colaad. Sharraxaad ka dib ayuu Goluhu isla qaatay in is-afgaradkaa la saxiixo, weliba waxay noo sheegeen in madaxweynaha iyo xafiiskiisana ay arrinka soo fahansiiyeen. Halkaas iyadoo hawsho marayso ayaan anigu aaday shirkii caalamiga ah ee Botswana ka dhacayay ee Afrika iyo Jabbaan. Markii aan ka soo noqday oo Nairobi imid waa kan Raysalwasaarihana iga dalbaday saxiixa iina soo diray qoraalkii wakiilashada. Waan saxiixay Is-afgaradkii. Shaki iyo wax walwal ah oo aan ka qabay ma jirin, maadaama ay ahayd arrin ay dawladdu, gaar ahaan laanta fulinta oo dhani isla ogayd. Waxaa hawsha ii fududeeyey Maxamad Cali Ameeriko oo xilligaa ahaa safiirka Soomaaliya u fadhiya dalka Kenya.

Qaladaad dhanka Baratakoolka ah ayaa dhacay oo warqadaha la kala saxiixday loogada ama calaamadda dawladda Kenya ayaa ku taallay. Waxyaabihii na la ku qabsaday ayay qeyb ka ahayd, dib ayaanse ka beddelnay oo saxiixa mar kale ayaan ku celinnay aniga iyo Wasiirkii Arrimaha Dibadda ee Kenya, Moses Wetangula. Waaya'aragnimo diblumaasiyadeed oo buuran ma aanan lahayn oo dawladda waa ku cusbaa. Safiirka iyo kooxdii safaaradda oo laga rabay in hawlaha baratakoolka naga saxaan oo habraaca ceynkaas ah ilaaliyaan, maadaama uu baratkoolku hawl qabadkooda ka mid ahaana ma ayan sixin. Laakiin falcelintii ka timid bulshada ayaa mar kale dib loogu saxay, waxaana laga dhigay laba waraaqadood oo kala baxsan oo labada Dawladood ah. Xaqiiqada, qaladka baratakool sidaas ayuu ku dhacay. Aniga daraasaddeydu qaanuunka ayay ahayd, shahaadada kowaad iyo tan labaadba. Qoraalka Is-afgaradku hal bog ayuu ahaa. In kasta oo aanan sharciga badaha ku takhasusin, haddana si fiican ayaan u akhriyay. Wax culays ku ah oo masuuliyad iyo waajib saaraya dawladda Soomaaliya iiga ma muuqan, tafaasiil sharci oo badanna ku ma oollin. In labada dawladood aysan hor-istaag isku samayn markii ay dalbanayaan Lakabyo-badeedka (continental shelves), xudduudda ay badda kaga muransanyihiinna ay wadahadal ku xalliyaan ayuu ahaa nuxurka Is-afgaradku. Waxaan raysalwasaare Cumar waydiiyey haddii uu sharciyaqaanno kala tashaday. Wuxuu ii sheegay in uu la tashaday garyaqaanno uu ka mid yahay Garsoore Cabdiqawi Axmed Yuusuf oo hadda ka tirsan Maxkamadda Caalamiga ah ee Caddaaladda Aduunka (ICJ), horana uga mid ahaa guddigii sagaalka qof ahaa ee Soomaaliya arrimaha badda u qaabbilsanaa xilligii Dawladdi Kacaanka.

Marki aan is-afgaradkii saxiixnay waxaa kacay buuq iyo sawaxan. Xilligaa ma jirin warbaahinta baraha bulshada oo uu ruuxu ka sii ogaan karo guuxa dadwaynah iyo arrimaha xasaasiga ah isha lagu wado hayo. Waxaase jiray mareegyo iyo idaacadda Laanta Afka Soomaaliga ee BBC. Ujeeddadii ay doonaanba ha ka yeeshaan e, raggii xilligaa BBC-da madaxda ka ahaa waxay go'aansadeen in ay tuhun iyo shaki geliyaan Is-afgaradka oo dadwaynaha buuq iyo jahawareer lagu rido. Waa laga yaabaa in ay aqoondarri ka ahayd, waxaase dhici kartay in xisaab siyaasadeedna aanay meesha ka marnayn. Waxaa kaloo iyaduna jirtay mareegta *Somalitalk* la oran jiray oo dad badan ku tuhmayeen qibrad mawduuca la xariirta, iyaduna turjumaad qalad ah ayay ka bixiyay. Yuusuf Xasan Isxaaq oo BBC-da u joogay Nairobi ayaa i waraystay waana u faahfaahiyey waxa uu yahay Is'afgaradku. Laakiin Yuusuf-Garaad Cumar oo markaas tafaftire ka ahaa idaacadda ma uusan raadin dadkii ka shaqeyn jiray arrimaha badda, aqoontana u lahaa ee wuxuu wareysiyo kala duwan ka qaaday siyaasiyiin aad moodeyso in ujeedkoodu ahaa in ay arrinta ka leexiyaan jidka saxda ah suurad xumeeyaana dawladda. Dad ka soo hor jeeday Isbahaysigii dibuxoreynta ee markaas awoodda ku guuleystay una badan taageerayaashi dawladdii hore ee TFG ayaa aad u buunbuuniyey arrinka. Waxaa hawsha la waday taageerayaashii raggii aan Asmara ku soo kala tagnay ee Isbahaysiga ka tirsanaa. Yuusuf-Garaad wuxuu muddo ka dib u soo tartamay xilka madaxweynaha Soomaaliya, aniguna sidoo kale. Beesha aan ka soo wada jeedno, gaar ahaan ganacsatadii hantida bixinaysay ee dadkii siyaasadda u dhaqdhaqaaqayey ayaa go'aamiyey in aan tartanka isaga uga tanaasulo. Tani waxay qalaw igu soo siiyey kaalintii ay BBC-da ku lahayd wararkii laga faafiyay saxiixii Is-afgatadka.

EED LA IGU KALIYEEYEY

Waxa sida aadka ah ii xanuujinayay wuxuu ahaa in kaligey eedda dusha la iga saarayay, meelna la iska dhigay in go'aanku yahay mid Gole Wasiirro gaareen isla markaana Raysalwasaarihii waddanku uu qoraal wakiilasho soo diray, Madaxweynihiina amray in la saxiixo. Dad badan ayaa igu dhiirrigelin jiray in aan iska fogeeyo saxiixa, qiraalna sameeyo in uu qalad ahaa, anigana la i shirqoolay si ay shacabku arrinkaas iga la haraan. Laakiin marna mowqifkayga ka ma tanaasulin. Waxaan mar kasta oo la i waydiiyo ama aan ka hadlo arrinkaas dadka u caddayn jiray in Is-afgaradku uu sax ahaa, lagamamaarmaana ahaa. Waxaan kaloo ku doodi jiray in uu ahaa go'aan gole wasiirro, Raysalwasaaraha iyo Madaxweynuha ogayeen, haddii uu xumaan leeyahay ama samaan, guul iyo guuldarraba waa mid wadaradeed ee aniga igu ma koobna.

Waxaan aad ugu faraxsanahay, in kastoo Madaxweyne Sheekh Shariif uu hore isugu dayay in uu iska fogeeyo wax ka ogaanshaha saxiixa, haddana nasiib wanaag habeenkii loo dabbaaldegayay guusha laga gaaray kiiskii badda lana caddeeyay in saxiixii Is-afgaradku uu yahay mid baddeenni badbaadiyay uu Madaxweynuhu xaqiijiyay in uu ogaa saxiixa Is-afgaradka. Raysalwasaare Cumar Cabdirashiid waxaan uga mahad celinayaa dhowr jeer oo wax laga weydiiyay in uu si geesinimo leh u difaacay mowqifka Is-afgaradka. Kaligey ayaa bar modow la iiga dhigay oo dadka Soomaaliyeed waxaa laga dhaadhiciyey in aan baddoodii bixiyey oo saxiixayga lagu xalaashaday.

Ka sokow in dad dano siyaasadeed lehi ay igu dhaawacayeen arrinkan, waxaan haddana sii xoojinayey dhaliilaha ay bulshadeennu leedahay oo ay ka mid tahay hubsiimo la'aanta iyo caqli ka shaqeysiin la'aanta oo ah in uusan qofku xil iska saarayn in uu xaqiijiyo waxa loo sheegay balse uu beenta iyo barbagaanka sii faafiyo. Tusaale ahaan, cid dhahaysa arki maysid bad ma la iibin karaa? Bad iska daaye boos qof leeyahay ayaan la bixin karin ama la iibin karin. Dadka ugu macquulsan waxa ay ahaayeen kuwa ku doodayay maxaa baddeenna muranka loo galiyay? Laakiin markii maxkamadda Caddaaladda Adduunka la tagay waxaa soo baxday in muranka lagu xusay Is-afgaradka uu yahay kan loo baxsaday. Sidee ku dhacday ayuu qofku is-waydiin karaa, waana sidan:

Dawladda Kenya 2005 ayay xad badeed ay iyadu sheeganeyso jeexatay adduunkana u gudbisatay dawladda Soomaaliya oo aan ogayn dunidana ka dhaadhicisay in xudduudda badda labada dal ay sidaas tahay. Soomaaliya arrinkaas ka ma daba tegin, mana la ogaynba. Waxaa haddaba, arrinkaas debadda u soo saaray markii la damcay in la dalabo diiwaangelinta Lakabyo-badeedka (Continental Shelves). Shardiga lagu aqbalayo codsiga waxaa ka mid ah in labo dal kasta oo deris ah ay Is-afgarad kala saxiixdaan, kaa oo caddaynaya in aysan iska hor-istaagin codsiga lagu dalbanayo lakabyo-badeedka, isla markaana caddeeyaan in ay heshiis ka yihiin xudduud badeedka berriga, maadaama loo cabbirayo qalfoof badeedka oo ah xadka gudaha badda. Haddii aysan heshiis ku ahayna xad badeedka berriga, waa in ay Is-afgarad ku cadeeyaan in ay murankaas ka heshiin doonaan, haddase loo meelmariyo codsiga lakabyo-badeedka oo la siiyo cabbirka gudaha badda ee ay dawlad waliba xaqa u leedahay. Haddii aysan labadaa midkood yeelin, lakabyo-badeedka labada dal waxaa la wareegaya hay'adaha badaha adduunka ee Qaramada Midoobay (International Seabed Authority (ISA)). Soomaaliya marna ma aamminsanayn in uu xad badeedka laba dal muran ku jiro, laakiin Kenya ayaa la soo baxday in uu jiro muranku. Waxay la soo baxeen xad badeedkii ay iyadu iskeed u jeexatay sanadkii 2005, iyagoo ku doodaya in xadka baddu uu sidaa waligiis ahaa. Waxaan u sheegnay in ay riyo-maalmeed ku jiraan, sababtoo ah waxaa yaalla qariiradihii iyo xudduudkii uu gumeysigu jeexay iyo sidii uu xadku ahaa dawladdii hore ee Soomaaliya markii ay jireen.

Haddaba, markii la isla tegey Maxkamadda Caddaaladda Aduunka, Kenya waxay dhibaato ka qabsatay sida ay u burin lahayd caddaymaha la hayo ee xad badeedka labada dal ee ka horreeyey sannadkii 2005. Waxay miiska soo saartay in aysan dawladda Soomaaliya wax dood ah ka keenin xad badeedka ay Dawladda Kenya dunida u gudbisay, sidaas darteedna loogu xukumo *acquiescence* oo macnaheedu yahay ku qabsi la'aan oo ah haddii aad sheegato in hantidan aad adigu leedahay lana waayo cid kugu qabsata ay sidaas kuugu xalaaloobeyso. Qareennadii dawladda Soomaaliya waxay cuskadeen Is-afgaradkii oo waxay ku doodeen sow tan uu Afgaradku caddayno in uu jiro muran la xariira xad badeedka labada dal. Kenya waxay isku dayday in ay Is-afgaradka ku sheegto in uusan jirin, sababtoo ah Baarlamaankii Soomaaliya ayaa diiday ayey ku dooday. Qareennadii Soomaaliya waxay ku doodeen in diidmada Baarlamaanku aysan wax ka soo qaad lahayn, maadaama Is-afagaradka aysan ku caddayn in uu dhaqangelayo markii uu Baarlamaanku oggolaado. Soomaaliya waxa Maxkamadda horteeda ku anfacay oo miciin u noqday Is-afgaradkii aan saxiixay 2009 ee Soomaali badani igu ceebaysay, siyaasiyiintii Soomaaliyeedna ugu kala baxeen kuwo igu dhaawacay, kuwo xaqiiqada qariyey iyaga oo og, iyo kuwo masuuliyadda iiga dhuuntay.

NORWAY XAGGEE NAGA SOO GASHAY?

Maadaama dawladda Soomaaliya ay aad u jilicsaneyd tabar ahaan, hannaanka iyo habraaca loo marayo xaraynta codsiga lakabyo-badeedka waxaa naga caawineysay Qaramada Midoobay. Dawladdii ku-meelgaarka ahayd ee naga horraysay ayaa la weydiiyay oo khiyaar loo siiyay dawladaha ku fiican habraaca iyo hawlaha la iska rabo in la soo dhammaystiro marka la gudbinayo codsiga lakabyo-badeedka (continental shelves). Dawladaha la soo jeediyey ee khibradana u leh hawlahan waxaa ka mid ahaa Jabbaan, Norway iyo Ingiriiska. Dawladdii Soomaaliya ayaa Norwey dooratay, qarashkana waxaa bixinayey Qaramada Midoobay.

Dawladda Kenya iyada ayaa kaligeed iskeed u cabbiratay xad badeedka labada dal, sannadkii 2005 ayayna beddeshay kii hore u jiray. Waxa ay dawladihii hore diidi jireenna waa in loo rumeeyo xad badeedkaas. Nasiib darro, dadka Soomaaliyeed waxaan fahansiin weynay in haddii xaqaaga lagugu qabsado aad ka garbaxdo ee aadan oran sidee la iigu qabsan karaa? Marka hore waxaad gartaada la tegeysaa hay'adaha aad ka wada tirsantihiin ee heer gobol, gaar ahaan IGAD iyo Midawga Afrika; ama kuwa heer caalami oo ah Qaramada Midoobay ama Maxakamadda Caddaaladda Adduunka. Laakiin marna ma taallo doodda ah sidee la iigu qabsan karaa. Haa, lagu ma soo hawaysan karo haddii awood lagugu ogyahay, sababta laguu soo hawaystayna waa in taagdarridaada laga faa'iidaysto. Sharcigana sidiisaba, gude iyo debadba, wuxuu caawiyaa cidda taagta daran. Dadkii aqoonta lahaa xataa waa ka dhaadhici weynay waa lagugu qabsanayaaye in aad gar baxdid ayaa muhiim ah. Waxay dawladda Soomaaliya isku dayday in muranka ay Kenya badeenna gelisay wadahadal lagu xalliyo. Hal kulan ayaan isugu nimid dawladdii KMG ahayd ee uu Sheekh Shariif Madaxweynaha ka ahaa. Markii laga baxay ku-meelgaarkii oo sannadkii 2012 la dooratay Madaxweyne Xasan Sheekh, wadahadalladii waa ay sii socdeen, Kenya ayaase ka baaqsatay dhowr kulan oo lagu ballamay. Ka dibna xadkii muranku ka jiray ayey shirkado shidaal iyo kulluumeysi u fasaxday. Dawladda Soomaaliya shirkadihii ayay ugu digtay in ay meesha ka baxaan, laakiin hal shirkad oo Talyaaniga laga leeyahay oo *Eni* la yiraahdo ayaa ku adkeysatay. Taas ayaa keentay in Dawladda Soomaaliya ay dacwad u gudbiso Maxakamadda Caalamiga ah ee ICJ.

Kenya aad ayay u yareysatay miisaanka Soomaaliya, mana aamminsaneyn in ay dacwaddaas ku guuleysan karto. Markii maxakamadda la tagay, Kenyaanku waxa ay billaabeen in ay maalinba dood hor leh Maxkamadda la hor yimaaddaan: mar ay ku doodaan in aysan Maxkamaddu awood u lahayn in ay garta gasho, mar ay dhahaan Soomaaliya Is-afgarad ayaan kala saxiixannay caddaynaya in uu muran jiro, iyo mar ay ku doodaan in Is-afagaradku uusan shaqaynin, maadaama uu Baarlamaanka Soomaaliya diiday. Ugu dambayntii, Kenya geed ay ku gabbato way waysay, gartiina waa laga helay, Is-afgaradkiina wuxuu lafdhabar u noqday guusha la soo hoyiyey. Iiga ma duwanayn aayadihii Qur'aanka ee Caa'isha, Ummul Mu'miniin, Alle ha ka raalli noqdee, ka beri yeelay been-abuurkii iyo tuhunkii sharafkeeda iyo sumcadeeda lagu beegsaday. Taasi waa sida wax u dhaceen, waxayna ahayd dhacdo iyo marxalad in badan laga been sheegay, la igu dhibaateeyay, sumcaddeydana lagu waxyeelleeyay. Laakiin dad badan oo Soomaali ahi waxa ay i weydiiyaan halka uu iiga yimid adkeysiga iyo gegsiga qaradaas leh. Dhowrkaan qodob ayaa u sabab ah.

- In waxa aan sameeyay (saxiixa) aan ogahay in uu sax yahay; waana sababta aanan maalin qura go'aankayga u beddelin. Dad badan ayaa igu la taliyay waxaan waa siyaasad ee dad kale eedda iska saar oo waa la i shirqoolay dheh, adigoo hebel iyo hebel magacaabaya. Maalin qura taladaas ma yeelin, waana muhiimadda ay leedahay in qofku leeyahay mowqif sugan oo aan maalinba meel u guurin.

- Waxaan aamminsanaa in Is-afgaradku uu Soomaaliya anfacayo baddeennana badbaadin doono, muddadu ha dheeraato ama ha dhawaato e, maadaama uusan wax qalad ahi ku jirin oo talooyin badan oo garyaqaanno caalami ah, kuwo Soomaali ah, gole wasiirro, raysalwasaare iyo madaxweyne la isugu geeyay.

- Shidaalka kale ee adkeysiga i siinayay wuxuu ahaa, in aan ahay qof dalkaan hami ka leh oo doonaya in uu hoggaankiisa qabto meelna geeyo. Maadaama aan yoolkaas leeyahay, i ma aysan niyadjabin dhagaxaanta igu soo dhacaysay, balse waxaan u qaatay in ay yihiin tababar iyo waaya'aragnimo wax ku kordhinaya dulqaadka aan u leeyahay culeysyada soo socda haddii aan hooggan qabto; waxaana aan u qaatay caqabad maqaarkeyga u sii diyaarineysa adkaysiga.

Been-abuurka wax ka xun ma laha oo waliba dad is leh siyaasadda ninkaan isaga reeb in ay kuu soo hoos galaan waa arrin xanuun kale leh runtii. Qadiyadda Is-afgaradka waa la iiga aammusay oo habeenkii dabbaal-degga sidii loo wada caddeeyay hore loogu ma wada bareerin, waxaana xusid mudan madaxdu waa ogeyd sida wax u jiraan iyo in is-afgaradku sax yahay. Waxyaabaha aan ka bartay siyaasadda ayay ka mid tahay in loollanka siyaasadda la iska kaa reebayo. Dad siyaasadda damac ka leh oo hay'ado kale joogay markaas oo rabay aniga in ay i reebaan si ay iyaga u soo koraan ayaa arrinkaas marinhabaabintiisa qeyb ka ahaa. Waxaa xusid mudan in Xeer-ilaaliyihii Qaranka, Axmed Cali Daahir, uu caddeeyay in annagu aannaan wax dambi ah lahayn oo aan mudannahay in taallooyin na loo dhiso, maadaama saxiixayagii lagu baxsaday, wuuna ku mahadsanyahay. Dad badani waa rumaysteen, kuwo kale oo badanina ma aysan rumaysan.

Xilligii Madaxweyne Maxamed Cabdullaahi Farmaajo kulan ka dhacay *Villa Somalia*, intii ay socotay dacwada baddu, oo la isugu keenay ku dhawaad 20 ka mid ah saxafiyiinta iyo dadka warbaahinta Soomaalida saameynta ku leh ayuu Eng. Maxamed Cumar Saalixi (Aun) oo ka mid ahaa dadkii gacanta ku hayey kiiska baddu u war bixiyey suxufiyiinta. Su'aalo laga waydiiyey Is-afgaradka ayuu goobta ka caddeeyey in uu sax ahaa, yahayna caddaynta kaliya ee Dawladda Soomaaliya ku burin karto sheegashada Kenya ay muranka ku gelinayso xadka baddeenna. Laakiin Madaxtooyada ayaa soo jeedisay in arrinkaa la qariyo oo aan la sheegin, raggii ka qeyb galay shirka ee qaarkood saxafiyiinta ahaana waxa ay ii sheegeen in ay meesha ka muuqatay in la diiddanyahay libin Cabdiraxmaan uu soo hoyiyay oo lagu ammaano, haddii la yiraahdo Is-afgaradkii ayaa faa'iido yeeshay. Siyaasiyiinta doonayey in ay suuqa iga saaraan waxay iga ilaalinayeen libinta uu Is-afgaradku keenayo oo xaqiiqda ka ma aysan sheegayn sida xaalku yahay. Eng. Saalixi warbixintaa wuxuu siin jiray gole wasiireed kasta, kor se loo ma sheegi jirin. Waxaa dhacaysay in wasiirrada qaar ay ii yimaaddaan markii ay ka soo baxaan kulamada uu Eng. Saalixi warbixinta ku bixinayo oo ay cafis iga dalbadaan, maadaama ay igu xanteen in aan bad Soomaaliyeed bixiyey. Laakiin inta badan wasiirrada, raysalwasaarayaasha, iyo madaxweynayaasha midkoodna inta hadlo marna ma oranaynin Is-afgaradka ayaa saxnaa, sababta lagaaga aammusayaa waa in kaligaa dhagaxdu kuugu hoobato oo haddii la doono iyadoo xaqiiqada la ogyahay ayaa laguu sumcad dilayaa, si suuqa siyaasadda lagaaga saaro.

Is-afgarakaas danta qaranka Soomaaliya ayaa ku jirtay, Badda Soomaaliya ayuu badbaadinayay, waana wax laga xumaado in dad siyaasiyiin ahi isku dayaan in ay biyo calow ah ka kulluumeystaan. Waxay ahayd in ay kala saaraan danta guud iyo beegsiga gaarka ah. Waxaan rejaynayaa in jiilka soo socda ay arrintaasi u kala caddaato: Wixii dan qaran ahi waa dan qaran, guusha qofkii raba ha soo hooyo e.

WAA LAGU BERI-YEELAY!

Maalintii loo dabbaaldegayay guushii aan ka soo hoyinnay dacwaddii badda, waxaa madashaa khudbado ka jeediyay masuuliyiin kala duwan oo aan ka mid ahaa. Halkan ayaan idiin ku soo gudbinayaa qayb ka mid ah hadalladii dabbaaldegga laga yiri, aniga oo xoogga saaraya intii qusaysay kiiska badda ee la igu nabay iyo sida cid kastaa markii dambe uga marag kacday in aanan denbi ku lahayn ee, taa beddelkeeda, ay dan inoo noqototay xaashidii is-afgaradka ahayd ee aan saxiixay.

Cabdiraxmaan Cabdishakuur:

"Waa habeen dabbaaldeg oo loo dabbaaldegayo guul taariikhi ah oo u soo hoyatay shacabka Soomaaliyeed dhammaantiis, meel kasta oo ay joogaan e, midka ku nool Jamhuuriyadda iyo midka aan ku nooleyn intaba. Waa in aan si midnimo ah u dabbaaldegno, maadaama xaqiijinta guushaa xukuumad, shacab iyo dawlad intaba ay ka qeyb qaateen.

"Waxaan xasuustaa, gabadha kiiska dacwadda gacanta ku heysay, Muna Sharman, oo aan u mahad celinayo, ayaa waxaa ii soo diray Madaxweyne Xasan Sheekh, markii dacwadda la gaynayay maxakamadda. Waa ay i la fariisatay waxayna igu dhahday: wasiir maxkamad ayaan u soconnaa mana rabno in wax kadis ah nagu soo baxaan ee wax kasta oo dhacay maadaama dadkii kiiska ku lug lahaa aad ka mid tahay noo sheeg, waxaan fursad u heleynaa in aan ka diyaargarowno e.

"Waxaan ku dhahay: Muna i dhagayso, wax haba yaraatee dawladda Kenya, qof ka tirsan madaxdeeda ama aan ka tirsaneyn, arrinkaas nagu dhex maray oo aan ahayn maalintii MOU-ga aan saxiixayay ma jiraan, farriin qoraaleed aan isu dirnay iyo kulan na dhex maray la ma helayo ee ha ka baqin.

"Sida Prof Maxamed Sh Cismaan Jawaari uu sheegay, Dawladda Norway iyo Walad Cabdalla oo wada socda ayaa u yimid dawladda Soomaaliya oo ka tala siiyay arrinta badda in waqtigu dhammaanayo, haddaan MOU-gaas la galinna baddeennu ay gacanteenna ka baxayso. Jawaari in uu si fiican u faahfaahiyo ayaan jeclaa, sababtoo ah MOU-gii Baarlamaankii 8aad diiday Baarlamaanki 9aad ee uu isagu guddoomiyaha ka ahaa ayaa soo celiyay, sababtoo ah waa loo baahday waana midka maanta lagu baxsaday oo dacwadda gundhigga u ahaa.

"Madaxda kale waxaan ku raacsanahay, in dawladihii, Xukuumadihii iyo Baarlamaannadii kala dambeeyay mid waliba in uu ku lahaa kaalin, lagu daro xataa dawladda Maxamed Cabdullaahi Farmaajo madaxweynaha ka yahay, sababtoo ah cadaadis xooggan ayaa lagu saaray in uu dacwadda soo celiyo oo wadahadal bannaanka ah la galo, laakiin ma uusan yeelin. Xukuumadihii iska dambeeyay ee Raysalwasaare Xasan Cali Khayre iyo Raysalwasaare Maxamed Xuseen Rooble iyaguna waa mahadsan yihiin.

"Waxyaabaha aan Xasan Sheekh ku ammaanayo waxaa ka mid ah EEZ-keenna *"exclusive economic zone,"* Proclamation ma lahayn, marka aan ka dacwoonno kalluumeysiga sharcidarrada ah, waxaa na la dhihi jiray EEZ-kiina *declared* ma aha oo ka ma diiwaangashana Qaramada Midoobay, isaga ayaa diiwaangaliyay.

"Shirkii London ayaan kala shaqaynayay, xafiiskiisa ayaan markaas la taliye u ahaa. Waxaan ku iri: Madaxweyne EEZ-kaan armaad ku gubataa? Annagaa hortaa ku gubannaye ka leexo, danta Soomaaliyeed wixii ay ku jirto waa la sameynayaa ayuu yiri. In uu ku dhiirraday arrinkaas aad ayaan uga mahad celinayaa.

"Guushaani waa guul la wada leeyahay; haddii ay tahay Dawladdii uu Sheekh Shariif hoggaamiyay, haddii ay tahay middii Xasan Sheekh uu Madaxweynaha ka ahaa, haddii ay tahay midda Farmaajo Madaxweynaha ka yahay (2021), laakiin annaga inta kale dawladdeeni hal wax ayay dheer tahay masabbidka iyo beenta. Aniga, Sheekh Shariif iyo Cumar Cabdirashiid, guusha qeybtayada ayaan ka keennay laakiin masabbidka ayaan dadka dheernahay.

"Adduunka been-abuurka wax ka xun ma jiro, waliba waxaa ka sii xun markaad weydo qof ku yiraahda war waxaas ninkaan ka ma suuroobaan".

Madaxweyne Xasan Sheekh Maxamuud:

"Guusha caawa Soomaaliya u soo hoyatay waa ka weyntahay wax loo nisbeyn karo qof; hebel ayaa lahaa iyo hebel ayaa keenay waa ka weyntahay. Maxakamaddu waa caddeysay oo Soomaaliya mar ay raalli ka ahayd in baddu baxdo ma aysan jirin, madaxdii caawa halkaan ka hadashayna waa caaddeeyeen.

"Masuuliyiintii dalka soo hoggaamiyay mid waliba meeshi uga hobbooneed ayuu ka qabtay. Waa jirtaa in fahanka iyo ogaalkeenna ku saabsan arrimaha baddu ay yaraayeen, waana waxa keenayay in la is-riixriixo. Markii aan xilka joogay intii iga la shaqeysay waa mahadsan yihiin; intii iga horreysay ee howshaas wax ka geysatana waa mahadsanyihiin, sababtoo ah meeshii ay keeneen ayaan ka sii wadnay; intii naga dambeysana waa mahadsanyihiin".

"Saaxiibkay, walaalkay Cabdiraxmaan Cabdishakuur, waxaa caawa la soo laabay bog dhib badan oo muddo dheer soo furnaa. Cabdiraxmaanow, Soomaali waa taas oo waa lagaa dhaqay ee haddii arrinkaas wax kaa la maqnaa hadda in aad keentid ayaa lagaa rabaa".

Madaxweyne Sheekh Shariif Sheekh Axmed:

"Saaxiibkey [aniga ayuu u jeedaa] waa i soo fiirinayaa: Muxuu sheegi doonaa? ayuu is-leeyahay. Badda qayladeedu waa badneyd, madaxweyne Xasan ayaana sheegay oo fahankeeda ayaa yaraa. Talooyinka na la siiyay waxaa ka mid ahaa in aannaan ka hadlin badda, Cabdiraxmaanna waa ogyahay, sababtoo ah waxaa dhici kartay hadalkaas in arrimo siyaasadeed iyo kuwo sharci ka dhashaan.

"Markii ugu horreysay ee aan Kenya tagay, xilligii Madaxweyne Mwai Kibaki, guddi ayaan bixinnay, dawladda Kenya iyaduna guddi ayay soo bixisay. Guddigeenna waxaa madax u ahaa Shariif Xasan. Waxaa laga doodayay ajandaha in meel la isla dhigo. Annagu 10 ajande ayaan wadannay. Keyna ayaa miiska soo saartay hal ajande oo badda ah. Xilligaas annagu lix xaafadood oo Xamar ka tirsan ayaan madax ka nahay. War bad ka ma hadli karnee aan wax kale ka hadalno; waa diideen. Ugu dambeyn, waxaan ku qancinay in aannaan bad ka hadleynin, waana ka soo laabannay.

"Muddo ka dib, waxaa bilowday dadaalka UN-ka iyo Dawladda Norwey oo ku aaddanaa arrinta Continental Shelves-ka (lakabyo-badeed). Xukuumadda waxaa lagu qanciyay arrintaas in ay lagamamaarmaan tahay oo innaga iyo Kenya aan wax iska dhahno.

"Raysalwasaare Cumar Cabdirashiid, isaga ayaa xukuumadda hoggaaminayay, go'aanka isaga iyo xukuumaddiisa ayaa qaatay, siduu Cabdiraxmaan idiin sheegayna isaga ayuu u xilsaaray saxiixa, laakiin aniga la i la ma socodsiin. Subaxa la saxiixayo Cabdiraxmaan ayaa i soo wacay, wuxuuna yiri: Madaxweyne arrintaas ayaa jirta, heshiis ayaa la rabaa in la saxiixo ee maxay kula tahay?

"Waan fakaray oo madaxa ayaan qabsaday: war maxaad sheegeysaa? Waxaan ku iri: Raysalwasaaraha warkiisa yeel oo saxiix. Cabdiraxmaan waa baqay, Cabdiraxmaan waa xasuusataa ayaa u maleynaa? Waxaan ku celiyay: saxiix wixii Alle naga siiyaba. Cumar Cabdirashiid ayaan u yeeray, waxaa ku iri maxaad arrintaan iiga qarisay? In aad ogtahay ayaan mooday ayuu yiri; oo sidee ku ogaanaa!

"Markiiba qaylo ayaa cirka isku shareertay: baddii ayay gateen, baddi ayay gateen! Waxa ay noqotay in aan Cumar iyo Cabdiraxmaan ka shakiyo. Saddexdayada nin waliba ninka kale markuu arko dhinac ayuu uga jeedsan jiray culeyska ay lahayd awgeed. Alle ayaa mahad leh naga xoreeyay. Raysalwasaare Cumar iyo Cabdiraxmaanna waa ku mahadsanyihiin."

Guddoomiyihii Golaha Shacabka, Maxamed Sheekh Cismaan (Jawaari):

"Arrinta badda Soomaaliyeed taariikh dheer ayay soo martay. Haddaan ka soo bilaabo dawladdii Kacaanka shuruuc badan ayay gudbisay, dawladihii ka dambeeyay dhammaantoodna wax ayay ka qabteen: Xukuumadba Xukuumaddii ka dambeysay, Barlamaanba Baarlamaankii ka dambeeyay, Madaxweynaba Madaxweynihii ka dambeeyay, wax baa la wada qabtay.

"Intii ay dawladdii Kacaanku jirtay waxaa la ansixiyay Axdiga Qaramada Midoobay ee Sharciga Badaha oo la yiraahdo UNCLOS (The Law of the Sea Convention). Sharcigaasi wuxuu sheegayaa in dawladaha leh badaha la siiyay 10 sano oo ay ku soo sheegaan tafaasiisha xadaynta badahooda, xogta farsamada iyo wixii sharci ah ee gogoldhig loogu sameynayo, 10-kaas sano haddaan laga gaarinna baddaada waxa ay noqoneysaa meel wixii la rabo laga sameyn karo oo aan adiga gaar kuu ahayn.

"Ahmedou Ould-Abdallah (Walad Cabdalla) oo Qaramada Midoobay u qaabbilsanaa Soomaaliya ayuu soo gaaray warka badda Soomaaliya iyo in 10-kii sano dhammaaneyso, taasoo biyaheenna khatar ku ahayd. Walad Cabdalla wuxuu la soo xariiray Xukuumaddii xilligaas jirtay, Alle ha u naxariistee Nuur Xasan Xuseen (Nuur-cadde) iyo Axmed Cabdisalaan Aadan. Waxaa la is-weydiiyay daraasadda maxaa laga yeelayaa? Yaase sameynaya? La ma heyn. Iyaga waxa ay bixiyeen fasax ah in dawlad loo raadsho; Walad Cabdalla wuxuu doortay Norway in ay sameyso daraasaddaas.

"Waa soo socotay oo dawladihii kala dambeeyay midba wax buu ku daray. Bad la gatayna ma jirto oo been ayay ahayd, baddii waa taas, meesheeda ayay taallaa. Dadka looga been-abuurtay in ay bad gateen waa wax ka ma jiraan".

Raysalwasaare Xasan Cali Khayre:

"War Cabdiraxmaanow caawa waa lagu bari-yeelay. Waa guul Soomaaliyeed oo si wadajir ah looga miradhaliyay. Waxaan bogaadinayaa cid kasta oo gacan ka geysatay ka gungaaridda guusha. Waa in aan dhammaanteen isugu hambalyeynaa guushaan taariikhiga ah oo ah guul la wada leeyahay ee aan la kala lahayn".

Guddoomiyaha Aqalka Sare, Cabdi Xaashi Cabdullaahi:

"Waa farxad umadda Soomaaliyeed u soo hoyatay. Waa guul la wada leeyahay oo aan cid gaar ahi lahayn. Wiilkayga Cabdiraxmaan Cabdishakuur waxaan leeyahay, wuxuu iga ahaanayaa raalli, sababtoo ah waxaan ka mid ahaa dadkii qabay in uu heshiis uusan shaqo ku lahayn galay oo badda ah. Waxaan leeyahay i cafi oo kaligay ma ahane xubno badan ayaan ahayn ee na cafi".

6

LOOLLANKII LABADA SHARIIF IYO ARRIMO KALE

LOOLLANKII LABADA SHARIIF IYO ARRIMO KALE

MUDDO-KORORSI IYO IS-MARIWAA

Madaxweyne Sheekh Shariif iyo guddoomiyihii Golaha Shacabka, Shariif Xasan, ayaa is-qabtay. Waxa lagu kala aragti duwanaaday sida loo maamulayo xilliga kalaguurka. Shariif Xasan wuxuu doonayey in Baarlamaanka oo xilligaa Golaha Shacabka oo keli ah ahaa muddada loo kordhiyo, ka dibna uu Madaxweynaha doorto. Laakiin Sheekh Shariif wuxuu doonayey in muddo sannad ah la siiyo xukuumadda, si loo soo xulo Baarlamaan cusub, ka dibna ay doortaan Madaxweyne. Shariif Xasan waxaa arrinkaas la waday urur-goboleedka IGAD. Wuxuu maalmo ka hor inta uusan muddo-kororsiga Baarlamaanka ansixin Addis Ababa kula soo kulmay Raysalwasaarihii Itoobiya, Meles Zenawi, oo xilligaas ahaa guddoomiyaha ururka IGAD, isaga ayaana xabadka u garaacay in uu beesha caalamka taageero uga keenayo tallaabadaas. Meles wuxuu doonayey in Sheekh Shariif xukunka la dhaafiyo. Meles wuxuu kaloo maamulka Puntland kala hadlay in ay taageeraan qorshaha Shariif Xasan, sidoo kale ayey Ahlu-sunna wal-Jamaaca oo ay saameyn ku lahaayeen iyo Galmudug oo markaas Maxamed Axmed Caalin xukumayay iyagana aragtidaas uga gadeen.

Qorshaha Itoobiya waxaa diiddanaa dawladaha Galbeedka oo Soomaaliya taageerayey, gaar ahaan Maraykanka, Ingiriiska iyo Midowga

Yurub. Xilligaa fasax ayaan dalka kaga maqnaa oo waxaa ku sugnaa London. Guddoomiye Shariif Xasan oo isagu iga codsaday in aan soo ogaado aragtida ay Ingiriisku ka qabaan muddo-kordhinta 3 sano ayaan la wadaagay in ay diiddanyihiin. Weli ma dhicin kulankii Baarlamaanka ee 3 sano lagu ansixinayey. Shariifku wuxuu kaloo ii sheegay oo aan la yaabay in uu u soo gooyey kulan ay safaaradda Maraykanku ka codsatay in uu la yeesho Wasiir-xigeenkii Arrimaha Dibadda Maraykanka oo xilligaa Nairobi safar ku marayey. Markii aan waydiiyey sababta, wuxuu ii sheegay haddii uu arko go'aankiisana uu ku gacansayro ka dhib badnaan doonto haddii uu ka baaqsado kulankiisa. Shariifku wuxuu aad isugu halleeyey oo weliba kalsooni wayn ku qabey awoodda iyo saamaynta Meles iyo IGAD. Shariif Xasan wuxuu shiriyey Golihii Shacabka wuxuuna soo saaray go'aankii muddo-kordhinta seddaxda sano ahaa iyo doorashada guddoonka Golaha Shacabka iyo Madaxweynaha. Shariifka waxaa kaloo u qarsanaa qorshe kale oo ahaa in uu Madaxweynaha u tartamo, xilka guddoomiyaha Baarlamaankana ku dhiso xildhibaan beelaha Daarood ama Hawiye ka soo jeeda. Shariifka waxaan ka doodnay in aan miisaanka aragtida dawlada Maraykanka la dheyalsan karin ayna habboontahay in uu ku qanciyo go'aanka muddo-kordhinta. Wuxuu aad u aamminsanaa in IGAD ay meelmarin doonto qorshihiisa. Shariifka oo ahaa nin waaqici ahi wuxuu ii raaciyey in ugu dambayn muddo-kordhin meel dhexe la isugu imaan doono.

Markii uu go'aankii soo saaray, baaqyo kala duwan oo lagu diiddanyahay ayaa meel kasta ka soo yeeray: Maraykanka, Midowga Yurub, iyo Ingiriiska. Urur-goboleedka IGAD oo uu Shariif Xasan ka dhursugayey in ay taageeraan ayaan juuq oran. Go'aanka IGAD dawladaha xubnaha ka ah ayuu ka dhexeeyaa oo ay Soomaaliya ka mid tahay, waxaana Golaha nagu metela Golaha Fulinta. Maraykan oo tallaabada Shariifka aad uga caraysan ayaa durba bilaabay in ay dhaqaajiyaan xafiiska Ergeyga Gaarka ah ee Xoghayaha guud ee QM u qaabbilsanaa Soomaaliya, danjire Augustine Mahiga. Waxaa la abaabulay shir la isugu yeeray madaxda Soomaalida oo lagu qabanayo magaalada Nairobi ee dalka Kenya. Waxaa shirka lagu casumay guddoomiye Shariif Xasan. Puntland, Galmudug iyo Ahlu-sunna iyagana waa la casumay. Waxaa kaloo la casumay Madaxweyne Shariif Sh. Axmad iyo raysalwasaarihiisii, Maxamad Farmaajo. Shirka oo ka dhacayey Hotel Windsor oo ku yaalla duleedka Nairobi ayaa madaxdii Soomaalida ee lagu martiqaaday iyo xubnaha beesha caalamku isugu yimaaddeen, marka laga reebo Madaxweynaha iyo Raysalwasaaraha oo kulanka ka baaqday. Maraykanku waxay aad ugu ololeeyeen in saddexda sano laga laabto muddo-kordhintana hal sano lagu soo koobo, lana dejiyo qorshe jaantus iyo muddo-xilliyeed hawlqabad leh la isugu raaco, sidaasna kalaguurka siyaasadeed ee dalka lagu maareeyo.

Mar kale, Shariifku dheg jalaq u ma uu siin soo-jeedintii Maraykanka. Waxaa la isku raacay in halkii saddexda sano ahayd labo sano laga dhigo, guddoonka Baarlamaanka iyo Madaxweynahana la doorto. Haddii ay shirkaas Xukuumaddu ka soo qaybgeli lahayd, waxay u badnaan lahayd in toodu ay meelmarto, sababtoo ah waxay doonayeen in muddo-kordhintu sannad ahaato, ka dibna doorasho dadban la wada aado, laakiin xukuumadda cidina shirka ka ma joogin. Maraykanku shirka way ka caroodeen oo haweeney shirka u joogtay, Soomaaliyana wakiil uga ahayd, maadaama aysan weli safiir u soo magaacin Soomaaliya, shirka ayey isaga baxday ka hor inta aan la soo gunaanadin.

Xaaladdii oo sidaas u cakiran ayaa waxaa safar ku soo aaday Afrika xubnaha 15-ka ah ee Golaha Ammaanka Qaramada Midoobay. Waxaa Nairobi kulan loogu wacay Madaxweynaha, Raysalwasaaraha iyo Guddoomiyaha Baarlamaanka. Goluhu Muqdisho ma imaan karin xilligaa, duruufaha amniga dartood. Waxaan qayb ka ahaa wafdiga Guddoomiyaha Baarlamaanka. Waxaa naga horreeyey oo la qaabbilayey madaxweynha Kenya, Mwai Kibaki, iyo Raila Odinga oo xilligaa ahaa raysalwasaaraha Kenya. Ka dibna saddexdeennii wafti ee Madaxweynaha, Raysalwasaaraha iyo Afhayeenkii Baarlamaanka ayaa wadajir na la ku qaabbilay. Waxaa naga sii dambeeyay ururrada bulshada rayidka Soomaalida oo iyagana ra'yigooda la dhageysanayay. Maalinka kulanku dhacayo waa 25/05/ 2011. Haweenayda Maraykanka u fadhisay Golaha Ammaanka, Susan Rice, oo mar dambe noqotay la-taliyaha amniga qaranka ee Madaxweyne Barack Obama ayaan xasuustaa in ay hadal adag nagu la hadashay. Waa xasuustaa in ay tiri: war Soomaaliya oo dadkeedii

LOOLLANKII LABADA SHARIIF IYO ARRIMO KALE   *Cabdiraxmaan Cabdishakuur Warsame*

dhimanayaan oo gaajo iyo harraad u ba'aya oo dalkiinnii ay abaar darani ka taagantahay, colaado meel kasta ka holcayaan, Shabaab mushkiladdiisu taagantahay ayaad isku heystaan anaa iri, anaa yeelay, masaalix shakhsi ah iyo wax aan macno lahayn! Waxay tiri bisha Juun ee soo socota haddii aydaan heshiis gaarin Golaha Ammaanku tallaabo ayuu ka qaadayaa Madaxda Soomaaliya. Waxay ahayd farriin hanjabaad, waano, bahdilaad iyo awood-sheegasho isugu jirta. Waxa ay codsadeen in ay si gaar ah Madaxweynaha iyo Guddoomiyaha Baarlamaanka u la hadlaan. Waxaan xusuustaa in Md. Cabdikariin Jaamac oo ahaa Wasiirka Warfaafintu uu cod kore ku yiri Raysalwasaarahana? Waxay dheheen Madaxweynaha iyo Guddoomiyaha keli ah ayaannu rabnaa. Runtii arrintaas anigu waan dhibsaday, in kastoo aanan Xukuumadda ka tirsaneyn, kana soo hor jeeday, haddana way i dhibtay in Raysalwasaarihii waddanka sidaas loo la macaamilo. Bannaanka markaan u soo baxnay ayaan sarkaal ka tirsan safaaradda Maraykanka waydiiyey sababta keeneysa in sidaas loo la dhaqmo Raysalwasaaraha? Markaas ayuu yiri, aniga waxaan ka war qabaa jadwalka Susan Rice, shirkiinna ka dib in ay safarto ayay rabtaa diyaarad ayaa u taagan oo waqti badan ma heyso, Raysalwasaare Farmaajana ka ma aragti duwana Madaxweynaha oo hadalkiisa ayuu ku soo laba celinayaa, marka madaxweynaha ayaa ku filan.

Daqarro iyo nabarro xanuun badan baa kaa soo gaaraya fagaarayaasha caalamiga ah markii ay Soomaalidu tagaan iyagoo qaybsan, is-haysta, waxa la raadinayaana ay yihiin dan shakhsi ah. Mar waxaan qaadannaa go'aanno aan laga fiirsan oo aan ku daawaynayno qabka shakhsi ee nafteena, haddana isla go'aankii ayaa ina soo joojinaya goob xaqiraad iyo gole ceebeed. Sida uu mar dambe Guddoomiyaha Baarlamaanku ii sheegi doono, waa la handaday Labada Shariif. Waxaa lagu yiri, haddaad heshiis gaari weysaan labadiinnaba waxaa la idin saarayaa cuna-qabateyn. Marka guddoomiyaha oo aad u baqaya ayaa igu la kaftamay: saaxibow, Sheekh Shariif wadaad jabhad ah oo Maxakamado ka yimid waaye, hadduu rabo duurkiisa ayuu ku laabanayaa, laakiin aniga nin ganacsade ah oo adduunka jooga in uu noolaadana raba ayaan ahay ee Allahey ka Allah, cuna-qabateyn ka ma bixi karo ee waxaan ku qasbannahay in aan xal raadinno oo heshiis gaarno!

Xilligaas waxaa 03 Juun, 2011, loo ballansanaa shir kale oo Kampala ka dhacay oo ay qabanayeen Kooxda Xiriirka Caalamiga ah (International Contact Groups) oo Soomaaliya qaabbilsanaa. Madaxweynaha iyo Raysalwasaaraha ayaa shirkaas laga wacay, Guddoomiyaha Baarlamaanka la ma wicin, laakiin Augustine Mahiga oo rabay in Guddoonka Baarlamaanku shirka yimaaddo ayaa casuumay Shariif Xasan iyo waftigiisa oo aan anigu mar kale qeyb ka ahaa. Markii aan ka degnay garoonka diyaaradaha ee Entebbe, wax maamuus iyo baratakool ah oo na la Ku soo dhaweeyay ma jirin. Haweeney Wasaaradda Arrimaha Dibadda Uganda ka socotay oo qaabbilsaneyd baratakoolka soo-dhowaynta wufuudda ayaan ku aragnay garoonka diyaaradaha. Waxaa kaloo noo yimid safiirka Soomaaliya ee Uganda, Sayid Axmad. Haweenaydu waxay nagu tiri la ii ma sheegin in Afhayeen Baarlamaan imaanayo. Tagsi ayaan meeshii ka qaadanaay, hoteel magaalada baannaankeeda ku yaalla oo shirku ka dhacayey ayaan degnay. Maalin ka dib, Madaxweyne Yoweri Museveni ayaa wacay Guddoomiyaha Baarlamaanka. Shirkaas anigu la ma socon waxaase guddoomiyaha ku wehliyey Xildhibaan Mustaf Sheekh Cali Dhuxuloow oo waftiga qeyb ka ahaa.

Guddoomiyuhu markuu soo laabtay ayuu warbixin naga siiyey kulanka iyo dood adag oo dhex martay isaga iyo Museveni. Wuxuu noo sheegay in uu Museveni ku yiri: "Ninka dalka qasaya oo wax kasta hor taagan adiga miyaa? Sow ma ogid in kumannaan ciidankayga ah ay Soomaaliya joogaan oo wiilashayadu ay dalkiinna u dhintaan? Maxaa hallaabaya haddaad yeesho halka sano ee muddo-kordhinta ah, yaadse isku hallaynaysaa?" Wuxuu Shariifku noo sheegay Mustafna uga marag kacay in uu Museveni ku yiri: "Madaxweyne, waxaad ka shaqeyneysa in dalku uu labo madaxweyne, labo raysalwasaare, labo xukuumadood iyo labo baarlamaan yeesho, Baarlamaankii Soomaaliya ee ansaxiyey joogitaanka ciidanka AMISOM ee Uganda ka mid yahay ayaa go'aan gaaray, ee waxaan soo jeedinayaa in aad go'aankaas taageerto iyo sidii lagu qaban lahaa doorashadii guddoonka iyo madaxweynaha." Markuu arkay in aanan libiqsanaynin ayuu shirkii soo xiray, annagoo shaahii na loo shubay weli dhammaysan ayuu Shariifku yiri.

Saacado yar ka dib kulankii Shariifka iyo Museveni ayuu nin ordaya oo madaxtooyada ka socdaa hoteelka noogu yimid. Waxaa uu keenay labo gaari oo Mercedez ah, labo jiib oo dayacan ah oo ay ciidan saaranyihiin, iyo labo mooto oo kuwii maamuuska ahaa. Waxay dheheen Madaxweynuhu wuxuu na soo faray in aan guddoomiyaha iyo waftigiisa siinno baratakoolka madaxda maqaamka sare leh. Shariif Xasan oo yaabban ayaa yiri ninka waaba isa soo dagaalnee baratakoolkaan aanan hore u heysan oo hadda na la siinayaa muxuu ahaa? Annagu waxaan isugu sheekaynay in iska-dhicintii iyo hal-adayggii Shariifka aan ku helnay maamuuska iyo qaddarinta, taasoo ka shidaalqaadanaysa sida uu yahay dhaqanka Soomaalida oo ah in markii aad wax iska dhiciso aad mudnaan helayso, laakiin waxaan gadaal ka ogaanay in danjire Augustine Mahiga, Ergeyga Gaarka ah ee Xoghayaha guud ee QM, uu qaabbilsanaa Soomaaliya uu kaalin ku lahaa in guddoomiyaha la soo dhaweeyo. Mahiga iyo Museveni waxay ahaayeen isku iskuul, xiriir shakhsi ahina waa ka dhexeeyey. Mahiga wuxuu xilligaa maanka ku hayaa in Kampala heshiis lagu gaaro, wuxuuna Museveni ka dhaadhiciyey in aan Shariif Xasan looga maarmin heshiiska, sidaas daraaddeed la wanaajiyo maqaamkiisa iyo hab-maamuuskiisaba.

HESHIISKII KAMPALA

Yoweri Museveni oo talada Mahiga oo ay Maraykanka garab siinayaan ka duulaya ayaa wada-xaajood ka dhex bilaabay Sheekh Shariif iyo Shariif Xasan. Kulankii kowaad 06 June, 2011, ayuu ka dhacay madaxtooyada Uganda. Waxaa labada nin, Madaxweynaha iyo Guddoomiya, laga codsaday in kiiba uu hal qof soo raaco. Wafdiga Afhayeenka Baarlamaanka shan ayaannu ahayn, isaga ayaa lix nagu ahaa. Waannu ka tashannay arrinkaas, waxaana lagu heshiiyay in aan anigu raaco, isaguna waa codsaday oo wuxuu yiri maadaama Cabdiraxmaan uu wada-hadalka iyo xeeladahiisa ku fiicanyahay isagu ha i raaco. Madaxweynaha dhankiisa waxaa la socday Cabdikariin Xasan Jaamac oo xilligaa ahaa Wasiirka Warfaafinta. Cabdikariin wuxuu aad ugu fiicnaa turjumada hadalka madaxda: ma ahayn oo keli ah in uu tarjumo hadalka sida loo yiri uun balse dulucda iyo nuxurka hadalka ayuu si degdeg ah u soo qaban karayey, madaxweynahana aad ayuu ugu dhawaa. Xanta ah in ay madaxweynaha Aala Sheekh isla yihiinna suuqa ayay ku jirtay, laakiin anigu ma caddeyn karo.

Shirku wuxuu ku furmay afartayadii labada wafti ka kala socday oo ahaa Labo Shariif, aniga iyo Cabdikariin, Madxaweynaha Uganda (Yoweri Museveni), Ergeyga Xoghayaha guud ee QM u qaabbilsanaa Soomaaliya (Augustine Mahiga), taliyaha Ciidammada Uganda (Jen. Aronda Nyakairima) oo mar dambe isaga oo wasiirka arrimaha gudaha ee Uganda ah dhintay, ahna ninka marka dambe Muqdisho iman doona ee Farmaajo istiqaalada ka qaadi doona—toddobadaas qof ayaan ahayn. Museveni ayaa hadalka furay. Wuxuu sheegay in ay waajib tahay in la heshiiyo, wax la isla ogyahay la isku af-garto, iyadoo gacmaha la is heystana dib loogu laabto dalkii. Wuxuu kaloo aad ugu dheeraaday sida ay Uganda uga go'antahay in Soomaaliya ay xasillooni hesho. SWuxuu kale oo tilmaamay in wiilashoodu ay si nafhur leh ugu dhimanayaan Soomaaliya, Uganda iyo beesha caalamkuna aysan aqbali karin in xaalku sidaas ku sii socdo. Ka dibna Madaxweynaha ayuu hadalka ku wareejiyey. Sheekh Shaiif wuxuu yiri: waa sax in khilaafku dhammaado, dhankayagana diyaar baannu nahay in heshiis la gaaro oo aniga iyo saaxiibkey Shariif Xasan aannu khilaafka dhammayno. Hadal dimlumaasiyadeed oo fiican ayuu ku hadlay. Gudoomiyaha Baarlamaankuna sidaa oo kale ayuu u hadlay. Cabdikariin ayaa hadalka labada dhinacba ka turjumayay.

Museveni ayaa hadalka ku soo laabtay. Maxaa lagu heshiin karaa? ayuu yiri. Sheekh Shariif ayaa u jawaabay oo yiri: Afhayeenka Baarlamaanku wuxuu ku dhegganyahay Xukuumadda iyo Raysalwasaaraha, marka in arrintaas xal loo helo ayaan qabaa. Shariif Xasan waxaa la weydiiyay waxa uu xukuumadda ku heysto, wuxuuse ku dooday in Xukuumadda laga rabay in ay u dhaxeyso iskuna miisaanto Madaxweynaha iyo Baarlamaanka laakiin ay muuqato in Xukuumaddii ay dhanka Madaxweynaha la safatay; intaas ku ma eka uun ee uu xataa Raysalwasaaruhu si cad ugu gefey Baarlamaanka. Wuxuu Shariif Xasan xiganayey khudbad uu Raysalwasaare Farmaajo bishii Maarso 2011 ka jeedinayay Golaha Ammaanka oo uu aad Baarlamaanka ugu weeraray, isagoo ku dooday in Raysalwasaaruhu uusanba Baarlamaanka aqoonsaneyn oo uu ku xad-gudbay si laga xishoodana uu u xaqiray. Haddii heshiis la doonayo ha la keeno Raysalwasaare Baarlamaanka aqoonsan oo la shaqeyn kara, ayuu yiri Shariif Xasan. Sheekh Shariif oo arrinkaas ka gows-qabsaday ayaa ku dooday in aysan la qummanayn in Raysalwasaaraha la saaro, balse taa beddelkeeda Xukuumad loo dhanyahay la dhiso. Isku-celcelin ka dib, habeenkii dooddu halkaas ayay dhaafi weysay. Museveni shirka ayuu xiray wuxuuna yiri habeen dambe aan isu imaanno.

Habeenkii labaad dooddii meeshii ayey ka sii socotay. Museveni ayaa Sheekh Shariif weydiiyay in uu heli karo aqlabiyadda xildhibaanada Baarlamanka oo uu qorshihiisa ku meelmarin karo. Wuxuu sheegay in uusan heli karin. Museveni ayaa sheegay in uu haddaba Sheekh Shariif ku qasbanyahay in uu yeelo talada guddoomiyaha oo uu Raysalwasaaraha isku furto, wuxuuna Museveni hadalkiisa sii raaciyey: waxaa la ii sheegay in uu yahay nin dhallinyaro ah oo firfircoon, haddii aad Kampala safiir uga soo dhigto aniga ayaa dhaqaaleynaya! Sheekh Shariif talo soo-jeedintaas wuu ka gows-qabsaday, laakiin Shariif Xasan ayaa ku adkeystay in Raysalwasaare cusub iyo Xukuumad cusub la keeno, Museveni isagana dhankaas ayaa la qummanaatay. Ugu dambeyn, Sheekh Shariif wuu aqbalay in uu Farmaajo isku furto, sidaas ayuuna Raysalwasaarihii oo Muqdisho jooga u wacay kuna yiri Kampala iigu imow.

Xogta wada-xaajoodka shirka mar kasta bannaanka ayey u baxaysay oo fadhiyada siyaasadda lagu gorfeeyo ayaa lagu hadal hayay. Madaxweynuhu wuxuu aamminsanaa in uu hadalku dhankayaga ka baxayo, annaguna waxaannu aamminsaneyn in kooxdiisu ay dusineysay. Raggii markii hore Farmaajo keenay, odayaasha dhaqanka beelaha Hawiye oo xilligii Maxkamadaha asaasmay, ka dibse burburay, iyo bulshada rayidka ah oo la abaabulay loona diyaariyay in ay Baarlamaanka iyo guddoonkiisa, gaar ahaan Shariif Xasan, ka hor yimaaddaan ayaa maqlay in Farmaajo uu Kampala u duulayo. Waxay isku dayeen in ay safarka ka baajiyaan, laakiin Farmaajo wuxuu ku adkeystay in uu Kampala aado oo madaxweynaha u tago.

Shirka waxaa na la jooga Cabdiweli Cali Gaas oo xilligaa ahaa Raysalwasaare-xigeen, ahna Wasiirka Qorsheynta, iyo Cabdinuur Sheekh Maxamed oo ahaa Wasiirka Waxbarashada. Labadooduba waxay qayb ka ahaayeen wafdiga madaxweynaha ee shirka ka soo qaybgalay, laakiin kulammada habeenkii ka dhacaya madaxtooyada Uganda ee heshiiska labada Shariif qayb ka ma ahayn, lagu mana war-galiyo. Waxaan xasuustaa in Cabdiweli subax aan halka lagu quraacdo ee Hoteelka ku kulannay uu igu yiri: war maxaa meesha ka socda adiga ayaa kulammada tagee? Xog kooban oo aan badneyn ayaan siiyay. Wuxuu yiri: anigu ma fahmin waxa meesha ka socda, siyaasadda Soomaalidana waa mid jahwareersan, dalka waxaan ku imid fasax mushaar la'aan ah (sabbatical leave) oo jaamacaddii aan wax ka dhigayey ka soo qaatay, haddii bisha Agoosto la gaarana waan iska laabanayaa. Waxaan kula kaftamay: cad weyn in aad heshid ayaa laga yabaa ee iska sug ha degdegine.

Farmaajo ma dhageysan taladii ay siinayeen dadkii ku hareereysnaa ee Kampala ayuu yimid. Cabdinuur iyo Cabdiweli ayaa garoonka diyaaradaha ka doonay. Madaxweynaha ayaa loo geeyay isla markiiba. Habeenkii aad ayay isugu dheeraadeen. Subixii ayay wada quraacdeen. Madaxweynuhu wuxuu rabaa in uu Farmaajo ka dhaadhiciyo in uu isagu iskiis isu casilo oo aan Baarlamaan la isla tegin. Wuu ku guulaystay arrinkaas, wuuna ka dhammeeyay, iyada oo aan cidina ugu tagin.

Habeen seddaxaadkii ayaa kulankii la isugu soo laabtay aqalka madaxtooyada Uganda. Waa intayadii hore oo Farmaajo lagu daray. Museveni ayaa kulankii furay, wuxuuna sheegay in uu filayo in Madaxweyne Shariif uu war farxad leh sheegi doono. Sheekh Shariif oo hadalka qaatay ayaa aad u amaanay Raysalwasaare Farmaajo, isaga oo sheegay in danta dalka uu u tanaasulay, si aan qasab lahaynna uu iskiis ugu aqbalay in uu isu casilayo. Shariif Xasan iyo danjire Mahiga ayaa hadallo kookooban ka jeediyey goobta. Ka dib waxaa aniga, Cabdikariin Jaamac iyo Mahiga na loo diray in aan isla diyaarinno qabyo-qoraalkii kowaad (first draft) ee heshiiska. Waan soo diyaarinnay. Madaxda ayaan u akhrinnay, waana ay oggolaadeen. Museveni ayaa soo jeediyay in Farmaajo uu istaqaaladiisa qoro, laakiin Farmaajo wuxuu ku adkaystay in uu Muqdisho isku casilayo, wuxuuna sheegay in uu yahay nin qowl iyo ballan leh. Wuxuu afka Ingiriiska ku yiri: "Don't worry Mr. President, I am a man of his words," oo ah "Ha welwelin Mudane Madaxweyne, waxaan ahay nin qowlkiisu xiro." Sidaas ayaa heshiiskii loo bixiyay *Kampala Accord* lagu saxiixay 09 June, 2011.

Ambassador Mahiga ayaa soo jeediyey in uu Farmaajo dhinac ka saxiixo heshiiska, laakiin Shariif Xasan ayaa ku adkeystay oo yiri heshiisku wuxuu naga dhexeeyaa aniga iyo Madaxweynaha oo Raysalwasaaraha meel uga ma furna. Farmaajo qudhiisu ma uusan rabin in uu saxiixo, sidaas ayay Madaxweynaha iyo Guddoomiyaha Baarlamaanku ku saxiixeen. War-saxaafadeedkii la jeedin lahaa ee warbaahinta loo akhrin lahaan ayaa mar kale aniga iyo Cabdikariin Jaamac na loo saaray. Markii aan diyaarinay ayuu Cabdikariin igu qalqaaliyey in aan anigu saxaafada la hadlo oo aan u faahfaahiyo heshiiska. Laakiin waxaan ku adkastay, maadaama uu isagu yahay wasiirkii warfaafinta iyo afhayeenka Xukuumadda, in uu isagu idaacadaha la hadlo, sidaas ayuuna Cabdikariin warbaahinta waraysi lagu faahfaahinayo heshiiska ku siiyey.

Kolkii ay bannaanka u soo baxday xogtii kulammada iyo wada-hadalka lagu karinayay, heshiiskiina la saxiixay, hal mar ayaa mawjaddii siyaasadda isla kacday. Dadkii Muqdisho lagu abaabulay ee taageerayaashii Madaxweynaha, odayaashii iyo ururradii bulshada rayadka oo markii hore guddoonka Baarlamaanka diiddanaa ayaa sii xanaaqay. Eeddii ay Shariif Xasan u hayeen ayey markaan ku dareen Sh. Shariif. Farmaajo markii uu dalka ku soo laabtay oo uu arkay dadku sida ay u kacsanyihiin iyo teegeerada loo muujiyey ayuu damcay in uu ka noqdo is-casilaaddii, madaxweynihiina wuxuuba awoodi waayay in uu garoonka diyaaradaha Muqdisho ka soo dego, waxaana magaalada lagu dhex mariyay gaari uu Farmaajo gacanta ka haatinayo. Sida aan dareemay, Sheekh Shariif halkaas cudur ayaa ka galay, maadaama dadka Farmaajo taageersanaa ay ahaayeen dad uu isagu abaabulay sababta ay Farmaajo u taageerayaanna ay tahay isaga dartii, haddana uu in jidka mari waayo qaadanwaa ayey ku noqotay. Farmaajo runtii nin yaqaanna ayuu ahaa abaabulka bulshada. Waxaan sidaas u leeyahay, xukuumaddii isaga ka horreysay ee Raysalwasaare Cumar Cabdirashiid wax abaabul bulsho ah iyo dan badan oo laga lahaa xiriirka dadweynuhu ma jirin, xukuumadduna aad xoogga u ma saari jirin, iskaba daa in dhaqaale lagu bixiyee. Laakiin Farmaajo kasbashada dadka waqti, tamar iyo dhaqaale ayuu ku bixinayey, dadyow kala duwanna shaqadaas ayuu mushaar ku siinayay.

Farmaajo waxaa u tagay raggii keenay, odayaashii iyo dadkii taageersanaa. Waxay ku dhaheen joog xilka ha kaga degin oo ha is-casilin. Wuxuu isku deyay in uu heshiiskii ka baxo, waana sababta keentay in Madaxweynaha Uganda uu Muqdisho u soo diro Jen. Aronda Nyakairima oo Farmaajo ku cadaadiyey in uu fuliyo ballantii uu Madaxweyne Museveni ka hor qaaday. Cabdinuur oo markaas ahaa Wasiirka Waxbarashada iyo Cabdiweli oo Wasiirka Qorsheynta ahaa wuxuu midiba mar ii sheegay in intii ay Kampala na la joogeen ay Farmaajo farriin u direen, kuna dhaheen: meeshaan waxaa ka socda shirqool Xukuumadda lagu bixinayo adna meesha lagaaga saarayo ee ha isku imaan, annaga ayaa is casileyna inta Kampala shir-jaraa'id ku qabanno, waxa meeshaan ka socda ayaan sheegeynaa ee meeshaada joog e aakiin uu ka diiday, Madaxweynaha ayuuna u sheegay arrinkii ay labada Wasiir kala hadleen. Madaxweynihii ayaa na wacay bay yiraahdeen, wuxuuna nagu yiri war ma adinkoo waftigeyga ka mid ah ayaad dhabarkayga ka shaqeynaysaan? Waxay ugu jawaabeen: Madaxweyne maxaan dhabarkaaga ka shaqeynaa wax aad noo sheegtay maba jiraane, niman waaweyn oo madax ah ayaan nahay oo meesha jooga ee sow xaq u ma lihin in aan waxa socda la soconno? Farmaajo oo annaga oo u hiillinaya is-leh sidaas nagu sameeyey ayaa mar dambe na soo wacay, isagoo leh aan diidno heshiiskii Kampala. Raalli ahow ayaan ku dhahnay, shalay ayay diidmo kuu ekeyd iyo in aad qaadatid taladii aan kuu soo jeedinnay. Sidaas ayuu toban maalmood ka dib Farmaajo 19 Juun, 2011, xilkii uga degay.

Tubraacii Heshiisiinta Soomaalida

Maxamed Cabdullaahi Farmaajo markii uu Sheekh Shariif la heesiinayay waxyaabihii uu codsaday waxaa ka mid ahaa in Cabdiweli Cali Gaas la magacaabo, sidaas ayaana Gaas loogu magacaabay Raysalwasaare. Waxaa u soo dhacay sadkii aan maalmo ka hor u sarbeebayey in uu helayo. Aniga iyo rag kale waxaan is-lahayn Kampala Accord ayaad keensateen oo golaha cusub qeyb ayaad ka mid noqon doontaan, laakiin taasi ma dhicin. Sheekh Shariif wuxuu noo arkayay niman la diriray oo xukuumaddiisa ka bixiyey wuuna diiday in mar kale aan Golaha Wasiirrada qeyb ka noqonno, Shariif Xasan oo aan is-lahayn wuu idiin dagaallami doonaanna aad arrinkaas isugu ma dhabarjebin oo danihiisa kale ayuu naga raacday. Cabdiwali habeen ayuu ii wacay. Wuxuu igu yiri: Cabdiraxmaan, waa ku arkay in aad tahay nin tayo leh oo howshaan qaban kara, fahanna ka haysta sidii howlaha kala-guurka iyo kumeelgaarka looga bixi lahaa, laakiin Madaxweynaha ayaan marsiin waayay arrintaada.

Mar kale, Sheekh Shariif wuxuu heshiis la galay Ahlu-Sunna, sidaana waxaa 4.5-ka dhinicii aan aniga uga jiray ka yimid, Alle ha u naxariistee, nin la yiraahdo Cabdishakuur Sheekh Xasan oo markii dambe la dilay, ka dibna macallin Maxamuud Sheekh Xasan oo ururka Ahlu-Sunna ugu sarreeyay ayaa wiilkiisa Cabdisamad Macallin Maxamuud u keenay in uu walaalkii Cabdishakuur ku beddelo, sidaana ku noqday Wasiirka Arrimaha Gudaha.

DANAYNTA DAWLADDA INGIRIISKA EE SOOMAALIYA

Dawlada Ingiriiska oo si wayn u daneynaysay arrimaha Soomaaliya ayaa raysalwasaarihii dalkaa, David Cameron, wuxuu magaalada London ku qabtay shir dhinacyada Soomaalida loo qabtay oo ay ka soo qaybgaleen Madaxweynaha DKMG ah, Shariif Sh Axmad; Raysalwsaare Dr. Cabdiweli Maxamad Cali Gaas; Guddoomiyaha Baarlamaanka, Shariif Xasan Sh Aadan; Madaxweynaha Somaliland, Axmad Maxamed Siilaanyo; Madaxweynaha Puntland, Cabdiraxmaan Maxamuud Faroole; Madaxweynaha Galmudug, Maxamad Axmed Caalin; iyo wakiilka Ahlu-Sunna Wal-Jamacaa, Khaliif Cabdiqaadir Macallin Nuur. Shirka oo maalin keli ah socday, Febraayo 23, 2012, oo ahaa mid ajandayaashiisu diyaarsanayeen ayaa diiradda lagu saaray arrimaha amniga, la-dagaallanka argagaxisada iyo burcad-badeedda, gargaarka bani'aadamka, iyo jihaynta ka bixitaanka xaaladda iyo xilliga kala-guurka. Dawladda Ingiriiska oo xilligaa awood ku lahayd arrimaha caalamka ayaa shirka isugu keentay dawlado kor u dhaafaya 30 dal oo ay ku jiraan madaxda Gobolka, sida raysalwasaaraha Itoobiya, Meles Zenawi; madaxweynaha Kenya, Mwai

Kibaki; madaxweynaha Uganda, Yoweri Museveni; xoghayaha guud ee Qaramada Midoobay, Ban Ki-moon; guddoomiyaha guddiga Midowga Afrika, Jean Ping; iyo wakiillo ka socday Midowga Yurub, Jaamacadda Carabta, ururka IGAD, Ururka Islaamka, Wasiirka Arrimaha Dibedda Maraykanka, Hillary Clinton, Wasiirka Arrimaha Dibedda Turkiga, Ahmet Davutoglu, EU, AU, Arab League, OIC iyo sidoo kale madax ka socday wakiillo metelayay gobol kasta oo Soomaaliya ku yaalla. Waa sida uu furitaankii shirka ka sheegay raysalwasaarihii Ingiriisku, David Cameron.

Maalin ka hor shirka ayaa dawladda Itoobiyi waxay la wareegtay magaalada Baydhabo, taa oo xoojisay saamaynta raysalwasaaraha Itoobiya (Meles Zenawi) ee shirka. Waxay kaloo arrintaasi xaraj gelisay Madaxweyne Shariif oo ahaa nin ku soo caan baxay la-dagaallankii Itoobiya. Buuq ayaa saaxadda siyaasadda ka furmay oo siyaasiyiintii iyo dadkii kale ee mucaaradka ku ahaa ay dawladda ku fureen. Waxaa la isku tolay shirka iyo qabsadashada Itoobiya ee Baydhabo. Waxaan ka mid ahaa wafdigii Guddoomiyaha Baarlamaanka, maadaama aan xilligaa xubin ka ahaa baarlamaankii KMG. Waxaan kaloo galaangal fiican u lahaa xafiiska arrimaha dibedda Ingiriiska, qaybta Afrika looga arrimiyo. Waxaan ka mid ahaa dadka Soomaalida ka soo jeeda ee ay wadatashiyada ugu yeeraan. Waxaan isku deyey in aan u dhabbagalo danaynta cusub ee dawladda Ingiriiska. Waxaana ii soo baxday in dhowr arrimood ay sabab u ahaayeen, laakiin ay ugu muhiimsanaayeen:

1- David Cameron, raysalwasaaraha Ingiriiska, oo doonayey guul uu ka soo hoyiyo siyaasadda arrimaha dibedda, isagoo markaa guul ka keenay ridistii hoggaamiyihii ugu xukunka dheeraa ee Afrika, Mucammar Qadaafi; iyo

2- Warbixin ay hay'adda nabadsugidda gudaha dalka Ingiriiska ee MI5 ku ogaatay in dhallinyarada ku biirta kooxaha xagjirka ah ay kaalinta labaad kaga jiraan Soomaalidu, marka laga reebo kuwa Pakistan, arrintaas oo loo arkay halis wayn oo soo food saartay amniga qaranka Britain.

Hadalkii uu shirka ka jeediyey Raysalwasaare Cameron labadaas qodobba way ka muuqdeen. Wuxuu sheegay in ay tahay in aragtida adduunku ka haysto Soomaaliya ay is-beddesho, oo haddii ay madaxda adduunka u arkayeen Soomaaliya in ay tahay dal cirif fog ku yaala dhibkiisana la xallin karin, qalbi labalabaynayana lagu la falgalo, maanta waa in aynu u soo jeesannaa Soomaaliya oo aan go'aansannaa in aan dhibkeeda wax ka qabanno, isagoo ballan qaaday in dawladdiisu ay arrinkaa hormuud ugu noqon doonto dunida. Waa in aan siyaasadda ka-hortagga argagaxisada, burcad-badeedda, iyo macluusha aynnu ku beddelnaa siyaasadda dhismaha nabadda, xasilloonida iyo dawladnimada Soomaaliya; waa la joogaa xilligeedii, waana haynaa fursaddii. Dhab ahaan, shirku wuxuu Soomaaliya u soo jeediyey indhaha dunida, wuxuuna abuuray yididiilo iyo danayn cusub. Waxaa shirka dhinac socday kulammo-doceedyo kala duwan oo ay ugu muhiimsanaayeen kulankii dhex maray Madaxweyne Shariif iyo Madaxweynaha Maamulka Somaliland Siilaanyo oo ah halka laga bilaabay wadahadalka Soomaaliya iyo Somaliland.

Dawladda Ingiriiska halkaa shirka uga ma harin ee waxay isku leexisay ururradii iyo dawladihii sida gaarka ah Soomaaliya u danaynayey. Waxaa loo bixiyey *Somalia Core Group*. Waxay ka koobnaayeen 17 dal iyo urur gobol. Waxay geed fadhi u ahaayeen ergeyga gaarka ah ee Qaramada Midoobay Soomaaliya u qaabbilsan, Augustine Mahiga. Waxaa xiriiriye u ahaa kooxdaas danjire Nicholas Kay oo xilligaa ahaa madaxa qaybta Afrika ee Wasaaradda Arrimaha Dibadda Ingiriiska, mar danbana beddelay danjire Mahiga, loona soo magacaabay Ergeyga gaarka ah ee xoghayaha guud ee QM u qaabbilsan Soomaaliya. Nicholas Kay ayaa isku hayay waddamadaas si taageero wax ku ool ah loo siiyo Augustine Mahiga, Soomaaliyana kumeelgaarka looga saaro oo ay u noqoto dawlad caadi ah, cid kasta oo ujeedkaas ka hor timaaddana cadaadis ayaa la isla wada saarayay. Waxyaabihii ugu muhiimsanaa ee laga wada xaajoonayey waxaa ka mid ahaa soo xulista baarlamaanka, diyaarinta iyo ansixinta dastuur ku-meelgaar ah, iyo doorashooyinka guddoonka baarlamaanka iyo madaxweynaha. Waxaa Muqdisho la isugu keenay ergooyin kor u dhaafaya ilaa 700 oo noqday Golaha Ansixinta Dastuurka. Waxaan ka mid ahaa dadkii damacu ka galay u tartanka xilka madaxweynaha, laakiin mar dambe iskaga haray, waxaana 10-kii Sebteembar, 2012, madaxweyn loo doortay Xasan Sheekh Maxamuud.

LA-TALIYAYAAL AAN LA TIRSAN

Xasan Sheekh ma ahayn nin siyaasadda horay loogu yiqiin. Wuxuu ahaa hormuudkii Machadka SIMAD oo markii dambe Jaamacad isu beddeshay. Wuxuu kaloo ahaa xubin firfircoon oo ka tirsan bulshada rayadka. Intii lagu jiray shirarka iyo doodaha marxaladda kala-guurka ah ayey isaga iyo rag ka tirsanaa kooxdii Damul Jadiid waxay sameeyeen urur siyaasadeed ay ugu u bixiyeen Xisbiga Nabadda iyo Horumarinta. Xasan Sheekh isku ma annaan cusbayn oo wuxuu ii ahaa xiriiriyaha isku-dubbaridka kaalmada horumarineed ee Wasaaradda Qorshaynta Qaranka oo aan xilligaa wasiir ka ahaa. Durba markii la doortay wuxuu sameeyay unug siyaasadeed la-talin oo lagu magacaabay "Policy Unit" kana kooban la-taliyayaal arrimaha siyaasadda, dhaqaalaha, garsoorka iyo caddaaladda iyo arrimaha dibadda. Midowga Yurub oo qarashaadka la-taliyayaasha bixinayay waxa ay soo jeediyeen in xafiiska raysalwasaaraha laga sameeyo Policy Unit-ka laakiin madaxweynaha ayaa ku adkeysaty in xafiiskiisa ay lagamamaarmaan u yihiin la-taliyayaashaas, sidaas ayaana loo hoos geeyay Villa Somalia. Xubnahaas ayaan ka mid ahaa. Waxaan ahayn rag Soomaaliyeed oo la soo xulay, ma xasuusto in gabari nagu jirtay. Raggaas waxaan ka xasuustaa nin la yiraahdo Nuuradiin Aadan Diiriye oo aannu saaxiib ahayn, danjire Xasharo, Cali Shariif oo markii dambe noqday safiirkeenna Washigton, Xasan Xaaji oo ka mid ahaa xubin ka tirsan Golaha Aqalka Sare, marna soo noqday Wasiirka Caddaaladda iyo Gaashaandhiga, Maxamed Sheekh Cali Doodishe oo noqday safiirka Qatar, soona noqday Wasiirka Amniga ee xukuumadda Xamsa Cabdi Barre, Aways Xaaji oo noqday safiirkeenna dalka Sacuudiga ahaana madaxa unugga iyo dadka ay aad isku dhowyihiin Madaxweyne Xasan Sheekh. Dunida dardarta dawladda cusub rejo badan ayey ka lahayd, madaxweyne Xasan Sheekhna waxay u arkayeen nin aqoonyahan ah, dal joog ah, ku lug lahayn colaadihii sokeeye, abuuri kara higsi qaran, lana imaan kara hoggaamin hufan. Aweys Xaaji ayaa Chief looga dhigay Policy Unit-ka, aniguna waxaan ku jiray qeybta Madaxweynaha kala talisa arrimaha federaalka iyo siyaasadda. Waxaa la qorsheeyay in toddobaadkii mar aan Madaxweynaha la fariisanno oo talo ka siino hawlaha koox kastaa u xilsaarantahay, laakiin inta badan kulammadu u ma dhici jirin sidaas la qorsheeyay.

Madaxda Soomaalidu sida ay la-taliyaha u taqaan iyo sida dunida looga yaqaan way kala duwanyihiin. Madaxda dunida la-taliyuhu waa qof aysan ka maarmin kuna qabaan kalsooni ay ugu aammini karaan xogta iyo walwalka ay ka qabaan arrinta ay la-talinta uga baahanyihiin, lagana celin illinkooda. Laakiin Soomaaliya la-talintu waa magac (title) xisaab dheellitir qabiil iyo shaqo-abuuris. Inta badan madaxda ma arkaan, haddii ay arkaana muddo kooban ayaa la yiraahdaa maxay kula tahay, sidee wax u aragtaa, iyada oo aan wax xog, walaac, ama aragti ah la la wadaagin. Tusaale ahaan, markaa waxaa aad u kacsana arrinta Jubaland oo ay ku lug leeyihiin awoodo kala duwan, sida Madaxtooyada Soomaaliya, Xukuumadda iyo Raysalwasaaraha, Baarlamaanka xubno ka mid ah, Dawladda Kenya, Ergeyga gaarka ah ee Qaramada Midoobay, Dawladda Itoobiya, IGAD, Maraykanka, Ingiriiska iyo guud ahaan dalalka sida dhow u la socda arrimaha Soomaaliya. Jilayaashaas oo dhan Madaxweynaha way la hadlayaan, adiga oo kale marka aad Madaxweynaha tala siineysidna waa in aad heysaa xogta ku gadaaman arrimahaas, doodaha iyo aragtiyaha ay is-dhaafsadeen Madaxweynaha, xogaha sirta ah ee ay dawladdu helayso, walaaca dhabta ah ee uu madaxweynuhu qabo, markaas ayaad talo sax ah bixin kartaa. Intii aan madaxtooyada joogay, Madaxweyne Xasan Sheekh dad yar ayuu ku aamminayay arrimahaas oo kala ahaa Wasiirkiisa Arrimaha Gudaha, Cabdikariin Xuseen Guuleed, iyo Wasiirka Madaxooyada, Faarax Sheekh Cabdulqaadir. Taasi waxay keentay in ay adkaato in la siiyo talo wax ku ool ah madaxweynaha, markii danbana waxaaba adkaatay in la arko.

Madaxda rabta in si dhab ah loo la taliyo iyo dadka doonaya in ay la-talin dhab ah bixiyaan waa in ay fahmaan in la-talinta ay kalsooni ka horreyso, waliba marka ay tahay arrimaha xasaasiga ah ee siyaasadda, dibmlumaasiyadda, sirdoonka, ciidanka, loollanka siyaasada. Haddii madaxda aad la talinayso aysan kugu aammini karin xifdinta siraha, walaaca haya, cabsida haysa, doonistooda dhabta ah, u ma tihid la-taliye.

Madaxda keli ahi eedda ma leh e waxaa inta badan dhacda in dadka lagu aamminay sirta, walaaca, iyo doonistu ay fadhi-kudirirka iyo dadka saaxiibbada ah uga sheekeeyaan. Kooxdayadii Policy Unit-ka, dabcan, kalsoonida kowaad ee Madaxweynaha ma aannaan heysan, haddaan talinaynana 'waxa ay na la tahay' ayaan ku talineynay, laakiin xog badan oo aan talo ku dhiibno ma aannaan heyn.

HESHIISKII DAWLADDA IYO JUBALAND

Maalmo ka hor inta uusan Madxaweyne Xasan Sheekh magacaabin Raysalwasaare Saacid Shirdoon ayaa Faarax Cabdulqaadir annagoo koox ah noogu yeeray hotelka Peace Two. Dadka loo yeeray waxaa ka mid ahaa, Allah ha u wada naxariistee, Wasiir Xoosh, Wasiir Burci Xamsa, Xildhibaan Guure, iyo Xildhibaan Kabaweyne. Dadkaa qof xil hayay ku ma jirin marka, kuwa Xildhibaannada ah laga soo tago. Siyaasiyiin ceynkaa ah ayuu isku keenay Faarax, si ay uga tala-bixiyaan arrinta Jubaland oo xilligaa aad u cakirneyd. Talooyinka markii la ururiyay ayaa aniga iyo Nuuradiin Diiriye na loo dhiibay, si aan taladaas oo qoraal ah Madaxweynaha ugu gudbinno. Talooyinka aan soo jeedinnay waxaa ka mid ahaa in uu madaxweynahu ergey gaar ah oo miisaan leh u xilsaaro arrintaas, waxana aannu u soo jeedinnay Cumar Cabdirashiid in loo magacaabo xilkaas. La ma yeelin oo Madaxweynuhu nin Jamaal Barrow la yiraahdo oo kooxdiisa ka mid ahaa ayuu u magacaabay. Maadaama Jamaal uu ka tirsanaa bulshada rayadka siyaasadna aan lagu aqoon, reer Jubaland magacaabiddiisa waxay u qaateen in aan hawsha daacad laga ahayn. Mar kale, Madaxweynuhu wuxuu xildhibaan Jaamac Oday oo ka soo jeeda Somaliland u xilsaaray in uu hawsha xiriiriyo. Faarax Cabdulqaadir ayaa la tuhunsanaa in uu labada ninba soo jeedintooda lahaa, isagoo ku doodayey in Hawiye iyo Daarood laga fogeeyo hawsha. Annaga taladayadu waxa ay ahayd oo aan mar kasta lahayn Jubaland ha loo diro shaqsi dadka indhahooda buuxin kara oo Madaxweynaha ka heysta kalsooni oo wuxuu dammaanadqaado aysan soo-laabad lahayn, farriimaha gaarka ahna lagu aammini karo, maadaama hoggaamiyaha Jubaland ay wax badan ku xeernaayeen, arrimaha qaarna uu doonayay in uu si khaas ah wada-xaajood uga galo. Nasiib-xumo se ma aysan dhicin.

Xaaladda kacsan ee Jubaland waa sii socotay. Dawlado fara badan ayaa ku lug lahaa, sida Itoobiya oo dhanka IGAD kaga jirtay, Kenya, safaaradaha Maraykanka iyo Ingiriiska, iyo Ergeyga gaarka ah ee Qaramada Midoobay. Ugu dambeyn, Wasaaradda Arrimaha Dibadda ee Itoobiya oo magaca IGAD ku socota ayaa gogol ku fidisay Addis Ababa.

Mar kasta reer Jubaland waxa ay lahaayeen Madaxweynaha waa nin Hawiye ah annaguna Daarood ayaannu nahay ee maynu si dhab ah uga wada hadalno xaaladda siyaasadeed. Iyagoo dareensanaa in qabiil la isku hayo. Madaxweynuhana wuxuu u diriyey Barow iyo Oday. Waxaa habbooneyd in uu muujiyo in waxa la isku hayo aysan qabiil ahayn. Waxaan tagnay Addis Ababa. Dawladda waxaa matalayay wafti uu hoggaaminayay Faarax Sheekh Cabdulqaadir oo xilligaa ahaa Wasiirudawlaha Madaxtooyada, Aniga oo markaas Policy Unit ka socda, Kamaal Guutaale oo Agaasimaha Madaxtooyada ahaa, Axmed Cabdisalaan oo Safiirka Soomaaliya u fadhiya Itoobiya ahaa iyo Cabdullaahi Sanbaloolshe. Dhinaca kale waxaa matalayay Cumar Cabdirashiid, Barafasoor Maxamed Cabdi Gaandhi, Jeneraal Darwiish Aun), Axmed Maxamed Islaam (Axmad-Madoobe) iyo Cabdi Cali Raage. Inta badan Safaaradaha dawladaha IGAD iyo kuwa kale ee Soomaaliya fadhiyaaba waa joogeen. Wasiirkii arrimaha dibadda ee Itoobiya, Tedros Adhanom Ghebreyesus oo mar dambe noqday Xoghayaha Guud ee Hay'adda Caafimaadka Adduunka (WHO) ayaa ahaa dhexdhexaadiyaha labada dhinac. Dadaal badan ayuu bixinayay: Saddexda habeennimo ayuu gaarayay, si uu ugu kala dab-qaado labada dhinac.

Runtii annagu ma aannaan jecleysaneyn in hawl gudaha dalka lagu xallin karo bannaanka la geeyo, laakiin Jubaland waxa ay eedda saareysay Dawladda Federaalka, annaguna dhankooda ayaan u leexineynay oo dad ajanbi gadaal ka taaganyahay ayaan ku tuhunsanayn. Mararka qaar, xilliyada aad xammaasadseysantahay khibradda wada-xaajoodka iyo diblumaasiyadduna kugu yar tahay, waxaad luminaysaa sawirka guud, hadafka iyo ujeedka. Waxaad ku mashquulaysaa oo aad libin u arkaysaa waxyaalo aan macno wayn ku fadhiyin, taa oo ay sabab u tahay in ay kuu muuqanayaan waxa markaa ku hor yaalla iyo in aad libinta ka dhacsato kuwa aad la xaajoonayso.

Anigu, maadaama aan waaya'aragnimo ka heystay wada-hadalkii Jabuuti, waxaan isku dayay in aan labada dhinacba waaniyo, gaar ahaan garabkayaga, oo aan kula taliyo in aan awoodda isugu geynno in xal la gaaro oo aan hadafka guud iyo ujeedka ka xaqiijinno. Waxaan tilmaamayey in ay foolxumo tahay in annagoo Soomaali ah aan dal kale ku wada-xaajoonayno, waxaase ka sii fool xun in aan xal gaari kari waynno. Waxaa ii muuqanayey in libinta dawladdu ay tahay in heshiis la gaaro. Waxyaabaha la isku mari waysanaa waxaa ka mid ahaa magaca loogu yeerayo maamulka, Jubaland mise Jubba oo keli ah? *Maamulka ku-meelgaarka ah ee Jubaland* miyaa loogu yeerayaa? Mase *Maamulka ku-meelgaarka ah ee Jubbada Hoose*? Maamulka dekedda iyo gegida diyaaradaha in ay dawladda gacanta ku hayso, iyo wax la mid ah. Waxaanse Wasiirkii Arrimaha Dibadda Itoobiya, Tedros Adhanom, ku ammaanayaa in uu ahaa nin dhabar adag oo qof walba si gooni ah u la sheekeysanaya dadkana ku dhex jiray.

Xilligaas waxaa ballansan shirkii Brussels oo dawladda Ingiriisku ay gadaal ka riixeyso, maadama ay shirkii London iyadu qabatay, waxaana la doonayay in lagu saxiixo wax loogu yeeray Heshiiska Cusub (New Deal). Safiirka Ingiriiska, Neil Wigan, oo aan isku fiicneyn ayaa ii soo qoray Email uu ku leeyahay New Deal ma dhacayo haddaan heshiis laga gaarin arrinta Jubaland—"if there is no deal, no new deal," ayuu ii soo qoray. Faarax Cabdulqaadir oo waftiga hoggaaminayay ayaan la socodsiiyey farriinta ka imaanaysa qoladii shirka *new deal*-ka waday, waxaan kaloo u sheegay in ay ceeb nagu tahay in aan heshiis la'aan goobta ka laabanno. Ugu dambeyn, sidaas ayuu ku dhacay heshiiskii Jubaland.

Waxyaabaha laga yaabay intii uu wada-xaajoodka socday waxaa ka mid ahaa in Dr. Tedros markaan ku adkaanno uu hoosta Madaxweyne Xasan Sheekh kala xiriirayay. Waxay farriimo isku dhaafsanayeen khadka taleefanka, annaguna ma aannaan ogayn, laakiin nin Madaxweynaha u furan ayuu ahaa. Dadka qaar arrinkaas waa dhibsanayeen oo waxa ay lahaayeen Madaxweynuhu in uu annnaga farrimaha na marsiiyo ayey ahayd. Xataa Faarax Cabduqaaldir aad ayuu arrinkaas u dhibsanayay, sababtoo ah qodobbada uu isagu diiday ayaa inta Madaxweynaha loo daba maro lagu oranayey dawladdaadu way oggoshahay. Waxaa ka mid ahaa cidda maamulaysa dekedda iyo gegida diyaaradaha. Aniga oo dugsanaya khibraddeydii hore ee wada-hadallada, kaalin fiican ayaan ku lahaa in heshiiska DF iyo Jubaland dhaco, sababtoo ah qolada Jubaland waa u furnaa oo si dhow ayaan u la hadli jiray, dawladdana markaas waaba ka tirsanaa oo Policy Unit-ka ayaan ku jiray. Nicholas Kay oo ahaa nin aan horay isu niqiin kaalin ayuu wada-xaajoodka ku lahaa, maadaama uu ahaa Ergeyga Gaarka ah ee Xoghaya Guud ee Qaramada Midoobay Soomaaliya u qaabbilsan, dawladdiisa Ingiriiskuna ay saamayn wayn ku lahayd arrimaha Soomaaliya. Taasi waxay fududeynaysay in aan u kala farriin qaadi karayey dhinacyada oo dhan, maadaama aan libinta dawladda u arkayey in heshiis la gaaro ee aan kooxda ka socota Jubaland laga guulaysan.

FURSADDII LA DAYACAY

Dawladda Ingiriiska oo caadiyan la yiraahdo waxay heysaa qalinka Golaha Ammaanka ee Soomaalya, horana kaalin weyn uga ciyaartay sidii looga gudbi lahaa ku-meelgaarka, soona qabatay shirkii 1-aad ee London oo ku saabsanaa kala-guurka, ayaa mar kale bishii Mey ee 2013 qabatay shir lagu taageerayay Dawladda Soomaaliya oo la yiraahdo Shirkii Labaad ee London ee Soomaaliya (London *Somalia Conference II)*. Policy Unit-ka koox ka mid ah oo markaa aan anigu xariiriye u ahaa ayaa loo xil saaray in ay diyaariyaan howlaha shirka oo ka koobnaa saddex qeybood: siyaasadda, dibuhabaynta maaliyadda, iyo dibuhabeynta amniga iyo garsoorka. Qabanqaabada shirkaas ayaan galnay iyo diyaarinta wixii Dawladdu la tagi lahayd. Wasiirrada Soomaalida ah ee shirku wasaaradahooda quseeyay waxaa loo qorsheeyay in ay kulammada isla shir guddoomiyaan dhiggooda Ingiriiska. Dhinaceenna waxaa laga rabay: Wasiirka Arrimaha Gudaha iyo Amniga Qaranka oo markaa uu ahaa Cabdikariin Xuseen Guuleed; Wasiirka Cadaaladda iyo Garsoorka oo markaa uu ahaa (Alle ha u raxmadee) Cabdullaahi Abyan Nuur, mar danbana noqday Guddoomiyaha Guddiga Xallinta Khilaafaadka Doorashooyinkii 2022; iyo Wasiirka Wasaaradda Maaliyadda,

Maxamuud Xasan Suleymaan Cawil. Dhanka siyaasadda, Dawladda Ingiriisku waxa ay u qorsheysay in Madaxweynahu uu shir guddoon ka noqdo. Madaxweyene Xasan wuxuu isku dayay in Fawsiya Yuusuf Xaaji Aadan oo ahayd raysalwasaare-xigeenka ahna Wasiirka Arrimaha Dibedda kaalintaas loo daayo, laakiin Dawladda Ingiriiska ayaa ku adkeysatay in Madaxweynuhu yahay qofka la rabo in ka-go'naanshihiisa la ogaado waxna laga gunto. Wasiirka Arrimaha Gudaha iyo Amniga, Guuleed, iyo wasiirka Cadaaladda iyo Garsoorka, Abyan, midkoodna shirka ma iman. Labadaba waxaa shirka ku matalayay Wasiirudawlaha Madaxtooyada, Faarax Sheekh Cabdulqaadir. Markii aan weydiinay sababta ay ku maqanyihiin waxaa na la yiri luuqadda xaggeeda ayuu culeys ka heystaa oo afka Ingiriiska ayaanay ku hadlin. In kastoo uu shirku lahaa adeegga tarjumaadda, labada ninna ay afka Carabiga ku hadli kareen, ilaa iyo hadda ma garan sababta ay shirka u tegi waayeen, kaalintoodiina uu wasiirudawle u matalayey!

Xukuumadda Soomaaliya ee uu hoggaaminayay Raysalwasaare Saacid Shirdoon shirka iyo hawlihiisa shaqo ku ma lahayn ee waxaa hawsha oo dhan laga waday xafiiska Madaxweynaha. Dhanka Ingiriiska, shirka iyo arrimaha Soomaaliya oo dhan waxaa gacanta ku hayey xafiiska Raysalwasaaraha Ingiriiska oo markaa ahaa David Cameron; waxaa gacanta si gooni ah ugu hayey Olly Robins oo ahaa ku-xigeenka la taliyaha amniga qaranka ee Raysalwasaaraha Britain. Saddexdii bilood mar ayuu imaan jiray dalka; madaxwaynaha ayuu arki jiray arrimaha muhiimka ah ayaana laga wada hadli jiray. Intii lagu guda jiray u diyaargarowgii shirka ayuu Olly maalmo ka hor dalka yimid. Kulankii uu la qaatay madaxweynaha oo aan goobjoog ka ahaa ayuu markii laga tago ajandayaasha shirka ee saddexda ahaa wuxuu kala hadlay xiriirka Soomaaliya iyo dawladaha deriska ah ka dhexeeya, gaar ahaan Itoobiya iyo Soomaaliya, iyo suuragalnimada in dawladda iyo kooxda aragagixisada ah ee Al-Shabaab ay wada-hadal yeeshaan. Madaxweynuhu jawaab toos ah ma uusan siin. Wuxuu ka hadlay Al-Shabaab iyo sida ay u kala qeybsamaan: qolo fikir ahaan u aamminsan, qolo dano gaar ah ugu jirta, iyo qolo tabashooyin ay qabaan ugu biiray. Wuxuu sheegay in ay yihiin dad aan isku meel u socon wuxuuna muujiyay in wadaxaajoodkoodu uusan mid sahlan ahayn, haddana suurageli karin. Mar kasta oo uu Madaxweynuhu damco in uu bixiyo jawaab *ila meereyso* ah, Robins si qaabkii hore ka duwan ayuu su'aasha u soo dhigayay, isagoo tusaalayaal badan ka soo qaadanayey wada-xaajoodkii dhex maray dawladda Ingiriiska iyo kooxdii ay argagaxisada u yaqaaneen ee Irish Republican Army (IRA). Wuxuu kaloo Olly Robins sheegay in dawladdiisa Ingiriiska iyo dawlado kale oo ay saaxiibbo yihiin diyaar u yihiin in ay dawladda Soomaaliya kala shaqeeyaan wada-xaajoodka Al-Shabaab. Madaxweynuhu jawaab toos ah oo haa ama maya ah ma uusan siin. Markii uu kulankii soo idlaaday ayuu Madaxweynuhu aniga iyo Nuuradiin na waydiiyey adinkaa Ingiriiska af-yaqaan ee maxay waxaan ka damacsanyihiin? Waxaan u sheegnay in Ingiriisku si fiican u yaqaanno wada-hadallada caynkaan ah oo ay u muuqdaan in ay daacad ka yihiin. Wuxuu yiri: Soo diyaariya aragtideenna ku aaddan wada-hadalka Al-Shabaab, sababtuna waa in la-taliyuhu markii uu baxayay uu yiri u soo diyaargarooba qorshihiinnana la imaadda kulan-doceed ay dawladda Ingiriiska iyo kuwo kale ka soo qaybgelayaan oo looga xaajoonayo sidii dawladda Soomaaliya looga gacansiin lahaa wada-xaajoodka Al-Shabaab.

Qorshihii ayaan Madaxweynaha u geynay. Wuxuu yiri shir-doceedka arrinkaas lagaga hadlayo labadiinna ayaa tagaya, aragtida Dawladda ee wada-hadalka Al-Shabaabna sidaas aad u qorteen u jeediya. Shirweynihii London ayaa 07 Mey (2013) furmay. Maalintii labaad ee shirka ayay ballantu ahayd in shir-doceedka la aado, laakiin Wasiirudawlihii Madaxtooyada, Faarax Cabduqaadir, ayaa noo yimid wuxuuna nagu yiri shirka aniga ayaa aadaya ee idinku iska jooga. Run ahantii aad ayay layaab noogu noqotay. Waxuu sii kaxaystay Cali Shariif oo Policy Unit-ka ka tirsanaa, mar danbana Soomaaliya safiir uga noqday Addis Ababa iyo Washignton; iyo Wasiirudawlaha Wasaaradda Arrimaha Gudaha, Mahdi, oo isaguna ka-qeybgalayaasha shirka ka mid ahaa. Shirka waxaa isugu yimid Wasiirudawlaha Arrimaha Dibadda Qatar, Wasiirudawlaha Arrimaha Dibadda Turkiga, nin Dawladda Norwey u qaabbilsanaa Soomaaliya iyo ku-xigeenkii la-taliyaha amniga qaranka. Arrintii waa laga wada hadlay, laakiin si dhab ah looga ma wada-xaajoon oo waa la isla meereystay, maadaama dawladda Soomaaliya ay mowqif cad la tegi waysay shirka. Mar dambe oo aan Faarax Sh. Cabdulqaadir waydiiyey halka ay ku dambaysay mubaadaradii ay Ingiriisku wadeen ayuu ii sheegay in aysan horay u sii socon, isagoo ku sababeeyey ila meeraysada dawladda Soomaaliya in ay ka shaki qabeen in Ingiriiska ay yool-baar ka ahayd in uu xaqiiqsado in xiriir ka dhexeeyaan madaxda Dawladda Soomaaliya iyo kooxda Al-Shabaab. Wasiirka waxaa madaxiisa haystay doodo iyo eedaymo maalmahaa haystay saxaafadda Soomaaliya oo ay soo jeedinayeen siyaasiyiin iyo kooxo la dirirsan kooxda Damul-Jadiid, kuwaa oo ku eedaynayey in ay yihiin xagjir xiriir ka dhexeeyo kooxda Al-Shabaab. Waxaa kaloo iyaguna jiray in kooxaha Islaamiyiinta ah ay fikirkooda siyaasiga ah si wayn u qaabaysay, saamayna ugu lahaa aragtida loo yaqaan dhagar-maleegga ee shirqoolka ku dhisan (conspiracy theory). Aad ayaan uga doodnay arrinkaa, waxaana dooddaydu ku salaysnayd in sirdoonka dawladda Ingiriisku uu yahay mid aad u qoto dheer, kari karana in uu ogaado sooyaalkiisa nololeed, cidda uu xiriir ka dhexeeyo, iyo ciddii uu maalin la sheekaystay, arrinkuna dhanka uu u qaaday uusan ahayn balse uu dalka fursad wayn ka lumiyey. Waxaan aad uga xumaaday in fursad weyn oo wada--hadalkaas looga gun gaari karay ay halkaa ku dayacantay, weliba shaki iyo aragti shirqool ay ku dayacantay.

BIXINTII RAYSALWASAARE SAACID

Dawladda sannad ayaa u dhammaaday. Xukuumaddu waxa ay ka koobnayd toban wasiir. Maadaama Madaxweynuhu aad u shaqeynayay oo isagu ahaa wajiga dawladda, Policy Unit-ka waxaa la dhihi jiray waa Golihii Wasiirrada, sidaa awgeed Goluhu waa na la dirirsanaa, Raysalwasaarahana waa na la ku diri jiray, iyadoo loo sheegayo in shaqadii xukuumadda aan annagu heyno. Waxaan qeyb ka ahaa waftigii Madaxweynaha ee shirkii Qaramada Midoobay ee Sebteembar 2014. Shirwaynaha ka hor, waxaa madaxweynaha laga casuumay xaruntra dalka Maraykanka ee Washington. Wuxuu qaabbilay cid kasta oo saamayn ku lahayd maamulka madaxweyne Obama, sida wasiirkii arrimaha dibedda, John Kerry; wasiirkii gaashaandhiga, Jack Hagel; la-taliyaha amniga qaranka, Susan Rice; iyo madaxa sirdoonka, Leon Panetta. Waxaa kaloo uu qaabbilay hoggaamiyaha aqlabiyadda Xisbiga Jamhuuriga, John

McCain, iyo xildhibaannada labada aqal ee ka soo jeeda qawmiyadda Afrikaan Ameerikaanka. Kulankan dambe kaligii ku ma ahayn ee madaxweynayaal kale ayaa ku la jiray. Waxay ahayd qaabbilaad Madaxweynaha loo muujiyey in Maraykanku uu Soomaaliya danaynayo. Kulankii ugu muhiimsanaa wuxuu ahaa kii uu la yeeshay haweenayda la taliyaha amniga qaranka ah, Susan Rice, oo xilligaa ahayd gacanta midig ee madaxweyne Obama. Waxay dalbatay in madaxweynaha qof keli ahi kulanka ku wehlin doono. Wasiirrada la socday madaxweynaha waxaa ka mid ahaa Fowsiyo Xaaji Aadan oo raysalwasaare-xigeen iyo wasiirka arrimaha dibeddaba ahayd; wasiirka maaliyadda, Cawil; la-taliyaha amniga qaranka, Cabdiraxmaan Sheekh Ciise; safiirkii Soomaaliya ee Qaramada Midoobay, ahaana wasiirkii ugu horreeyey ee caafimaadka Soomaaliya, Dr. Cilmi Axmad Ducaale, iyo wasiirudawlaha madaxtooyada, Faarax Sheekh Cabdulqaadir. Ahmiyadda uu kulanku lahaa darteed, qof walba wuxuu is lahaa adiga ayaa ku qumman in aad madaxweynaha kala qayb gasho, laakiin wuxuu xushay Faarax oo ah nin saamayn badan ku leh Madaxweynaha laakiin mansab ahaan inta kale ay ka mudnaayeen.

Kulammadii markii ay dhammaadeen, waxaan u gudubnay magaalada Ohio oo aan kula kulannay Jaaliyadda Soomaaliyeed ee halkaa ku dhaqan. Garoonka diyaaradaha markii aannu ka duuli rabno ayaa la waayey mid ka mid ah ilaaladii madaxweynaha oo la yiraahdo Maslax. Safarkii ayaa la hakiyey ilaa la soo helay. Waxaan tagnay magaalada New York, si aan uga qaybgalno kalfadhiga shirka Qaramada Midoobay. Dhammaan kulammada midkoona ka ma aanan qaybgelin. In kasta oo ay ka warhayeen siyaasadda, haddana Xasan Sheekh iyo Faarax way ku cusbaayeen xilalka siyaasadda iyo la-falgalkeeda tooska ah. Anigu waxaan ka tirsanaa dawladdii iyaga ka horraysay. Waxaan is lahaa wax uun baa lagaa la kaashan doonaa, laakiin ma jirin cid wax i waydiinaysay. Waxaan u arkayey in ay fursad wayn ahayd sida uu Maraykanku irdaha noogu ballaqay.

Subax ayaa la iigu yeeray kulan. Wuxuu ka dhacayey qolka uu degganaa madaxweynuhu. Waxaa madaxweynaha ku wehliyey agaasimaha xafiiskiisa, Kamaal Daahir Guutaale, iyo Faarax Sh

Cabdulqaadir. Waxay horay uga soo wada hadleen in ay lamahuraan tahay in la beddelo Raysalwasaare Saacid. Waxaa sabab looga dhigay doodda in dadka Soomaaliyeed iyo beesha caalamku ay Madaxweynaha ku magacabeen in uu yahay nin madaxweyne dhaafsiisan (supper-presidential), taa oo meesha ka saartay kaalintii raysalwasaaraha. Dalka waxaa kacsan in raysalwasaaruhu yahay magacuyaal. Waxaa jirtay in ku dhowaad 15 xildhibaan oo beesha Daarood ahi ay dacwo ugu tageen safaaradda Maraykanka, iyagoo ku andacooday in awoodqaybsigii dalka meel looga dhacay, madaxweynaha iyo raysalwasaaruhuna ay yihiin nin iyo harkii. Labada nin, Faarax iyo Kamaal, waxay eedda hawlgudasho la'aanta dusha ka saareen Golaha Wasiirrada iyo Rasyalwasaaraha oo waxay ku dhaliileen in ay shaqadoodi gabeen ee uusan jirin Madaxweyne awood qaatay, sidaas awgeed ay qasab tahay in la beddelo raysalwasaaraha iyo xukuumadda, Golahana laga waasiciyo tobanka wasiir. Waa dhab in Saacid iyo xukuumaddiisuba ay gaabis luudaya ahaayeen, laakiin waxaa qarinayey Madaxweyanaha iyo xafiiskiisa oo qaatay hawshii iyo muuqaalkii dawladda intaba. Faarax iyo Kamaal waxay ii waceen in aan dooddoodda xoojiyo. Ma rabin in aan labada nin isku dhacno. Waxaan soo jeediyey in ay suuragal tahay iyo in kale in Golaha la ballaariyo Raysalwasaare-xigeen firfircoonna la magacaabo oo mar kale fursad la siiyo Raysalwasaaraha? Dooddii way socotay, ugu dambeynna waxa ay ku dhammaatay in Raysalwasaaraha la bixiyo.

Madaxweynuhu dalka ayuu dib ugu soo laabtay, anigana Faarax Sheekh Cabdulqaadir oo doonayay in uu magaalada Minneapolis jaaliyadda Soomaalida ku la soo kulmo ayaa iga codsaday in aan is raacno. Halkaas ayaan saddex maalmood joognay, ka dibna London ayaan u sii gudubnay. Faarax wuxuu ahaa qofka ugu saameynta badan Madaxweynaha. Intii aan Minneapolis joognay waxaa soo baxday xanta ku aaddan in Raysalwasaaraha la bixinayo, Faaraxna waxaa u imaanayay dadka xilka Raysalwasaaraha raadinaya. Waxaan xasuustaa in Maxamuud Cabdiraxmaan 'Beenabeene' uu u abaabulayey kulammada badankooda. Beenabeene aad u ma aanan garaneyn xilligaas, isagoo nin dhallinyaro ah ayaan mar ku arkay Malaysiya, mar dambe ayaan ka ogaaday in uu isaga yahay. Aabbihiis ayaan aqiin oo dawladda hoose ee Buulaburte u shaqayn jiray.

Faarax wuxuu ahaa nin ay magaalada dhammi u safan tahay, London markaan nimidna sidaa oo kale ayuu ahaa. Cabdullaahi Sanbaloolshe oo safiirka Soomaaliya ee Ingiriiska ahaa ayaan London marti ugu ahayn, inta badanna kulammadu hoygiisa ayay ka dhici jireen. Waxaa isaguna markaas meesha joogay Fahad Yaasiin oo qeyb ka ahaa dadkii Xasan Sheekh wax ka soo dhisay. Fahad wuxuu aad u danaynayey in Saacid la beddelo. Arrinta Raysalwasaare beddelidda ayaa laga hadlay: Yaa lagu baddelayaa Saacid ayaa la is-weydiiyay? Fahad wuxuu miiska soo saaray Farmaajo. Tabasho ayuu qabay ku aaddan in aan si fiican loo la dhaqmin. Wuxuu yiri haddaad rabtaan in aan idin la saaro Saacid waa in la keeno Farmaajo. Dalka ayaannu dib ugu soo wada laabannay.

Qorshuhu wuxuu ahaa in Madaxweynuhu uu Raysalwasaare Saacid ku wargeliyo in uu is-casilo fursadna u siiyo in uu cid kale soo magaacabo oo sidii uu ugu sharfay xilka uu ugu banneeyo. Mar kasta ragga Madaxweynaha u dhow ee Kamaal iyo Faarax waxa ay dhihi jireen: Raysalwasaaraha ma u sheegtay in uu istiqaalo dhiibo oo si nabad ah lagu kala baxo? Ugu dambayn, Xasan Sheekh wuu ku la dhiiraday Saacid in la joogo waqtigii uu xilka banneyn lahaa. Madaxweynuhu wuxuu u sheegay in ay lamahuraan tahay in Xukuumad cusub la soo dhiso, maadaama ay fadhiid noqotay midda jirtaa, adduunkii iyo Soomaalidiina dawladda ku dhegganyihiin, isbeddelna loo baahan yahay; sidaas daraaddeed uu is-casilo. Madaxweynaha markaas waxaa aad ugu kacsan arrinta Jubaland, labada maamul ee Jubaland iyo Puntland oo is bahaystayna Madaxweynaha mucaaradad xooggan ayay ku hayeen. Markaa Raysalwasaaraha waxaa lagu dhalleeceynayay in Xukuumaddiisu fashilantahay oo shaqadii fulintu ay meesha ka baxday iyo in isagu uu xal u heli waayay maamullada uu awood-qeybsiga siyaasadeed ee 4.5-ka ku matalayay. Siyaasiyiin badan oo Baarlamaanka ku jiray oo odayaal ah oo aan ka xasuusto Cali Khaliif Galleyr, Xasan Abshir, Maxamed Cabdi Yuusuf iyo ragga ceynkaa ah ayaa ku doodi jiray in Daarood uusan matalaad dhab ah lahayn, ilaa Cali Khaliif uu ka yiraahdo: meesha Raysalwasaare ma joogo ee waa nin iyo harkiis. Dood ceynkaa ah oo ku aaddan in Saacid uusan Daarood matalin oo Hawiye wixii oo dhan isku qaatay ayaa suuqa la galiyay. Raysalwasaaruhu arrinkaas wuu dhibsaday runtii, sababtoo ah wuxuu isu arkayay nin daacad u ah Madaxweynaha oo aan waligiis ka hor imaan, wax dhibaato ahna aan u geysan. Arrintaasi in ay khiyaano tahay ayuu isaguna u qaatay, illeen *maan rageed waa mudacyo afkood*, qofba si ayuu wax u arkayay.

Halkaa loollan ayaa ka bilowday. Raysalwasaaruhu wuxuu yiri istiqaalo keeni maayo ee Baarlamaanka ayaa xilka iga qaadi karee macasalaama. Madaxweynaha ayay noqotay in uu ka ololeeyo Baarlamaanka. Raysalwasaaraha waxaa loo diiday in uu Baarlamaanka la hadlo. Waa la kala saftay, ugu dambeynna Saacid sidaas ayaa lagu saaray.

MAGACAABIDDII CABDIWELI SHEEKH AXMED

Markii xilka laga qaaday Saacid, waxaa bilowday loollankii raadinta Raysalwasaare cusub. Qof waliba qofkii uu niyadda ku hayay ayuu keenay oo Madaxweynihii waa la wareeriyay. Buuq, qeylo iyo jahawareer ayaa la geliyey. Waxyaabaha nasiib-darrada ku ah siyaasadda Soomaaliya ayayna qeyb ka tahay in Madaxweynuhu cid uu Raysalwasare ka dhigayo uusan aqoon, sababtoo ah siyaasaddeennu ma laha hannaan siyaasadeed sida xisbiyo oo la isku barto, kaadirka siyaasiga ahina ku soo dhismo. Maadaama ay qabiil tahay, madaxweynuhuna uu doonayo qof baarri u ah, waa in suuqa laga soo qabto raysalwasaaraha. Cabdiwali Sheekh Axmed oo Raysalwasaaraha loo magacaabi doono hotel Jaziira ayaan wada degganeyn. Maalmo ka hor ayuu Sacuudiga ka yimid, bangiga Islaamka ayuu u shaqeynayay. Wuxuu ii sheegay in uu safar u yahay dalka Senegal laakiin uu Muqdisho u soo maray in uu eego haddii ay jirto fursad uu xilkaas ku heli karo; ku nasiibso ayay ahayd! Xuseen Cabdi Xalane oo soo noqday Wasiirka Maaliyadda ayaa aad ugu dhawaaday in la magacaabo, laakiin rag Madaxweynaha u dhow ayaa ka hor yimid oo diiday. Maxamed Cabdullaahi Farmaajo oo uu Fahad Yaasiin waday rag ayaa diiday. Cabdiwaaxid Cilmi Goonjeex isagana miiska waa la soo saaray waase la diiday, ilaa marki dambe raggii xilka loo sharraxayay sidii marba mid Madaxweynaha looga dhigay uu markii dambe Cabdiweli kaligiis miiska ku soo haray, sidaasna uu ku noqday Raysalwasaare.

Waan xasuustaa, sagaal saac habeenkii (3 am) ayaan helay xogta magacaabista Cabdiwali. Subixii Hotel Jaziira ayaan iska la quraacannay. Waxaan ku iri: mudane Raysalwasaare ii warran? Isagu warka wuu hayaa laakiin kalsooni buuxda ma qabin. Laba nin oo aan meesha ka wada quraacaneynay oo kala ah Cabdirisaaq Kooka-koolla oo ah maamulaha shirkadda Coca-Cola iyo Cabdisaciid Muuse Cali oo markaas Midawga Yurub u shaqeynayay, ka dibna noqday Wasiirka Arrimaha Dibadda Soomaaliya, ayaan ku iri ninkaani waa Raysalwasaare ee iska sii barta. Barqadii ayaa gaari loo keenay. Hotel Shaamow ayaa la dejiyey, halkaas ayaana kooxda Madaxweynuhu wada-hadal kula galeen. Ka dibna Madaxweynaha ayaa loo geeyay. Sidaas ayaa lagu magacaabay Raysalwasaare Cabdiweli.

Mooshinkii ka dhanka ahaa Madaxweynaha

Cabdiweli wuxuu ka duwanaa Saacid in uu ahaa nin maamulka iyo hawl socodsiinta ku firfircoon, lehna dhiifoonaan siyaasadeed. Wuxuu kaloo aad uga digtoonaa in baarinnimadii Saacid aysan xilka ku sii hayn doonin. Wuxuu kaloo lahaa go'aan-qaadasho aan bisayl lahayn. Wuxuu aad isaga ilaalinayey kooxda madaxweynaha oo aanu magac wanaagsan magaalka ugu jirin. Wuxuu isku deyey in uu kursiga ku buuxiyo magaca beesha uu metelo ee Daarood. Wuxuu kaloo samaystay koox siyaasadeed. Saacid wax koox ah ma lahayn; kooxda madaxweynaha ayaa kooxdiisa ahayd. Tuhun, kala shaki iyo faro isku taagtaag ayaa durba bilawday. Si lamafilaan ah ayuu Raysalwasaare Cabdiweli wuxuu Faarax Sheekh Cabdulqaadir ka wareejiyey Wasiirka Caddaaladda iyo Dastuurka, wuxuuna u wareejiyay Wasaaradda Xannaanada Xoolaha. Waxaa ka sii horreysay Sanbaloolshe oo uu taliyaha hay'adda nabad-sugidda ka qaaday, taasoo keentay in isaga iyo Madaxweynuhu isku dhacaan. Waxaa kaloo siyaasadda sii calwiyey mooshin xil-ka-qaadis ah oo madaxweynaha laga keenay. Raysalwasaaruhu ku ma lug lahayn mooshinka oo ay keeneen siyaasiyiin madaxweynaha ku kacsan, laakiin ma uusan demin.

Waxaa ila soo xiriiray Cumar Cabdirashiid oo ii sheegay in madaxweynuhu uu ugu wacday in uu ka demiyo xasaradda siyaasadeed ee markaa ku kacsanayd. Anigu waan iska casilay Policy Unit-ka. Waxaan sugayey shaqo la-taliye sare in aan u noqdo ergeyga gaarka ah ee xoghaya guud ee Qaramada Midoobay Soomaaliya u qaabbilsan, danjire Nicholas Kay. Waxaan Muqdisho isla nimid Cumar. Waxaan kulammo gooni-gooni ah la yeelannay xildhibaannadii lafdhabarta u ahaa mooshinka oo ay markaa 93 Xildhibaan gacanta ka geliyeen guddoomiyaha Baarlamaanka, Maxamed Sheekh Cismaan (Jawaari). Madaxweyne Xasan Sheekh wuxuu filayay in Xukuumaddu ka shaqeyn doonto kala furfurka mooshinka, laakiin waxa uu ogaaday in Raysalwasaaruhu uusan arrinkaas dan ka lahayn ama uu qeyb ka yahayba dadka gadaal ka riixaya mooshinka. Madaxweynaha tuhun wayn iyo shaki ayuu arrinkaas geliyay, wayna ka caraysiisay. Wuxuu ku yiri anigii xilka kuu magacaabay ayaa mooshin la iga keenay, kaaga mana jeedo dadaal aad mooshinkaas ku kala furfureyso dadkana ku dejineyso, kaligey ayaad arrinka igu cidleysay. Aniga iyo Cumar Cabdirashiid Raysalwasaaraha waa la fariisannay. Madaxweynaha iyo Guddoomiyaha Baarlamaankana waa is aragney. Kooxda mooshinka wadday waa aragnay. Intaas waxaan is-lahayn bal dadkaan ha la isu soo dhaweeyo, sababtoo ah xasilloni darro siyaasadeed ayaa laga soo baxay markaas oo waxaa weli taagnaa xasaraddii ka dhalatay eryiddii Saacid.

Raysalwasaare Cabdiweli Sheekh Axmed si fiican ayuu noo soo dhaweeyay. Wuxuu sheegay in Madaxweynuhu uusan waxba u oggoleyn oo Wasiirro xafiiska Madaxweynaha ku dhow ay isaga iska sarreysiiyaan, Madaxweynuhuna uusan waxba ka soo qaadin dhowr jeer oo uu uga cawday arrinkaa. Wuxuu sidoo kale ka cawday taliyihii Nabad-sugidda, Cabdullaahi Maxamed Cali (Sanbaloolshe). Wuxuu yiri: Madaxweynuhu waa fiicanyahay laakiin nin madax bannaan ma aha, koox qallafsan ayuu jeebka ugu jiraa. Aniga akhrinteyda xiisadda taagan, waaxan dareemayay in Raysalwasaare Cabdiweli uu raalli ka ahaa mooshinka Madaxweynaha ka dhanka ahaa. Waa laga yaabaa in ay ku jirtay rejo ah, haddii Madaxweynaha xilka laga qaado in uu isagu beddeli karo. Puntland ayuu booqasho ku tagay, garab-istaag xooggan ayayna u muujiyeen, sababtoo ah markii uu meesha Saacid ka baxay waxa ay filayeen in xilka Raysalwasaaraha iyaga la sii doono, laakiin mar kale waa la dhaafiyay, waxayna arrinkaas u arkayeen in Xasan Sheekh uu kaalintoodii meesha ka saaray. Waxaan isku daynay oo dadaal xooggan ku bixinnay in aan arrinka qaboojinno oo xildhibaannadii mooshinka waday aan Madaxweynaha ka kala furfurno oo qaarkood aan dhinacyo kala duwan wax ka tusno. Mooshinkii wuu damay, Madaxweynuhuna kaalin xooggan ayuu ka qaatay in mooshinkaasi meesha ka baxo.

Xaaladdii mooshinku markii ay qabowday, Madaxweynaha ayaa habeen noo yeeray wuxuuna si gaar ah Cumar Cabdirashiid ugu sheegay in uu safiirka Washington u magacaabayo. Sannad ka hor markaa, Madaxweynuhu wuxuu tagay Maraykanka. Waxaa la aqoonsaday Dawladda Federaalka; Barack Obama ayuu la soo kulmay, Hillary Clinton oo ahayd wasiirka arrimaha dibaddana shir ayay isla qabteen. Maraykanku waxay sugayeen in Safiir loo soo magacaabo. Qof ila jeclaa in aan noqdo Safriika Soomaaliya u fadhiya Maraykanka ayaa Madaxweynaha markii safarkii ugu horreeyey uu Washignton kaga soo laabtay ugu tegay in uu xilka safiirka ii magacaabo, laakiin wuu ka diiday, wuxuunna ku yiri, "Ma in uu isku kay soo dhiso ayaad rabtaa?", waxayse sannad ka dib calafkiisa noqotay Cumar Cabdirashiid.

Cabdiweli wuxuu sababsaday Faarax

Waxaan ku biiray Xafiiska Qaramada Midoobay ee Soomaaliya, halkaa oo oo aan la-taliye u noqday Nicholas Kay. Loollankii Madaxweynaha iyo Raysalwasaaraha halkiisii ayuu ka sii socday. Cabdiweli wuxuu Faarax Sheekh Cabdulqaadir ka beddelay Wasaaradda Caddaaladda iyo Dastuurka, wuxuuna u magacaabay Wasaaradda Xannaanada Xoolaha, Madaxweynuhuna waa ka diiday. Kooxda Madaxweynuhu waxay danjire Nicholas Kay ku tuhmayeen in uu ka mid yahay dadka Cabdiweli gadaal ka riixaya, laakiin runtii ma uusan ahayn. Waliba isagu wuxuu rabay in xasillooni la helo, maadaama dhowaan raysalwasaare kale la bixiyey. Waxaannu shir irduhu u xiranyihiin la qaadannay Raysalwasaare Cabdiweli. Nick ayaa ku yiri: Ninka aad taabatay waa gacanta midig ee Madaxweynaha, khilaafkuna in uu sii laba-kacleeyo ma rabno, hadda ayaa laga soo baxay dhiillo siyaasadeed, waxaan u baahannahay in dawladda oo isla socota la aado shirka Copenhagen ka dhacaya ee lagu taageerayo Soomaaliya. Waxaan kuu soo jeedinayaa, si xasilloonida loo ilaaliyo, in aad

Faarax booskiisa ku celiso, maadaama uu madaxweynuhu tallaabadaas xaniinyo-taabad u arkay. Cabdiwali wuu dhageystay, wuxuuna ugu jawaabay: Mudane Danjire, waa mahadsantahay, taladaadana waa tixgalinayaa. Markii aan ka soo tagnay kuna soo noqonnay xerada Xalane ee saldhigga noo ahayd ayuu Cabdiweli taleefan iga soo daba diray, wuxuuna igu yiri: Cabdiraxmaan kaligaa ii kaalay. Ii ma sahlanayeyn in aan idin la'aan iska soo baxo, maadaama habraaca shaqaalaha sare ee Qaramada Midoobay uusan saamaxanaynin in ay ilaalo la'aan socdaan. Waxaan wargeliyey Nick, una sheegay in Raysalwasaaruhu uu kaligey i doonayo. Wuxuu amray in ilaalo la i siiyo. Cabdiwali ayaan u imid. Wuxuu yiri: safiirka taladiisa waa dhageystay, ma rabin in aan hadda isaga wax Soomaali dhexdeeda ah tafaasiil hoose ka siiyo, laakiin waxaan kuu sheegaya anigu ka ma noqonayo arrinta Faarax oo waa sida aan u beddelay; nasiib ayuu leeyahay maadaama aanan Golaha Wasiirrada ka saarin ee safiirku yaanu waqti iska lumin. Waliba wuxuu ii sii raacsiiyay: safiirrada dawladaha kale ee uu ii soo diirayo ha iska dhaafo. Danjiraha waa u soo laabtay, waxaanan ku dhahay: Raysalwasaarahu taladaada iyo soo-jeedintaada wuu tix galinayaa laakiin go'aankiisii ayuu ku adkeysanayaa. Waa nasiib-xumo ayuu yiri Nicholas. Ergeygu wuxuu aad u daneynayay in Madaxda oo wada socota shirka Copenhagen la wada tago.

Nick oo ahaa nin xiriirka dawladdiisa Ingiriiska iyo Maraykankaba uu la leeyahay sarreeyo ayaa la hadlay madaxda sare ee wasaaradaha Ingiriiska iyo Maraykanka. Waxaa bilawday taleefanno caasimadaha looga soo dirayo labada nin, madaxweynaha iyo raysalwasaaraha, si ay xasaradda u qaboojiyaan. Waxaa xilligaa soo dhow shir heer wasiirro ah oo ay madaxda caalamka iyo kuwa gobolkuba isku imaanayaan, si looga arrinsado garab siinta Soomaaliya. Shirka oo lagu qabanayay magaalada Copenhagen ee dalka Denmark ayaa waxaa lagu magacaabay High Level Partnership Forum (HLPF)

Maalmo ka hor ayaa madaxweyne Xasan Sheekh iyo Raysalwasaare Cabdiweli waxaa soo wacay haweenaydii ahayd kaaliyaha xoghayaha arrimaha dibedda Maraykanka ee Afrika, Linda Thomas-Greenfield. Waxay Madaxweyne Xasan ka codsatay in xasaradda la damiyo oo isaga iyo Raysalwasaaruhu ay heshiiyaan, waxayna u sheegtay in aysan doonaynin in xasilloni darro kale oo siyaasadeed dib loogu noqdo. Laakiin Madaxweynaha isku ma aysan fahmin arrinkaa. Mar kale waxaa madaxweynaha soo wacday Wendy Sherman oo ahayd Wasiir-xigeenka arrimaha dibadda Maraykanka. Madaxweyne Xasan wuxuu mar dambe ii sheegay in uu Wendy Sherman u xaqiijiyay in uu la heshiinayo Raysalwasaaraha, laakiin uu ka shallaysanyahay in uu aqbalay taladeeda, balse uusan oofin ballanqaadkii oo uu mooshinkii sii waday. Qaladaadkii aan galay ee i soo maray ayay ka mid ahayd ayuu igu yiri. (Mar dambe oo koorso aan ka qaadanayay Harvard ayay Wendy Sherman macallin iiga ahayd).

James P. McAnulty oo ahaa wakiilka Maraykanka ee Soomaaliya mar uu ka sheekeynayay arrintaas, kulan casho ah oo lagu sagootinayey, ayuu danjire Nick Kay u sheegay in aysan diiwaanka Madaxweynaha u habboonayn in uu buriyo ballanqaadkii uu sameeyey wasiir-xigeenka dalkiisa Maraykanka. Ma ahayn in ballan uu ka qaado haddii uusan fulin doonin. Ugu dambayn, Maraykanku waxay qaddaceen ka soo qaybgalka shirkii Copenhagen. Madaxweynuhu wuxuu taageero ka helay IGAD oo ay Itoobiya horboodayso, waxayna shirkii ka soo jeediyeen in Soomaaliya arrimaheeda loo daayo oo ay iyadu hay'adaheeda isku xalliso. Raysalwaasaare Cabdiweli wuu isku dayey in uu mooshinka iska badbaadiyo, laakiin mar kasta Baarlamaanka waxaa ku awood badan Madaxweynaha, sababtoo ah xildhibaannada ballanqaad wasiir iyo beeso ayaa la isugu darayaa. Xataa wasiirrada Xukuumadda ka tirsan ayaa ballanqaadyadaas ku kadsooma oo inta ay xukuumaddooda wax ka ridaan, ka dibna xil la'aani ku dhacdaa.

INGIRIISKA IYO ARRIMAHA SOOMAALIYA

Way caddayd in dawladda Ingiriiska ay si wayn u soo danaynaysay arrimaha Soomaaliya. Waxay sannadkii 2012 qabanqaabisay shirkii London ee kowaad ee lagaga hadlayey ka-bixista ku-meelgaarka. Waxay qabteen shirarkii labaad ee London (2013) iyo kii saddexaad (2017). Waxay kaloo qabanqaabadiisa lahaayeen shirkii lagu saxiixay heshiiska cusub (new deal) ee ay sida wadajirka ah u guddoomiyeen dawladda Soomaaliya iyo Midowga Yurub, laguna qabtay bishii Sebteembar

2013 xarunta Midowga Yurub ee Brussels. Waxaan ka mid ahaa dadka isku tiriya in ay ka warqabaan xiriirka Ingiriiska iyo Soomaaliya, sababtoo ah waxaan ka mid ahaa kooxda Somali Concern Group oo u dhaqdhaqaaqda xuquuqda iyo difaaca danaha jaaliyadda Soomaaliya. Waxaan abaabuli jirnay mudaharaadyada, qoraallada cabashooyinka ah (petitions) ee looga soo hor jeedo fara-galintii Itoobiya. Waxaan doodo iyo kulammo wacyigelin ah ku qaban jirnay London iyo gobollada dalka Ingiriiska. Waxaan kaloo xubin joogto ah ka ahaa xarunta caalamiga ah ee lagu falanqeeyo siyaasadda arrimaha dibadda ee Chatham House. Taasi waxay keentay in aan ka mid noqdo dadka wada-tashiyada laga la sameeyo xaaladaha Soomaaliya, gaar ahaan Wasaaradda Arrimaha Dibadda iyo guddiga xiriirka dibedda ee Afrika u qaabbilsan Baarlamaanka Ingiriiska.

Sannadihii 2007/8 ayey hay'adda sirdoonka gudaha Ingiriiska baaritaan ay samaysay oo ku aaddan dhallinyarada Muslimiinta ah ee dalka UK ku nool ee dibadaha u aada in ay ka mid noqdaan kooxaha jihaadiyiinta ah, ay ku ogaadeen in dhallinyarada Soomaalida ahi ay kaalinta labaad kaga jiraan, oo kuwa Pakistan oo keli ahi ay naga horreeyaan. Taasi waxay welwel gelisay dawladda Ingiriiska. Waxay kaloo daraasaddu sheegaysay in sababaha ugu waawayn ay tahay dawladda taagta daran ee Soomaaliya iyo fowdada ay fursad iyo meel ay ku baraaraan u noqotay kooxaha jihaadiyiinta ee argagxisada caalamiga ah ku xiran. Waxaa kaloo iyaduna jirtay in David Cameron oo xilligaa ahaa Raysalwasaaraha Ingiriisku uu raadinayay guul siyaasadeed oo arrimaha dibedda ah, taasoo uu uga dhex jeeday Soomaaliya. Wuxuu go'aansaday in uu indhaha caalamka u soo duwo Soomaaliya una sawiro in ay tahay waddan colaad ka soo kabanaya oo laga rejo qabi karo in dawlad-dhiskiisa lagu guuleysto. Cameron wuxuu ku raad joogay guushii Raysalwasaarihii hore, Tony Blair, uu ka soo hooyey waddanka Sierra Leone, kaasoo uu Blair u diray ciidan, dadaal diblomaasiyadeed iyo mid dhaqaalena ku bixiyey si dalkaas loo xasilliyo, taas oo uu Blair ku guulaystay. Waxaa kaloo intaa dheer danaha istaraatiijiyadeed ee laga leeyahay Soomaaliya oo ku taal meel halbawle u ah isu socodka adduunka, lehna kheyraad dahan oo shidaal, macdan iyo kalluun isugu jira. Cameron ayaa si shakhsi ah ugu ololeeyay in Ergeyga Gaarka ah ee Qaramada Midoobay u qaabbilsanaa

Soomaaliya loo magacaabo danjire Nicholas Kay. Waxaan noqday la-taliyaha gaarka ah ee Nicholas Kay oo ahaa nin aan hore isu niqiin iskuna barannay intii uu ahaa agaasimaha guud ee Afrika u qaabbilsan. Ka dib waxaa lagu beddelay Michael Keating oo aan dhowr bilood la shaqeeyey, ka hor intii aanan ku biirin tartanka doorashadii 2016/7.

Sida aan xogta ku hayo, David Cameron haddii uu ku guuleysan lahaa aftidii Ingiriiska ee Yurub ka bixidda ama ku sii jirista lagu kala dooranayay, wuxuu qorsheynayey in uu laba toddobaad ka dib Soomaaliya yimaaddo, noqdana qofkii xil sare haya ee ugu horreyeey oo reer Yurub ah oo Soomaaliya booqda. Wuxuu ahaa nin arrimaha Soomaaliya aad u daneeya, toosna xafiiskiisa ayaa looga maamulayey malafka Soomaaliya. Danjire Nick Kay ma ahayn nin ka yimid QM dhexdeeda ee wuxuu ahaa diblumaasi Wasaaradda Arrimaha Dibadda Ingisiiska ka yimid oo ay aqoontiisu dhisantahay, kuna xeel dheer arrimaha dalalka colaadaha ku jira ama ka soo kabanaya. Wuxuu horay uga soo shaqeeyey dalalka Koongo, Suudaan iyo Afgaanistaan. Wuxuu ahaa nin dhageysi badan oo Soomaalida aad u wada dhageysta madaxdoodana la wada hadla. Kalsooni ayuu ku qabay talada aniga iyo saaxiibkey Nuuradiin Diiriye. Waxyaabaha i soo jiitay waxaa ka mid ahaa in Madaxda Soomaalida marka uu la kulmo, madaxweynaha, raysalwasaaraha ama madxweynayaasha dawlad-goboleedyada ama wasiirrada, inta badan wuxuu jeclaa in aan kulanka ku wehelinno. Waligiis ma uusan codsan in uu la kaliyoobo. Waxaa dhacaysay in madaxda Soomaalidu ay codsadaan in aan ay si gaar ah u la kulmaan. Marka uu kulanka ka soo baxo hore ayuu nooga sheegi jiray waxa ay ku wada hadleen, talana naga waydiin jiray sida aan u aragno.

Maalin ayaan weydiiyay: Danjire, waa maxay sababta aad wax kasta in aad na la wadaagtid u jeceshahay? Wuxuu yiri: la-taliyayaasheyda ayaa tihiin, qofka aan la kulmay hadalka uu igu leeyahay luuqad ahaan waan fahmayaa, laakiin waxaan ii sahlanayn in aan fahmo xagasha uu ka imaanaayo ama waayaha (context) uu hadalkiisu ka soo fulayo, taana idinka ayaa iga fahmi og, marka haddii aydaan idinku ii fasirin wax macno ah oo ay ii sameyneysaa ma jirto. Madaxweynuhu hadduu soo waco xataa Kay wuxuu jeclaa in uu codka taleefanka furo, si aan u la dhageysanno waxa ay ku wadahadlayaan. Waa meesha aan ka fahmay muhiimada ay leedahay qof haddaad la talineysid in uu kalsooni buuxda kugu qabo oo wax kasta oo xog ah kula wadaagi karo, adiguna markaas aad siin karto talo hufan oo daacadnimo leh. Laakiin qof xogta oo dhan ama qeyb ka mid ah kaa qarsanaya oo aan kugu kalsooneyn haddaad la-taliye u tahay xafiiskiisa ayaad ka tirsantahay mooyee la-taliye u ma tihid.

Ceeb iyo yaxyax

Intii aan xafiiska QM joogay, mararka qaar waxaa dareemayay ceeb, yaxyax iyo gobbanimo xumo. Waxaa ku soo maraya madax iyo kuwo aan madax ahayn intaba oo aad is-leedahay waa labeentii Soomaalida oo ajanabiga u soo dacwoonaya, sheeganaya in la dulmiyey degaankooda ama lagu gaboodfalay qabiilkooda oo xaqoodii la duudsiiyey. Heerka kala dacwoodku wuxuu gaarayaa jufooyin hoose. Waxaad mooddaa marka ay cabashada gudbinayaan in Nicholas Kay uu xalkii gacantiisa ku jiro ama uu amar siin karo madaxda ay ka dacwoonayaan. Waxyaabaha iigu darnaa ee aan xusuustayda ka go'in waxaa ka mid ah in rag badan oo dhaqan, aqoonyahan, iyo siyaasiyiin isugu jira oo ay laba raysalwasaare hore ka mid yihiin oo dacwo ugu yimid Nicholas Kay. Waxa ay ka codsadeen in uu gacan ka geysto maqaam u samaynta Muqdisho. Waxay eedeeyeen madaxweyne Xasan Sheekh oo ay isku beel yihiin. Waan joogay kulanka. Kay wuxuu ku yiri, shakhsi ahaan waan teegeersanahay in Muqdisho maqaam loo sameeyo oo dastuurka ayay ku taallaa, laakiin go'aankaasi wuxuu u yaallaa madaxda Soomaaliyeed wax aan si gooni ah uga qaban karaana ma jiraan. Hadalkii ayay ku celceliyeen: adigu in aad naga la shaqeysid ayaan rabnaa; adiga ayaan ku aamminsannahay. Markii uu arkay in hadalkoodu u dhacayo in uu isagu go'aanka leeyahay oo kale ayuu goostay in uu hoga-tusaalayn uga sameeyo tabartiisu inta ay la egtahay, wuxuuna yiri: Qaramada Midoobay saddex marxaladood ayey soo martay, markii la eego hawlaha ay Soomaaliya ka hayso— marxalad aan jilayaasha ka mid ahayn oo ah bilowgii ilaa bartamihii sagaashamaadkii; marxaladdii labaad waxaan ahayn garsoor waana marxaladihii dawladihii ku-meelgaarka ahaa oo dacwooyinka waan qaadi karaynay; marxaladda saddexaad waa maanta oo aannu nahay taageerayaal u sacbiya qafkii wanaag qabta. Sidaas awgeed, ruux taageere ahi go'aan ka ma gaari karo ciyaarta socota ayuu ku yiri odayaashii, sidaas ayuuna kulankii ku soo idlaaday.

Waxaad arkeysaa in qofka Soomaaliga ahi heer kasta oo uu siyaasadda ka gaaro uu doonayo in uu mar kasta u cawdo ajanabiga, isagoo ka dacwoonaya Soomaali kale. Taasi waxay ku tusaysaa heerka is-aamminaad la'aan ee Soomaalida ka dhex jirta iyo wacyi xumida Soomaalida ka haysata waxa uu ruuxa ajnabiga ahi qaban karayo. Taa beddelkeeda, waxaa habboonaan lahayd in la helo qaab siyaasadeed abaabul Soomaaliyeed ah oo la isaga caabbin karo kuwa awoodda ku takrifalaya, ama looga jiran karo danaha degaan, qabiil ama shakhsi. Laakiin waa fadeexo iyo foolxumi in maalin kasta ajnabi loo cawdo.

Haddaba, haddii aan la dhisin kalsoonida iyo is-aamminaadda Soomaalida ka dhaxeysa, lana dhayin dhaawacyada, oo la damqiyo boogaha, way adagtahay in dalkaan dib la isugu soo celiyo. Waxaan nahay qabiillo, degaanno iyo dad kala aammin baxay. Kalsoonidaas burburtay si dib loogu soo kabo, waxaa loo baahanyahay in laga fogaado wixii dhaawacaya, lagana leexdo falalkii tabnaa iyo ficilladii gurracnaa ee hore inoo burburiyay oo ay eexda, qaraabo-kiilka, musuqa iyo awood ku takrifalku ugu waawaynaayeen. Albert Einstein ayaa laga sheegay in uu yiri, *dhibka lagu ma xallin karo isla caqliyaddii dhibaatada abuurtay.* Marka haddii eex, nin-jecleysi, sad-bursi iyo qabyaaladi ay abuureen kalsooni darrada Soomaalida ka dhex jirta, waa in aynnu hadda ka fogaannaa, si loogu kalsoonaado hay'adaha dawladda.

Waxaan maalin la sheekeystay mid ka mid ah safiirrada reer Yurub. Aad ayaan isugu daahnay oo xili habeen ah ayey ahayd. Xerada Xalane gudaheeda ayaan degganaa isaguna meesha ayuu cabbitaan u soo doontay. Waan isku daahnay, sheekada ayaa isugu kaaya baxday. Wuxuu igu yiri: Cabdiyow waxaan Soomaaliya u nimid in aan idin ka caawinno dawlad-dhiska iyo nabad-dhalinta dalkiinna oo aan taageero dhinac kasta ahna idiin fidinno, laakiin ruuxa waxaa dabaasha la bari karaa markii uu biyaha ku jiro ee qof bacaad ku jira dabaal la ma bari karo. Hadal qaraar ayuu ahaa, mana aanan jecleysan, laakiin xaqiqdii run xanuun badan ayay ahayd. Howl-galka QM shaqadiisa ugu weyni waa in ay talo istaraatiiji

ah oo la xariirta dhismaa nabadda iyo dawladnimada siiyaan dawladda
Soomaaliya, laakiin dadka intooda badani waxa ay ka raadinayaan
qandaraas, dhacdhac iyo waxyaabo aad loo la yaabo. Waxyaabaha aadka
ii xanuujiyey xusuusta murugada lehna igu reebay waxaa ka mid ahaa in
xafiiska siyaasadda iyo arrimaha dastuurka ee Qaramada Midoobay ee
Soomaaliya (UNSOM) ay dalka keeneen saddex qof oo khabiirro ku ah
dastuurka iyo arrimaha federaalka: nin laga keenay jaamacad ku taalla
Maraykanka, mid laga keenay Kanada iyo haweeney laga keenay Koonfur
Afrika, si ay dibu-eegista dastuurka dawladda uga caawiyaan una keenaan
khiyaaraad la kala xusho oo ku aaddan sida federaalka adduunka ka jiraa
uu u shaqeeyo, gaar ahaan dalalka colaadaha ka soo kabanaya. Laakiin
Wasiirkii xilligaas ee Wasaarada Dastuurka ayaa lagu kari waayay in uu
dadkaas khubarada ah qaabbilo oo uu ka faa'iideysto. Maalin ayuu i
soo wacay wasiirku, wuxuuna igu yiri: Cabdiraxmaan i maqal. Ninkaan
Nicholas Kay iyo UNSOM intaba dadkaan ay khubarada ku sheegayaan
ma garanayo ee meesha dhacdhac ma ku jiraa? Wuxuu raadinayay in uu
qandaraas ka dhex helo. Waxaan kaloo xusuustaa in xafiiska horumarinta
ee Qaramada Midoobay ee UNDP ay sidoo kale keeneen nin ahaan
jiray madaxa xafiiska (chief of staff) afhayeenka Aqalka Hoose ee
Barlamaanka Maraykanka, Nancy Pelosi. Ninkii UNDP ugu sarreeyay
ayaa maalin ii sheegay in ay dalka keeneen nin caynkaas ah, qarash
badanna uu ku socdo, ayna doonayaan in uu tababar siiyo guddiyada
baarlamaanka iyo kan joogtada ah sida loo maamulo Baarlamaanka
habraacyadiisa, kulammadiisa, guddiyadiisa iyo habdhowrkiisa. Waxay ii
sheegeen in aanay ilaa iyo hadda wax jawaab ah helin. Marki aan arrinkii
baaray oo guddoonkii Baarlamaanka aan la hadlay, waxaan ogaaday in
Xildhibaannadu ay guddoonka ka diideen arrinkaas, kana dalbadeen in
tababarka dalka dibaddiisa laga dhigo, Nairobi ama Kampala si ay u helaan
gunno habeendhax (per diem), nasasho iyo tamashlayn huteello five star
ah. habeendhaxa iyo hoteellada five star-ka ah ayaa uga muhiimsanaa
khibradda iyo waaya'aragnimada ay helayaan. Guddoomiyuhu wuxuu ka
xishooday in uu warkaas kula soo laabto UNDP, sidaas ayuuna ku baxay
ninkii iyada oo aan cidina ka faa'iidaysan.

Haddii xilalka siyaasadeed ee Baarlamaan iyo wasiir ama kuwa shaqaalaha rayadka ah aqoon, waaya'aragnimo, xirfad la isugu xulan lahaa, dadku waa xiiseyn lahaayeen aqoonkororsiga, xildhibaannaduna fursadihii aqoon-kororsiga ee dalka dibaddiisa loo aadi jiray oo dalkooda ugu yimid way ku fara-adaygi lahaayeen. Laakiin maadaama eex iyo qof-jecleysi wax lagu helayo, aqoontii, tababarkii iyo waaya'aragnimadii wax tixgalin ah ma yeelan. Waana qeyb ka mid ah arrimaha caqabadaha ku ah dawlad-dhiska dalkeenna iyo horumarka dadkeenna.

DIBUHESHIISIINTA MASE DAWLADGOBOLEEDYADA?

Siyaasiyiinta Soomaalidu waxay isku raaceen qaadashada hannaanka federaalka, waxayna u arkayeen in federaalku yahay sida keli ah ee la isugu soo celin karo Soomaalida. Culimmada cilmiga Federaalka ayaa qabta in hannaanka federaalku uu laba midkood yahay: in dawlad kala tegeysa isku-haynteeda darteed awoodaha xukunka dhexe loo daadejiyo, lana qaybiyo; ama in dowlad kala tagtay la isugu keeno dadkeeda. Laakiin dood adag ayaa ka dhacday sida loo kala horraysiinayo dhismaha maamulgoboleedka iyo dibuheshiinta beelaha ama degaannada maamulka wada dhisanaya. Kaalin wayn ayey ku lahaayeen Qaramada Midoobay, gaar ahaan xafiiska ergeyga gaarka ah, iyo safaaradaha dalka ku sugnaa dhismaha maamulgoboleedyada, sababtoo ah waxay qayb ka ahaayeen aqoonsiga iyo sharciyad-siinta maamulka. Dawladdii uu hoggaanka ka ahaa madaxweyne Xasan Sheekh kaligeed ku ma filnayn dhismaha maamullada. Marka laga reebo Puntland, maamullada kale ee dalka ka dhismay waxaa la dhisay xilligii uu xilka hayey madaxweyne Xasan Sheekh ee 2012-2016. Waxaa jiray safiirro iyo dad ajnabi ah oo qabay in aan lagu degdegin dhismaha Dawladgoboleedyada balse in waqti iyo dadaal la geliyo dibuheshiisiin bulsho iyo mid siyaasadeed, halka ay dawladda Soomaaliya iyo qaar ka mid ah safaaradaha ajanabiga ah qabeen in marka hore maamulka la dhiso ka dibna uu isagu dhammaystiro hawlaha qabyada ah ee dibuheshiisiinta. Doodda ah dibuheshiisiinta iyo maamul dhisidda kee horreeya waxay ahayd mid ay aad ugu kala fogaayeen QM, Midowga Yurub, Iswiidhan, Talyaaniga, Ingiriiska iyo IGAD.

Danjire Nicholas Kay wuxuu aad u riixayay falsafadda ah in maamulka la dhiso, ka dibna maamulku wixii dibuheshiisiin ah uu qabto. Dawladda Federaalka iyo beesha caalamaku ha ku gacan siiyaan in maamulku la fariisto ciddii tabasho qabta, dooddaas ayaa aad u xoogganeyd, Madaxweynaha Soomaaliya iyo ergeyguna waxaad moodaa in ay cayrsanayeen waqtiga iyo sidii ay uga tegi lahaayeen dhaxalreeb siyaasadeed iyo waxqabad guul leh. Laakiin ma aysan eegin dhibaatooyinka ay maamullo aan dibuheshiisiin lagu dhisini keeni karaan. Maadaama kaalintaydu la talin ku ekayd, waxaan mar kasta jeedinayey talada ku aaddan arrinkaas, waxaana ka mid ahaa dadkii aadka u riixayey in dib u heshiisiinta waqti la geliyo.

Waxaa kaloo arrimihii la isku qabtay ka mid ahaa dhismaha Golaha Aqalka Sare ee Baarlamaanka iyo habka loo qoondaynayo ama loo qeybsanayo xubnihiisa. Arrintaa keligeed ayaa dhowr iyo toban shir laga yeeshay. Puntland iyo Jubaland oo wada socdaa waxay ku doodayeen in awood-qeybsiga 18-kii gobol lagu saleeyo, halka Galmudug iyo Koofur-galbeed ku doodayeen in aan gobollo la aadin ee maamullada si siman loogu qeybiyo kuraasta Golaha Aqalka Sare. Dood dheer ka dib, waxaa lagu soo dhammeeyay in min 11 xubnood la siiyo Somaliland iyo Puntland inta kalana ay min siddeed xubnood qaataan.

SN	Degaan doorasho	Tirada xubnaha Aqalka Sare
1	Gobollada Waqooyi	11
2	Puntland	11
3	Galmudug	8
4	Koonfur Galbeed	8
5	Hirshabeelle	8
6	Jubaland	8
Wadarta guud ee xubnaha		**54**

Nasiib-darro, heshiiskaa gobolka Banaadir waxba looga ma qoondeyn. Caqabadaha dawlad-dhiska Soomaaliya haysta waxaa ka mid ah sidii la isu waafajin lahaa qabiilka iyo degaanka. Waa arrin adag, sababtoo ah dunida kale waxaa la isku hayaa waa hayb, diin, iyo degaan oo midkood ayaa awoodaha lagu qaybsadaa. Laakiin Soomaaliya culeysyadeeda waxaa ka mid ah damaca lagu doonayo in qabiil iyo degaan la isku garab wado, taasi waxa ay keentay in caasimaddii dalka ugu weyneyd oo dadkii ugu badnaa ku noolaayeen ay matalaad iyo maqaam la'aan noqoto, iyadoo la leeyahay Hawiye ayaa ugu badan dadka deggan Muqdisho, Hawiyena wuxuu kuraas ka qaatay Galmudug iyo Hirshabeelle. Damacaas wuxuu sidoo kale keenay in Jubaland iyo Puntland oo degaan ahaan kala fogi ay qabiil isku difaacaan. Wuxuu keenay in Sool iyo Sanaag marna la raaciyo Puntland marna Somaliland. Haddii dawladnimada Soomaaliya si dhab ah loo dhisayo, arrimaha ay tahay in si daah furan looga doodo ayay qeyb ka tahay, ma qabiil ayaa la aadayaa mise degaan? Iswaafajintoodu dhab ahaantii waa arrin aad u adag.

Daqiiqaddii runta la is-taabsiiyay

Kulan ay isugu yimaadeen magaalada Muqdisho Madasha Wadashiga Qaran oo ay xubno ka yihiin Madaxweynaha, Raysalwasaaraha, iyo Madaxda dawladgoboleedyada ayaa aad looga dooday qaabka doorashada oo ah in laga guuro hannaankii uu odaygu soo magacaabayey xildhibaanka loona guuro in ay ergo doorato xildhibaanka. Waxaa kaloo aad la iskugu qabtay in laga guuro awood-qaybsiga qabiilka, laguna saleeyo degaan oo 93 degmo oo ay dawladdii Kacaanka dalka uga tagtay lagu fariisiyo doorasho degaanka xubnaha Golaha Shacabka. Shirkaa waxaa fadhiyey madaxda oo keli ah, Madaxweyne Xasan Sheekh, Guddoomiye Jawaari, Cumar Cabdirashiid oo xilligaa raysalwasaaraha ahaa, Shariif Xasan oo madaxweynaha dawladgoboleedda Koonfur Galbeed ahaa, Cabdiweli Gaas oo Puntland ah, Cabdikariin Guuleed oo Galmudug ah iyo Axmad-Madoobe oo Jubaland ah. Waxaa kulanka ku wehliyey aniga iyo danjire Nicholas Kay. Hadalkii ayaa ka taagtaagmay Guddoomiye Jawaari iyo Kay. Jawaari ayaa ku dooday in Soomaaliya ay tahay dal madax bannaan, arrimaheedana ay iyadu xallisato oo loo daayo, Qaramada Midoobayna ay ka dayso cadaadiska ay hoggaamiyayaasha Soomaalida ku hayso, waqtina ay Soomaalida siiso. Danjire Kay isaguna si adag ayuu ugu jawaabay Jawaari. Dabcan, haddii aad siyaasi tahay ma ahan in aad is-gaarsiiso mararka qaar in runta indhaha lagaaga dhufto.

Wuxuu ku yiri: aniga meeshaan waxaan ku joogaa awoodda Golaha Ammaanka Qaramada Midoobay oo ay waajibaadkiisa ka mid tahay ilaalinta nabadda iyo xasilloonida adduunka, laakiin markii aad gaartaan in aadan u baahan in Golaha Ammaanku uusan idiin soo dirin ergey gaar ah; markii aad askarta ajnabiga ah ee idin ilaalinaysa ka maarantaan oo kuwo Soomaali ah isku aammintaan, markii aad canshuurtiinna aad dawladdiina ku maamulataan; markii aad xudduudaha iyo gobonnimada dalkiina ilaashan kartaan—markaas ayaad sidaas ii la hadli kartaa guddoomiye! Waxay ahayd daqiiqad wejigabax leh oo runta la is-taabsiiyey.

Qofka hoggaamiyaha ah waxa ugu muhiimsan ee laga rabo waxaa ka mid ah in uu wacyi u leeyahay kana tawaaduco xadka tabartiisu la'egtahay, gafafka uu sameeyana uu wax ka baran karo. Sidoo kale waa in uu yaqaan tabarta dawladdiisa. Waa dhibaato adigoo aan tabar lahayn haddaad iska dhigtid libaax aan la loodin karin. Daqiiqad aad u xanuun badan ayay ahayd. Afhayeenka Baarlamanku wuu aammusay, shirkii hore ayuu u socday, waxaana halkaa lagu saxiixay 16 Diseembar, 2015, heshiis lagu magacaabay Iclaankii Muqdisho (Mogadishu Declaration) oo toddoba qodob ka koobnaa, waxaana la isku raacay in Kismaayo lagu saxiixo heshiiska.

Soomaaliya waa dal u jira qaran ahaan, laakiin aan lahayn dawlad hanan karaysa masuuliyadda ilaalinta gobonnimada qarankaas. Qaran waxaa ah umadda degan degaan cayiman, wadaagtana taariikh, dhaqan, luqad, isir, diin iyo abtirsi. Soomaalidu ummad ama Qaran ahaan way u jirtay muddo dheer. Qarnigii 1aad ee Hijrada ayuu Islaamku soo gaaray Soomaaliya, markii uu gumeystihii yimina wuxuu la yimid dawladnimada casriga ah. Haddaba, Soomaalidu qaran ahaan way jirtaa, waxaase bilawgii sagaashankii burburay dawladdii. Farqi ayaana u dhexeeya Qaran (Nation) iyo Dawlad (State). Dawladdu waa awoodda xukun ee qaranku leeyahay. Dad isku taariikh, dhaqan, degaan ah sidoo kalena isir iyo diin wadaaga oo degaan cayiman ku nooli waa qaran, laakiin haddii aysan lahayn awood xukun oo ay isku maamulaan oo dawladdii ah ma laha gobonnimo la aqoonsanyahay. Tusaale ahaan,

Falastiiyiinta iyo Kurdidu waa shacab isku taariikh, isir, diin iyo degaan ah laakiin aan dawlad lahayn.

Haddaba, markii ay naga burburtay dawladdii gumaystuhu keenay waxaa dhacay qaran iyo qab-jab labadaba . Tobankii sano ee ugu horreeyay waa ku guuleysan weynay in dawladdii dib loo dhiso. Jabuuti markii la isugu tegey sannadkii 2000 ayaa dib loo soo yabyabay dawlad ku-meelgaar ah. Tobankaa sano, masuuliyadda madax-bannaanida, wadajirka iyo midnimada dhuleed ee Soomaaliya waxaa ilaalinayay Golaha Ammaanka Qaramada Midoobay. Sababtaas ayaa keeneysay in ergey gaar ah na loo soo diro. Ergeygaas loo soo dirayana shaqadiisu waa in uu Soomaaliya ka caawiyo sidii ay u dhisan lahayd dawlad ilaalisa gobonimada iyo madaxbannaanida qaranka, taa oo suuragal noqon karaysa keli ah marka ay awooddu gacanta dawladda si buuxda u soo gasho kana taliso mandiqaddaas Soomaaliya ku magacaaban. Hadda awooddii waa qeybsantahay oo gobalba meel ayuu yaallaa, kheyraadkiina waa qeybsanyahay. Ilaa awooddaas laga helayo dawlad Soomaaliyeed tabar ma leh. Markii aad xudduudahaada badda, berriga iyo cirkaba ilaashan kartid, awooddana ku jirto gacanta dawladda, gobonnimo buuxda markaas ayaad leedahay, laakiin hadda gobonnimada Soomaaliya waa nuqsaan. Mararka qaar madax ayaa raacdeyneysa qofkii Golaha Ammaanka ka socday ee loo soo diray in uu si tartiib tartiib ah inaga noogu wareejiyo madax-bannaanidii dawlad la'aanta la luntay nagana caawiyo dhismaha Dawladda. Qofka sidaas sameynayaa ma fahansana ergeyga uu raacdeynayo waxa uu u taaganyahay. Shaqsiga Golaha Ammaanka ka socda iyo safiirka caadiga ahi waa kala duwanyihiin. Wax la la yaabo ayay noqtaa marka madaxda Soomaalidu dadka ceynkaas ah dalka ka eryaan.

Safiirad cusub oo dawladda Ingiriisku ay Soomaaliya u soo magacawday ayaan maalin la sheekeystay. Toddobaad iyadoo dalka joogta ayaan is aragnay. Waxaan ku dhahay ii warran, Soomaaliya maxaad ka fahantay? Waxa ay igu dhaday: dad badan oo xildhibaanno iyo wasiirro isugu jira ayaan la kulmay. Waxyaabaha aan muddadaas toddobaadka ah la yaabay waxaa ka mid ah ayay dhahday, siyaasiga Soomaaliga ahi hadalka meesha uu ka bilaabo iyo marka uu kaa tagaayo meesha uu ku dhammeynayo waa is burinayaan. Arrinkaa marki aan u dhabbagalay waxaa ii soo baxday in siyaasiga Soomaaliga ahi waxa uu ka duulayaa ay tahay caadifaddiisa shakhsiga ah (emotions), dadka ajanabiga ahna inta badan waxa ay diiradda saaraan caqli-galnimada (rationality). Siyaasiga Soomaaliga ahi inta badan si maangal ah wax u ma eego ee wuu dareen-hadlaa, marka su'aalo adag oo is-dabajoog ah la weydiiyana wuu isku dhex yaacayaa oo isma difaaci karo, sababtoo ah markii hore dooddiisu ma ahayn mid caqli ku dhisan ee waxay ku qotontay caaddifad qof, degaan ama qabiil nacayb. Waxaa laga yaabaa qofkii uu shalay dhaliilayey in uu maanta ammaano, ama qabiilkii uu ka sheeganayey uu hoos uga dego.

7

ALLE-DILAA DHINTA

ALLE-DILAA DHINTA

Saddex mar ayaan ka badbaaday isku day dil oo Al-Shabaab qorsheeyeen. Mar aniga oo wasiir ah oo ka soo laabtay Madaxtooyada ayaan ka baxsaday miino jidka la galiyay Hotel Wehliye hortiisa. Waxaa i la socday Jeneraal Yuusuf Siyaad "Indhacadde" iyo Dr. Maxamuud Garwayne. Mar kale, aniga oo Xildhibaan ah ayaa bambo-gacmeed lagu soo weeraray guri aan degganaa, iyagoo qiyaasayay maalintaas in aan bannaanka guriga fadhiyo. Inta badan, galabtii waxaan fariisan jiray jalbeebka ama daaradda guriga. Maqribkii ayaa soo dhawaa. Nin saaxiibkey ah oo xilligaa ahaa guddoomiyaha Jaamacadda SIMAD ka dibna wasiir iyo xildhibaan noqday, Cabdiraxmaan Maxamed Xuseen (Odawaa), ayaannu ballansaneyn. Wuu ii yimid. Gaari yar oo Camry ah ayuu watay; gudaha guriga ayuu soo gashaday. Malaha, argagaxisadu dusha ayey ka la socdeen. Salaadda maqrib markii la aadaamay ayey mar qur ah labo bambo gacmeed oo xoog leh ku dhufteen meeshii ay qiyaasayeen in aan fadhinno, laakiin balbalo meel gadaale ah oo aan ugu tala gallay in kulaylka aannu kaga nasanno ayaannu ku shaaheynaynay, taas ayaanna ku baxsannay.

Markii saddexaad waxa ay ahayd weerarkii Hoteel Jazeera. QM ayaan u shaqeeynayay, markaasna gudaha Xalane ku ma jirin oo bannaanka ayaan degganaa. Ardaaga Hoteel Jazeera ayaan wada fadhinnay Saalax Axmed Jaamac oo markaa la-taliye ka ahaa Wasaarada Arrimaha Gudaha iyo Federaalka, wuxuuse mar dambe noqday wasiir, xildhibaan iyo raysalwasaare-xigeynba. Waxa kale oo na la fadhiyay mid ka mid ah milkiilayaasha hoteelka, Cabdikariin Maxamed (Gaambe). Xoogaa sheeko ah ka dib, waxaan isu sheegnay in aan la soo casariyeyno Jen. Cabdullaahi Gaafow Maxamuud oo deggan guri hoteelka ka soo hor jeeda, laakiin markii aan wacnay ayuu noo sheegay in uu xaafadda ka maqanyahay. Waxaan xasuustaa wiil dhallinyaro ah oo ka mid ah shaqaalaha hoteelka ayaa Cabdikariin Gaambe u yimid. Gees ayuu u la baxay. Wuu la hadlay. Gaambe wuu nagu soo noqday wuxuuna nagu yiri: wiilka dhallinyarada ahi wuxuu i weydiinayay in aan ka bixiyo lacagta jaamacad uu dhigto waana u ballan qaaday. Muddo yar ka dib, markii aannu kala tagnay oo aan qolkeygi tegay, Saalaxna uu barandada sigaar uu xilligaa cabbi jiray ku cabbayo, ayuu hal mar qarax xoog lehi hoteelkii qabsaday. Wuxuu ahaa qarixii ugu weynaa ee xilligaas dalka ka dhaca. Hoteelkii qeyb dhan ayaa duntay. Nasiib-darro, ninkii dhallinyarada ahaa ee lacagta waxbarashada loo ballanqaaday iyo 4 ruux oo kale ayaa ku dhintay qaraxii. Waan xasuustaa in Saalax iyo albaabkii oo is wataa ay iga soo dul dhaceen. Waxaan ku iri war jiifso oo xabbadka dhulka ku qabo, isaguna wuu socsoconayey, maadamaa uusan waaya'argnimo u lahayn weerarrada caynkaan ah. Waxaan ka baqayay in qaraxa uu weerar daba socdo, laakiin ma dhicin. Durba dhallinyaradii waardiyaha hoteelka ahaa ayaa aagaggii kala galay. Wax yar ka dib waxaa na la soo hor marsiiyey dhaawaca mid ka mid ah shaqaalihi safaaradda Shiinaha oo ay naftu ku sii daba yartahay. (Safaaradda Shiinuhu safaaradaha hoteelka deggan ayay ku jrtay).

Muddo yar ka dib, waxa i soo wacay Nicholas Kay oo markaas joogay guryo haayadaha QM u soo guureen oo la yiraahdo Shanta Fillo oo nin Soomaali ah oo Yaasiin la yiraahdaa uu leeyahay kana baxsan Xalane laakiin waddada dhinaceeda kale ah. Mar walba ambaasadoorku wuxuu jeclaa in uu bannaanka u soo baxo. Dadka gudaha Xalane jooga waxa ay goobta la weeraray u qaateen xaruntaas oo aan aad uga fogeyn Hoteel Jazeera. Nicholas Kay taleefan ayuu ii soo diray: Cabdi ma nabad qabtaa? Haa waa nabad qabaa ayaan dhahay. Meeshaada joog waxaan kuu soo dirayaa gurmad ayuu igu yiri. Isla markiiba waxaa ii yimid ciidan ka socday AMISOM oo meesha iga saaray.

Markaa hore xaddiga qaraxa iyo baaxadda burburka ee uu gaystay ma sawiran karayn intii aan gudaha hoteelka ku sugnaa, laakiin markii aan baxay oo aan gudaha Xalane galay oo dadkii oo dhan igu soo dhoobteen ayaa sawirradii qaraxa lagu soo bilaabay baraha bulshada. Ileen dhinaca aan anigu joogo ma ahee dhinaca kale ayuu xoogga qaruxu haleelay oo dhinacayagii wali wuu is heystay. Qolkeyga daaqadaha iyo albaabka ayaa jabay laakiin gudaha qolku caadi ayuu ahaa. Markaa ayaan dareemay in aan ka soo badbaaday wax aan caadi ahayn. Sawirraddii ugu horreeyay ee aan arko waxaa soo galiyay Maxamed Ibraahim Mucalimuu oo markaa ahaa wariye ka tirsan BBC, mar danbana xildhibaan noqday. Markaa ayey tiiranyadii iyo walwal hor lehi ii bilawdeen.

Ma ahayn Xalane gudihiisa xataa meel lagu badbaadayo, in kasta oo aad loo taxaddarayey. Koox kasta oo isku aag ah waxaa ku ag yaallay "*Bunker*" oo ah dhisme shub adag ah oo laga galo ama lagaga dhuunto qaraxyada, xabbadaha iyo hoobiyayaalka ku soo dhacaya xerada gudaheeda. Waxaa kaloo qasab ah in uu mar walba kuu shidanyahay *walkie-talkie* oo ah aalad lagu wada xariiro oo taleefanka la mid ah. Inta badan, galabtii xeebta badda ayaan socod iyo orod isku jira ku samayn jiray. Cashada inta u dhaxaysa 7 ilaa 8 ayaa la cunayey, qolkaygana ugu dambayn 9-ka fiidnimo ayaan ku soo laaban jiray, ilaa 11-kana wax baan akhrisan jiray. Inta badan *walkie-talkie-ga* waan iska demin jiray.

Habeen habeennada ka mid ah ayaa xilli dambe hoobiyeyaal lagu soo garaacay xerada gudaheeda. Dadkii i la deggenaa waxay isugu tageen bunker-kii, anigana way i waayeen. Waxay kaloo waayeen si ay ii la soo xariiraan, maadaama taleefankana aan codka ka xiray, *walkie-talkie*-giina aan damiyay. Gabar Soomaali ah, gabar Jabbaan ah iyo mid Itoobiyaan ah oo aan daris ahayn ayaa aad taleefankeyga u soo garaacay, aniguna hurdo aad u dheer ayaan iska galay oo maba maqal hoobiyayaasha oo ku dhacayay agagaarka xafiisyada. Subixii markaan salaadda u soo kacay ayaan arkay wacitaan aad u badan. Waa shakiyay. Dadki ayaan ku celiyay; ileen dadka xalay oo dhan ayay *bunker* ku jireen oo waagu marki uu dillaacay ayuu qof waliba dhabanka dhulka dhigay. Hannaan lagu wada xariiro oo QM leedahay ayaan furay, markaas ayaan arkay farriimaha is dhaafaya, Muqdisho ilaa New York. Xilligaa ayaan ogaaday in meesha xalay weerar ka dhacay. Subixii markaan shaqada tagay, qof waliba wuu i la yaabay: xalay halkee jirtay, ma nooleyn miyaa? Waxaa la igu yiri hadda ka dib waa in aad sharciyada raacdaa oo mar kasta uu *walkie-talkie*-gu furnaado.

8

TARTANKII MADAXNIMADA DALKA

TARTANKII
MADAXNIMADA DALKA

*M*ár kasta waan ku taamayey in aan qayb ka noqdo loollanka iyo u baratanka xilka madaxweynaha dalka. Sannadkii 2012 ayaan galay olole loogu tartamayo xilka madaxtinimada dalka, waanse ka haray tartanka maalmihii ugu dambeeyey. Siyaasadda Soomaaliya marna ka ma weynaato 4.5 iyo qabiil. Dadkii aan teegarada ka filayay, hadday ahaan lahayd mid macnawi ah ama dhaqaale intaba, waxa iyagoo aniga ii ballanqaaday garab-istaag haddana ay taageeradooda u leexiyeen musharrax kale oo isla beesha ah oo sheegtay in uu haysto taageero Soomaali iyo mid caalami ah intaba. Haddaba, markii aan qiimeeyay duruufaha igu hareereeysnaa, tabartayda iyo taageerada dhaqaale ee aan heli karo iyo dadka aan teegaarada ka filayay sida ay meel kale ugu weeciyeen, waxaan ku qasbanaaday in aan ka tanaasulo ka-qeybgalka tartankii Madaxweynanimada ee 2012. Waxaan mar walba raadinayey awood aan ku meelmariyo fikirka iyo aragtida iyo hammiga aan ka gam'i waayey ee iga dhex guuxaya. Waxaa la sheegaa in sababaha ugu waawayn ee xukunku loo raadiya ay tahay in laga helo labo dhadhansi ama macaansi midkood: 1) Fikir iyo aragti aad doonayso in aad meelmariso, soo kordhiso wanaag, sameyso farqi iyo isbeddel nolasha dadka aad xukumayso, Ilaahey oo aad aakhiro ajar iyo xasanaad ka rejayso iyo dadka dhexdiisa oo aad dhaxalreeb wanaagsan oo magac iyo taariikh leh ku dhaafto. 2) In aad dhadhansato haybaysiga iyo habmaamuuska, hanti tabcasho iyo dareen muudsi aad ka helayso in amarkaagu fulo, dadkana aad ka sarrayso oo aad awood u sheegato ama ugu faanto.

Anigu shakhsiyan waxaan naftayda ku qiimeeyaa in aan ahay dadka daneeya tan hore. Sannadkii 2016 ayaan go'aansaday in aan mar kale galo baratanka xilka Madaxweynaha. Xilligaa waxaan ka shaqeynayay xafiiska ergeyga gaarka ah ee Qaramada Midoobay, Michael Keating, oo beddelay Nicholas Kay oo la-taliye sare oo dhanka siyaasadda aan u ahaa. Bishii Maarso 2016 ayaan isaga tegay shaqadii QM oo ahayd shaqo aad u mushaar iyo magac fiicanba leh. Mushaarka iyo gunnadeyda marka la isku daro waxay ku dhawaayeen $15, 000; shan maalmood oo fasax nasasho ah ayaan lahaa bil kasta, iyo in aan si bilaash ah u raaci karayo diyaaradaha QM. Waxay ahayd heer nololeed oo ay adagtahay in uu daayo ruux aan hubin in uu mid ka fiican gacanta ku dhigayo. Ma ahayn mid looga tegi karayey doonashada xil biimo ah oo aadan hubin waxa kaaga soo laaban doona.

Waxaa intaas ii dheeraa in aan galaangal u lahaa qof kastoo madax ah oo Soomaali ah, xataa Madaxweynaha, Raysalwasaaraha, Madaxda gobollada ama siyaasiyiinta—qof kasta oo aan waco ixtiraam gaar ah ayuu ii muujinayay, sababtoo ah xafiiskaas waxaa loo arkayay xafiis aad muhiim u ah qofka joogaana uu saameyn weyn leeyahay. Mar haddaad dhakhli fiican heleyso, galaangalna aad madaxda u leedahay, meel ammaan ah aad ku jirto, in kastoo dhowr jeer hoobiyayaal noogu soo dhaceen gudaha Xalane, haddana waxa ay iska ahayd nolol aad u fiican. Xilliyadaas waxaan qoyskeyga ka soo raray magaalada London oo aan soo dejiyay Nairobi. Dad badan oo Soomaali ahi waxa ay siyaasiyiinta ku qabsan karaan in ilmahoodu aysan degganeyn dalka gudihiisa, laakiin anigu ku ma jiro dadka siyaasadda dalka ka tabcaday, ka dibna ubadkooda dibadda u rartay. Waxaan ka mid ahaa dadkii colaadaha sokeeye ka qaxay ee doonaya in ay dalka si tartiib tartiib ah ugu soo laabtaan.

BARATAN, BEEN, IYO BALLANQAAD

Mar kale waxaan go'aansaday in aan tartanka dorashada Madaxweyne ee 2017 ka qeyb galo. Shaqadii QM waa ka tagay, runtiina aad ayay qoyska u dhibeysay shaqa ka tagistaasi; waliba xaaskeygu waxa ay tallaabadaas u arkeysay go'aan aan saxneyn, sababtoo ah markaa ayaan Nairobi u soo guurnay, guri ayaan qaadannay oo lacag hormaris ah iska bixinnay, inta kalana aan dooneynay in aan iska yaryareyno, maadaama mushaarkeygu aad u fiicnaa, ilmahana iskool fiican la geeyay. Dood adag ayaa xaaska naga dhex martay arrinkaas. Dadka ehelka ah oo Alle ha u naxariistee hooyo ugu horreysaana mar kasta ma aysan jecleyn in aan siyaasadda galo.

Tartankii ayaan u diyaar garoobay. Barnaamij isku-tashi la yiraahdo ayaan miiska soo saaray. Koox olalaha doorashada iga la shaqeeya ayaan isku duwday, xiriir dibadda iyo gudahaba ahna waan raadinnay. Waxa yaabka leh ayaa ah, iyadoo lagu jiro tartankii doorashada ayaa madaxda dawladgoboleedyada shir loogu qabtay dalka Imaaraadka, wuxuuna ujeedku ahaa in madaxweynaha markaas xilka fadhiyay oo Xasan Sheekh Maxamuud ahaa laga hor yimaaddo lana taageero murashax kale oo Imaaraadku garab taagan yihiin. Markii madaxdii dawladgoboleedyada meesha la isugu geeyay ayaa lagu yiri waxaa la doonayaa in Xasan Sheekh meesha laga saaro oo aad taageertaan Cumar Cabdirashiid. Madaxweynayaasha Puntland, Dr. Cabdiweli Gaas, iyo Jubaland, Axmed-Madoobe, arrintaas waa soo dhaweeyeen. Shariif Xasan oo markaas madaxweyne ka ahaa Koofur Galbeed wuxuu sheegay in uu isagu tartamayo, sidaa daraaddeedna uusan cidna taageerayn. Halka ay madaxweynayaashii Galmudug, Cabdikariin Xuseen Guuleed, iyo Hirshabeelle, Cali Cabdillaahi Cosoble, ku doodeen in madaxweyne Hawiye oo xilka haya ay ku adag tahay in ay ka hor yimaaddaan oo mid Daarood ah taageeraan. Waxay sheegeen in aanay dooddaas suuq gayn karin, dadkii iyo degaankii ay matalayeenna ka socon karin. Cabdikariin iyo Cosoble waxaa lagu yiri keena qof aan Xasan Sheekh ahayn oo aad taageertaan. Si lamafilaan ah ayey magaceyga u la soo boodeen, iyadoo uu ujeedku ahaa in ay madasha kaga soo marmarsiyoodaan. Sababtoo ah haddii ay taageeradu dhab ka tahay way i la sii wadi laahaayeen. Warkii ayaa suuqa galay. Laba maalmood ka dib, safiirka Maraykanka ee Soomaaliya, Stephen Michael Schwartz, oo markaa dalka ku cusbaa ayaa i ballansaday. Safaaradda waxay xilligaa xarunteedu ahayd Nairobi. Isaga iyo gabar Pakistani-American ah oo xafiiska siyaasadda ee safaaradda ugu sarreysay ayaan la kulmay. Wada sheekeysi dheer ka dib, wuxuu yiri in magacaaga lagu soo qaaday madashii Abu Dhabi ayaan maqlay ee sidee u aragtaa?

Waxaan ugu jawaabay sida aad u maqashay ayaan aniguba u maqlay. Wuxuu yiri haddii labadaas dawladgoboleed ay taageero ku siiyaan waxaad tahay murashax safka hore ah oo ay fursaddiisu wayntahay. Ka warran haddii adiga iyo Cumar Cabdirashiid uu midna Madaxweyne noqdo midna Raysalwasaare? Waxaan ugu jawaabay in aysan xumayn laakiin ay u baahantahay in la eego mid waliba fursadda uu yeelan karo. Wuxuu sheegay in Cumar uu raysalwasaare xilka haya yahay, taageerada labo dawladgoboleed haysto, dawladda Imaaraadkuna ay si wayn u taageersantahay, ayna fiicnaan lahayd in aan isaga dhiso anigana xilka raysalwasaaraha qaato. Waxaan u sheegay in Cumar aan saaxiib nahay hammigayguna yahay qabashada xilka dalka ugu sarreeya laakiin aan ka fekeri doono, isaguna uu ku mahadsanyahay soo-jeedinta. Stephen Schwartz intii aan sheekeysaneynay wuxuu dhaliil kala dul dhacay Madaxweyne Xasan, waxaana ka muuqatay sida uusan u dooneyn in uu soo laabto. Wuxuu yiri: Xasan waa nin musuq lagu heysto, Maraykanka haddaan nahayna isku ma fiicnin, dhowr talo oo aan siinnayna wuu diiday: taliyaha ciidanka nabad-sugidda iyo taliyaha ciidanka saadka oo culeys badan naga heystay beddel ayaan dhahnay oo wuu diiday. Dad badan oo musuq ku lug leh ayaa ku jira taliskiisa ayuu yiri, mana dooneyno in uu soo laabto ee waxaan idin ka rabnaa in adiga iyo Cumar Cabdirashiid arrinkaas isla eegtaan. U ma muujin in arrintaas aan diyaar u ahay ama aan diiddanahay. Cumar wuxuu ka mid ahaa siyaasiyiinta aan saaxiibka dhow nahay, laakiin codsigu xaggiisa iiga ma imaan. Waxaa kaloo ii muuqatay in ay adagtahay fursadaha uu ku guulaysan karayo, sababtoo ah waxaa ka dhinac sharraxnaa sagaal murashax oo beeshiisa Majeerteen ah oo qaarkood ay isu sharraxayeen in ay isaga la haraan. Waa dhaqan xumida siyaasadeed ee ay ka simanyihiin hormuudka siyaasadda Habargidir iyo Majeerteen oo ah in la is-barabixiyo oo fursadaha la iska luggooyo. Waa labo qabiil oo iyagana baratan adag iyo is-barabagaan siyaasadeed ka dhexeeyo, dadkooda siyaasadda hormuudka ugu ahina isku karanyihiin. Waa hawl u baahan in ay iska xalliyaan. Tusaale ahaan, waxaa ka duwan Abgaalka oo inta badan xilka qaata. Qabiilkaasi ma laha isku xirnaan, kursi ku doonasho hayb qabiil leh, hormuudkooda tartan iyo beratan adag ayaa ka dhaxeeya, laakiin inta badan isku ma karna, mararka ay sida ba'an isu diidaanna fursada ayaa dhaafta, sida dhacday 2017. Waxaan kaloo arkayey in aad xilka ugu sarreeya u istaagto in uu fursad kuu siinayo in dalka hiraalkaaga iyo aragtidaada lagu hago, xilkii taa ka hooseeyana uu yahay shaqaale siyaasadeed.

Dhinaca kale, waxaa qalqaalo igu bilawday dawladda Itoobiya oo markaa si wayn oo aan qarsoodi lahayn u garab taagnayd Xasan Sheekh. Waxay ii diyaariyeen in aan la kulmo raysalwasaarihii Itoobiya ee xilligaas, Hailemariam Desalegn. Waxaan tegey Addis Ababa. Maalinkii xigay, magaalada bannaakeeda meel 40 kiiloomitir u jirta oo aan filayo in uu yahay guri sirdoonku leeyahay ayaa fadhi la iigu qabtay. Sida aan u fahmay, ujeedkoodu wuxuu ahaa in aniga ay wax badan iga ogaadaan. Meeshii ayaan sheeko dheer ku galnay. Macawiso iyo jaad ayaa la keenay, waxaan u sheegay in aanan qaadka cunin. Waxaan soo xasuustay maalin uu wasiirkii arrimaha gudaha Jabuuti na marti-qaaday, intii aan ku jirnay wada-hadalkii Jabuuti oo labadii dhinac ee wada-hadalka jaad loo keenay. Sheekh Shariif, Janaqow, aniga iyo rag kale waxaan niri qaadka ma cunno, dabadeed aad ayaa na loogu qoslay. Qayilaaddu waxay ka mid tahay dhaqanka siyaasadeed ee horwaynta Soomaalida. Waqtiga ayaa la isku dhaafiyaa, xanta siyaasadda ayaa lagu kala qaataa, heshiisyadana waa lagu guntaa. Dhowr sababood ayaase igu adkeeyey in aan cuno qaadka. Waa in uu waqti badan u baahan yahay; in caafimaad ahaan u daran yahay; tijaabadii kowaad ee aan isku dayeyna waxay ahayd mid aad u qaraar oo aan dareenkii ragannimo mar qura iska waayey, iyo afka, carrabka iyo camanka oo aan xanuun ka seexan waayey. Waxaan is-waydiiyaa waxa dadka cunaa ay u dhadhansadaan, waqtiga ugu hayaan, dareenkooda ragannimana uga badbaadsadaan!

Subixii xigtay ayaannu raysalwasaaraha u tagnay. Waxaa la joogay taliye-xigeenkii nabadsugidda Itoobiya. Ku-dhowaad saacad ayaan sheekeysaneynay. Waxaan iska warsannay guud ahaan siyaasadda gobolka iyo tan gudaha Soomaaliya, iyo sida aan u arko xiriirka Itoobiya. Runtii, waxaan dhihi karaa Hailemariam Desalegn wuxuu ahaa nin indheergarad ah oo fahansan halka uu taaganyahay. Aniga qudhayda fahansanaanta siyaasada dalkayga, la socodka arrimaha Itoobiya iyo kuwa Geesku waxay iga caawiyeen in aan dood mug leh yeelanno. Marna i la ma uusan soo qaadin wax la xariira doorashooyinka. Wuxuu aad iigu dhiirrigeliyey in aan xilka si dhab ah u raadiyo, haddii aan ku soo baxana ay isaga iyo dawladdiisu i la shaqayn doonaan, xiriir hagaagsanna uu naga dhaxayn doono. Markii uu kulanku dhammaaday, taliye-xigeenkii nabadsugidda ayaa i soo sogootiyay. Wuxuu igu yiri: Cabdiraxmaan ninkii mudnaa ayaa tahay laakiin annagu sannadkan Xasan Sheekh ayaan taagaareynaa, waxaana ficnaan lahayd in aad isla shaqeysaan. Hoteelkii aan Addis Ababa ka degganaa ayaan ku soo laabtay. Waxaa ii yimid ninkii lahaa xiriirka aniga iyo Hailemariam oo aad u faraxsan. Wuxuu igu yiri, taliyahaygu wuu i soo ammaanay wuxuuna igu yiri nin weyn oo wax kala garanaya ayaad keentay. Wuxuu sii raaciyay in Desalegn uu yiri wali ma arkin siyaasi Soomaali ah oo aan sidaas oo kale aan u doodnay, fikir intaas la'egna ka heysta dawladnimada, siyaasadda gobolka iyo tan caalamka intaba.

Ololihii ayaa halkiisi ka sii socday. Maalin maalmaha ka mid ah ayaa isla ninkii aan Addis Ababa ku soo kala tagnay ee ku faraxsanaa in uu ka shaqeeyay kulankii aniga iyo Hailemariam na dhex maray uu Muqdisho iga soo wacay. Markaas ayuu dhahay aniga iyo Gabre in aan kuu imaanno ayaan rabnaa (Gabre nin siyaasadda Soomaliya aad looga yaqaan ayuu ahaa). Markii aan waydiiyey halka ay doonayaan in aan ku kalanno, wuxuu igu yiri Safaaraddooda. Waxaan u sheegay in ay igu adagtahay in aan xilligaa safaaraddooda ku kulanno. Xilligaa waxaa si weyn suuqa ugu jirtay in Itoobiyaanku ay Xasan Sheekh aad u taageersanyihiin, waxaa kale oo jirtay kooxdii Farmaajo hoggaaminayay oo dhankooda ku ololeynayay waddaniyad oo baraha bulshada aad u heystay. Dabcan, mucaaradka oo dhammi aad ayay uga fogaayeen Itoobiyaanka. Annaga ayaa kuu imaaneyna ayuu yiri, waxayse codsadeen in aan xaafadda cidna joogin xilligaas. Markii uu kulankii bilawday ayey i waydiiyeen in aan Cabdikariin X. Guuleed iyo Cabdiraxmaan Maxamed Xuseen (Odawaa) xalay is afgarannay? Waxaan ku iri, haddiiba aad kulankeena ogaydeen natiijadana waad ogtihiin. Waxay yiraahdeen xalay xilli dambe ayaad isku gaarteen, annagoo aan natiijadii ogaan ayaan seexannay. Waan ka gudubnay dooddaas. Habeenkii ka horreeyey maalinka aan kulmayno ayaa waxaa ii yimid Guuleed iyo Odawaa oo waday dadaal ay ku doonayeen in aan ku taageero olalaha Xasan Sheekh. Dhanka kale, waxay miiska soo saareen ballanqaad ah in qarashkii ololaha iiga baxay la ii celiyo, haddii Xasan Sheekh guulaystana aan ka xusho xilka ugu sarreeya xukuumadda. Waxay taas ku adkeeyeen in ay iyagu yihiin labadii nin ee igu cariirin lahaa xilka. Cabdikariin wuxuu yiri Galmudug ayaan anigu iimaansanayaa, Odawaana wuxuu yiri wasiirka madaxtooyada ayaan qaadanayaa, si uu xilkaas kuugu bannaanaado. Cabdikariin shirkii Imaaraadku ku qabteen Abu Dabi waa tii uu ka yiri: Cabdiraxmaan ayaan taageerayaa. Aniga xataa waa ku taageerayaa ayuu igu dhahay, sirdoonka Kenyana in uu aniga i taageerayo ayuu u sheegay. Laakiin Cabdikariin ugu dambayn kooxdiisii ayuu u soo laabtay. Waxaa jirtay mar dhexe uu damac galay in uu xilka Madaxweynaha u tartamo oo isaga iyo Shariif Xasan ayaa ku heshiiyay in ay Guddoomiyaha Baarlamaanka ka dhigaan qof Daarood ah, Cabdikariin laga dhigo madaxweynaha, Shariif Xasan uu qaato raysalwasaaraha, laakiin qorshahaasi ma socon. Waxaan maqlay in Cabdikariin ogaaday in Shariif Xasan uu doonayo in marka uu hubsado in Guddoonka Baarlamaanka Daarood qabsaday uu isagu u istaago xilka Madaxweynaha, sidaasna Daarood oo Hawiye ka aargudanayaa ay isaga codka ku siiyaan.

Nimankii Itoobiyaanka ahaa dooddii oo kale ayay i la galeen. Waxa ay yiraahdeen Xasan Sheekh Maxamuud ayaan taageereynaa, wuuna guuleysanayaa, ee waxaan rabnaa in aan kuu soo bandhigno in aad la shaqeyso. Xilligaa waxaa soo baxday warbixin dheer oo ay daabacday xarun cilmi-baaris oo ku taalla Itoobiya oo ku doodaysa in Soomaaliya cid aan Hawiye ahayni xilligan madaxweyne ka noqon karin, taasoo runtii abuurtay dhiillo dadka dhexdiisa ah oo xataa ololihii Xasan si taban u saameysay. Warbixintaasi waxay fursad wayn u noqotay Farmaajo oo ay ka saacidday in uu ku helo taageero caaddifadeed. Ninamkii Itoobiyaanka ahaa waxaan u sheegay in warbixintaasi ay aad u qaldantahay loona baahneyn in Soomaalida dhiillo ceynkaas ah laga dhex abuuro, haddii ay is-lahaayeen Xasan ku taageerana ay wax u dhimi doonto. Laakiin iyagu warbxinta waxay ugu tala galeen in ay madaxa ka qabsato dawladaha arrimaha Soomaaliya ku lugta leh, gaar ahaan kuwa Khaliijka ee lacagaha ku bixiya doorashooyinka. Dood dheer ayaannu galnay. Waxa ay yiraahden Xasan taageer, ballan-qaadka Odawaa iyo Guuleed miiska kuu saareen oo kale ayaan taageeraynaa, wasiirkii aad rabtid ayaad la baxaysaa, lacagtii olalaha kaaga baxday waa laguu celinayaa, hoggaamiyaha xiga ee Hawiye ee la dhisayo ayaad tahay 2020-ka, annaga ayaana dammaanad qaadeyna arrinkaas. Intaas aad sheegteen waa fiicantahay ayaan ku dhahay, laakiin cilladdu waa in aan xilka ugu sarreeya rabo oo aanan doonaynin wax ka hooseeya. Dhinac kasta ayey iga hoga-tusaalaayeen laakiin ku ma aysan guulaysan arrinkaas.

Waxaa la is-waydiin karayaa maxay tahay sababta aan ku diiday qalqaalada, heshiiska iyo ballanqaadyada buuran ee iiga imaanayey Xasan Sheekh iyo Cumar Cabdirashiid oo weliba ay dawlado garwadeen ka yihiin. Weliba iyada oo ay muuqato in aanan haysan fursad wayn oo aan xilka dalka ugu sarreeya ku hanan karo. Waxa iigu wayn ee aan ka gam'i waayey siyaasaddana i keenay ayaa ahaa in aan hiraal ii muuqday meelmariyo ee ujeedkaygu ma ahayn in aan siyaasada ku dhex noolaado. Waxaa kaloo iyaduna muhiim ahayd in aan noqdo nin la rumaysan karayo oo misdaaqiyo leh oo dabkii shidanba aan ku boodayn, digsi kastana aan gacanta gashanayn. Ma doonayn in la ii arko in aan ahay nin doorashada durbaankeeda garaaca, markii sanduuqa loo dhowyahayna beecsada musharaxnimada oo wixii ay u goyso ku gata. Sumcad-xumadaas in ay suuqa ii gasho ayaa ka mid ahayd in aan diido ballanqaadyada la ii soo bandhigayey.

Olalihii sidaas ayuu ku sii socday, mana helin taageero dhaqaale oo aan doorashada ku galo. Shilin ma aanan siin xildhibaan, sidaas oo ay tahayna waxaan helay 9 cod oo waxaan ka fiicnaa rag lacag badan bixiyey.

Xiisad iyo Xafiiltan

Shariif Xasan wuxuu ku guuleysan waayay in uu Cabdirashiid Maxamed Xiddig ka dhigo Guddoomiyaha Baarlamanka. Maadaama uu heystay koox xildhibaanno ah oo isku xiran oo beeshiisa u badan, wuxuu noqday ninka ugu muhiimsan siyaasadda xilligaas ee dal iyo dibadba la la soo hadlayo, sababtoo ah meeshii uu taageero in miisaan wayn u kordhayo ayaa la qiyaasayay, guushuna raaci doonto. Shariifka laba cadaadis ayaa saarnaa. Cadaadis Imaaraadka uga imaanayay oo lahaa Cumar Cabdirashiid taageer iyo cadaadis Itoobiya uga imaanayay oo ku riixayey Xasan Sheekh taageer. Imaaraadka dhaqaale ayuu ku qabay Shariif Xasan, Itoobiyaankuna amnigiisa iyo midka Koofur Galbeed ayay gacanta ku hayeen. Markii hore wuxuu go'aansaday in uu taageero Cumar Cabdirashiid. Taleefan ayuu ii soo diray uu igu leeyahay aniga, adiga iyo Cumar aan is-baheysi sameysanno; Cumar madaxweyne ha noqdo, adigu raysalwasaare qaado, aniguna aan oday sharfan noqdo, saddexdeennu siyaasadda saaxiib ayaan ku ahayn ilaa Jabuuti. Shariif Xasan arrintaas ma ku adkeysan kartaa oo halkaas ma degganaan kartaa? ayaan waydiiyey, sababtoo ah waxaan arkayay in Shariif Xasan uusan go'aankaas ku sii negaan karin. Sidoo kale, waxaan ogaa in uu wacay kooxda Daljir oo siyaasiyiin beesha Hawiye u badani ku mideysnaayeen, kuna yiri inta uu igu yiri oo ah Cumar soo taagera raysalwasaarana qaata. Waan ogaa waxa uu ii sheegayay in aysan sax ahayn, waxaase iiga muhiimsanaa in uusan meeshaas sii degganaan karin oo taageerada Cumar uusan ku adkeysan doonin, sababtoo ah taageerada dhaqaale iyo midda amni isaga waxaa u muhiimsana midda amniga. Raggii saaxiibbaday ahaa aad ayaan arrintaas ugu dirirnay. Waxa ay fursad u arkayeen in aan isbaheysiga uu Shariif Xasan sheegay qeyb ka noqonno, laakiin waxaan u sheegay in uusan sii jiri karin. Sidii aan sheegayay ayayna noqotay oo cadaadiskii labada dhinac ahaa ee Shariif Xasan saarnaa waxaa ku adkaaday Itoobiyaanka, sidaas ayuuna Xasan Sheekh ku taageeray.

Intii ololuhu socday, guur-guurku aad ayuu u badanaa. Kooxda Daljir oo markii hore Madaxweyne Xasan ka soo tagtay, markii ay arkeen in Shariif Xasan ku adkeysan waayay ballankii uu la galay ayay mar kale u guureen Sheekh Shariif, ka hor inta aysan Farmaajo u wareegin habeenkii ugu dambeeyay ee doorashada. Farmaajo ayaana halkaa ka helay fursado dhowr dhinac leh. Tan kowaad, doorashada oo maalin ka dhimmantahay haddii aad koox isku xiran hesho arrin sahlan ma aha. Tan labaad, Farmaajo ololihiisa ku ma jirin dad Hawiye ah oo muuqdaa. Maadaama Daljir koox isku xiran oo Hawiye u badan ahaayeen, Farmaajo waxa ay u abuurtay fursad ah in dad badan oo Farmaajo la dhacsanaa laakiin shaki ka qabay in uu guuleysan karaa ay taageeraan. Tirada Xildhibaannada ay u keeneen muhiim ma aha ee fursadda ay gacanta u galiyeen ayaa wax walba ka muhiimsan. Farmaajo mar dambe oo aan is aragnay, wuxuu igu dhahay 30 ilaa 40 cod ka badan ma fileyn. Laakiin nimankaas habeenba meel degganaa ayaa fursaddaas u abuuray.

Taxaaluf ayaa la sameeyay la isugu keenay dadkii musharixiinta ahaa, waxaana lagu heshiiyay in Xasan Sheekh laga hor yimaaddo, qofkii mucaaradka ugu cod batana la taageero. Farmaajo isbaheysigaas qeyb ayuu ka ahaa. Subixii doorashada la galayay, 8 Feberaayo, musharixiinta waxaa la isugu keeyay qol Teendhada dhinaceeda ku yaal. Inta aysan imaan Madaxweynaha iyo Raysalwasaaraha oo labaduba musharrixiin ahaa ayay dood ka bilaabatay meeshii. Sheekh Shariif Sheekh Axmed ayaa soo jeediyay dood oranaysa in ragga xilka ku fadhiyay, Xasan Sheekh iyo Cumar Cabdirashiid, haddana tartamayaa ay yihiin rag haysta hantidii ummadda, sidaas daraadeedna ay qalad tahay in loo daayo in ay hantidii ummadda olole ku galaan. Wuxuu soo jeediyey in aan la aqoonsan natiijada doorshada haddii ay iyagu ku guuleystaan. Dooddii waa sii dheeraatay. Sheekh Shariif xanaaq badan ayaa ka muuqanayay, wuuna ku adkeystay soo-jeedintiisaas. laakiin qofka uu xanaaqa badan iyo carada u qabay wuxuu ahaa Xasan Sheekh; ma uusan sheegeyn magaciisa laakiin way muuqatay. Wuxuu ku celcelinayay kuna adkaysanayey in uusan ictiraafayn haddii nimankaasi soo baxaan. Cabdiraxmaan Faroole oo markaas tartanka Teendhada dhexdeeda uga hari doona, Cali Xaaji, Farmaajo, Dr. Culusow iyo rag badan oo kale ayaa yiri arrintaas armeysan fiicneyn, musuqaan doorashada Soomaaliya waa wada tahay aan iska dhaafno. Talo ceynkaas ah ayay soo jeediyeen.

Doodda oo socota ayuu Cumar Cabdirashiid soo galay. Meel gees ah ayuu fariistay. Annaga taleefannada waa na la ka reebay, laakiin isagu taleefankiisa wuu watay. Wuu arkay in dood kulul oo isaga iyo Xasan ka dhan ahi ay socoto. Taleefanka ayuu isku mashquuliyay, xoogaa markii uu fadhiyeyna wuu baxay. In yar ka dib, Madaxweyne Xasan ayaa soo galay; isagoo qoslaya ayuu isoo ag-fariistay. Sheekh Shariif isaguna dhinaca kale ayuu iga xigay. Isaguna dooddii ayuu arkay sida ay u kulushahay wuuna baxay; labadoodaba qol kale ayaa la geeyay. Inti aan doodda wadnay, waqtigii ayaa dhammaaday, doorashadii ayaannuna galnay. Wareeggii

1-aad markuu dhammaaday oo Xasan Sheekh Maxamuud 88 cod keenay, Maxamed Cabdullaahi Farmaajo helay 72 cod, Shariif Sheekh Axmed la yimid 49 cod, Cumar Cabdirashiid Cali Sharmarke uu keensaday 37 cod, ayaa waxaa bilowday walaahowgii wareegga labaad. Kooxdii Madaxweyne Xasan Sheekh waxay isku dayeen in ay dadka ku beerlaxawsadaan qabiil oo ay bitiyaan marada Hawiyenimo oo aan horay looga soo shaqayn. Nin dhallinyaro ah oo ka mid ah baratakoolka Xasan ayaa isku key duubay oo madaxweynaha qasab iigu geeyay. Madaxweyne Xasan Sheekh oo kalsooni aad u wayn qabay codbixinta ka hor, laakiin markan waaqicii qaraaraa wajahaya ayaa igu yiri: Cabdiraxmaanow waad aragtaa halka ay wax marayaan ee raggii isu raadi oo maanta kursiga yuusan ina dhaafin. Waxaan ku iri: madaxweyne, waxaa la joogaa saacad aan wax badan la qaban karin, haddii la is-taageerayo iyo haddaan la is-taageereynba waxay ahayd in uu jiro heshiis Teendhada doorashada horteed ah. Waxa isheydu qabatay Cabdikariin oo inta Sheekh Shariif gacanta qabtay uu Sheekhu iska filqay oo gacanta Sheekh Shafiif ay wajiga uga dhacday Cabdikariin Guuleed, isagoo diiddan in uu u tago Xasan; aad ayuu u xanaaqsanaa Shariif.

Farmaajo ayaa isku key duubay isagoo leh: Cabdiraxmaan waxa la isku yahay waad taqaan, walaalaha Galgaduud, maanta ayey taagan tahay, taageero ayaan kaa rabaa ee ugu yaraan is-tolaysiga socda ha la iga daayo. Waxaan ku iri: waa isugu kaa toosantahay, mana filaayo in lagaa celin karo guusha ee nasiib wacan.

Wareeggii labaad ayaa bilawday. Sheekh Shariif waa is ag-fadhinnay. Wuxuu igu yiri, sidee u aragtaa waxa socda? Waxaan ku dhahay: haddaadan Xasan u tanaasuleyn in aad tartanka ku jirto ayaa kuu roon. Waa ku sii jirayaa ayuu igu dhahay. Sheekha iyo Xasan aad ayay u kala fogaayeen, sidaan dareemayay. Waa marka aan is dhahay in Farmaajo soo baxo waa fiicneyd, sababtoo ah waxaa dhici kartay haddii Xasan soo baxo in Shariif ka hor yimaaddo, natiijada qaaddaco, oo dhibaato dhacdo. Musharrixiin badan oo Hawiye ah oo Abgaal u badan ayaa la isku dayay in ay Xasan Sheekh u tanaasulaan, laakiin waqti dambe ayay ahayd xilliga taageerada la raadinayay. Dhinaca Daaroodkana olole xooggan oo Farmaajo in loo tanaasulo ah ayaa ka socday. Cumar Cabdirashiid oo dadka Farmaajo aragti ahaan aad uga fog ahaa ayaa lagu qasbay in uu muujiyo in codkiisu dhanka Farmaajo aaday. Inta badan, siyaasiyiinta beesha Daarood oo ka dibaaqtamaya hadalkii Itoobiyaanka oo ahaa Hawiye cid aan ahayn dalka ma hoggaamin karto ayaa karaankooda isugu geeyay sidii Farmaajo loo soo saari lahaa. Ninka kali ah ee Daarood ee siyaasi ah oo aan dhihi karo in Farmaajo loo tanaasulo ayuu diiddanaa wuxuu ahaa Cabdiweli Cali Gaas oo isaga iyo Farmaajo aad ayay u kala fogaayeen, laakiin inta kale xammaasaddaas ayay qabeen. Si guud, xammaasad Daarood oo ka imaaneysay in la yiri kursiga ma geydaan ayaa abuurneyd, mid Hawiye oo dhinac socotaana ma jirin, taasoo keentay in Xasan oo wareeggii kowaad tartanka hoggaamiyay uusan guusha helin.

Taa cagsigeeda waxaa ahaa doorashadii 2022. Waxaa abuurneyd xammaasad Hawiye, mid Daaroodna ma jirin, waxaana tusaale kuugu filan in Deni iyo Farmaajo oo kaalmaha 1aad iyo 2aad kala galay wareeggii kowaad aysan isu tanaasulin, halka Hawiyuhu ay Xasan Sheekh ka soo qaadeen kaalinta 3aad oo ay 1aad geeyeen! Waa isla ninki ay 2016 isagoo kowaad ku jira guusha u diideen! Dabcan, waa marka aad la yaabeysid sida siyaasadda Soomaaliya ay ugu xirantahay xiisadda taagan, waana arrin u baahan in aad loo eego. Sidaas ayay ku dhammaatay doorashadii.

ANIGA IYO FARMAAJO

Doorashada ka hor, kooxda Farmaajo oo aad dacaayadda ugu fiicneyd waxa ay abuureen in dalku u baahanyahay qof *waddani* ah. Sidoo kale, dadka ayay si weyn uga dhaadhiciyeen in Xasan yahay nin u adeega ajandaha Itoobiya oo ay teegeerayso. Waxay kaloo ka faa'iidaysteen musqumaasuqii baahsanaa ee maamulkii Xasan Sheekh. Labadaas arrimood ayaa iyaga iyo mucaaradka kalaba ay si wayn u suuq geeyeen, laakiin waxay dadka kale kaga suuq gayn fiicnayeen in ay Farmaajo u suureeyeen in uu yahay qofkii waddaniga ahaa ee faragelinta foosha xun ee Itoobiya iyo musuqa iyo eexdaba la diriri lahaa, waana ku guulaysteen. Farmaajo siyaasadda Soomaaliya lix biolood oo keli ah ayuu ku jiray, mana ahayn nin ku hawlanaa waxqabad ama nashaad dan guud 30-kii sano ee uu dalka ka maqnaa, sababtoo ah waa la maqli lahaa. Magaciisa waxaa dadka ugu horraysay maalinkii raysalwasaaraha loo magacaabay.

Sida uu inoo sheegay, 30-kaas sano dalka dib ugu ma soo laaban, hawlo samafal, dibuheshiisiin, waxbarasho ama xataa dhaqdhaqaaqyadii qurbaha ka socday ee Itoobiya lagaga soo horjeeday qeyb ka ma ahayn. Xataa hawlo ganacsi oo gaar ah ama dadka degaanka lagu caawinayo ka ma qayb qaadan, laakiin hal mar ayaa laga dhigay waddani naftihure ah. Dadkeennii dalka nafta, waqtiga, iyo tamarta u hurayna sida Xasan Sheekh, Saciid Deni, iyo ragga kale ee samafalka iyo waxbarashada gacanta ka geystay, ama sida aniga, iyo Sheekh Shariif oo halganka adag soo galay waxaa na la ku shaabbadeeyay in aanan waddaniyad shaqo ku lahayn.

Maalin ka dib doorshada ayaan kulanay Farmaajo. Kulanka raggiisa ayaa soo qabanqaabiyey. Wuxuu igu yiri: Cabdiraxmaanow waa soo halgantay, nin karti badan oo daacad ah ayaa la ii sheegay in aad tahay, in aan wada shaqeyno ayaan raabaa, waana ku soo dhaweynayaa. Waan uga mahadceliyey soo-dhowaynta iyo ammaanta uu ii jeediyey. Waxaan ku la taliyey in uu dheellitiro xaaladaha adag iyo caqabadaha baaxadda leh ee maamulkiisa hor yaalla iyo filashada wayn ee ay shacabku ka qabaan doorashadiisa. Markii uu i warsaday sida filashada hoos loogu dhigi karo, ayaan u soo jeediyey in uu hadalka ugu horreeya ee uu shacabka u jeedin doono ku sharraxo kuna faahfaahiyo sida aysan isugu dhigmin caqabadaha dawladda hor yaalla, tabarteennu inta ay la'egtahay, uga mahadceliyo filashada ay ka qabaan, laakiin ugu celceliyo in uu qaban doono wixii karaankiisa ah iyo hadba inta ay tabartu u saamaxdo. Sidaas ma dhicin ee faraska ayuu jeedalka la sii dhacay, dadkiina wuxuu saaray diyaarad shidaalkeedu hawada ku dhammaanayo.

Mar kale ayaa rag kooxdiisa ka tirsanaa ii ballamiyeen, iyagoo ii sheegay in kulankan uu qayb ka yahay wada-sheekaysi uu madaxweynuhu la yeelanayo dad la rabo in xilka raysalwasaaraha loo magacaabo. Waa igu jiray damac raysalwasaare, weliba waxaa la is-lahaa walaalihii Galgaduud maadaama ay guulaysteen xilka xaggiina ayuu soo jiraa. Laakiin kulanka ka hor in xil raysalwasaare aanan arkaynin waan ogaa, sababtoo ah Fahad Yaasiin oo ahaa ninka Farmaajo ugu saamaynta badan leh anigana aan 20 sano ka badan is naqaannay ayaan arrinkaas kala sheekaystay, wuxuunna ii sheegay in uusan waxba ka gelin hawshaasna uu madaxweyanaha u daayey. Waan gartay in uu cid kale riixayo, ciddaas uu isagu wadana ay ku dhammaan doonto hawshu. Kulankii ayaan yeelannay Madaxweyne Farmaajo. Ugu yaraan 40 daqiiqo ayaan isla joognay. Dhowr jeer waxaa albaabka nagu soo furay Cali Siciid Fiqi oo markaa ahaa ku-simaha agaasimaha xafiiska madaxweynaha, ka dibna noqday Safiirka Midowga Yurub iyo guddoomiyaha Baarlamaanka Koonfur Galbeed. Farmaajo mar walba wuxuu ku lahaa: na sug. Mar kale ayuu ku celiyey in uu i yaqaano, saaxiibbadiisna ay aad igu ammaaneen. Wuxuu kaloo yiri halgankii lagu saaray Xasan Sheek idinka ayaa xooggeeda lahaa, raggiinii dalka joogay, aniga xilka calaf ayaa ii galay, mana tihid nin aan hubinayo dadnimadiisa, xilka raysalwasaaruhuna waa calaf. Halkaa ayuu ka bilaabay sheeko ku saabsan sidii uu isagu ku helay xilka Raysalwasaaraha. Wuxuu yiri: aniga oo magaalada Buffalo ee dalka Maraykanka jooga ayaa nin oday ah oo soddagay ahaa oo Cabdi-door la yiraahdaa maalin i soo wacay, markaas buu igu yiri Farmaajow waxaa la baadi goobayaa Raysalwasaare in laga keeno beesha Marreexaan ee maad xilkaas doonatid? Arrintaas ku ma jiro, Soomaaliya xaggeedana hadda u ma sii jeedo ayaan ku dhahay, ayuu yiri. Dhowr maalmood markii aan joogay ayaa nin saaxiibkay ahaa oo aan magaalada wada degganayn igu yiri: "Farmaajow Soomaaliya miyaa u socotaa?" Maya ayaan ku iri, ee maxaa aragtay? Waad iga qarinaysaa ee waad u socotaa ayuu igu yiri. Runta ayaan u sheegay oo ah in aanan ku fekerin weli. Ninkii saaxibkey ahaa wuxuu yiri, waxaan sidaa kuu leeyahay xalay ayaan ku riyooday adiga oo buur dhaladeeda saaran madaafiicina ay meesha ka dhaceyso, boorso lacag ka buuxdana aad gacanta ku hayso, dhinaca madaafiicdu ka dhaceyso maahane dhinaca kale ee buurtana ay joogaan dad gaajeysan oo masaakiin ah, aniguna aan ku leeyahay saaxiibow lacagta wax iga sii, adiguna aad leedahay war ninyahow adigu nin wax haysta ayaa tahay ee sug dadkaan danyarta ah ayaan lacagta siinayaaye. Riyadaas haddii aan fasirana waa in aad Soomaaliya u socoto oo aad siyaasadda geli rabto ee runta ii sheeg ayuu igu yiri. Iska daa warkaas, Soomaaliya u ma socdo ayaan ku iri. Maalmo ka ma soo wareegin; waxaa la ii soo wacay Sheekh Shariif oo New York jooga oo doonaya in aan la kulmo. Horay u ma aanan aqoon madaxweynaha. Waxaan ku la kulmay New

York. Waa soo sheekeysannay. Haddii aan u aragno in raysalwasaare lagaa dhigo waa ku soo wici doonaa ee iska bax ayuu igu yiri. Qiyaastii 10 maalmood ka dib ayaa taleefan ii soo dhacay, waxaana la igu dhahay Muqdisho kaalay, Raysalwasaare ayaa lagaa dhigayaaye. Wuxuu yiri: qof Xamar jooga oo aan xirirkiisa hayey ma jirn, marka laga reebo hal nin oo Bashiir la yiraahdo, magaaladana wax xiriir ah la ma lahayn. Waxaan la yaabay ayuu yiri in Cadiwaaxid Goonjeex oo dalka waligiis joogay, shirarkii dibuheshiisiinta oo idil na ka qaybgalay, xilal kala duwanna soo qabtay, markaana ahaa Raysalwasaare-xigeen iyo ku-simaha xilka Raysalwasaaraha, adeerkayna ahaa, aanu xilka calaf u gelin. Anigoo aan weligey dalka imaan ayaa Buufalo la iga soo waday oo markii aan soo degay boorsadana dhigtay anigoon labbiskii aan ku imid iska beddelin ayaa la i magacaabay. Sidaas daraaddeed, Raysalwasaaranimadu waa calaf ee ma ahan wax ku imaanaya dadaal, ayuu yiri. Cabdiraxmaan waxaan rabaa in aan ku ciseeyo oo aan ku sharfo, nimankii meeshaan ka tagay dadnimadaada iyo qiimahaaga ma aysan garaneyn, anigu se qaddarin iyo karaamo ayaan kuu hayaa, ayuu yiri. Waa mahadsan tahay ayaan ku dhahay.

Waxaan ku la taliyey in marka uu go'aansanayo magacaabid Raysalwasaaraha arrin uu wajahayo; ma karti, waaya'aragnimo iyo aqoon ayaad ku xulataa mise qof adiga ku addeecaya oo kula jaanqaadi kara? Waxaan ku iri haddii aad isla-jaanqaadka ku xulato oo ka dhigan in qofkaan aad is yeelan kartaan, waxay leedahay ceeb ah in aysan halbeeg lagu qiyaasi karo lahayn, laakiin kartidu waa arrin halbeeg leh oo la cabbiri karo. Dhibaatada jirta ayaa waxay tahay in Madaxweyne kasta oo Soomaali ahi uu raadinayo raysalwasaare uu aamminsanyahay in ay isla jaanqaadi karaan. Haddii la raadin lahaa raysalwasaare leh karti isugu jirta aqoon, waaya'aragnimo iyo xirfad, wax weyn ayay ahaan lahayd. Sidaas ayaan Farmaajo ku soo kala tagnay.

Fahad Yaasiin ayaa markaas ka hor laba mar Farmaajo magaalada Nairobi nagu kulansiiyay, laakiin isma aannu fahmin oo wax weyn na ma dhex marin. Fahad wuxuu ahaa nin aan aad isu naqaan oo isagoo dhallinyaro ah ayaan aqoon jiray xilligii dawladdii sii dhacaysay, ka dib markii uu warbaahinta galayna waa isa sii barannay. Doorashadii Jabuuti ayuu na la joogay. Sheekh Shariif ayuu wareysi ugu tagay maalin, nasiib-xumo wareysigii oo socda ayay Sheekha isku dhaceen oo kaamirooyinkii ayaa laga qaaday madaxweynuhuna wuxuu amray in la tirtiro wareysiga qeybta uu qaaday lana xiro. Shariif Xasan ayaa ku soo baxay kana maslaxeeyay. Qalabkiisi ayaa dib loogu celiyay inta waraysigii laga tirtiray. Wareysigu wuxuu ahaa mid qaas ah oo dadka madaxda ah laga qaado, *Liqaa Al Yawm* ayaa la yiraahdaa. Wuu ii yimid oo wuxuu yiri: Cabdiraxmaan, sidaas fooshaxun ayaa la ii la dhaqmay ee Raysalwasaaraha ma ii ballamin kartaa aan wareystee? Cumar Cabdirashiid saaxiibkey ayuu ahaa, nin helitaankiisu sahlan yahayna wuu ahaa. Waa u ballamiyay oo wareysi ayuu ka qaaday. Aad ayuu iiga mahadceliyay. Wareysigii Madaxweynaha kan ayaan ku illaaway, laakiin waxaan la yaabay ayuu yiri sida uu u sarreeyo fahanka siyaasadda iyo fikirka dawladnimada Cumar Cabdirashiid, sidaas in uu yahay ma filaneyn oo nin aan wax kala garaneyn ayaan u heystay. Anigu dabeecad ahaan dadka warbaahinta u faran ayaan ahaa, aad ayaanan isu niqiin Fahad, isaguna wuxuu ii arkayay qof siyaasadda uga weyn oo fahankeeda iyo taxliilinteeda ayuu iga dugsan jiray.

Xasan Cali Kheyrre

Xasan Cali Kheyrre ayaa loo magacaabay Raysalwasaaraha. Dabcan, Kheyrre wuxuu ahaa nin aan hore u aqiin oo ka shaqeynayay arrimaha samafalka. Ka dib wuxuu u wareegay shirkad shidaalka Soomaaliya sahamisa oo uu madax ka noqday qeybteeda Afrikada Bari. Aad ayay isugu dhawaayeen Madaxweyne Xasan Sheekh oo mararka qaar waxaa la lahaa saaxiibbadiisii ugu dhawaa ee Faarax Cabdulqaadir, Cabdikariin Guuleed iyo Cabdiraxmaan Odawaa waxaa uga soka-maray Xasan Kheyrre. Koox la yiraahdo *Monitoring Group* ayaa Kheyrre mar ku eedeysay in uu xiriir la leeyahay kooxaha arggaxisada ah. Waxay sheegeen in ay hayaan faylal iyo faro muujinaya in uu calaaqaad la leeyahay kooxda Al-Shabaab, laakiin Madaxweyne Xasan ayaa ku hagoogtay aadna u difaacay. Waxaan xasuustaa shir lagaga hadlayay arrimaha doorashooyinka oo dawladgoboleedyada iyo Dawladda Federaalka isugu yimaaddeen ayuu Madaxweynuhu codsaday in war-murtiyeedka shirka ka soo baxaya lagu daro in Kheyrre yahay muwaadin Soomaaliyeed oo lagu xad-gudbay. Ergeyga gaarka ah ee Qaramada Midoobay, danjire Nicholas Kay, oo shirka fadhiyay ayaa yiri, Madaxweyne arrintaan doorasho ayaa looga hadlayay ee wax quseeya qof muwaadin ah difaaciisa ma aha, haddii dawladdu difaaceyso si toos ah Golaha Ammaanka iyo hay'adaha ay quseyso ha u la xariirto. Laakiin Madaxweynuhu waa ku adkeystay in qodobkaas war-murtiyeedka lagu daro. Sidoo kale, wuxuu la raadiyay xilka xoghayaha guud ee IGAD; Xasan Sheekh dhiggiisa dalalka IGAD ayuu uga ololeeyey. In kasta oo uusan xilkii soo dhicin, haddana dadaal ma reeban Xasan Sheekh. Markii Xasan Cali Kheyrre loo magacaabay raysalwasaare ayuu ila soo xariiray. Markii aan u hambalyeeyey ka dib ayuu igu yiri: abti xilkan adiga ayaa iga mudnaa, sababtoo ah siyaasadda dalka adiga ayaa iiga horreeyay iigana waaya'aragsan, laakiin calaf ayaa ii galay, waxaanse rabaa in la i la shaqeeyo. Waxaan ugu jawaabay: abti waa mahadsantahay. Waan ku la shaqeynayaa waana ku garab istaagayaa, xilkana waad mudneyd ee hambalyo. Wuxuu iga codsaday in aan habeenkiiba kulanno.

Magaalada dhan waxaa galay guux ah Farmaajo waa nin ka shaqeynaya dibuhesheesiin oo madaxweynihii uu xilka ka beddelay raggii ku dhawaa mid ka mid ah ayuu raysalwasaare u magacaabay. Aragtidaasi ayaa aad u baahday oo xataa rag ka mid ahaa kooxda Madaxweyne Xasan oo aan isla hadalnay waxa ay igu dhaheen waa noogu jirtaa oo nin saaxiibkeen ah ayaa la magacaabay, dawladdana wax baan ka dhiseynaa waana taageereynaa. Waa fiicantihiin ayaan ku iri.

Raysalwasaaraha waa is aragnay. Wuxuu yiri, abti waxaan rabaa in aad i la shaqeyso oo garab ii noqotid, waliba waxaan jeclahay in aad ka mid noqotid golaheyga wasiirrada. Waxaan ugu jawaabay in aanan waxba ka qabin arrinkaas. Ka dib, waxaa ii yimid rag ay isaga ehel ahaayeen oo ay ka mid yihiin Xildhibaan Cabdi Axmed Dhuxulow (Dheg-dheer), Xildhibaan Xuseen Qaasim Yuusuf (Iidow) iyo nin ganacsade ah oo ay aad walaalo u yihiin Kheyrre oo la yiraahdo Cabdikariin Maxamed (Gaambe). Aad ayay iigu qalqaaliyeen in aan ka mid noqdo golaha wasiirrada ee xukuumadda Kheyrre oo waaya'aragnimo ay igu tuhmayeen aan ku gacan siiyo, waana ka aqbalay. Raysalwasaaraha mar kale ayaannu kulannay. Wuxuu i weydiiyay xilka aan is-leeyahay waa igu habboonyahay. Waxaan u sheegay in aan danaynayo Arrimaha Dibadda, laakiin ragga kale ee Raysalwasaaraha ay asxaabta iyo ehelka yihiin waxa ay jeclaan lahaayeen in aan Wasaaradda Maaliyadda tago. Kheyre wuxuu igu yiri: Arrimaha Dibadda inta badan Madaxweynaha ayaa gacanta ku haya ee Wasaaradda Gaashaandhigga ka warran? Waxaan weydiiyay: maxaa gaashaandhigga kugu soo riday? Wuxuu yiri waa meel muhiim ah oo mudnaan noo leh, qaar ka mid ah dawladaha na caawiya oo danaynaynaya dhismaha Ciidanka Xoogga Dalka, sida Maraykan, Ingiriis iyo Midowga Yurub ayaa ku taliyey in qofka xilkaan qabanaya uu yahay ruux aqoon ahaan iyo xirfad ahaanba dhisan, yahayna qof soo-joogsi siyaasadeed leh, maadaama la la shaqaynayo dawladgoboleedyada, dibuhabayna lagu samaynayo ciidanka; tan saddexaadna waa in ay is fahmi karaan beesha caalamka. Markii aan rogrogay seddaxdaas sifo adiga ayaa leh buu igu yiri. Waa ka aqbalay, laakiin nasiib-darro ma aysan dhicin in xilkaas la ii dhiibo. Wuxuuna mar dambe uu golihii dhisay ii sheegay in madaxweynaha dhankiisa ay ka socon weysay.

DOODIHII WEERARKA 17 DESEEMBAR SABABAY

Dalka waa ka tagay. Waxaanan aaday Nairobi oo reerkeygu degganaa. Halkaas ayaan dhowr biloood ku sugnaa. Markaas waxaa xilliyo kala duwan i soo raadiyay agaasimaha xafiiska Madaxweynaha, Fahad Yaasiin, oo iga la hadlay in aan Dawladda la shaqeeyo, la iina baahanyahay oo aan la iga maarmin. Dhowr mar oo aan kulannay oo intooda badan uu isagu i soo raadiyey arrimahaas ayuu iga la hadlay. Dhanka kale, waxaan helayey fursado iiga imaanayey qaar ka mid ah hay'adaha caalamiga ah. Fahad waxaan kaloo ka sheekaysan jirnay halka ay dalka ku hoggaaminayaan. Wuxuu ahaa nin ay aragtidiisu u caddahay, dadkuna ugu qaybsanyihiin kuwa la jira oo daacad u ah iyo kuwa ka soo horjeeda oo ay la dirirayaan. Waa fikirka "al-walaa wal baraa" ee Wahaabiga ah. Wuxuu igu oran jiray, Soomaaliya sanooyin badan ayey isku qataarnayd siyaasaddeedana la iska laallaaday, dalkana isjiid-jiid ayaa qarribay, waase in aan la isa surnaan ee bur iyo biyo loo kala baxo. Wuxuu aamminsanaa in Madaxweynaha ajandihiisu uu socdo, waa in aan isaga iyo shacabka loo dhexayn. Waa in dawladgoboleedyadu ay isaga ka amar qaataan, awoodda kala daadsan ee federaalka lagu sheeganaya gacanta dawladda dhexe lagu soo ururiyo, siyaasiyiinta qowleysatada ah ee siyaasadda dallaalnimada iyo danaysiga ugu jira shacabkana ku horgudban meesha laga saaro. Waa in shacabka iyo dawladdu toos isagu furmaan oo aan loo dhexayn. Doodda aan mar walba kaga falcelin jiray waxay ahayd in habdhaqanka siyaasadeed ee shacbawiga ama jamaahiiriga ah (populism) uusan waarin, meel fogna tegin. Waa dhici kartaa in dadwaynaha lagu daroogeeyo bilo ama sanooyin, laakiin waxqabad iyo horumar ma laha. Tan kale, waa in aad ogaataan siyaasadda Soomaaliya waa siyaasad hormuud ama horweyn (Elite) ka taliyaan, haddaan iyaga la is-waafajin way idin ku adkaan dontaa in aad ka tillaabsataan oo qaabkan shacbawiga ah ee aad macaansanaysaan idiin socdo. Soomaaliya dawladu way jilicsantahay, tabar badanna ma laha oo taageero dunida ah ayey ku tiirsantahay, adeeg dadwayne ma bixiso, canshuur ma gurato, ciidan qaran oo xuddudaheeda iyo gobonimadeeda ilaaliya ma laha, awooddu waa kala firdhisantahay oo kala baahsantahay, sida keli ah ee lagu soo ururin karaana waa in hormuudka siyaasadeed ee shacabka ku gudban la is-waafajiyaa ee ma sahlana in la sifeeyo oo shacabka toos loogu gudbo. kuwii hore ee isku dayey in ay sameeyaanna way u socon waysay. Talooyinkaas u ma dhega furnayn Fahad, in kastoo markii ay talada ka degeen oo aan kulannay uu ii sheegay in isagu uu mar kasta waaqici ahaa, laakiin madaxweyanuhu uu ahaa qofka shacbawiyada ama hannaanka jamaahiiriga ah ku dhegganaa, isaguna uusan doonaynin in ay isku dhacaan.

Dalka ayaan ku soo laabtay dabaqayaaqadii sanadkii 2017. Waxaan bilaabay in aan qabto doodo ku saabsan dhallinyarada iyo siyaasadda, saxaafadda iyo siyaasadda, qiimeynta xaaladaha amni iyo siyaasadeed ee waddanka. Doodo ceynkaas oo ay si weyn ay uga soo qeybgalayeen dhallinyarada iyo aqoonyahanada magaalada Muqdisho. Mucaaradad toos ah oo taliska talada haya ku socotaa ku ma jirin, laakiin si dadban ayaan u dhaliilayey. Anigu waxaan ahay dadka aamminsan in siyaasigu fikirkiisa caddaysto, dadwaynuhuna yaqaan halka uu ka xigo, aragtida uu ka qabo siyaasadda guud ahaan, gaar ahaan xaaladda uu dalku xilligaa marayo.

Waxaa isla xilligaa qarxay dagaalkii Khaliijka ee u dhexeeyey Sacuudiga oo kaashanaya Imaaraadka, Baxrayn iyo Masar; iyo Qadar oo garab ka helaysa Turkey. Xukuumaddii Farmaajo waxay la safatay Qatar, aniga iyo siyaasiyiin kaloo badanna waxaa u arkeynay in danta Soomaaliya aysan ku jirin in ay dawladdu Qadar raacdo, sababtoo ah dawladaha ay Qadar is-hayaan, gaar ahaan Masar iyo Sacuudigu, waa dawlado xiriir taariikhi ah oo diblumaasiyadeed oo qoto dheer uu Soomaalida kala dhexeeyo. Labadaas dawladood dhaqaale iyo miisaan diblumaasiyadeed ayay weligood Soomaaliya ku garab istaagi jireen, waxaana tusaale kuugu filan sida Masar iyo Sacuudigu ay dawladda Soomaaliya u garab istaageen dagaalkii 1977. Masar, sidoo kale, waxa ay ka mid ahayd dalalkii naga gacan siinayay xornimadii, miisaanka iyo taageerada ciidan, midda dhaqaale, midda ganacsi, midda waxbarasho iyo loobbiga diblumaasiyaded ee dawladdaasi wax weyn ayuu Soomaaliya ugu fadhiyey. Imaaraadka waxay saldhig u ahayd shirkadaha ganacsiga iyo xawaaladaha Soomaaliya, in ka badan nus malyuun neef oo xoolo ah ayaan Sacuudiga u dhoofinaa sannadkii, lacagta ugu badan ee doolarka ah ayaa ina ka soo gasha, sidaas daraaddeed ayaa waddo qaldan u arkeynay in Qadar laga raaco.

Markii xaaladda Khaliijka isla kacday, dawladdu inta ay la fariisatay siyaasiyinta ka aragtida duwan ee mucaaradka ah iyo madaxdii kale ee xukunka dalka uga horraysay ma aysan oran aan talo ka yeelano khilaafka Khaliijka ka taagan, maadaama uu saameyn wayn oo masiirka dalka taabanaya nagu yeelan doono. Siyaasiyiin badan oo aan anigu ku jiro ayay dawladahaasi la soo xariireen, iyagoo leh nidaamkii talada dalka hayay dhinac ayuu naga maray, Soomaaliya xiriir soojireen ah ayaan la lahayn ee maxaad na la qaban kartaan? Maadaama aan markii horaba qalad u arkeynay sida ay dawladda federaalku dhinaca u la safatay, waxaan go'aansannay in Baarlamaanka dhexdiisa looga ololeeyo lana muujiyo in uu qalad yahay go'aanka Qadar lagu raacay, mooshin la geeyo, dadweynahana la fahansiiyo. Dawladda Imaaraadka ayaa safka hore ka noqotay taageerada go'aankaas. Doodihii na dhex marayay, kulamadii aan yeelaneynay iyo xiriirradii aan sameyneynay ayay dawladdu isku dayday warbaahinta in ay galiso in aan nahay qarandumis ajanabi u shaqeeya, taas baddelkeedana waxay qaranimo ka dhigayeen in Qadar la taageero. Waxaan la difiri karin in taliskii Nabad iyo Nolol uu ahaa mid ku dheereeyay barabagaandada iyo dagaalka warbaahinta, gaar ahaan warbaahinta baraha bulshada. Sidaa daraadeed bay dad badan oo Soomaaliyeed arrinkaas ugu qaldeen. Waxay suuqa soo gashteen in ay maalaayiin doollar oo ay Sacuudiga iyo Imaaraadka u keeneen diideen oo ay ka door bideen in ay gobonimada dalka ilaaliyaan, laakiin waxay iyagu bil walba Qadar ka qaadanayeen $5 Malyan oo doolar oo ay u adeegsadaan siyaasadda, gaar ahaan iibsiga warbaahinta, daacadnimada siyaasiinta, odayaasha dhaqanka, saraakiisha ciidanka, iyo diblomaasiyiinta shisheeyaha, iyo weliba afqabashada Baarlamaanka iyo mucaaradka. Dhaqankoodu wuxuu isugu jiray cabsi iyo rejo gelin; in dadka la handado oo awood lagu muquuniyo, ama la reja geliyo oo mansab iyo maal loo ballanqaado. Maadaama aan ahaa qofka inta badan doodaha siyaasadeed qabanayay, xildhibaannada la shirayay ee ololaha waday aad ayay ii dhibsadeen, waana tan keentay in ay i soo weeraraan.

Qalbi-dhagax

Intii aan waday doodihii aan caasimadda ka bilaabay ayay dhacday dhiibistii Cabdikariin Sheekh Muuse (Qalbi-dhagax). Waxaan ka mid ahaa dadkii ugu horreeyey ee taliska xukunka haya ka baxsan ee arrinkaa ogaada. Si kalana ma ahayn ee aniga iyo asxaabtayda oo kulan la lahayn Shariif Xasan Sheekh Aadan oo xilligaa ahaa madaxweynaha dawlad goboleedda Koofur Galbeed ayaa taleefan u soo dhacay. Taleefankii ayuu la istaagay. Muddo markii uu hadlayey ayuu nagu soo laabtay, ayuu yiri nimankii *waddaniyiinta* ahaa—isagoo ka wada Farmaajo iyo raggiisa—Qalbidhagax waxay u gacangeliyeen dawladda Itoobiya. Shariif waad igu ciyaaraysaa ayaan ku iri. Wuxuu yiri taleefanka aan la istaagay wuxuu ahaa agaasimihi waaxda socdaalka ee maamulka K. Galbeed, Cali Dhuux, oo haatan garoonka diyaaraha ee Baydhaba ku sugan, wuxuuna ii sheegay in ay garoonka ka degtay diyaarad Muqdisho ka timid oo uu saaranyahay nin Soomaali ah oo macawis gaduudani indhaha kaga duubantahay, isla markaana Safiirkii Itoobiya ee Soomaliya u fadhiyay iyo saraakiil Itoobiyaan ah ay diyaaradda la saaranyihiin, marka ninkaas waa la dhiibay ee gadaashey ha warsan ayuu yiri.

Maalmahaas buuqa iyo wararka is-burinaya ee dhiibista Qalbidhagax la xariira xarigga waa ay kacsanaayeen. Durba waxaan xogtii u dusiyey Cabdicasiis Golfyare oo ah tafaftiraha mareegta Jowhar, waxaana u sheegay sida ay wax u dhaceen. Aad ayuu isugu deyey in uu u hubsado warka, sababtoo ah dhowr jeer ayuu igu celceliyey in aan hubo iyo in kale. Markii aan u xaqiijiyeyna wuu soo daabacay, wuxuuna noqday wariyihii ugu horeeyey ee dhiibista Qalbidhagax shaaciyey. Dalkii oo dhan, dibad iyo gudaba, waa isla kacay. Dawladdii qalqal ayaa galay. Marba hadal ayey ku hadashay: mar baa la yiri Qalbidhagax isaga ayaa dalbaday in la dhiibo, waxa se taas beeniyay nin u hadlay Dawladda Itoobiya oo yiri: "Dawladda Soomaaliya way mahadsantahay nin argagixiso ah oo aan muddo baadigoobaynay ayey noo soo gacan geliyeen." Taasina waxay meesha ka saartay Qalbidhagax in uu rabitaankiisa ku baxay. Si arrintaas looga dhigo wax sharci ah, loona xalaaleeyo dhiibista Cabdikariin Qalbidhagax, Golihii Wasiirrada ayaa la shiriyey waxaana la yiri, Jabhadda Waddaniga Xoraynta Ogaadeeniya (ONLF) ayaaba argagixiso ah. *'Ka dar oo dibi dhal'* ayaa ka dhacday. Runtii mushkiladihii ugu waaweynaa ee taliskii Farmaajo sameeyay ayay arrintasi qeyb ka ahayd: in urur xorriyad u dirir ah oo Soomaali ah, sidaas fudud loo dhibaateeyo, khiyaano qaran ayey ahayd. Laakiin Farmaajo taageero ayuu ka haystay dad badan oo aan caqligooda hawlgelin, balse si caaddifadaysan u taageersanaa. Ma jirin wax waddaniyad, Soomaalinnimo iyo halgan ah oo ay tixgalinayeen kooxda talada dalka haysay, sidaas oo ay tahayna waxay sheeganayeen in ay waddaniyiin dalka jacel yihiin. Markii la weydiiyay maxaa idin ku dhacay, aaway waddaniyaddii, iyo nacaybkii Itoobiya ee aad xilligii doorashada ku ololeyneyseen? Waxa ay ku doodeen in Itoobiya ay is-beddeshay oo siyaasaddeedii furfurtay. Laakiin dooddaas waxba ka ma jirin, sababtoo ah marka ay Qalbi-dhagax dhiibayeen Itoobiya waxaa ka talinayay nidaamkii Tigreega ee Hailemariam Desalegn madaxda ka ahaa. Isbeddelka Itoobiya wuxuu ahaa dhiibistii Qalbi-dhagax ka dib ee xukunka la wareegay Abiy Axmed.

Anigu waxaan ka mid ahaa dadkii ugu horreeyay ee ku dhiirraday ka hadalka arrinka Qalbi-dhagax, waliba waxaan ahaa siyaasigii ugu horreeyay ee inta soo istaagay arrinkaas si toos ah uga hor yimid. Dad badan oo asxaab, ehel iyo taageerayaal isugu jira ayaa igu yiri: war Cabdiraxmaan ma dawladda Itoobiya ayaad isu dhigeysaa, miyaadan siyaasadda rejo ka lahayn? Waxaan ugu jawaabay: waxaani waa mabda', in aan kursi helo iyo in aanan helin ku ma xirna mowqifkeyga in aan caddeeyo. Qoraal ayaan ka soo saaray aan ku leeyahy tallaabada dawladdu qaadday waa dulmi iyo gabood-fal. Waxaa la-yaab lahayd in dhammaan madaxdii dawladgoboleedyada oo waliba intooda badan ay Farmaajo is-hayeen iyo raggii kale ee xilka madaxweynaha Farmaajo kaga guulaystay cid ku dhiirrata laga waayay. Waxaan qoraalkayga ku sheegay in ay la mid tahay in siyaasi reer Bakistaan uu ku dhiirrado in uu argagaxiso ku sheego dadka xaq u dirirka ah ee reer Kashmiir, ama siyaasi Carbeed uu ururrada xaq u dirirka ah ee reer Falastiin uu argagaxiso ku sheego. Waa khad cas iyo xudduudaha aan laga tallaabi karin.

Haddii ay Farmaajo iyo raggiisa la socon lahaayeen siyaasadda Geeska Afrika, isbeddelka Itoobiya ka socda iyo in aan maalmaha u haray nidaamka Tigreegu ay gabaabsi yihiin, Qalbi-dhagax ma aysan dhiibeen, sababtoo ah si wayn ayey uga shallaayeen. Madaxdu waa in ay mar kasta tala-kunool noqataa, raadiyaanna dad khibrad leh oo la socda, ogaalna u leh dhacdooyinka iyo isbeddellada siyaasadeed ee ka dhacaya gobolka, gaar ahaan dawladaha dariska ah iyo adduunkaba, si aysan god kaa la mid ah ugu dhicin. Haddii ay la tashan lahaayeen dadka la socda xaaladda Itoobiya, dawladaha ku lugta leh, isbeddellada ka socda, meelaha la kala taaganyahay iyo sababta loo qoonsaday nidaamka Tigreega, waxay heli laahayeen talo fiican. Ama, ugu yaraan, haddii mucaaradka iyo dadka xukunkooda ka baxsan ay la tashan lahaayeen, waxay heli lahaayeen talo iyo masuuliyad la la qaado.

Muwaadin Hoygiisa lagu soo weeraray

Waxay ahayd 17 Diseembar, 2017. Habeenkaa waxaan qol hoose oo fadhi Carbeed yaallay ku fadhinay dhowr ruux oo markaa kala tegi rabay, maaddaama uu waqtigu ahaa xilli dambe. Laakiin waxaa si lamafilaan ah noogu soo galay Xildhibaan Cabdifitaax Geeseey iyo Saadaad Cali Caliyow oo hadda xildhibaan federaal iyo wasiirudawle arrimaha gudaha ah oo wada socda. Sheekadii siyaasadda ayaan sii wadnay oo waxaa laga wada sheekeynayey shir saxaafadeed oo uu maalintaa gelinkeeda hore qabtay Xeer-ilaaliyaha Qaranka, Axmad Cali Daahir, taasoo uu ku sheegay in ay jiraan xildhibaanno iyo siyaasiyiin qaran-dumis ah. Waxaa markaa muddo 15 ilaa 20 daqiiqo ah naga sii maqan oo kulan aan rasmi ahayni noo dhammaaday wasiir Faarax Sheekh Cabdiqaadir iyo Xildhibaan Cabdiraxmaan Maxamed Xuseen (Odowaa). Sheekada la isu wada keenay waxay u badnayd shirkii jaraa'id ee uu xeer-ilaaliyahu qabtay. Dabcan, cid waliba way ogayd in xeer-ilaaliyuhu uusan hawshaas iskiis u maagin, sababtoo ah ma jirin wax tillaabooyin shirkiisa saxafi ka horreeyey oo uu horay u qaaday. Xildhibaannada uu magacaabay oo kala ahaa: Xildhibaan Xasan Macallin Maxamuud iyo Xildhibaan Saabir Nuur Shuuriye midkoodna la ma kulmin, marna baaritaan la xariira dacwadda uu soo oogay ugu ma imaan, weliba wuu ogaa in ay yihiin Xildhibaanno xasaanad leh. In kastoo uusan magacayga xusin, haddana dadka ii imaanayey inta badan waxay noo sheegayeen warka magaalada yaallana u badnaa in aan siyaasiyiinta uu xeer-ilaaliyaha magacdhabayo ka mid ahay. Waa dhab in aan annaga, Xildhibaanno badan oo ay hormuud u yihiin labada Xildhibaan iyo siyaasiyiin kale aan ku hawlanayn mooshin xilka lagaga qaadayo Madaxweyne Farmaajo. Xildhibaannada iyo siyaasiyiinta mooshinka xilligaa ka waday Madaxweyne Farmaajo waxay isku raacsanaayeen in uu halis ku yahay geeddisocodka dhismaha nabadda iyo dawladnimada Soomaaliya. Xogta iyo xanta siyaasadeed ka sakow, waxaa si wayn u soo muuqanayey hab-dhaqanka iyo fikirka ay Farmaajo iyo ragga isaga ku dhowdhowi ka qabaan dawladnimada la doonayo in dalka loo dhiso.

Toban daqiiqo ka hor inta aysan xabbaddu bilaaban ayaa waxaa nagu soo biiray Maxamad Caddow oo markaa agaasime ka ahaa waax ka tirsan Wasaaradda Caafimaadka iyo Mukhtaar Gambo. Waxay noo sheegeen in ciidan fara badan ay aagga dhan xireen, lana sheegayo in magaalada oo idili ay xirantahay. Ma jirin dhiillo laga qaaday arrinkaas ee waxaa loo qaatay hawlgalladii baacsiga iyo ku-raadjooga Al-Shabaab ee hay'adda Sirdoonka Qaranka xaafadaha ka samayso. Aniga, xildhibaan Cabdifitaax Geeseey, Sayid Cali, Caddow iyo Gambo oo sheekadii ciidanka jidadka la soo dhoobay wadna ayaa waxaa soo galay Cabdinaasir Geelle Cilmi

(Dhurwaa). Cabdinaasir hortii waxaa naga tegey Shadoor Xaaji iyo Saadaad Caliyow. Sidoo kale ayuu Cabdinaasir dareen ka muujiyey ciidanka jidadka dhooban, isagoo weli tilmaamo ka bixinaya ciidanka shakina muujinaya ayaa mar qura waxaa bilawday daryankii rasaasta, qof waliba guriga ayuu meel ka galay. Intii aan ku sii cararayey halkii aan ku gabban lahaa ayaa xabbad derbi ku soo dhacday gacanta midig iiga dhacday. Dhiig ayaa kala joogsan waayey. Markii dambe shaatigii aan xirnaa ayaan isaga duubay. Waxaa qol sare oo uu hurday Cabdisalaan Yuusuf Guuleed (Daljir) oo muddo shan sannadood ah ahaa taliye-xigeenkii hay'adda Nabadsugidda.

Xabadda oo socotay ku dhowaad 20 daqiiqo ayaa inta aysan bilaaban waxaa illinka kore ee guriga soo gaaracay ninkii ciidanka watay, Saadaq Cumar Xasan (John), oo markaa ahaa taliyaha ciidanka NISA ee Gobolka Banaadir. Saadaq wuxuu horay u soo wacay Urur Gamuure oo ka mid ahaa ilaalada gaarka ah, wuxuuna u sheegay in uu ii sido qoraal farriin ah. Urur wax dhiillo ah isma gelin ee si tartiib ah ayuu illinka uga furay, laakiin nasiibdarro laad ayuu bogga kaga dhuftay, isla markiina afar wiil oo dubnad ciyaarayey oo ilaalada ka mid ahaa ayey madaxa ka toogteen. Waxay sidoo kale markiiba toogteen wiil dusha sare saarnaa oo koolba waardiye ahaa. Wiilashii kale ee xilligaa qaarkood hurdeen qaarna hawlo kale haysteen way kala carareen oo nin walba meel uu isku qariyo ayuu galay. Waxaa hoyga nagu dheggan degganaa Sakariye Ismaaciil oo ka tirsan hay'adda NISA kana mid ahaa raggii ka soo goostay ururka argagaxisada ah ee Al-Shabaab. Wiil ilaalada Sakariye ka mid ah ayaa xoogaa is-raasaasayn ah dhex martay isaga iyo ciidankii weeraraka soo qaaday, laakiin muddo kooban ka dib wuxuu isagoo dhaawac ah ka degey sandaqaddii sare ee uu waardiyaha ka hayey ee koolba waardiyaha ahayd.

Markii ay xabbad nooc walba leh, bambo kuwa gacanta laga tuura ah, xabbadaha ka dhaca dhashiikaha Cabdi-bilayaasha u saarnaa labaatan daqiiqo ku dhowaad na huwiyeen ayaa gudaha waxaa guriga u soo galay shan wiil oo uu wejigu u xiranyahay. Ninkii madaxda u ahaa ayaa qaylo kor ah u yiri "ka soo baxa qolalka oo dhammaantiin hoos u soo dega!" Cabdinaasir oo qol hoosta ka xirtay iyo Cabdisalaan oo horay qol u hurdey, markii laga reebo, shantayada kale qol ma aannaan gelin, sababtoo ah qolalka kale way xirnaayeen oo furayaashoodii qolka hoose ayaan kaga cararnay. Aniga, Geeseey, Sayid Cali iyo Gambo waxaan isku dhakinnay xagal laaban oo ku aaddan halka jaranjarada dabaqa labaad ee guriga laga fuulo. Caddow kor soo maba korin ee qaybta hoose ee guriga ayuu isku qariyey. Waxaan isku qabannay ma degnaa mise waan sugnaa. Laakiin waxaa loo batay in aan degno. Wiilashii wejigaa xirnaa, koodii taliyaha u muuqday ayaa farta igu soo fiiqay, "adigu kaalay!" ayuu yiri, wuxuuna is daba dhigay dhaar, gooddin iyo aflagaaddo intii uu Af Soomaaliga ka yaqaannay. Wuxuu haystaa bambo tan gacanta laga tuuro ah. Wuxuu ku celcelinayay, "Qarandumis ayaa tahay, qarankeenna ayaad duminaysaa, madaxdeenna ayaad maalin walba wax ka sheegaysaa, adigoo khaa'in ah, wallaahi in aan isku kaa qarxiyo ayey ahayd!" Afkayga u ma kala qaadin. Wuu i soo kexeeyey wuxuuna i saaray baabuur Cabdi-Bile dul bannaan. Markii aan sii baxayey ayey ishaydu qabatay Saadaq-John oo koofi madaxa ku qarsanaya kana dhuumanaya in ishaydu qabato. Baabuurkii ayey markiiba dhaqaajiyeen. Ilaa iyo 20 daqiiqo markii uu socday ayey joojiyeen. Kii taliyaha ahaa ayaa ka degtay gaariga. Taleefan ayuu ku hadlay. Gaarigii ayuu dib ugu soo noqday, waana dhaqaaqnay ilaa aan ka tagnay xarunta Nabadsugidda ee Habar Khadiijo.

Wiilashii shanta ahaa waxay igu wareejiyeen sargaalkii xarunta madaxda ka ahaa xilligaas oo hurdo laga soo kiciyey. Waxaa la ii keenay wiil dhallinyaro ah oo kalkaaliye caafimaad in uu yahay ii sheegay wuxuuna iga dhayey gacantii dhaawaca ahayd, wuxuuna iiga xiray faashad. Wuxuu damcay in uu i duro. Waxaan ku iri xanuun i ma hayo u mana baahni cirbad, laakiin wuxuu si edeb leh ii yiri waa laga maarmaan masuul in cirbadda lagugu dhufto. Wiilasha shanta ahaa mid ka mid ah ayaa i waydiiyey adeer maxaad ahayd? I ma garanaysid miyaa ayaan ku iri? Wuxuu igu yiri maya. Intaas markii aan is-dhaafsannay ayaa kii taliyaha u ahaa oo taleefanno ku hadlayey qolka soo galay. Askarigii ayuu ku yiri yaa la hadal ku yiri khaa'inka? Sawir ayuu moobaylkiisa iiga qaaday wuuna baxay, wiilashiina horay ayey u raaceen. Waxaan isku soo harnay Muxiyaddiin Warbac oo ah taliyihii xarunta. Si deggan ayuu ii la hadlay: Mudane waxba kaa hallaabi mayaan ayuu igu yiri, isagoo aad u naxsan. Maalin dambe ayuu ii sheegay in markii hurdada laga soo kiciyey loo sheegay in qof wayn oo muhiim ah la soo qabtay, jidkana uu ku soo jiro, kalana wareego ciidanka u keenaya. Waxaa lagu amray in uu igu xiro qol dhulka hoostiisa ah, qofina uusan i arki karin, xilka uu rabo ha hayee. Waxaa amarkaas faraya Cabdiqaadir Maxamad Nuur oo la yaqaan Jaamac ama *madaxaa i furan* oo xilliga ahaa ku-simaha agaasimaha hay'adda NISA. Jaamac waa magac dagaal aqoonsi oo loo bixiyey xilligii ay Maxkamadaha dagaalka ku jireen, laakiin magaciisa rasmiga ah waa Cabdiqaadir Maxamad Nuur. Wuxuu xilka kala wareegay Cabdullaahi Maxamed Cali (Sanbaloolshe) oo bil ka hor xilka laga qaaday.

Durbadii waxaa la ii dhaadhiciyey qolkii la igu xirayey. Wuxuu ahaa qol halka ugu hoosaysa dhismaha ku yaalla, gudihiisana uu qashin ka buuxo, kuraas iyo miisas jajaban, baakado faaruq ah, joodariyo dhammaad ah, alwaaxyo, hambo raashin, biyo lagu dhex qubay iyo wax qurmoon ka soo urayaan, cayayaan yaryar ayaana dhex socday. Muxiyaddiin ayaa si qaddarin iyo ixtiraam ku jiro ii yiri: adeer wallaahi ma jecleysan in sidaan wax u dhacaan, laakiin waa la igu amray in aan halkaan ku keeno. Joodari iyo macawiis cusub ayuu ii keenay, isagoo aad uga xun, markii aan dhar beddeshay oo aaday musqul meesha ku taalla oo qolka ka sii wasaq iyo ur badan ayuu 10 daqiiqo ka dib igu soo laabtay Warbac. Wuxuu igu yiri amarkii wax baa iska beddelay ee ina kaxee. Wuxuu i geeyey qol ka mid ah degaanka martida ee xarunta Nabadsugidda. Waxaa dhinac ka degganaa Mukhtaar Roobow iyo Madaxweynihii Hirshabeelle, mudane Maxamad Cabdi Waare. Waxaan dib ka ogaaday in Cabdullaahi Sanbalooshe uu ku cadaadiyey Jaamac oo ku-sime ka ahaa hay'adda, ku xigeenkiisana ahaa intii aan xilka laga qaadin, horayna uga wada shaqayn jireen safaaradda Turkiga, in uu qolka iga beddelo. Sanbalooshe wuxuu Jaamac ku yiri ha isku ceebeyn ninkaan hal ama labo habeen ka badan ku hoyan mayo halkaan.

Muxiyadiin wuxuu ii sheegay amarka la dul dhigay ee ahaa in aanan qofna la xariirii karin, cidna i soo booqan karin, aaladaha xiriirkana agtayda soo marin. Wuxuu igu yiri hal ruux bay awooddaydu ku simantahay in aan kula hadashiiyo ee ii sheeg ruux muhiim kuu ah. Waxaan ka codsaday in uu xaaskayga ila hadashiiyo, si aan ugu sheego in aan bedqabo.

Intii uu kalkaaliyaha gacanta dhaawaca ah iga dhayey. Waxaa su'aal i waydiiyey mid ka mid ah saraakiishii xarunta ku sugnaa. Wuxuu igu yiri adeer Sayid Cali ma noolyahay? Waxaan ku iri nolol ayaan uga soo tegey. Ugu yaraan 15 daqiiqo ka dib ayuu igu soo laabtay. Wuxuu ii sheegay in uu yahay taliyaha ururka xarunta, Sayidkuna uu adeerkiis yahay. Wuxuu ii sheegay in uu Sayidku bedqabo. Muxuyadiin oo ahaa madaxa xarunta iyo taliyaha madaxda ka ah ururka xarunta ammaankeeda haya waxay ka soo wada jeedeen beesha Abgaal. Wiilashaas waxay aad u la yaabbanayeen sida ay wax u dhaceen, qar-iskatuurka madaxda dawladda iyo aragti gaabnida. Taliyahu wuxuu ii sheegay waxa uu fali lahaa haddii Sayid Cali dhib soo gaari lahaa. Muxuyaddiin wuxuu habeenkii aan meesha ku hoyday ilaa macaamilay si ixtiraam, waalidnimo iyo qaddarin leh. Wuxuu ii sheegay in uu reer Geeddi Shadoor yahay.

Subaxii ruuxii ugu horreeyey ii yimaaddo wuxuu ahaa Cabdullaahi Sanbalooshe. Wuxuu ii sheegay in magaalada aan xalay laga hoyan, wuxuu kaloo ii sheegay in ciidammo badani furumaha dagaalka ka soo baxeen. Odayaashii Muddullood oo uu Imaamku hor kacayana ay isku deyayaan in ay ka celiyeen Habargidir in ay dagaal qaaddo. Hal farriin ayaan Sanbalooshe u faray; waxaan ku iri anigu waa bedqabaa ee daraaddey yaan dhiig u quban. Saacado ka dib waxaa ii yimid Madaxweyne Waare. Wuxuu iga warsaday xaaladdayda caafimaad iyo xaalkayga guud ahaan, dhaawaca i soo gaaray iyo jirkayga waxa ka muuqda ayuu i waydiiyey. Jawaabta su'aalaha wuu qoranayey. Wuxuu igu yiri hay'adda Laanqayrta Cas ee Caalamiga ah (ICRC) ayaan muddo u shaqayn jiray, waxaa na loo tababaray maxbuuska in aan ka qaadno waraysi, warbixin xaalkiisa ku saabsanna aan ka diiwaangelinno, si haddii xaalkiisa ay wax iska beddelaan loo kala ogaado waxa soo gaaray markii la soo qabanayey iyo waxa gaaray inta uu xabsiga ku jiray. Waxaan ku iri mahadsanid Madaxweyne. Wuxuu kaloo ii sheegay in waxa dhacay ay yihiin wax filashadiisa ka baxsan. Dadka xilka dalka hayana yihiin dad aan garan karin natiijada ka dhalan karta falka ay ku kaceen. Wuxuu igu yiri waan is-raadsanaynaa, isagoo aan ii sheegin cidda ay is-raadsanayaan, laakiin habeenkii ayey isaga, Madaxweyne Xaaf iyo maayarkii gobolka Banaadir, Mudane Taabit Cabdi, ii wada yimaaddeen.

Dhinaca kale, Imaamka beesha Muddullood, Imaam Maxamuud, ayaa ka codsaday odayaasha Beesha Habargidir in ay muddo 12 saac ah fursad u siiyaan in ay arrinka xal ka gaaraan, si magaalada dagaal looga badbaadiyo. Imaamku wuxuu HG ka codsaday in odayaal lagu daro guddigiisa. Laakiin beesha HG waa diidday codsigaas, waxayna ku doodeen in aysan doonaynin in ay hortagaan ragga madaxda ah ee Villa Somalia jooga. Imaamka oo ku adkaystay in xubno lagu daro ayaa markii dambe la go'aamiyey in saddex oday lagu daro. Shardiga ay HG Imaamka ku xirtay ayaa ahaa in aysan saddexda oday afkooda furayn oo aysan wax hadal ah oranayn. Imaamka iyo Ugaaska beesha Muddullood iyo xubnihii kale ee la socday ee Muddullood iyo saddexdii oday ee Habargdir ayaa Raysalwasaare Xasan Cali Kheyrre ugu tegey xafiiskiisa. Imaamku wuxuu diiday in uu fariisto, wuxuuna Kheyrre ku yiri Cabdiraxmaan Cabdishakuur gacantayda soo geli ama soo gelin maayo igu dheh. Dood dheer ka dib, Imaamka waxaa lagu maslaxay in uu hoygiisa tago, halkaasna la iigu keeni doono. Imaamka, Ugaaska iyo xubnihii kale ee la socday waxay fariisteen hoyga Guddoomiyaha Gobolka oo runtii kaalin lixaad leh ka qaatay hawshaas, isla habeenkiina halkii ay joogeen ayaa la iigu geeyey.

Keliya ma ahayn odayaasha dhaqanka oo qura ee xildhibaannada beesha Hawiye ma ka la harin, kuwii dawladda taageersanaa iyo kuwii mucaaradka ahaaba. Saddexda masuul ee Galmudug, Hirshabeele iyo Gobolka Banaadir dhinacooda ayey ka gurmadeen. Dhinaca kale, waxaa jiray ku dhowaad 700 oo askari oo hiil dagaal furumaha uga soo baxay. Gurmad beeleed dhinac walba leh ayaa la galay, dhaqan, siyaasiyiin iyo ciidanba. Dadku waxay ka sinnaayeen caro iyo fajac falkii dawladdu ay ku kacday iyo in aan dagaal magaalada ka dhicin oo si nabad ah xal lagu gaaro. Villa Somalia waxay si qarsoodi ah u la kulmeen xubno ganacsato ah oo ehel ahaan iigu dhowaa oo ay waydiisteen wax kasta oo ay ku qaadataba in aan dagaal dhicin.

Go'aanka Madaxweyne Maxamad Cabdullaahi Farmaajo, agaasimaha xafiiskiisa Mudane Fahad Yaasiin, iyo Raysalwasaare Xasan Cali Kheyrre ay ku gaareen in weerar shirqool ah na la ku khaarajiyo ma ahayn mid ay si wayn u rogrogeen, u mana qiyaasnayn caaqibada ka dhalan karta iyo falceliska ka imaan kara. Waxay isu sheegeen oo ay kaligood ku sheekeysteen in shacabka oo idil iyaga la safanyahay, dalkana ay dawlad u yihiin, sida ay ku andacoodeenna aan annagu khiyaanoolayaal qaran nahay, cid noo soo gurmanaysa ama garab na siinaysana jirin. Wuxuu masuul sare oo Nabadsugidda ka tirsan ii sheegay mar dambe in qorshuhu ahaa in na la khaarajiyo, Madaxweynaha iyo Raysalwasaaruhuna yimaaddaan xarunta na la ku dilay, ka dibna ay halkaas ku baroortaan oo ay illin yaxaas qubaan, maalinka xigana maxkamad ciidan la saaro Jaamac iyo John, eedda dusha laga saaro dil toogasho ahna lagu xukumo.

Ugu dambayntii, waa la i soo daayey. Waxaa munaasabad kooban lagu qabtay hoygii guddoomiyaha Gobolka, halkaasoo ay dhammaan odayaashii dhaqanka labada dhinac. Xubno dawladda ka tirsan iyo Xildhibaanno isugu yimaaddeen. Wasiirka Amniga ayaa odayaasha ka codsaday in ay cafiyaan, maadaama ay yihiin carruurtooda oo gaftay. Ka sokow madaxda Villa Somalia, Madaxweynaha, Raysalwasaaraha, iyo agaasimaha xafiiska Madaxweynaha oo iyagu go'aanka lahaa, Saadaq-John iyo Jaamac oo fulinta lahaa, waxaa kaalin wayn oo muuqata ku lahaa Xeer-ilaaliyaha Qaranka, Axmad Cali Daahir, oo isagu ahaa ninka xalaalaynayey shirqoolka, mar kastana u qiil dayey falka caynkaas ah. Muxuyaddiin Warbac waxaan waydiiyey ninka i soo qabtay ee isaga igu wareejiyey lahjaddiisa in aan gartay ee uu Habargidir yahay, waxaanse waydiiyey ma Cayr baa mise Saleebaan? Wuu ka gaabsaday in uu sheego, laakiin maalinkii la i soo daayey ayuu igu yiri: wuxuu ahaa Saleebaan magaciisana waxaa la yiraa Farxaan Qaroole. Waa raggii xilligii Xasan Sheekh ee kowaad kooxda Al-Shabaab ka soo goostay. Muxuyaddiin in kasta oo uu ii sheegay in uusan qof kale ila hadashiin karin, wuxuu isla habeenkii isagoo taleefanka wada khadkana uu ku jiro ii keenay Axmad-Madoobe, madaxweynaha dawlad-goboleedka Jubaland. Waa marka aan ogaaday in Axmad loogu jiro taliska Nabadsugidda. Axmad-Madoobe wuxuu ii sheegay in uu aad uga xunyahay wixii dhacay, fal waxshinimo ah oo colaad horsoodi kara yahay, kuwa waxaas ku kacayna ay wax ma garato aan xilkas ahayn yihiin. Wuxuu ii sheegay in dawladgoboleedyada uu ka soo saari doono qoraal lagu cambaaraynayo falkaas, waddo kastana u marayaan in aan xabsiga ka soo baxo. Qoraalkii waa ay soo saareen dawlad goboleedyadu.

GEESIGII CADDAALADDA

In kastoo odayaashu ay doonayeen in arrinka si dhaqan loo xalliyo. Waxaan aniga iyo saaxiibbaday go'aansannay in caddaaladda aan ku kala baxno. Waan ogayn in uusan jirin garsoor la aammini karo, laakiin ujeedkeennu wuxuu ahaa in aan ogaanno waxa ay doonayaan in ay la soo fagaare tagaan kooxda Villa Somalia ee kacaanka Nabad iyo Nolol. Subaxii dambe ayaa maxkamadda gobolka Banaadir iyo Garsoore Aways la i hor keenay. Waxaa dhinaca dawladda metelayey Xeer-ilaaliye-xigeenka. Qaaddigu su'aashii ugu horreysay ee uu i waydiiyaa waxay ahayd: aaway waarankii aad ku soo qabateen Md. Cabdiraxmaan Cabdshakuur? Qareenkaygu wuxuu tuhunsanaa in dawladdu haysato amar soo qabasho oo maxkamad ka soo baxay. Weliba wuxuu malaynayay in maxkamadda sare ay qortay, laakiin waxaa cid walba fajac ku noqotay in Xeer-ilaalintii tiri ma haysanno waaran. Waxay ku doodeen in aan loo baahanayn waaran, maaddaama uu eedaysanuhu dambi gacanta kula jiray (*Falagaransa*). Habraaca Xeerka Ciqaabka Soomaaliyeed wuxuu dhigayaa in aan qofna hoygiisa la geli karin, lana baari karin, amar maxkamad la'aantiis. Yeelkeede, waxa xarunta Xisbiga Wadajir ka dhacay waa duullaan ee maba ahayn baaritaan. Dastuurka dalka oo ka wayn Xeerka Ciqaabka ayuu qodobkiisa 19aad dhigayaa in aan cidna hoygiisa la geli karin, lana baari karin amar garsoore oo sababaysan la'aantiis. Qaaddi Aways wuxuu xeer-ilaalinta waydiiyey aaway caddaymihii dambigii uu eedaysanaha gacanta kula jiray? *Falgaransa* waa in ruux dambi gacmaha kula jiro in uu ruux dilayo, hanti boobayo, kufsi samaynayo ama xabsi ka baxsanayo, markaas boolisku ma aha in uu raadsado warqad amar oggolaasho ee waa in uu ruuxa qabtaa. Dawladdu sooma dirin boolis ee waxay soo dirtay Nabadsugid, wayna caddayn waysay dambi aan gacanta kula jiray. Waxay codsadeen 48 saacadood oo dheeraad ah, laakiin garsoore Aways wuxuu ku yiri waxaan idin siinayaa 12 saacadood.

Subixii dambe markii ay caddaymo keeni waayeen ayuu garsooruhu ku dhawaaqay in aanan wax dambi ah lahayn, gal dacwadeedkiina maadaama uusan furminba uu halkaas ku buray, wax rafcaan ahna aysan dawladdu qaadan karin.

Villa Somalia iyadoo igu sii daysay cadaadiskii Imaamka Mudullood iyo odayaasha dhaqanka oo aan xor ahay oo dibadda joogo ayey Axmad Cali Daahir, Xeer-Ilaaliyaha, waxay ku amartay in uu rafcaan qaato. Waxaa la-yaab leh dambiyada ay ku andacoonayaan in aan galay waa kuwo ruuxa lagu eedeeyo uusan damiin qaadan karin, dibaddana joogi karin, sababtoo ah waa dambiyo xeerka ciqaabta Soomaaliya ciddii gasha uu dil toogasho ah ku xukumayo. Iyadoo ay maxkamaddii gobolku diidday in dacwadda rafcaan laga qaadan karo ayey qaateen. Ma jiro gal-dacwadeed ka furan maxkamada gobolka, sidaas daraaddeed maxkamadda rafcaanku ma qaadi karto dacwad aan galkeedu maxkamadda ka hoosaysa ka furnayn. Wayse qaadday. Ayaandarrida ka sii wayn, waxaa maxkamadda rafcaanka madax ka ah Saalax Sheekh Ibraahim Dhiblaawe oo aan ugu yaaraan 30 sano macrifo iyo saaxiib ahayn, afar sanana aan kullidyada qaanuunka ee Jaamacada Caalimiga ah ee Afrika arday ka wada ahayn. Saalax sharcigii uu bartayna ma tixgelin, saaxiibtinnimadiina ku ma samafalin ee wuxuu furay dacwaddii. Qareennadayda ayaa igu la taliyey in aysan jirin dacwad la qaado iyo sabab aan maxkamad go'aankeeda la sii ogyahay u tago. Ujeedka Villa Somalia wuxuu ahaa in waqtiga la iiga lumiyo maxkamad. Garsoore Saalax wuxuu Xeer-Ilaalinta siiyey 90 cisho oo ay caddaymo ku soo raadsato. Hadde ogow oo waa Xeer-ilaalintii weerarka ku bannaysatay dambi gacanta xilligaa lagu la jiro oo iminkana 90 cisho caddaymo raadinaysa! Garsoore Saalax dan ka ma gelin shantii ruux ee meesha lagu dilay, maydkoodana kabaha lagu aasay, dhibkii meesha ka dhacay iyo xadgudubkii la igu la kacay. Mar dambe oo aan is aragnay wuxuu iigu marmarsiyooday in sidaasi ay ahayd sida keli ah ee uu xilkiisa ku ilaashan karo. Nasiibdarrase xilkii waa laga qaaday, in kastoo mar dambe la dallacsiiyey, halka garsoore Aways xilkii laga qaaday, laakiin Saalax iyo Aways diiwaanka taariikhda ayaa kala xukmin doona.

Waxay dad badan is-waydiinayeen maxay tahay sababta ay ku-dhaca iyo halista intaa la'eg ugu bareereen Farmaajo iyo raggiisu? Ilaa iyo hadda waxaan fursad u helay in aan ka warsado Xasan Cali Kheyrre iyo Fahad Yaasiin. Kheyrre wuu inkiray in uu falkaa wax ka ogaa, wuxuuna ii sheegay in markii weerarku dhacay loo soo sheegay in Hoteel Jazeera la weeraray. Guriga ku dheggan kan la igu weeraray waxaa degganaa Kheyrre hoyaadiis oo aan dhanka hooyadeed qaraabo ka ahayn. Kheyrre wuu inkiray, laakiin waxaa yaab leh in uusan waxba ka oran markii ay odayaashu u tageen, weliba uu ku adkaysanayey in sharciga la i hor gaynayo. Waxaa kaloo iyaduna yaab leh in uusan wax tillaabo ah ka qaadin raggii weerarkaas gaystay. Waa laga yaabaa in soo currinta qorshaha uusan ku lug lahayn, laakiin waxaan suuragal noqon karin in uusan wax ka ogayn. Fahad Yaasiin markii aan waydiiyey wuxuu ii sheegay in isaga iyo Kheyrre ay soo maleegeen qorshaha, laakiin sida ay Saadaq-John iyo Jaamaca *Madaxaa I furan* u fuliyeen aysan u rabin. Wuxuu isku deyayey in uu Farmaajo ka fogeeyo ogaanshaha shirqoolka oo uu Kheyrre dusha u saariyo, waxaanse waydiiyey markii aad Kheyrre soo erideen ka dib weerarradii lagu qaaday Hotel Maa'ida ee labada madaxweyne hore Xasan Sheekh iyo Sheekh Shariif iyo guddoomiyihii hore ee Baarlamaanka ahaana madaxweynihii Koonfur Galbeed, Shariif Xasan Sheekh Aadan, weerarkii subixii ku xigay ee 19 Febraayo 2021, iyo kii lagu qaaday xaafadda Miraanayo ee uu Xasan Sheekh ku sugnaa yaa amray?

Mid ka mid ah Xildhibaannada ay saaxiibtinnimo iyo qolo ahaanba isku hayb yihiin Farmaajo ayaa rag ay asxaab yihiin ku sir qarsaday in uu Farmaajo ka waaniyey in uu falkaas ku kaco. Farmaajo ayaa intii uusan ninkii u jawaabin, wuxuu ka sheekeeyey dooddii dhex martay Maxamad Siyaad Barre iyo raggii ku dhowdhowaa markii uu doonayey in uu toogto Salaad Gabayre. Wuxuu ku yiri: dadka ku cabsiinaya ayaa hadhowdii dambe kuugu soo horrayn doona in ay kuu yiraahdaan tillaabo sax ah ayaad qaadday ee waxba ha cabsan. Wuxuu kaloo warkiisa raaciyey dadka aad ka cabsanayso iyagaa maanta kaa naf jecel, soo ma arag hantida, dabaqyada, iyo daaraha dhaadheer ee ay jeexdeen, midkoodna ma doonayo in ay ka dumaan. Maalintaas laga bilaabo ninkii qudhiisa xildhibaanka ahaa ayaa warkaas meel kasta kaga sheekayn jiray.

Martida

Subixii ay maxkamaddu i soo fasaxday 19/12/2017 ayaa waxaa la ii sheegay in aan tago goob ay ku kulansanaayeen odayaashii beesha Habargidir. Jawiga goobtu wuxuu ahaa mid kacsan oo dhiillo iyo farxad isku jirta ka muuqatay. Dadka meesha isugu yimid waxay ka caraysnaayeen xadgudubka lagu sameeyey. Aniga iyo asxaabtayda, gaar ahaan waxay si wayn uga caraysnaayeen wiilashii shanta ahaa ee kabaha lagu aasay oo aan la ogayn halka uu maydkoodu ku aasan yahay. Dad fara badan ayaa goobta ka hadlay, markii hadalka la i siiyey ayaa waxaa hadalkaygii ka mid ahaa in aan ku ammaanay in iyagii dadkii dagaalka lagu yiqiin ahaa ay dulqaad muujiyeenn, iyagoo xaq u leh mar haddii uusan sharci jirin in ay shantooda isku difaacaan ay si nabad ah ku jawaabeen, haddii dadkii *martida* ahaa oo aan markaa u la jeeday cudud iyo ciidan aan magaalada ku haysan, xabbadda iyo dagaalka laga celin la'yahay waa arrin la la yaabo. Muqdisho waa caasimaddii Soomaaliyeed, waa magaalo Soomaali oo dhan xarun u ah, laakiin xooggeeda waxaa deggan Hawiye, Raxanwayn iyo reer Banaadir. Soomaaliyana siyaasaddeedu qabiil ayey ku dhisantahay. Hadalka aad ayaa loo siyaasadeeyey, waxaana laga saaray siyaaqii (contex) uu ku yimid iyo ujeedka laga lahaa intaba. Siyaasiyiinta khaladaad way ka dhacaan, iyaga ayaana ka masuul ah in hadalkooda si khalad ah loo fahmo, ama looga faa'iidaysto. Dadka dhagaysanaya ama akhrinaya farriinta masuuliyad ka ma saarna in ay si sax ah u fahmaan. In kastoo dad badan oo aan ka xumaan falkii foosha xumaa ee la igu la kacay oo ay biyaha calawga ah ka kalluumaysteen, haddana waxaa jiray in ay dhibsadeen dad badan oo isugu jira taageerayaal iyo kuwa kale oo falkii xadgudubka ahaa ka gilgishayba, sidaas darteedna raalligelin ayaan ka bixiyey.

Maydadkii Wiilasha

Ilaa maanta la ma yaqaan halka ay ku aasanyihiin wiilashii shanta ahaa ee xarunta Xibsiga lagu dilay. La ma marsiin habkii Islaamka ee maydka loo aasi jiray ee ah in la mayro, janaaso lagu tukado, ehelkooduna ay goobjoog ka ahaadaan. Sabab kasta oo Farmaajo iyo raggiisa go'aankaas ku kalliftay, wuxuu ahaa falka ugu tacaddiga badan ee goobtaas ka dhacay.

1. Cali Cabdi Naxar
2. Xasan Cusmaan Guuleed
3. Cali Warsame Maxamuud
4. Cumar Cabdi Faarax; iyo
5. Saadaq Casir Maxamuud, oo maalintaa si gardarro ah loo dilay waxay ku oolli doonaan xusuustayda, xadgudubka lagu sameeyeyna maalin ayuu caddaalad adduun heli doonaa, tii aakhirana Ilaahey agtiisa ayey taallaa.

HANDADAAD IYO IS-HORTAAG

Doodihii aan qabanayay iyo iftiimintii hawlaha ay dawladdu ka gaabineyso taliskii uu hoggaamiyay Madaxweyne Farmaajo waxa ay u arkayeen in ay halis ku tahay, laakiin sida saxda ah waxay ahayd in ay faa'iido u arkaan, taasina ma dhicin. Weerarkii ay nagu soo qaadeen ka dib, waxa ay isku dayeen in ay cadaadis gudaha iyo dibadda ah i saaraan, si ay u hor istaagaan kulammadii dadwaynaha iyo doodihii aan qabanayay. Hoteellada magaalada Muqdisho ku yaalla ayay aad culeys u saareen. Waddanka ammaankiisu waa iska adagyahay oo argagaxisada Al-Shabaab ayaa beegsanaysan meel kasta oo hawl siyaasadeed ama wacyigelin bulsho lagu hayo. Waxaan u baahneyn in aan kulammada ku qabanno hoteello nabad-galyadoodu sugantahay. Goobihii ceynkaas ahaa warqado ayay dawladdu geysay ay ku leedahay kulan aysan ogeyn la ma qaban karo. Hoteel kasta oo aan tagno wuxuu nagu lahaa warqad ka soo qaata hay'adda Nabadsugidda, taa oo ahayd arrin dastuurka baal-marsan, maadaama sharciga dalka u yaallaa uu dhigayo in qofku ka mid noqon karo urur siyaasadeed si xor ahna mudaharaad uga qeyb gali karo, aragtidiisana uu dhiiban karo.

Ragga hoteellada leh marka aad weydiiso qoraal lagu leeyahay ma qaban kartaan shir siyaasadeed miyaad heysaa? Waxa ay ku leeyihiin waa na la soo wacay oo afka ayaa na la ka amray. Haddii aad ku la dooddo in war dowlo warqad buu ku yaal ee qoraal tixraac leh na tusa, waxa ay ku leeyihiin cadaadisyo badan ayaa na saaran. Dawladdu waxa ay nagu handadeysaa in dhagaxda hoteelka hor taalla oo aan argagaxisada isaga ilaalineyno naga qaadeyso haddii aan la xisaabtanno, ganacsigayaguna uu halis galayo.

Marki aan arkay in gudaha Muqdisho aan wax shir ah lagu qaban karin, waxaan isku dayay in aan dibadda u baxo oo aan Soomaalida dalka bannaankiisa deggan la hado. Marti-qaadki ugu horreeyay waxaan ka helay Soomaalida deggan dalka Kenya oo la dhihi karo waa meesha labaad ee Soomaalidu ugu badantahay dalka hooyo ka dib. Kulan weyn ayaa la abaabulay. Waxaa la la xariiray dawladda Kenya, laakiin waxaa hor istaagay Aadan Barre Ducaale oo markaas ahaa hoggaamiyaha aqlabiyadda Baarlamaanka Kenya. Tuhun ma aha ee isaga ayaa wareysi uu siiyay BBC ku sheegay in uu isku horgooyay shirkaas ka dib farriin uga timid dawladda Soomaaliya. Aadan Barre mar dambe oo aan is aragnay ayuu arrintaas iga raalli galiyay, wuxuuna ku andacooday in si qalad ah wax loogu sheegay, raalligalin buuxda ayuuna ka bixiyay. Markaas wixii ka dambeeyay, waxaan go'aansaday in dal aan dimuqraaddi ahayn aanan kulan dambe ku qaban. Socodkii labaad waxaan ku tagay magaalada London, kulan ay jaaliyadda Soomaaliyed ee UK aad uga soo qeyb galeen ayaan ku qabtay. Magaalada Gothenburg ee dalka Sweden ayaan kulan kale ku qabtay. Magaalada Johannesburg ee South Africa ayay si weyn Soomaalidu iigu soo dhaweeyeen. Halkaa ayaa ka sii waday, Maraykanka, Canada, Norwey iyo dalal kale oo Soomaalidu deggantahay ayaan booqashooyin ku tegay ku lana hadlay qorba-joogta. Waddanka Malaysiya oo aan wax ku bartay, arday badan oo Soomaaliyeed oo taageersan aragtideyda siyaasadeed doodaheygana xiiseynayaana ay joogeen ayaa la iga casuumay, laakiin safaaraddii Soomaaliya ee Malaysiya ku taallay ayaa waraaq u qortay dawladda ay ku leedahay ninkaan diinta Islaamka ayuu ku gafay. Maalmahaasna waxaa aad u kacsanaa hadal aan jeediyay oo si qaldan loo fasiray. Dhallinyaradii waxa ay ku adkeysteen in aan xafladda la baajin. Hoteel ayay soo qabteen ay ugu tala galeen in ay booliska ku marin habaabiyaan mid kalana kulanka ayay u qorsheeyeen. Boolisku hoteelkii ogeysiiska lagu sheegay ayay tageen laakiin kulankii hoteel kale ayuu ka dhacay. Anigu kulanka in la baajiyo ayaan doonayey, laakiin ardayda Soomaaliyeed ee waddankaas wax ku baraneysay ayaa aad ugu dhegay. Mar kale oo la iga marti-qaaday waddanka Turkiga waan ka cudurdaartay. Waa markaan xaqiiqsaday in uu saxnaa go'aankeygi ahaa in aanan kulan ku qaban dal aan dowladdiisu dimuqraaddi ahayn.

Taliskii xilka hayay waxa ay isku dayayeen in ay i cabburiyaan laakiin mar kasta waxaan ka sii qaadayay dhiirrigalin, kuna helayay taageero badan. Dad badan oo aragti xun iga haystay ama aan i dhagaysan jirin ayaa soo daneeyey hadaljeedintayda iyo kulammada aan qabto. Waxaan xusuustaa in kulankii lagu qabanayey magaalada Toronto ee dalka Kanada la qabtay xarun qaadda kun qof oo qoladii qabanqaabada lahayd isku qabteen aan dhexda ka kala barno, si ilaa shan boqol oo ruux loogu tala galo, haddii kale hoolkii oo barkii maranyahay waa fool xumo, halka kuwa kale ay ku adkaysteen in sidiisa loo daayo. Waxay ii yimaaddeen iyagoo labadaa ra'yi isku haya. Waxaan taageeray ra'yigii ahaa in sidiisa loo dhaafo. Nasiib wanaag, habeenkaas hoolka waa la soo buuxiyey oo Toronto iyo magaalooyinka kale ayaa looga yimid. Waxaan kaloo xasuustaa nin qoraal dheer *email* iigu soo diray oo leh waqti badan ayaan kaa aamminsanaa siyaasi danihiisa u muraadsada, laakiin beegsiga iyo weerarrada kugu socda markaan arkay waxaa igu dhalatay in aan derso waa ku ma Cabdiraxmaan Cabdishakuur? Khudbooyinkaagii ilaa 2008 ayaan dib u raacay, waxaana aan ka waayay hadallo is-burinaya, saameyn weyn ayaana igu yeelatay markaan taariikhdaada daba-galay.

Waa run oo nafteyda halis ayay galiyeen laakiin fursad kale oo dadka Soomaaliyeed igu taageeraan ayay ii abuureen kooxdii xilka haysay.

CAYAYAANKA BARAHA BULSHADA (CBB)

Waxaa jiray dad la kireeyay oo aan u bixiyay Cayayaanka Baraha Bulshada (CBB) oo lacag lagu siinayay in ay aniga i dacaayadeeyaan ina sumcad dilaan, markii danbana mucaaradka oo dhan loo adeegsanayay. Canshuurta shacabka laga qaado ayaa lagu biilayay dadkaas, waajibaadkoodana waxaa ugu muhiimsanaa in farriimahayga ay ka falceliyaan. Boqollaal qof oo hal qoraal wada qoraya ayay ahaayeen. Markii aan baaray oo rag aan saaxiibbo nahay oo warbaahinta ka shaqeeya, madaxtooyadana u dhuun-duleela weydiiyay waxay dheheen oo Villa Somalia ay ka soo xigteen in 30% qarashka lagu bixiyo jiheynta dadweynaha ee xagga warbaahintu ay aniga igu baxaysay. Wax aad loo la yaabo ayay ahayd in waqti, hanti iyo tamar intaa la'eg la i dul saaro. Markii aan u kuurgalay sababta ay raggaas ii daba joogeen, waxaa la ii sheegay in ay aamminsanyihiin in aan ahay nin saamayntiisu ay ka imaanayso mabda'a iyo mowqifka aan is-beddelin, dood-yaqaan ah oo hadalkiisa dadka deeqsiin kara, waxna u dhaliili kara si asluubeysan oo aan ka baxayn xeyndaabkii akhlaaqeed iyo kii siyaasadeedba. Dadku waxa ay arkayeen dhibaatooyinka la ila daba joogay; sida weerarkii, diin ka saaristii, iyo dacaayaddii, laakiin bulshadu waxa aysan ogayn in taliskii Maxamad Cabdullaahi Farmaajo uu isku dayay in la igu qanciyo ka mid noqoshada dawladda ama ugu yaraan taageerayaashayda iyo in dadka Xisbiga Wadajir ka tirsan xilal sare la siiyo iyo xoolo intaba. Dabcan, duruufo badan oo igu xeernaa waa jireen, laakiin damiirkayga iyo shaqsiyaddeyduba ii ma oggolaaneyn in aan dano kooban oo ku-meelgaar ah siisto ka-tanaasulka mabaadi' iyo fikir aan ku soo tiir iyo tacab beelay.

Qaddarinta iyo qiimaha ay bulshadu kuu hayso iyo saamaynta togan ee aad ku leedahay waxay ku xirantahay hab-dhaqankaaga, mabda'a ku-taagnaanta iyo mowqif ku-sugnaanta iyo in aadan dabaysha iyo duruufta isla rogin. Mucaaradnimada Soomaaliya waxaa lagu yaqaannaa qofka markii dantiisa loo fuliyo, xil ama xoolo la siiyo, in uu aammuso oo uu saaxadda ka baxo. Ku-sugnaanta mabda' iyo is beddel la'aantu waxa ay ka mid ahayd shidaalka iyo tamarta adkaysiga.

Siyaasaddu waa xil iyo hoggaan. Waxaa jira dad xil haya laakiin aan hoggaamiyayaal ahayn, iyo kuwo aan xil haynin laakiin hoggaamiyayaal ah, waxayna ku xiran tahay hadba inta ay la'egtahay saameyntaada iyo sida dadku kuu rumaystaan ama kuu aamminaan. Waxaa laga yaabaa adiga oo Madaxweyne ama Raysalwasaare ah ama xil sare oo kale haya in aadan saameyn yeelan, dadku ku rumaysan ama ku aamminin. In aad saameyn yeelato waxay ku imaan karaysaa in ay dadku ku rumaystaan oo ay ku aamminaan. Hoggaamiye waa ruuxa dadka saamayntiisa dhanka hadafka ugu kaxayn kara, dhaqaajin kara dareenkooda iyo shucuurtooda, yididiilo gelin kara, danta guudna ku duwi kara. Taasi ma imaan karayso ilaa ay kuu arkaan in aad tahay ruux mabda' iyo mowqif ku-sugnaan leh, daacadnimo iyo damqasho leh, danayste aan ahayn ee damiir hagayo.

GAALAYSIIN LAGU GABBADO

Koox culimmo ah ayaa hadal aan ka jeediyay Jarmalka oo aan kaga hadlayay haweenka iyo kaalinta ay siyaasadda ku leeyihiin iyo in ay jiraan axaadiis badan oo daciif ah ama la sameeyey oo loo adeegsado in haweeynka lagu maquuniyo ama loogu diido kaalintooda siyaasadeed, isla markaana ay jiraan aayado quraan ah oo caddeynaya doorka hoggaamineed ee haweenka, ayaa siiqadii hadalka si kale loo macneeyay. Soomaalidu waxa ay dhahdaa *ninna hadalka si u dheh ninna si u qaaday*. Hadalkaygii waxaa laga saaray siiqadii ama qaabkii aan ugu tala galay in aan u dhaho, waxayna ahayd arrin la i waydiin karay ulajeedkayga ama la igu oran karay waa ku qaldantahay ee ka noqo oo loo adeegsaday siyaasad. Markaas ayaan arkay rag waaweyn oo culimmo ah oo magac ku dhex leh bulshada Soomaaliyeed oo inta makarafoonnadii qabsaday diinta iga saaray. Wasiirkii Warfaafinta, Maxamed Cabdi Maareeye, oo BBC inta waraysi siiyay leh: waa taageersanahay qof kasta oo diinta wax u dhibaya in laga qabto. Sheekh Xasan Daahir oo xabsiga ku jira ayaa laga hadalsiiyay. Sheekh Maxamed Cabdi Umal oo ka mid ah culimada Soomaalidu ixtiraamka u hayaan si shakhsi ah ayuu ii aflagaadeeyey, isagoo igu tilmaamay in aan *ey* ahay sheegayna in aan diinta ka baxay, codna aan la i siinin. Waxay ahayeen culimmo ka soo jeeda Tayaarka Salafiga ah. Waxay masjid kasta iyo makaroofankii ay qabsadaanba ka sheegeen in aan diinta ka baxay, waxayna hadalkooda ku larayeen yaan cod la siin Cabdiraxmaan. Qaarkood ayaa diinta uun iga saaray, kuwa kale iyo Al-Shabaab waxay isku raaceen in la i dilo oo dhiiggayga ayey banneeyeen oo iyagii iyo Al-Shabaab ayaa isku saf galay. Waxyaabaha la-yaabka leh waxaa ka mid ahaa in aniga oo Nairobi ku sugan ay dad ehel iyo taageerayaal isugu jira oo ganacsato iyo waxgarad kaleba leh oo arrinka aad uga welwelsan ay isku dayeen in ay na kulansiiyaan. Waxay soo jeediyeen in aan wada fariisanno oo haddii aad u aragtid in si qalad ah warkaaga loo turjumay ama aad qaldanayd aad ka wada hadashaan, ka dibna aad shir jaraa'id wada qabataan. Waxba ka ma qabo ee ina kulan siiya ayaan ku iri. Weli Sheekhu arrinkayga ka ma uusan hadal markaa. Isagii ayey u tageen wuu se ka cudur daartay, wuxuuna u sheegay in uusan waqti heli karaynin, illayn waa nin meel u socda'e, wuxuuna ka codsaday in ay dib ugu dhigaan. Meel fagaare ah oo uu haween muxaadaro ugu qabtay ayuu arrinkii kaga hadlay, weliba si akhlaaqda iyo asluubka culimanimada ka baxsan, wayna iska caddayd in ay ka dhex hadlayaan kooxdii Nabad iyo Nolol ee aan siyaasadda isku haynay. Culimada Salafiyada intooda badan, gaar ahaan garabka Al-ictisaam, si wayn ayey rajiimkii Farmaajo u taageersanaayeen. Sababtoo ah Fahad Yaasin oo raggooda muhiimkaa ka mid ahaa ayaa geed-fadhi u ahaa dawladda N&N, caaddifadda qabiilkuna ka ma marnayn. Waa raggii iska daa in ay canbaareeyaane, aayado diinta uga soo daliiliyey in dhiibistii Qalbidhagax ay ahayd maslaxo diineed.

Dad badan ayaa fahmay in ujeedka Sh. Umal aysan ahayn diin daafac ee dano siyaasadeed uu ka lahaa weerarkii uu igu qaaday. Ninkaas odayga ah markii weerarka la igu soo qaaday ee 5 wiil maydkooda kabaha lagu aasay waxba ka ma oran; markii Qalbidhagax la dhiibay waxba ka ma oran; markii uu Farmaajo yiri annagu Muslimiin ayaanu nahay, laakiin Reer Galbeedka ayaan ku dayannaa oo diinta maanta lagu ma dhaqmi karo, kalmad afkiisa ka ma oran. Taageero weyn ayey raggii igu goobtay ee kooxdaas ahaa ku lumiyeen, sababtoo ah dad badan oo u heystay in ay yihiin culimmo diinta daacad ka ah ayaa ogaaday in diinta ay dano siyaasadeed u wehliyaan. Waxay kaloo dad badani fahmeen in dawladdii Farmaajo ee N&N iyo raggani ay isku xirnaayeen.

Al-ictisaam waa urur diineed siyaasi ah oo dhowr jeer isku dayey in uu dalka qabsado. Dagaallo ayey Boosaaso kula galeen Cabdullaahi Yuusuf iyo jabhaddii SSDF, sidoo kale ayey Gedo kula dirireen jabhaddii SNF iyo Itoobiya oo wada socda. Ka dibna labo garab ayey u kala jabeen: qolo goosatay in ay hubka dhigaan oo si nabad ah xukunka ku raadiyaan, waana siday u badnaayeen; iyo qolo diidday oo dagaalka iyo "jihaadka" ayaan sii wadaynaa ku dooddday. Kooxdaas xooggooda waxay ku biireen Al-Shabaab. Marka ma jecla dadka fikirka qunyar-socodkaa leh. Haddii qof fikirkooda xambaarsan uusan xukunka hayn, waxay ka door bidayaan in mid aan diinta wax ka aqoonin ee ay iyaga gacanta ku hayaan oo halkii ay doonaan u jeediyaan uu qabto. Waa tan keentay in wiilkooda Fahad ah oo Farmaajo gacanta ku haya ay taageeraan. Anigu waan fahansanaa oo mar aan ku gooddiyey in haddii ay iga leexaan waayaan aan taariikhdooda dib u soo faagi doono, waxay ay yihiinna aan dad la wadaagi doono ayaa waxaa ila soo hadlay wadaadka iyaga markaa madaxda u ahaaka oo yiri ma jiro wax uu ururka Al-ictisaam ka midaysanyahay oo adiga si gooni ah laguugu bartilmaameedsanayo, waxaana aan rabaa in halkaas lagu joojiyo farriimaha eedaha ah ee warbaahinta la isu marinayo. Waan ka aqbalay, sababtoo ah anigu nin loollan siyaasadeed iyo doorasho ku jira ayaan ahaa oo ma rabin in dagaal furin kale igu sii furnaado.

Dadka Soomaaliyeed waa u caddeeyay in aanan diiddanayn in uu saxiix yahay Xaddiiska tilmaamaya in haweenku ay nuqsaan caqli iyo diin qabaan, laakiin fasirkiisa la isku haysto. Aniguna aan diiddanayn saxnimada Xaddiiska, laakiin aanan ka mid ahay dadka qaba in fasirka sida loo dhigayo uusan ahayn ee laga wado in salaadaha iyo soonka laga cafiyo xilliga ay caadada helaan, iyo hilmaamka badan ay tahay ee aysan jirin wax kale oo nuqsaan diin iyo caqli ah. Waxaan kaloo ku dooday in ay jiraan aayado Quraan ah oo daaliil cad leh oo sheegaya in ragga iyo dumarku ay ilaahey hortii u simanyihiin, aayado badanna ay caddeeyeen in ay adduun iyo aakhiraba simanyihiin. Culimmo kale oo Soomaaliyeed ayaa i difaacay oo qaarkoodna ii sheegeen in duullaanka igu socdaa uusan ahayn mid diin difaac ah ee uu yahay mid siyaasadeed. Waxan ogaaday in inta badan culimmada Ictisaam oo markaas dawladda ku daabnaa wada hadleen, laguna heshiiyay in culimada beesha Daarood aysan duullaankeyga ugu soo hor marin ee kuwa Hawiye, gaar ahaan Habargidir, gaar ahaan Ceyr, ay marka hore igu bilaabaan weerarka oo diinta la iga saaro, ka dibna kuwa beelaha kale ay ku soo xigsadaan.

Kuwo Ictisaamka ka baxay oo Salafiya-jadiid la yiraahdo ayaa i la soo xariiray. Waxa ay yiraahdeen, nimankaan waa u jeednaa weerarkoodu waa mid siyaasadeed ee annaga ayaa jawaab ka bixineyna, laakiin waa in aad adiga marka hore caddeysid hadalka sida aad u la jeedday. Intaas ayaan sameeyay, ka dibna way u jawaabeen iyagoo caddeeyey in wax dambe oo la iga sheego aysan jirin, ciddii i sii daba socotaana ay dano siyaasadeed leeyihiin. Raggaasi waxay u badnaayeen kuwo aanu isku hayb hoose nahay.

Soomaaliya siyaasadda, diinta iyo qabiilku way isku milanyihiin oo ma kala baxsana. Nin culimada Ictisaamka ka mid ah ayaa hadalkiisa u dhigay sidii in ay waajib igu tahay in aan isaga u towbad keeno, dad badan ayaana arrinkaas ka carooday kana dhiidhiyay, sheegayna in culimmada qaar ku tagrifalayaan magac diineed. Soomaalidu maadaama ay yihiin dad diinta Islaamka jecel, yeysanba ku dhaqmine, waxay culimmada ku ixtiraamaan magaca diinta. Marba haddii aad culimmo sheegato oo aad cimaamad soo duubato, qamiiskii iyo koofidii soo xirato, aayado iyo axaadiisna daliilin karto waxaad helaysaa ixtiraamkooda. Nasiib-darradu waa in aysan u fiirsan is-burinta hadalka iyo ficilka dadka culimmada sheeganaya. Aad u ma raacraacan u mana daba galaan dhab ahaanta sheekhnimada la sheegtay iyo ku dhaqanka diinta. Waxaa lagu aamminaa qofka culimada ah in uu Diinta sheegto. Taa beddelkeeda, dadka Soomaaliyeed siyaasiyiinta way ka shakisanyihiin, waxayna ku tuhmayaan in ay yihiin dad wax is-dabamarin badan oo luggooyo miiran ah, sababtoo ah maanta oo dhan warbaahinta ayaa daba galaysa qofka siyaasiga ah, laakiin culimmo cid daba gashaa ma jirto.

Culimadu aamminaadda dadka ayay ku takri falaan oo wixii ay doonaan ayay ka sameynayaan, iyagoo moodaya in wixii ay sheegaanba dadku rumeysanayaan. Qofkii ay dano ganacsi, siyaasadeed ama qoys isku qabtaan oo dantooda ah way diineeyaan, waana meesha u baahan in dadka Soomaaliyeed ay wacyi ka yeeshaan oo la ogaado culimadu in aysan malaa'ig ahayn oo ay bani'aadan yihiin.

Qofka bani'aadanka ahi wuu gafi karaa, qalad ayaa hadalkiisa loo fahmi karaa, hadalka ayuu si kale u dhihi karaa, laakiin in diinta la iska saaro arrin sahlan ma aha. Culimmadii waaweyned ee Al-imaam Ibnu Taymiya iyo Abii Xaniifa ayaa laga hayaa, qofka Muslimka ahi hadduu hadal dhaho oo hadaalkaas 99 waji oo gaalnimo ah uu leeyahay, hal waji oo Islaamnimo ahna ay ku harsantahay, wajigaas Islaamnimada ah ayaan qaadaneynaa. Qofka waa in loo cudurdaaro, la lana fariisto oo la weydiiyo sida uu hadalka u rabay. Aniga, marka laga soo tago culimmada Salafiya-jadiid, ma jirin sheekh kale oo arrintaas inta i soo wacay wax iga weydiiyay. Dhammaan idaacadaha iyo baraha bulshada inta istaageen ayay "waa gaal!" dhaheen. Nasteexada Islaamku xataa sidaas ma aha.

Arrin adag, isbuuc socotay, oo aad u dhib badan ayay ahayd, laakiin waxaan ku faraxsanahay dad badan oo Soomaaliyeed oo bilaabay in ay su'aal ka keenaan; war culimada ma iska wada aamminnaa mise ficilkooda iyo dhaqankooda ayaan u fiirineynaa?

ISBAHAYSIGII MUCAARADKA

Weerarkii la igu qaaday dad badan oo siyaasiyiin ah ayaa i garab istaagay, sida xildhibaanno golayaasha baarlamaanka igu matalayay iyo siyaasiyiin kale. Dhaqdhaaq iyo kulammo mucaarad ayaa bilawday. Raggii xukumka haystay waxa ay dareemeen in ay baxar weyn galeen waxa ayna isku dayeen in ay heshiis la galaan kooxda Madaxweyne Xasan Sheekh.

Shir ayaa ka dhacay magaalada Istanbuul ee dalka Turkiga oo dhex maray Fahad Yaasiin iyo Cabdikariin Xuseen Guuleed. Halkaas waxaa looga wada hadlay in dawladda la qeybsado. Fahad oo Madaxweyne Farmaajo ka socday wuxuu soo jeediyay in Golaha Wasiirrada la qeybsado, halka Cabdikariin oo markaa kooxda Madaxweyne Xasan Sheekh mataleyey uu dalbaday in raysalwasaaraha la siiyo. Kulankaa la isku ma fahmin waana lagu kala tagay oo kooxdii Madaxweyne Xasan way diideen wax ka yar xilka raysalwasaaraha. Ujeedka kooxda Nanab iyo Nolol wuxuu ahaa in ay mucaaradka kala dhantaalaan. Loollankaas naga dhexeeyay kooxdii talada dalka heysatay in muddo ah ayuu socday.

18 bilood ka dib waxaa dalka ku soo laabtay Madaxweyne Xasan Sheekh Maxamuud. Koox siyaasadeeddii Daljir iyo xisbigii asalka ee Xasan Sheekh ee PDP ayaa midoobay waxa ayna ku dhawaaqeen Xisbiga UPD. Inta aysan dhisin UPD oo aysan midoobin labada garab, waxay noo jeediyeen annagoo ah Xisbiga Wadajir in aan isku biirno laakiin waa ka cudurdaarannay. In aannu xisbi kale ku biirno diyaar u ma aannaan ahayn, waxa se aannu ku ballanay wada-shaqeyn. Sababta ugu wayni waxay ahayd in ay doonayeen in Xasan Sheekh uu noqdo cidda loo dhisayo madaxtinimada dalka. Rag beesha Habargidir ah oo xisbigaas ku jiray oo ay ka mid ahaayeen Odowaa, Mahad Salaad, Axmad Fiqi iyo Saabir Shuuriye ayaa si gooni ah ii la fariistay waxayna sheegeen in

ay diyaar u yihiin in saamigii beesha la iiga tanaasulayo, tookada tan xigtana la ii dhisayo madaxtinimada, laakiin hadda aannu isku biirno Xasan Sheekhna la dhiso. Waxay kaloo ii sheegeen in Cabdikariin, Abshir Bukhaari iyo raggii kale ee beesha ahaa ay iyagu wakiil ka yihiin. Annaga dooddayadu waxay ahayd mucaaradnimada haddii hal qof la isugu geeyo oo hal xisbi lagu midoobo Soomaalidu waxay caado u leedahay in qofka xilka la saaray masuuliyadda looga kala tago ee waxaa habboon in dadku ay kala xisbiyo yihiin, damacuna uu qayb wayn ka yahay hawlqabadka iyo dhiirranaanta loo baahanyahay in lagu wajaho rajiimka talada haya, aniguna aan ahay murashax oo aanan hadda diyaar u ahayn in aan mid kale u tanaasulo. Sidaa ayaannu ku kala tagnay.

Madaxweyne Sheekh Shariif Sheekh Axmed oo isaguna Xisbiga Himilo yagleelay ayaa muddo ka dib dalka ku soo laabtay. Cabdulqaadir Cosoble Cali oo dalka joogay wuxuu sameeyay xisbiga Ilays. Halka Guddoomiyihii hore ee Baarlamaanka iyo madaxweynihii hore ee Koofur Galbeed, Shariif Xasan Sheekh Aadan, uu isaguna Xisbiga Horusocod dhidibbada u taagay.

Anigu mar kasta waxaan tilmaamayay halista kooxda xilka heysatay, waxaana si kore u sheegayay in ay khatar ku yihiin geeddisocodka dhismaha nabadda iyo dawladnimada Soomaaliya. Sababta aan sidaas u lahaana waxa ay ahayd, waxa ay ahaayeen rag doonaya in ay saaxadda siyaasadda xiraan qof kale oo siyaasi ah oo saameyn leh ka ra'yi duwan ama talada dalka ku la tartami kara mustaqbalkana in aan la helin ayaa ka go'neyd. Saraakiishii sare ee odayaasha ahaa ee ciidanka ayay xilka ka wada qaadeen, dhallinyaro da' yar ah oo aan waaya'aragnimo lahayn oo daacadnimo ay u hayaan rajiimka lagu soo xulay ayey xilal iyo darajooyin sarsare oo ciidanka ah ku taxeen. Nin dhallinyaro ah oo darajo sare oo ciidan la siiyey, awood iyo dhaqaalana gacanta loo geliyey, oo lagu la ballamay in uu madaxwaynaha daacad u ahaado ee uusan dawladda iyo sharciga u ahaan ayaa la soo saaray. Waxaa lagu kabay koox kale oo loo bixiyey *xoogagga waddaniyiinta* oo xaafadaha Muqdisho oo dhan iyo dalka intiisa kale laga sameeyey. Waxaa jiray kooxo iyaduna warbaahinta baraha bulshada laga abaabulay oo isku xiran oo hal farriin loo wada dhiibo. Waxaa taa dhinac socday in xilalka dawladda loo dhiibo shaqsiyaad lagu xulay ciilqab ama cadaadis beeleed uu haystay oo aan fursado heli karin, si ay rajiimka iyo hoggaankiisa daacad ugu noqdaan. Qofka xilka loo dhiibaa haddii uu aamminsanyahay in uu u qalmo oo uu qaadi karo waa ka duwanyahay ruux aan filaynin qabiil ahaan ama qof ahaan in xilka loo dhiibay uusan heli kari lahayn. Marka waxaa loogu abaalsheeganayaa in la dallacsiiyey oo xil uusan heli kari lahayn oo qabiil ahaan ama qof ahaan loogu diiddanaa ay iyagu siiyeen, taa beddelkeedana uu daacad u noqdo kooxda N&N iyo madadweynaha. Awooddaa isa saaran ayey doonayeen in ay ku baabbi'iyaan cod kasta oo waaya'arag iyo waxgal ah oo bisayl iyo magac siyaasadeed leh. Waxaan ahaa raggii bilaabay ifinta halistaas bilowgii horaba, siyaasiyiintuna way ku wada baraarugeen.

Bishii Oktoobar 2019, aniga oo u socda ka-qeybgalka caleemasaarkii Madaxweynaha Jubaland, Axmed Maxamed Islaam, ayaa la isku dayay in la iga hor istaago in aan diyaaradda raaco. Laakiin dood dheer ka dib waa la ii oggolaaday. Sheekh Shariif isaguna sidaas oo kale ayaa loo hor istaagay. Markii dambe arrinta waa lagu soo baxay waana la xalliyay, aniga iyo Sheekh Shariifna hal diyaarad ayaan isla raacnay oo aan Kismaayo ku tagnay. Mar kale, Xasan Sheekh iyo Sheekh Shariif oo gargaar bani'aadannimo u waday dadkii ku wax-yeelloobay biya-baxadii Hiiraan ayaa la xannibay oo iyagoo hawada ku jira la dhibaateeyay. Ka dib waxaa xayiraad lagu soo rogay diyaaradihii Kismaayo aadayay.

Dawladda Federaalka gobonimada dalka gacanta ku ma wada heyso, sababtoo ah ma laha awoodda maquuninta ay dawladdu gacanta ku heysato oo ay dalka oo dhan ku xukumi karto, amarkeeduna kaga fulayo xuddduudaheeda dhul, cir, iyo bad. Markii aad haysato awoodda gobonnimo ee gudaha dalkaaga ayaad tan dibeddana heli kartaa. Dawladda Soomaaliya xuddduudaha badda ma ilaaliso, kuwa dhulkana gacanta ku ma hayso. Tan hawada oo ay Qaramada Midoobay gacanta ku haysay ayaa si tartiib tartiib ah loogu soo wareejiyey. Waxay qaadatay wada-hadal dheer oo maamullada dalka ka jira la la galay. Waxaase yaab lahaa oo nasiib-darri ahaa in rajiimkii N&N ay awooddaas ku takrifaleen oo ay u adeegsadeen xisaab siyaasadeed. Waxay diyaaradihii ku amreen in aysan qaadi karin qof mucaarad ah, iyo in aysan u duuli karin degaanka maamulka Jubaland. Soomaali waxay dawladdeedii ku duntay waa ku takrifal awoodeed, musuq iyo eex qabiil. Awooddii yarayd ee dawladda u soo gacan gashay ee maamulka hawada dalka ahayd waa taa durba lagu takrifalay. Markii ay dhammaatay xafladdii caleemasaarka ayaa intayadii Muqdisho ka tagtay ee ururrada mucaarka ah hogaaminayey—aniga, Sheekh Shariif, Xasan Sheekh, Cabdikariin Guuleed iyo Cabdiqaadir Cosoble—aannu shir la gallay Axmad-Madoobe, iyo Saciid-Deni oo labada maamul ee Jubbaland iyo Puntland ka kala socday. Waxaan isku daynay in aan Isbahaysi siyaasadeed halkaa ku yagleelno, waxaase ka gaws-qabsaday Saciid-Deni oo nagu yiri annagu rag xilal haya ayaan nahay, idinkuna xil ma haysaan, si dadban in aan u wada shaqayno ma ahee si rasmi ah dallad iyo isbahaysi u ma wada geli karno. Arrinkaa raggii shirka joogay aad ayey u dhibsadeen. Axmad-Madoobe oo marti loo ahaa aadna u danaynayey in ay hawshaasi meel marto ayaa aad uga xumaaday arrinkaas. Waxyaabihii aan xilligaa Siciid ku la dooday oo uu Xasan Sheekhna igu raacay waxay ahayd in uusan isku qaldin xilka iyo saamaynta. Qofku xil waa hayn karaa, laakiin taa macnaheedu ma aha in uu saamayn leeyahay; in aanad xil haynna kuu diidi mayso in aadan saamayn lahayn. Waxaan tusaale u soo qaatay in beelaha aan ka soo jeedno aan hadda kaga saamayn badannahay kuwo xilka haya ee magaca beesha wata. Siciid mar dambe oo uu taa yaqiinsaday ayuu oggolaaday in aan isbahaysi rasmi ah isla samaysanno oo waxaan samaynay Madasha Badbaado Qaran. Cabdi Xaashi Cabdillaahi oo ahaa Afhayeenkii Aqalka Sare ayaa guddoomiye ka noqday madashaas.

Dinaca kale, khatartii aan muddada dheer ka digayey ayaa tartiib tartiib u soo baxaysay, halista kooxda xilka heysaana waa soo badaneysay. Markii aan ka soo laabannay caleemasaarkii Axmed-Madoobe, waxaa la yiri ururrada siyaasadeed ee reer Muqdisho aan midaynno, waxaana la sameeyay Madasha Xisbiyada. Xisbigayagu wuu ka cudurdaartay oo midowga ka ma qeybgalin. Mabda' ahaan in la iskaashado waan aamminsanayn, laakiin in la isku milmo oo hal xisbi la noqdo ma aannaan qabin, sababtoo ah hal xisbi waxaa la yiraahdaa in hal hoggaan la sameeyo, hal musharrax oo doorashada lagu galana la sameeyo, taas la ma oggoleyn oo madaxda xisbiyada midoobayay in ay hal qof u tanaasulaan ma aysan dooneyn, marka midwgaas macna weyn ma lahayn. Xisbiga Wadajir wuxuu soo jeediyay haddii la midoobayo waxaa loo baahanyahay in si dhab ah loo wada hadlo, la iska warsado sidii hal musharrax loo keeni lahaa, lagana doodo sida loo qeybsanayo xilalka Dawladda ee saamiga loo helo, haddii ay tahay Wasiirro, taliyeyaal, safiirro, maamulgoboleedyada Hirshabeelle iyo Galmudug, Gobolka Baanaadir. Maadaama aan halkaas loo socon waan ka cudurdaarannay.

Raalligelintii Kheyrre

Muddo xileeddii sharciga ahayd ee xukuumadda ayaa gabagabo noqotay. Waqtigii doorashooyinka ayaa soo dhawaaday, waxaana bilowday loollankii iyo wada-hadalladii doorashooyinka ee dawladda federaalka iyo dawladgoboleedyada u dhexeeyay. Iska daba jiitan dheer oo hadba dhinac u socday waxa ay iska hor keentay raysalwasaarihii xilligaas, Xasan Cali Kheyrre, iyo Madaxweyne Maxamed Cabdullahi Farmaajo, waxaana si sharci darro ah oo aan hannaankii dastuurka waafaqsaneyn muddo toddoba daqiio ah xilka looga tuuray raysalwasaaraha oo markaas aamminsanaa in isaga iyo madaxweynuhu yihiin dad isu dhow oo naftu u dhaxeyso laakiin waxaa la yiraahdaa siyaasaddu saaxiib joogto ah ma leh ee dan joogto ah ayay leedahay.

Hadda ka hor ayaan wareysi ku bixiyay in siyaasaddu aysan ahayn jacayl laba ruux ka dhexeeya oo joogteyn kara in la wada-shaqeeyo, laakiin kaliya la isku la joogi karo sida loo maareeyo dhacdooyinka sida lamafilaanka u soo baxaya iyo caqabadaha soo derrinaya.

Kheyre sannado badan ayuu sheegi jiray in isaga iyo Madaxweynuhu aysan marna kala tegayn, is-jecelyihiin, war xumo sheeggunu aysan kala wadi doonin. Laakiin taas waayaha iyo waaqaca ayaa diiday, debadda ayaa loo soo tuuray. In kasta oo aan aad uga soo horjeeday, haddana Xisbiga Wadajir wuxuu caddeeyey in qaabka xilka looga tuuray ay ahayd sharci-darro khilaafsan Dastuurka dalka. Waxaa timid aragti ah in la sameeyo Gole ay ku midaysanyihiin Musharixiinta u tartamaysa xilka madaxweynaha. Rag aqoonyahanno, siyaasiyiin iyo ganacsato isugu jira ayaa soo karkariyay, maanafeysto lagu midoobi karana way soo diyaariyeen. Xasan Cali Kheyrre oo rajiimka Nabad iyo Nolol ka soo baxay sidii uu Midowga Musharixiinta uga mid noqon laha ayaa dood badani ka dhalatay. Inta badan madaxda la doonayay in ay Golaha ku midoobaan tabasho ayay ka qabeen Kheyre, laakiin xildhibaanno iyo ganacsato isaga ku heyb ah ayaa qof walba la hadlay oo yiri ninkaan annaga ayaa ka wakiil ah, wixii loo heystana cudurdaar ayaan ka bixineynaa.

Anigu, maadaama uu markii la i soo weeraray uu isagu Raysalwasaare ahaa, si sahal ah ku ma aqbali karin. Waxaan shardi ka dhigay in uu si muuqata raalligelin u sameeyo oo uu shacabka Soomaaliyeed u sheego in uu gaf sameeyay. Xaruntii weerarku ka dhacay ayaa isaga iyo raggii kale ee ay ehelka ahaayeen iyo siyaasiyiin kale iigu yimaaddeen, halkaana uu ku bixiyey raalligelintii, ka dibna bartiisa Twitter ku shaaciyey qoraal raalligelin ah oo sidan u dhignaa:

> "Waxaan caawa hoygiisa ku soo booqday hoggaamiyaha xisbiga Wadajir, ahna musharrax madaxwayne ee jamhuuriyadda federaalka Soomaaliya, Mudane Cabdiraxman Cabdishakuur Warsame, halkaas oo aan si walaaltinnimo ku dheehantahay isugu soo qalbixaarannay. Waxaan ka raalligeliyay dhibkii 17 Diseembar 2017 isaga iyo ilaaladiisa ka soo gaaray dhacdadii ka dhacday hoygiisa."

Kulankii Kowaad ee Rooble

Tuuristii Xasan Cali Kheyrre ka dib, Farmaajo waxay ku qaadatay in uu Raysalwasaare magacaabo muddo 55 cisho, taasoo khilaafsan dastuurka dalka ee dhigaya in uu muddo bil gudaheed ah uu Madaxweynuhu ku magacaabo Raysalwasaaraha. Intaa wuxuu baadigoobayey shakhsi uu is-leeyahay wuu u adeegi karaa ajandahaaga siyaasadeed, isla markaana ka xigsada degaanka iyo mucaaradka xooggan ee Muqdisho saldhigga u ah. Marka ay xilka magacaabayaan Madaxweynayaasha Soomaaliya waxay isku raadiyaan labo aan la isi saari karin oo ah in ay helaan shakhsi ka xigsan kara degaanka iyo dadka uu ka soo jeedo, karti hawlqabad leh, isla markaana ah daacad fuliya ajandaha iyo qorshaha u deggan madaxweynaha. Waa sababta keentay in mar kasta ay Madaxweynayaasha iyo Raysalwasaarayaashu qoorta isla galaan. Haddii ajandaha iyo himilooyinka madaxweynaha iyo kan raysalwasaaruhu ay yihiin kuwo qaran oo ka tarjumaya danta dalka iyo dadka xal ayaa loo heli lahaa khilaafka iyo kala aragti duwanaanta labada masuul, laakiin mushkiladdu waxay ka timaaddaa in midba kan kale uu doonayo in uu marsiiyo dano shakhsi ah, kuwo beeleed ama degaan. Waa sababta keentay in inta laga helayo hay'ado dawladeed oo xoog leh kana dhismayso is-aamminka bulshada la isu dheellitiro masuuliyadda xilalka sare ee dawladda.

Maxamed Xuseen Rooble ayuu Farmaajo 17 Septeembar 2020 u magacaabay xilka Raysalwasaaraha. Toddobaad ka dib magacaabistiisa ayuu 24 Septeembar 2020 Rooble igu martiqaaday kulan quraac ah. Waxaan ahaa siyaasigii ugu horreeyay ee uu Rooble la kulmo. Muddo afar sano iyo dheeraad ah ma tegin Madaxtooyada Soomaaliya. Guux iyo taagtaag ayuu dhaliyey tegitaankaygii Madaxtooyada. Waxaa waqti qaatay diyaarinta baratakoolka iyo amniga ee aan ku tagayo madaxtooyada iyo halka uu kulanku ka dhacayo, maadaama aan ahaa siyaasiga ugu adag uguna hadalka kulul mucaaradka, horayna ay ii weerareen kooxda N&N. Rooble wuxuu ahaa nin siyaasadda ku cusub, wuxuu durba galay in uu Farmaajo ammaan ugu dhaqaaqo, isagoo leh waa daacad, waa nin wanaagsan, muddo-kordhin ma doonayo, doorashada in xilligeeda lagu qabto ayaa ka go'an, awood buuxda iyo kalsooni ayuuna ii siiyey waajibkaas. Kheyrre ayuu eedeeyay, wuxuuna ii sheegay in Farmaajo uu ka shallaayey magacaabistiisa oo uu luggooyey, kana shaqeeyey in isaga Farmaajo iyo shacabka Muqdisho ay kala fogaadaan, halkii ay isku soo dhowaan lahaayeen. Rooble aqoontayada shakhsiga ahi isku ma cusbayn oo wuxuu ahaa dadkii aad u taageersanaan jiray kaalintayda mucaaradnimo. Farriintii iigu dambaysay ee uu ii soo diro intii aan la magacaabin waxay ahayd qaybo ka mid ah gabaygii Faarax Nuur ee ahaa:

"Qosol been ah, fool wada qayaxan, qiil aan garanaayo
Booraan afkii laga qafilay, qabarna hooseeyo
Doqon baa halkii lagu qatali, qoorta soo dhigane
Ma anaa mindiyo lay qarshaa, laygu qali doono!"

Waan dhageystay ammaanta uu Farmaajo u jeedinayo iyo eedda uu Xasan Kheyrre kala dul dhacayo. Wuxuu kaloo ii sheegay in ay Farmaajo is-dhaarsadeen, daacadna u noqonayo, isagana uu dhisayo doorashada soo socota, laakiin uu qabanayo doorasho xor iyo xalaal ah. Ka ma aanan dhex gelin hadalkiisa, maadaama uu xilka ku cusbaa, niyadwanaag iyo yididiilo badanina ka muuqatay. Keli ah waxaan ku iri: haddii Madaxweynuhu uusan muddo-kordhin rabin oo uu doorasho diyaar u yahay, annagana sidoo kale intaa uun baan rabnaa ee waa fiicantahay ee doorashadaas aad sheegtay noo qabo. Waxaan xusuusiyey hadal aan horay uga iri xiriirka Farmaajo iyo Kheyrre laakiin aad loo wareejiyey markii Kheyrre xilka laga tuuray. Hadalka ayaa ka mid ahaa waraysi aan siyey taleefishinka Horn Cable oo i waydiiyey in Farmaajo iyo Kheyrre ay aad isugu fiicanyihiin, isla markaana ay noqon doonaan Madaxweynihii iyo Raysalwasaarihii ugu horreeyey ee muddo-xileedkooda wada dhmamaysta. Waxaan ku jawaabay in madaxweyne iyo raysalwasaarana aanay doonayn in ay is-khilaafaan oo ay is-qabqabsadaan, laakiin waxa iska horkeenaa ay yihiin dhacdooyinka, duruufaha iyo sida lagu maaraynayo caqabadaha siyaasadeed ee soo wajaha. Waxaan tusaale ugu soo qaatay wariyaha, haddii halka aan waraysiga ku qaadayno oo ah meel daaradda bannaankeeda ah ee jawi macaan uu roob soo da'o sow ku kala carari mayno. Waa sidaas oo kale jawiga macaan ee siyaasaddu oo waa maalmo, waxaa qasa duruufaha iyo xaaladda siyaasadeed. Rooble aad ugu ma dhega furnayn hadalkayga. Wuxuu u yeeray gabadhii warfaafinta u qaabbilsaneyd, sawir ayaa na la ka qaaday, in aan kulannay ayaa la sii daayay. Sida aan u fahmay, wuxuu rabay in uu diro farriin ah in uu diyaar u yahay la-kulanka siyaasiyiinta ka soo jeeda beesha uu siyaasadda ku matalayay, wuuna ka dhabeeyay runtii oo kulammo badan ayuu la qaatay masuuliyiintii mucaaradka ahaa, yeysanba miradhal noqone.

Rooble in badan wuxuu taageersanaa Farmaajo. Kulammo badan oo aan yeelannay wuxuu aad ugu janjeeray dhinaca Maxamed Cabdullaahi Farmaajo, ballantii uu qaaday oo ahayd in uu dhexda istaagayo ma uusan yeelin. Markii muddo kordhinta la geynayay Baarlamanka wuu joogay oo waxba ka ma uusan oran. Isaga iyo Midowga Musharixiintana kulammo badan oo doodo adag ayaa dhex marayay.

Golihii Midowga Musharaxiinta

Kulankii ugu horreeyay ee Golaha Midowga Musharaxiintu yeeshay, waxaan isku la meel dhignay ujeedka Golaha iyo hawlaha ay tahay in aan si wadajir ah uga shaqaynno. Dood dheer ka dib, waxaan ku heshiinnay in aannu saddex qodob diiradda saarno.

1- In ay dalka ka qabsoonto doorasho

2- In aanay xilligeeda dhaafin, mudda-kororsigana laga hortago, iyo

3- In qofkii Golaha ka mid ah ee tartanka doorashada ku horreeya la gacan siiyo.

Waxaannu guddoomiye u doorannay Shariif Sh. Axmad. Waxaa kaloo la isla gartay in madashu u furantahay qof kasta oo xilka isu soo taaga, iskana bixiya qaaraanka, kana qaybqaata hawlaha lagu heshiiyo qabashadooda. Qaaraanka Golaha waxaa lagu bilaabay $30,000. Waxaa soo xoogeystay cadaadiska nooga imaanayay kooxdii talada haysay ee N&N oo isku dayaysay mar walba in ay xiraan saaxada siyaasadda ama hor istaagaan goobaha aannu hawlahayaga ku qabanayno, ama nagu furaysay dacaayad la leeyahay musharixiintaan waa niman hal qabiil ah, qaar baa xogta noo soo dusiya, arrintaasna tashwiish iyo taxaddi weyn ayay lahayd runtii. Musharixiintu qabiillo badan ayay isugu jireen. Waa run dhinac in ay u badnaayeen, laakiin waan isku daynay in rag kale oo xilka madaxtinimada u taagnaa markaas in aan raadinno, laakiin ku ma aanan guuleysan.

Kooxda N&N ee Madaxweyne Farmaajo hoggaaminayay waxa ay ka shaqeynayeen muddo-kororsi. Annagu waa ogeyn in ay muddo-kordhin damacsanyihiin. Shirkii Dhuusamareeb 4 oo 06 Febaraayo 2021 natiijo la'aan ku soo idlaaday ayaa lagu soo kala tegey oo fashilmay ka dibna madaxweynuhu wuxuu Baarlamaanka geystay muddo-kordhin. Shirkaas oo socday muddo saddex maalmood ah ayaa lagu kala tagay. Shirka ayaa waxaa qayb ka ahaa Farmaajo iyo madaxweyneyaasha maamul-goboleedyada Hirshabeelle, Galmudug, Koonfur Galbeed iyo maamulka gobolka Banaadir oo ilaa shan maalmood waxay ku sugnaayeen magaalada Dhuusamareeb, halka madaxweyneyaasha Puntland iyo Jubaland ay halkaa yimaaddeen maalmo ka dib.

Arrinta khilaafka doorashada ee muddada dheer soo jiitamayay ayay ahayd in lagu gorfeeyo oo madaxdaasi ay ka heshiiyaan, waxaana ugu muhiimsanaa sida laga yeelayo muddoxileedka dawladda ee dhammaadka ah, muranka gobolka Gedo ee u dhaxeeya dawladda federaalka iyo maamulka Jubaland ee ku aaddan maamulka doorashooyinka ka dhacaya degaankaas, iyo sida lagu soo xulayo xildhibaannada gobollada woqooyi ee Somaliland, iyo xubnaha ka tirsan ciidanka nabadsugidda iyo shaqaalaha rayadka ah ee dawladda ee laga buuxiyey guddiga doorashooyinka.

Mudda-xileedkii Farmaajo waxay dhammaatay 08/02/2021. Dalku wuxuu galay jahawareer iyo hubanti la'aan siyaasadeed. Farmaajo iyo kooxdiisa N&N waxay go'aansadeen in ay muddo-kordhin samaystaan. Laakiin Goloha Midowgu wuxuu soo jeediyey in dalka lagu wareejiyo guddoonka Golaha Shacabka, lana dhiso xukuumad hawl-socodsiin ah oo dalka doorasho gaarsiisa. 12 Abriil 2021 ayuu Farmaajo ku darsaday muddo-kordhin labo sannadood ah. Waxaa ansixiyey Golaha Shacabka ee Baarlamaanka, waxaase diiday Golaha Aqalka Sare, labada dawlad Goboleed ee Jubaland iyo Puntland, iyo Golaha Midowga Murashaxiinta, halka dawladgoboleedyada Galmudug, Hirshabeelle iyo Koonfur Galbeed ay taageereen.

Weerarkii Bannaanbaxa

Midawga Musharixiintu waxa ay abaabuleen bannaan-bax lagu diiddanyahay muddo-kordhinta oo la qorsheeyay 19 Febraayo, 2021, in lagu qabto Daljirka Dahsoon. Taageerayaashayadii ayaannu soo abaabulnay, ciidankii ilaalin lahaa bannaanbaxana waannu diyaarinay. Mar kasta in ciidan na la socdo waa ku qasbannahay, sababtoo ah cadowga Al-Shabaab ayaa jira oo mucaarad iyo muxaafad aan kala jecleyn, dawladda iyada xataa kalsooni ku ma aannaan qabin oo in ay na soo weerareyso ayaan aamminsaneyn. 18 Febraayo ayay Midawga Musharixiintu kormeer ku tageen taallada Daljirka. Sheekh Shariif iyo Xasan Sheekh, iyo guddoomiyihii hore ee Baarlamaanka, ahaana madaxweynihii Koonfur Galbeed, Shariif Xasan Sheekh Aadan oo ay wehliyaan xildhibaanno iyo siyaasiyiin kale waxay habeenkii ku hoydeen Hoteel Maa'ida oo ku dhowaa Daljirka Dahsoon. Ujeedku wuxuu ahaa cabsi laga qabay in taliska N&N ay waddooyinka xiri doonaan. Intayadii kale waxaan soo aadnay dhanka KM4 iyo xaafadahayaga, si aannu dhankaas mudaharaadka uga soo abaabulno. Waan daallanaa, ka dibna wax yar ayaan seexday oo aan madaxa dhulka dhigay. Wiilasha i la shaqeeya ayaa xilli dambe i toosiyay. Waxaa khadka ku jira Xasan Cali Kheyre: war Madaxweynayaashii xabbad ayaa ku socota oo weerar ayaa lagu qaaday ee maxaan sameynnaa? Waxaan ku iri waan kuu imaanayaa. Wiilasha ciidanka ilaalada ii ahaa waxay ii sheegeen in ciidanka ka imaanaya Dhuusamareeb oo Haramcad ah ay subixii weerar nagu soo yihiin aniga iyo Kheyre. Kheyrre markii aan u tegey isla xogtii oo kale ayuu hayey. Wiilashu waxay kaloo ii soo jeediyeen in aan gudaha garoonka diyaaradaha ku xaroodo oo aan AMISOM ilaalo waydiisto. Waan ka diiday, waxaana aan u sheegay in ay diyaar u noqdaan in aan halkaan isku daafacayno, guul iyo geeri kay noqotaba. Aniga iyo Kheyrre waxaa isla soo qaadnay in aan u gurmanno labada madaxweyne, laakiin markii aan la hadalnay way kala aragti duwanaayeen: midna wuxuu noo sheegay in ay isku filanyihiin annaguna aan xil iska saarno in uusan dibadbaxii baaqan, halka kan kale uu adkeynayey in aan soo gurmanno.

Kheyre wuxuu ii sheegay in Farxaan Qaroole oo saraakiisha ka mid ah soo wacay kuna yiri markii laga takhalluso labada madaxweyne adiga ayaa ku xiga ee haddii aadan ciidan isku filan haysanin Hoteel Jazeera gal. Waxaan u sheegay in farriin tan la mid ah ilaaladayda loo soo dhiibay oo ay igu yiraahdeen aan xerada Xalane ee garoonka diyaaradaha galno, ciidan Dhuusamareeb ka yimid ayaa nagu soo wajahane. Isla habeenkii ayaannu shir jaraa'id oo wadajir ah qabannay. Waxaannu canbaaraynay weerarka lagu qaaday madaxweynayaasha, annagoo ku baaqnay in uusan mudaaharaadkii baaqan, dushana ka saarnay masuuliyadda Farmaajo iyo maamulkiisa in ay qaadayaan wixii halkaa ka dhaca. Maxamad Xuseen Rooble oo Raysalwasaarihii dalka ahaa juuq ka ma oran weerarka labada madaxweyne, wuxuuna dadka u sheegay in uusan waxba ka ogayn hawlgalka lagu weeraray Hoteelka ay deggenaayeen labada madaxweyne. Waxaa nagu soo biiray Cabdikariin Xuseen Guuleed iyo xildhibaanno kale oo ay Mahad Salaad, Cabdiraxmaan Odowaa, Ducaale, iyo Mustaf

Dhuxulow ka mid ahaayeen. Waxaan kala qaadannay waajib ah in mudaaharadkii uusan subaxii baaqan dadkana la soo bixiyo.

Taliskii N&N, sidii laga filayey, waxay xireen waddooyinkii oo dhan. Subaxii 19 Febraayo 2021 ayaan isugu nimid Hotel Paradise oo xarun u ahayd Xasan Kheyre. Waxaa la is-weydiiyay in bannaanbixii uu dhici karo iyo in kale? Maadaama dadkii la ballamiyey ay soo gaari waayeen goobta, waxaa la lahaa aan dadka sugno. Ma jirin qof toos u soo jeedinayey in mudaaharaadka la baajiyo, haddana dadka intiisa badan suuragal la ma ahayn in la qaban karo, maadaama aan dad la hayn. Waxaan anigu qabay oo aan ku adkaysanayey in aan dibadbaxa qabanno dadku intay doonaan ha la'ekaadaane, dooddayduna waxay ahayd in aysan marna u hirgelin taliska N&N in ay mudaaharaadka baajiyaan, iyagoo weliba Madaxweynayaashii weeraray, halkii dibadbaxa lagu qaban lahaana xiray. Odayaal iyo dhallinyaro intooda badan si dhuumaaleysi ah luuqaq ku soo maray oo taageerayaal u ahaa Xisbiga Wadajir iyo qaar kale oo xarunta ololaha doorashada habeenkii ku baryey ayaan isugu nimid xarunta oo ku taalley meel aan uga fogayn KM4. Waxaan go'aansannay in aan dhaqaaqno. Waxaan ahayn inta u dhexaysa 20 ilaa 30. Waxaan u soo lugaynay dhanka garoonka diyaaradaha Aadan-Cadde. Waxaan istaagnay barxadda weyn ee garoonka hortiisa ah. Halkaas ayaan hadallo iyo khudbooyin ka jaadinnay, annagoo leh: taliska N&N ee burcadda ah ee dalka qarribay waa la soo xirayaa, caddaaladda ayaa la horkeeni doonaa xilli ay ahaataba; muddo-kororsiga socon maayo, weerarka ay madaxdii hore ku qaadeenna way ka shallaayi doonaan. Dadku waa yaabbanaayeen, xildhibaannadii iyo musharaxiintii weli dooddii ayey ku sii hayeen xaruntii Kheyre. Waxay naga arkeen warbaahinta baraha bulshada. Waxaan xusuustaa in bartayda Facebook toos loogu xiray dadwaynaha, ku-dhowaad dad ka badan 50 kun ayaa daawanayey. Taasi waxay dhiirrigelisay asxaabtii kale, wayna nagu soo biireen mar dambe. Halkaas ayaannu jaantii iska la qabsannay.

Halkaas ayaa mudaharaadkii iska qabsaday, magaalada oo wada xiran oo xataa qof shacab ah aan loo oggoleyn in uu guriga ka soo baxo ayaan go'aansannay in aan Daljirka Dahsoon lug ku tagno. Markii aan KM4 ku sii dhawnahay ayay xabbadi nagu bilaabatay. Xabbaddaas iyo kala cararkii bannaanbaxayaasha ayaa warbaahinta caalamka oo dhan soo jeedisay. Aniga iyo taageerayaasheyda haddii aannnaan mudaharaadkaas ku dhiirran lahayn, asxaabta kale soo ma baxeen oo waa ka caga-jiidayeen, sababtoo ah dadku waa yaraayeen oo shacabkii guryaha ayaa lagu celiyay, cabsi iyo taagtaag ayaa jiray. Madaxweynayaashii ayaa dagaal ku socday. Meelahaas iyagoo fiirinaya ma aysan jecleynsan in la soo baxo. Waa xasuustaa inta aysan xubnaha kale ee Midowga iyo siyaasiyiintu nagu soo biirin oo aniga iyo soddomeeyo qof oo taageerayaasha ah aan mareynay meel dhexe ayuu Madaxweyne Xasan Sheekh i soo wacay. Wuxuu igu yiri xabbad kasta oo aniga iyo Sheekh Shariif nagu socota waxaa ka muhiimsan in uusan mudaharaadkii baaqan. Aad ayaan kaaga mahadcelinayaa in aad maanta na furatay ayuu igu yiri.

Intii aan siyaasadda ku jiray waa markii iigu horraysay ee aan arko irdaha taliska xukunka haya iyo kuwa mucaaradka oo kala xiran. Siyaasadda Soomaaliya si kasta oo loo kala ra'yi duwanyahay albaabbadu way isu furnaayeen oo waa la wada hadli jiray, laakiin kooxdii Farmaajo waxay la keli ahaayeen in ay taladu laba qof oo keli ku koobnayd oo dadkii intiisii kale oo idilna irdaha ka ooteen. Taasi waxay keentay in maadaama siyaasadda la ciidamayeey ay saraakiisha ciidanku awood yeesheen, iyaguna noqdeen kuwa farriimaha u kala gudbiya siyaasiyiinta, iyagoo sidii ay doonaan labada dhinac ugu dhiga, kana dhaadhiciya dhan kasta in uu kan kale weerar ku soo yahay, si uu cabsi iyo welwel uu kan kale ka qabo ugu jiro.

Shirkii Hotel Decale

Shir u jeedkiisu ahaa in Midowga Musharixiinta iyo Rooble is-afgarad iyo is-fahan ka gaaraan muranka doorashooyinka loogana hadlo weerarkii lagu qaaday labada madaxweyne iyo siyaasiyiintii iyo shacabkii lagu weeraray iyagoo dibadbaxaya ayaa lagu qabtay hotel Decale dhammaadkii bishii Fereraayo 2021. Casuumadda waxaa fidiyey raysalwasaare Rooble, dabcan, waxayna ahayd mid la soo faray. Madaxweynayaasha Galmudug, Axmad Qoorqoor; iyo Hirshabeelle, Cali Guudlaawe; iyo Cumar Finish oo duqa magaalada Muqdisho ahaa, iyo Midowga Musharaxiinta. Furitaankii shirka waxaa nagu wehliyey xuldhibaanno iyo siyaasiyiin kale oo nagu dhiirrigeliyey in aan shirka natiijo wax ku ool ah ka soo saarno, heshiisna ku gaarno.

Dhankayaga waxaannu miiska soo saarnay:

1- In la la xisaabtamo saraakiishii ku lug lahayd weeraradii lagu qaaday Hoteel Maa'ida oo ay madaxweyne iyo guddoomiyihii hore ee Baarlamaanka degganaayeen iyo kuwii ka dambeeyey in mudaaharaadkii la rasaaseeyo.

2- In masuuliyadda amniga laga wareejiyo madaxweynaha muddo-xileedkiisu dhammaaday, loona wareejiyo xukuumadda xilgaarsiinta ee Raysalwasaaruhu madaxda ka yahay.

3- In la furo saaxadda siyaasadda oo aan la hor istaagin kulammada siyaasadeed, dibadbaxyada; cabburinta, cagajuglaynta iyo cadaadiskana la joojiyo.

4- In midowga musharaxiinta laga qaybgeliyo wadahallada doorashooyinka, xilka amnigana laga wareejiyo Madaxtooyada.

Xaaladdu way kacsantahay, dadkuna waa kala shakisan yahay. Suuqa iyo baraha warbaahinta bulshada ayaa lagu faafiyey martiqaadka Rooble. Waa siriq loo dhigay xubnaha Midowga Murashaxiinta. Markii xabbad lagu dili waayey siriq kale oo lagu sumayn rabo ayaa loo dhigay, waana martiqaadka Rooble fidiyey. Waxaa arrinkan sii xoojiyey in kulan aan bilo ka hor la qaadannay mid ka mid ah madaxda Midowga Afrika uu noogu sheegay in qorshayaasha madaxtooyada ay ka mid yihiin in na la sumeeyo, cabsidaasna way jirtay, weliba wuxuu ahaa nin sirdoonka dalkiisa xil wayn ka soo qabtay. Dood ayaa ka dhalatay sida laga yeelayo qadada uu Rasyalwasaaruhu nagu marti-qaaday. Ragga qaar waxay soo jeediyeen in aan afka la saarin ee laga cudurdaarto, qaarna waxay yiraahdeen mar haddii ay iyaguba cunayaan, innaguna yaynaan ka cabsan—waa ku godob dhaqanka Soomaalida in cunto lagugu martiqaaday aad diiddo. Mid ka mid ah Madaxweynayaasha ayaa yiri aniga naftayda wiilka madaxda ka ah hab maamuska Raysalwasaaraha ayaan xalay la hadlay oo aan ku iri naga hubi waxa meesha lagu karinayo, ilaa maanta ayuuna isha ku hayey. Tanina waa markii iigu horraysay ee aan arko Soomaali sidaa u kala shakisan oo ka baqaysa in cuntada la isku sumeeyo. Go'aan la isku ma raacin. Markii miiska qadada la tagay ragga qaar waxa ay sheegteen in ay soommanyihiin, qaarna way cuneen.

Maalinkii kowaad shirku si fiican ayuu u furmay oo waxaa la isla oggolaaday ajandaha shirka. Waxaa la qabtay guddi iskudhaf ah oo baara weeraradii madaxweynayaasha iyo mudaaharaadka, waxaana la isku raacay in dawladdu ay oggolaato dibadbaxyada soo socda, saaxadda siyaasaddana furto. Laakiin maalinkii labaad ayaa la isku mari waayey in amniga laga wareejiyo xukuumadda, iyo in midowgu qayb ka noqdo wadahadallada doorashooyinka, maadaama ay mucaaradkii dalka metelayaan. Waa la isku mari waayey, laakiin waxyaabihii habeenkaa iigu xanuunka badnaa ayaa ahaa in Cabdiraxmaan Kulmiye Xirsi (Cabdiraxmaan-Dheere) oo ahaa wasiirudawlaha gaadiidka cirka iyo dhulka shirka wakiil uga ahaa Fahad iyo Farmaajo. Wuxuu Rooble ku adkaystay in uu shirka fadhiyo. Wuxuu saaray dhammaan wasiirradii kale oo idil, laakiin isaga wuu ku adkaystay. Mar walba oo aan Rooble qodob isku af-garanno wuxuu leeyahay waa fiicantahay, ii suga Cabdiraxmaan ayaa la soo tashanayaa. Maadaama Raysalwasaaraha la sii xijinayay waxaa aad la isugu dayay in shirkaas wax uun ka soo baxaan oo aan la oran waa lagu kala tagay isla markaana aysan diiwaankagalin rag intaas la'eg oo isku degaan metelaad isku ah ayaa heshiis gaari waayay. Rooble mar kasta oo aan gooni u la faqo wuxuu lahaa, Cabdraxmaanow, walaalow adiga iyo Cabdiraxmaan-Dheere isa soo fahma nooh! Waxaan ku lahaa war Cabdiraxmaan waa nin dhallinyaro ah oo adiga wasiirudawlo kuu ah ee go'aanka adiga ayaa iska leh. Cabdiraxmaan-Dheere markii aan u tagana wuxuu igu lahaa, aniga farriin-qaade ayaan ahay, wixii la iigu soo jawaabo ayaana Rooble u gudbiyaa. Cabdiraxmaan wuxuu toos u la xariirayey Fahad Yaasiin. Wuxuu kaloo ku celcelinayey war nimanka xukunka heysta toos u la hadla, waqti ha isaga luminina Rooble ma jiro go'aan uu gaari karaaye. Waxay ku sii dhowaatay saq dhexe, wax natiijo ahna waa ka soo naasacaddaan waayeen shirkii, halkii ayaa lagu kala tegey. Shir jaraa'id oo aan saddexdii habeennimo ku-dhowaad qabannay oo aan anigu ka hadlay ayaan ku sheegay sababaha fashilka keenay in ay ahayd in aan maalmahan oo idil la shirsanayn nin go'aan iyo talo toona lahayn oo farriimaha taleefanka loogu soo diro.

Go'aankii Saadaq-John

12 Abriil, 2021, waxaan shir ku lahayn hoyga Sheekh Shariif oo 10-ka barqanimo ayaan ku ballansaneyn. Itii aan sii socday ayaa la ii soo diray muuqaalka shir jaraa'id oo uu qabtay Taliyihii Booliska Gobolka Banaadir, Saadaq Cumar Xasan (Saadaq-John), oo leh baarlamaanku muddo-kordhin ma sameyn karo ee dalka doorasho ha loo jiheeyo. Aad ayaan u la yaabay. Mar waxaan is iri ninka hadlaya armuusan Saadaq ahayn oo qof loo ekeeysiiyay uu yahay! Madaxweyne Sheekh Shariif oo isaguna dhageysanaya ayaan u galay. Madaxweyne waxaan maxay yihiin? Xasan Cali Kheyrre ayaa nagu soo biiray, ka dibna Xasan Sheekh Maxamuud. Waxaan iska warsanay haddii ay jirtay cid wax ka ogayd falka uu Saadaq ku kacay. Qof walba la-yaab iyo fajac ayey ku ahayd. Xasan Kheyrre ayaa sheegay in uu maalmihii la soo dhaafay oo idil la hadlayey, kuna dhiirrigelinayey in uu ka soo tago Farmaajo iyo Kooxdiisa, wax kale oo intaa dhaafsiisan na la ma uusan wadaagin. Waxaannu aad isu waydiinay in uu Saadaq halkiisa ku sii adkaysan karayo in kale. Dad badan ayaa tuhunsanaa in Saadaq ay dawlado kale la ogaayeen falka uu ku kacay oo uusan kaligiis go'aansan. Wax yar ka dib, Taliyihii Ciidanka Booliska Cabdi Xasan Maxamed (Xijaar) ayaa Saadaq xilkii ka qaaday waxaana lagu beddelay Farxaan Maxamed Aadan (Farxaan-Qaroole), waxaana la amray in Saadaq la soo xiro. Waxaa durba na soo gaartay farriin oranaysa ninkii Saadaq ahaa difaac ayuu idinka doonayaa. Taasi waxay muujinaysaa in go'aanka Saadaq uu ahaa mid laablakac ah oo aan abaabul iyo xirfad ku dhisnayn. Ciidankii ilaalada noo ahaa ayaa hoygiisa loo diray si ay u daafacaan. Waxaa kala shakiyey ciidankii ilaalada ii ahaa iyo kuwii Saadaq-John, maadaama John hoggaaminayey raggii hoygayga soo weeraray 17 Diseembar 2017, sidaas ayay ku soo laabteen ciidankii aan isaga in ay garab istaagaan ugu diray.

Dharbaaxo weyn ayay ku ahayd kooxdii talada heysay ee Farmaajo iyo rajiimkiisa, sababtoo ah Saadaq-John wuxuu ahaa ninka ay u adeegsadaan cabburinta iyo baacsiga mucaaradka iyo dadka iyaga ka aragtida duwan. Farmaajo markii uu talada la wareegay wuxuu isbeddel xoog leh ku sameeyey talisyada ciidanka Milateriga, Booliska, iyo Nabadsugidda. Hoggaanka talis kasta wuxuu u dhiibay dhallinyaro isaga daacad u ah oo uu awood iyo dhaqaale isugu daray. Ciidan kasta wuxuu ka sii samaystay guuto si gaar ah uu carbistay. Tusaale ahaan, Milateriga wuxuu xoogga isugu geeyey Guutada Gorgor, booliskana Haramcad, halka uu hay'adda Nabadsugadda ka samaystay Duufaan. Guutooyinkaas dhammaantood wuxuu ugu tala galay cadaadinta iyo maquuninta mucaaradka Muqdisho ku sugan ee siyaasiyiinta ka aragtida duwan iyo maamullada dawladgoboleedyada ka soo horjeeda. Wuxuu kaloo isu dhiibay maamulka Abiy Axmad ee Itoobiya, si uu uga gacansiiyo soo khudduucinta maamulka Jubaland iyo Somaliland, isagoo ku tala galay in uu go'doomiyo Puntland. Saadaq-John wuxuu lafdhabar u ahaa ciidanka Booliska, gaar ahaa guutada Haramcad ee cabburinta iyo cadaadinta qaabbilsanayd. Culaysku ku ma ekeyn ka hor imaanshiyihiisa oo keli ah ee wuxuu Farmaajo ka cabsi qabay in uu dhallinyarada kale ee degaanka u badan ee talisyada kala duwan ee ciidankana ku jira uu ka duufsado. Aragti-gaabni ayey ahayd in xoog ciidan lagu qabsado dal Soomaaliya oo kale ah oo ay daacadnimada qabiilka iyo degaanku weli ka xooggantahay midda dawladda loo hayo. Ciidanku waxay weli ku dhex jiraan dadkooda oo xeryo gooni ah ma deggana. Waxay dhagaystaan idaacadaha iyo doodaha siyaasadeed ee dalka ka socda. Waxay maqlayaan dhiillada iyo cabbaynta qabiilka. Waxay u nugulyihiin tabashada dadkooda iyo degaankooda.

Saadaq-John oo ahaa tiirka udub-dhexaadka u ah dhanka amniga iyo awood ku maquuninta mucaaradka ayaa irid wayn ku ballaqay Farmaajo iyo rajiimkiisa. Waxaa ka sii horreeyey raysalwasaare Xasan Cali Kheyrre oo ku balaqay illin kale oo kaga aaddaana dhanka farsamada maamulka iyo la-macaamilka beesha caalamka. Waqtiyo isku xiga ayey Milkiilashayaashii rajiimka Farmaajo iyo Fahad waxay waayeen kookihii iyo kaashayeerigii maqaayadda uga shaqaysanayey, taasoo ahayd bilawgii burburkii maqaaxidii labada nin ay badrooniyada ka ahaayeen. Beesha caalamku waxa ay aad u dhibsanayeen dibudhaca doorashooyinka. Muddo waxa ay iska dhigayeen in ay dhinacyada dhexdhexaad u yihiin oo darafyada dhan si isku mid ah ayay u la hadlayeen. Laakiin markii Madaxweyne Farmaajo uu muddo-kordhinta sameystay hoos ayay u dhigeen la macaamilka Villa Somalia oo waddama waaweyn ee reer Galbeedka ahi arrinka muddo-dheereysiga aad ayay uga soo hor jeedeen.

Muddo-kordhinta ka hor, intii lagu jiray wadahadallada doorashooyinka, beesha caalamku dhanka kooxda xilka heysa ayay u janjeereen oo annaga waxaa na loo arkayay niman colaad iyo dagaal doonaya oo aan doorasho dooneyn. Laakiin ugu dambeyn waxaa soo baxday wixii aan ka digaynay ee ahaa in Farmaajo uu muddo-kordhin u socdo.

Dagaalkii Abriil

Midawga Musharixiintu marki ay arkeen in muddo-kordhintii la sameeyay oo kooxdii xilka haysay ay ku indho cadyihiin, waxaan sameynay dhaqdhaqaaq ka dib markii aan helnay abaabul naga dhan ah iyo duullaan nagu soo wajahan. Maadaama aan hal aag wada degganeyn waxaan ku heshiinnay intii aan ku urur28anaan lahayn hal aag oo ay sahlan tahay in na la ku go'doomiyo ama ugaarsado in aan magaalada isku fidino oo uu qofiba meel ka dego. Dhaqdhaqaaqyadaas markii aan sameynay oo musharrax waliba meel degay ayaa waxaa bilowaday in sharaakiishii dhallinyarada ahaa ee rajiimka talada haya naaxiyeen ay madaxdii rajiimka u gudbiyaan in aan annaga duullan ku nahay iyaga. Si taa la mid ah ayey noo soo gaarsiinayeen farriimo iyo xog sheegeysa in Farmaajo iyo raggiisu ay nagu soo maqanyihiin. Labada dhinac ayey dab ka dhex shidayeen, si ay iyagu u noqdaan qolada ugu muhiimsan ee baahida ugu badan loo qabo mar walba.

Madaxweyne Xasan Sheekh Maxamuud ayay weerarka ku bilaabeen. 25/04/2021 ayey xaafadda Marinaayo ee Waqooyiga Muqdisho, iyadoo ay bil Ramadaan tahay dagaal culus ku qaadeen ciidanka Gorgor, Haramcad iyo Duufaan oo dhammaantood loo carbiyey cabburinta iyo cadaadinta mucaaradka. Ujeedka ayaa ahaa in nolol iyo geeri midkood lagu soo qabto Madaxweyne hore Xasan Sheekh Maxamuud. Shariif Sheekh Axmad dalka wuu ka maqnaa, wuxuuna nooga cudurdaartay in hooyadii oo xanuunsan uu dalka Imaaraadka Carabta ku booqanayo. In kasta oo aysan ahayn xilli rag isku lafa dirirayaa iska tagaan, haddana waxaa dareenka sii xoojinayey warar la isla dhex marayo magaalada oo sheegaya in Sheekh Shariif iyo Farmaajo ay wada hadallo hoose yeesheen. Si kasta ay tahayb,a waxaa galab casarkii ah i soo wacay Madaxweyne Xasan Sheekh oo xabbaddu si xoog leh dushiisa u saarantahay, aadna loogu dhowyahay hoygiisa. Waxaa i la joogay xaruntayda xildhibaan Cabdiraxmaan Maxamad Xusaan (Odowaa). Waxay ahayd casargaab. Madaxweynuhu wuxuu aad uga sheegtay oo weerarka ku socda uga darnaa dacaayad uu sheegay in ay ka faafiyeen rag uu magacaabay oo ka tirsanaa Midowga Murashaxiinta, kuwaasoo ku eedeeyey in uu isagu weerarka bilaabay, beesha caalamkana arrinkaas ku dhexfaafiyey. Wuxuu iga codsaday in aan magaca Midowga ku soo saaro qoraal lagu canbaaraynayo weerarka, laguna sheegayo in Farmaajo uu isaga weerarka ku soo qaaday. Wuxuu kaloo iga codsaday in si weerarka ku socda uga fududaado aag kale laga furo dagaal. Way adkayd in qoraalkaas la soo saaro oo la isla helo dhammaan midowga Murashaxiinta, laakiin waxaan ku heshiinay taas beddelkeeda in isagu Tweet ama qoraal Facebook ka qoro sida wax u dhaceen, ka dibna aan annagu sii qaadno qoraalkiisa oo si xooggan warbaahinta gudaha iyo dibeddaba loogu baahiyo.

Waxaan u ballanqaaday in aag kale lagu furayo, si culayska looga dulqaado. Xarunta aan markaa u guuray waxay ahayd meel aan ka fogeyn KM4 kuna dhow guri uu horay u degganaan jiray Madaxweyne hore Cabdiqaasim Salaad. Jeneraal Yuusuf Siyaas Indhacadde oo ahaa nin khibrad wayn u leh dagaalka magaalada ayaan ka talo waydiiyey sida culayska looga qaadi karo Madaxweyne Xasan Sheekh. Nin horay ugu diyaarsanaa ayuu ahaaye wuxua durbadiiba aagga ku daadiyey biro gano dhaadheer leh oo gawaarida dagaalka lugaha ka banjarinaya, wuxuuna aaggii isugu keenay ciidan ku filan in ay jid gooyo ku sameeyaan ururka ugu xooggan ciidanka Gorgor oo gurmad rogaalcelis ah ugu socda hoyga Madaxweyne Xasan Sheekh. Dagaal qaatay ku dhowaad shan saacadood ayaa aagga Cabdiqaasim ka socday. Xildhibaan Mahad Salaad oo isagu abaabulka xooggiisa kaalin mug wayn ku lahaa ayaa aagga ku sugnaa, habeenkiina waxaa ku soo biiray Saadaq-John. Dhanka Hoteel Wehliye ilaa iyo aagga Sayidkana waxaa xiray ciidan daacad u ahaa raysalwasaare Xasan Kheyre. Waxaa kala xirmay isu gurmadkii ciidankii weerarka qaadayey, ciidamo kale oo gurmad ahina waxay u yimaaddeen Xasan

Sheekh. Halkaas waxaa ku dhicisoobay weerarka uu Farmaajo doonayey in uu ku soo afjaro ragga mucaaraadka ah ee Muqdisho ku sugan.

Xilli ay ku aaddantahay shan saac oo habeennimo ayuu i soo wacay Raysalwasaare Rooble. Taleefanka ka ma qaban oo aad ayaan ugu xanaaqsanaa. Nin aan isku fiicannahay oo la-taliyayaashiisa ka mid ah ayaa ii soo wacay. Markii aan ka qabtayna Rooble ayaa ila hadlay. Wuxuuna yiri Cabdiraxmaanow dagaalka ha la joojiyo. Waxaan ku dhahay Raysalwasaare dagaalka idinka ayaa soo qaaday, ma hadda ayaad na leedahay dagaalka ha la joojiyo? Markaasna ciidanka taabacsanaa kooxda xukunka heysa waa laga tabar roonaaday oo ciidankii Badbaado Qaran waxa ay gaareen ilaa Caga-dhiig oo Madaxtooyada hoosteeda ah. Raysalwasaare Rooble, Qoorqoor iyo Guudlaawe ayaa Farmaajo u tagay. Waxa ay ku dhaheen arrintu gacanta ayay ka baxday oo talo fara ku ma jirto. Waxayna saddexdoodu soo saareen war-saxaafadeed ay leeyihiin muddo-kordhinta ma oggolin. Madaxweynahana waxaan kula talineynaa in uu ka noqdo. Farmaajo habeen xilli dambe ayuu isaguna shir jaraa'id qabtay oo uu ka laabtay muddo-kororsigii. Sidaas ayay xaaladdii ku degtay.

HARDANKII DOORASHADA

Markii albaabbadii kale ka soo xirmeen oo Farmaajo doorashada oggolaaday ayay guddigii doorashada sidii ay rabeen u soo qorteen, shaqaalihii dawladda iyo dad hay'adda Nabad-sugidda ka tirsan ayayna ka soo buuxiyeen. Midowga Murashaxiintu waa ay iska diideen liiska. Waxaannu sheegnay in dad ka tirsan hay'adda Nabadsugidda NISA iyo taageerayaal Farmaajo ay u badanyihiin dadka guddiyada doorashada loo magacaabay, taasna aannaan aqbali karin oo ay in la beddelo tahay dadkaas. Muran iyo dood dheer oo toddobaadyo qaatay ka dib, waxay oggoladeen in liiska dib loogu noqdo, Midowguna uu soo gudbiyo dadka uu ku tuhunsanyahay in ay NISA ka tirsanyihiin ama shaqaale dawladeed yihiin. Kooxda Farmaajo markaa way sii tabar beelayeen, dhirbaaxooyin badan ayaana ku dhacayey, laakiin waxaa ugu darnaa in muddo-kororsigii u socon waayey. Mar kasta oo horay loo socdaba waa ay sii taagdarraanayeen, awooddii iyo haybaddii ciidan ee ay haysteen ayaana meesha ka sii baxaysay. Waxay gaareen heer ay cid waliba ku dhiirranaysay. Mase ahayn rag sahlan, dhabar-adayg iyo il-adayg badan ayey muujiyeen. Laga soo bilaabo weerarkii ay hoygayga ku soo qaadeen 17 Diseembar, 2017, ilaa kii ugu dambeeyey ee 24/04/2021 ay hoyga Xasan Sheekh Maxamuud ku qaadeen waxay isku dayayeen in ay abuurtaan sumcad iyo haybad awoodeed oo ay dadka ka soo horjeeda ku baqdin geliyaan; in laga cabsado loona arko in ay yihiin dad sooma-jeestayaal ah. Way adkaan lahayd haddii aan bilowgii loo babacdhigi lahayn in dhammaadka la celiyo.

Qoraalkii ay sida wadajirka ah u soo saareen Rooble, Guudlaawe iyo Qoorqoor wuxuu kala fogeeyey iyaga iyo Farmaajo, wuxuuna kala dhex dhigay shaki, gaar ahaan Raysalwasaare Rooble oo uu sii badanayay isku-dhaca dhexdooda ahi mar kasta oo dhinaca doorashada loo sii dhawaado. Waana waxa ku qasbay Rooble in uu kooxdaas faraqooda ka baxo, ilaa ugu dambeyn ay dhaheen Rooble shaqada ayaa laga joojiyay. Taasi waxay keentay in Raysalwasaare Rooble iyo Midowgii Murashaxiintu ay isu soo dhowaadaan. Kulammo badan oo is-dabajoog ah iyo wadatashiyo ka duwan kuwii hore ayaa dhex maray Midowga iyo Rooble. Farmaajo iyo guddoomiyihii Baarlamaanka, Maxamed Mursal, oo 25 December ka hadlay Akadeemiyada booliska ayaa farriimo is-khilaafsan ka sheegay goobtaas oo lagu dallacsiinayey saraakiil ciidanka Booliska ka tirsan. Farmaajo wuxuu sheegay in uu taageersanyahay hannaanka uu Raysalwasaare Rooble u wado hawlaha doorashooyinka, halka uu Maxamad Murasl ku hanjabay in waqtigii lagu ballamay la dhaafay sidaas daraaddeedna ay ku laaban doonaan Baarlamaanka, isagoo uga jeeday in ay mar kale muddo-kordhin sameyn doonaan.

Isla galabtii ayaan shir jaraa'id ku qabtay xaruntayda anigoo dadka Soomaaliyeed u faahfaahiyey in farriinta saxda ah ee Maxamad Cabdullaahi Farmaajo aysan ahayn tan uu isagu ku hadlay ee ay tahay midda uu Maxamed Mursal jeediyey, ujeeddaduna ay tahay in Mursal uu sheego in Rooble uu ku fashilmay hawlihii doorashooyinka, sidaa daraaddeedna la beddelo oo Madaxweynuhu soo magacaabo Raysalwasaare cusub. Falcelin xoog leh ayaa ka dhalatay shirkii jaraa'id ee aan qabtay. Dad badan ayaa u arkayey in aan bela'arag iyo baas-abuur ahay, laakiin waxayna ogayn in aan ahaa nin ku takhasusay tabaha jaanduugga ee Farmaajo iyo kooxdiisa. Maba sii fogaan ee isla habeenkii 25 December 2021 ayuu Farmaajo soo saaray qoraal uu ugu yeeray "Dib u Jihaynta Doorashooyinka", isagoo sheegay in:

1. RW Rooble uu gudan waayay waajibaadkii loo igmaday ee ahaa hoggaaminta doorasho ku dhisan Heshiiskii 17 Sebtember 2020 iyo habraacyadii dhammeystirayay ee soo baxay 1-dii Oktobar 2020.

2. In uu ku baaqayo in shir wadatashi ah la isugu keeno Goleyaasha Dawladda ee heer Federaal, Dawladgoboleedyada iyo Gobolka Banaadir, si la isugu waafaqo hoggaan awood u leh hirgelinta doorasho dhammeystiran oo si hufan dalka uga dhacdo.

3. In uu ku baaqayo in la dhegaysto talooyinka waxgaradka, siyaasiyiinta, iyo bulshada rayidka ah ee qaba tabashooyinka la xiriira doorashooyinka, si loo helo hannaan doorasho oo ku dhammaada jawi nabdoon oo loo simanyahay.

Rooble dhegaha ayuu ka furaystay wareegtada uu soo saaray Farmaajo. Maalin ka dib, 27 December, ayuu Farmaajo soo saaray wareegto kale oo uu Rooble shaqada kaga joojinayo, taasoo u gogolxaaraysa in uu Raysalwasaare cusub magacaabayo. Wareegtada ayaa nuxurkeeda ahaa in:

1. Rooble uu soo galay raad musuqmaasuq iyo ku takrifal hanti dan guud, uuna hadda socdo baaritaan looga gungaarayo tuhunkaas; waxaa laga joojiyay shaqada iyo awoodaha uu leeyahay Wasiirka Kowaad, tan iyo inta baaristaas laga soo gunaanadayo.

2. In xubnaha kale ee Golaha Xukuumaddu ay sii wadanayaan waajibaadkooda shaqo, si waafaqsan shuruucda iyo xeerarka dalka.

3. In lagu adkaynayo dhammaan masuuliyiinta hay'adaha dawladdu in ay ka fogaadaan ku-takrifalka hantida danta guud, ayna dhawraan shuruucda iyo xeerarka dalka.

Farmaajo intaas ku ma ekaan ee wuxuu qaaday tallaabooyin uu ciidan ku wareejiyey hoyga Rooble oo uu xafiiska raysalwasaaraha ka xirtay. Gurmad aan u fidinnay iyo Rooble oo si geesinimo leh u diiday go'aanka oo socod ku galay xafiiskiisa ayaa fashilisay isku-daygii inqilaabka ee uu Farmaajo rabey. Subaxaas waxaan farriin aan ku qoray Facebook ku sheegay in waxa uu Farmaajo ku kacay yahay inqilaab, loona gurmado Raysawlwasaaraha. Saacado ka dibna waxaan tagnay xafiiska Raysalwasaare Rooble. Wixii ugu horreeyey ee ay indhahayga qabtaan waxay ahayd sawirka Farmaajo. Waxaan ku iri sow tii aad tiri xilkiisii waa dhammaaday ka ma amarqaadanayo muxuu derbiga kuugu suranyahay? Isla markii ayuu amar ku bixiyey in sawirkiisa laga fujiyo derbiga.

Fahad Yaasiin oo aan mar dambe kulannay wuxuu ii sheegay in haddii aysan tallaabdaas qaadi lahayn iyaga la inqilaabi lahaa oo wuxuu ii sheegay in Imaaraadka, Kenya, Xasan Sheekh iyo Rooble oo isla socdaa ay doonayeen in ay Farmaajo meesha ka saaraan; adiga, Shariif iyo Kheyrre ma aydaan ogayn. Waxay igu ahayd arrin fajac iyo layaab leh, sababtoo ah shirqool intaas la'eg oo dadka uu sheegay ay dabbari kareen ii ma muuqan, intayada kalana naga ma qarsanaan karin, sababtoo ah waxaan ahayn laacibiin lafdhabar u ah loollanka socday.

Cabsida, colaadda iyo dhiillada joogtada ah ee jirtay waxa ay sababtay in siyaasiyiinta mucaaradku ay ciidan xooggan isku ilaaliyaan oo Madaxweynayaasha Puntland iyo Jubaland marka ay Muqdisho imaanayaan hub culus iyo ciidan fara badan la yimaaddaan oo difaac iyo aag xirtaan. Farmaajo iyo saaxiibbadiis intii ay talada dalka hayeen waddanka waxa ay galiyeen qalqal amni oo aad u weyn, waxaana qarka loo fuulay in wixii labaatanka sannadood la dhisayay ee xasillooni siyaasadeed iyo is-aamminaad ahaa ay meesha ka baxaan, dalkana uu u celiyo colaad sokeeye. Waxay xoogaggii siyaasadeed kala dhex dhigeen cabsi iyo kala shaki.

Hannaankii doorashooyinka ayaa halkaas ka sii socday. Midowga Mushariixiintu waxa ay isku raaceen in musharraxa ugu codka badan la taageero, sidaas ayaa lagu aaday. Dad badan ayaa is-weydiin kara, haddii aad sidaas ku heshiiseen Siciid Cabdullaahi Deni maxaad u taageeri weyseen, maadaama uu wareeggii 1aad kaalinta ugu horreysa galay? Laakiin waa in la ogaado Siciid Deni damaciisa murashaxnimada xilli dambe ayuu caddaystay, ku mana soo biirin Golaha Midowga Musharrixiinta oo kaligii ayuu gooni isu taagay, heshiiskayaguna wuxuu ku koobnaa xubnaha Midowga.

Wareeggii 1aad ee dorashadu markuu dhammaaday, Xasan Cali Kheyre, taageerayaashiisa iyo dadkii u ololeynayay waxa ay isku dayeen in aan isaga codka siiyo, laakiin waxaan kula dooday in heshiisku ahaa in qofka Midowga ugu cod bata la taageero. Sidaan ayaana Madaxweyne Xasan Sheekh oo kaalinta saddexaad ku jiray markii aan aniga, Sheekh Shariif iyo Cosoble aan taageernay uu kaalinta kowaad ugu soo gudbay.

Doorashooyinka madaxtinimada Soomaaliya waxay caan ku yihiin in marka wareegga kowaad uu dhammaado, dadka ka hara tartanka afarta ugu sarraysaa ay yihiin kuwa ugu saamayn badan. Walaac iyo jahawareer ka dhex jira hoolka doorashada ayaa keenaya in dadkaasi halkii ay farta ku fiiqaan loo jabo, xildhibaannaduna u maleeyaan in guusha halkaas aaddhay. Waxaan xusuustaa in Xasan Sheekh uu aniga iyo Sheekh Shariif labada gacmood naga qabtay kuna dhaartay in uu isagu magaca leeyahay, laakiin xukunka iyo talada aan annagu yeelan doonno, maantana uu hiilkayaga u baahan yahay, isaguna uu gudayo guusha. Xasan Sheekh wuxuu xusuustaa in doorashadii 2016-17, isaga oo nambarka kowaad ah laga kala dhaqaaqay oo cid taageerta uu waayey, laakiin isku duubnidii iyo wadajirkii Midowga ayaa u sahlay in uu isagoo kaalinta saddexaad jooga uu xilka ku guulaysto.

RAADINTI XILDHIBAANNIMADA

Madaama aan musharrax Madaxweyne ahaa, dad badan ayaa aamminsanaa in aanan libin ka keeni doonin raadinta xildhibaannimada maadaama rajiimkii dalka ka jiray aan aad isu heysannay, madaxweynaha dawladgoboleedduna uu markaas dhankooda jiray. Waxay arkayeen haddii aan xilkaas soo waayo in ay tahay jab bilowgiisa, halka dadka qaar lahaayeen haddii aan la doonin Xildhibaannimada oo laga baqo waxa ay iyaduna noqoneysa guuldarro. Waxaa loo batay ra'yigii ahaa in aan raadiyo Xildhibaannimada. Dabcan isku ma aannaan fiicneyn madaxweynaha dawladgoboleedda Galmudug, Axmed Cabi Kaariye (Qoorqoor), oo wuxuu ku garab ahaa ninamkii talada hayay oo aniga ii arkayay halis weyn in aan ku ahay.

Sida la iigu soo dhaweeyay Dhuusamareeb runtii waxa ay ahayd wax aan la qiyaasi karin, sababtoo ah taageero weyn ayaan ka heystay dadka gobolka iyo guud ahaan dadka Soomaaliyeed oo waxaa la ii arkayay nin isagoo xaq ku taagan la dulmiyay. Waxay inta badan dadku igu tixgalinayeen in aan ugu horreeyay dadkii ka hor yimid taliskii xilka hayay. Waa laga yaabaa in bilowgii mucaaradnimada dad badani i la yaabbanaayeen, laakiin wixii aan sheegayay oo dhammi markii ay gadaal ka soo baxeen dad badan ayaa igu raacay.

Markii aan magaalada tagay, Madaxweyne Qoorqoor waan wacay iga ma se uu qaban taleefanka. Farriin ayaan u qoray waana u sheegay in aan arrinka xildhibaannimada u imid, laakiin farrintiina ka ma uu soo jawaabin. Guddoomiyaha Guddiga Doorashooyinka, Maxamed Daahir Guuleed, oo aan jufo hoose isku nahay ayay dad badani siyaabo kala duwan u la hadleen waxayna u sheegeen in kursigaasi uu isaga go'aankiisa ku xiranyahay, haddii guuldarro timaaddana ay ceeb ma-harto ah noqon doonto. Rag badan oo kursiga u tartamayay waan la hadlay oo waxaan isku dayay in aan ku hoga-tusaaleeyo anigu in aan kursi Madaxweyne raadinayo, in dad badan ay fiirinayaan natiijada kursiga. Laakiin iiga ma aysan garaabin oo waa diideen oo waxa ay dhaheen tartan aan galno. Waxaan ku heshiinay in tartan furan la helo. Ugu dambeyn, Guddoomiye Maxamed D. Guuleed, markuu arkay in Madaxweyne Qoorqoor uusan tartan furan u socon, lana doonayo in doorashada kursiga aad loo daahiyo, si aan u dhiig-baxo, ayuu go'aansaday in uu kursiga xaggeyga soo mariyo. Wuu soo dhajiyay kursiga, odayadii rasmiga ahaa magacyadoodi ayuu liiska ku soo qoray, waana la ogaa mar haddii odayaasha rasmiga ah la qoro in kursigu dhankeyga soo marayo. Taas ayaana keentay in ay tanaasulaan raggii kale ee musharixiinta ahaa oo markaas is lahaa garab ayaad ka heleysaan Villa Somalia ama Qoorqoor.

Maxamed Daahir wuxuu soo-dhajinta kursiga ku aaddiyay xilli uu ogaa in Madaxweyne Qoorqoor hurdo. Markii ay arrintii soo baxday oo warbaahinta oo dhan gashayna, Qoorqoor aad ayuu uga xanaaqay arrintaa. Markii ay caddaatay kursiga in aan qaadanayo, habeenkii ka horreeyay habeenkii doorashada ayaan u tagay. Xanaaq badan ayaa ka muuqanayay. Waxaan ku dhahay Madaxweyne Guddoomiyaha wax sharci ah ayuu sameeyay ee ragga kale ee musharrixiinta ah haddii ay tartamayaan ha soo dhawaadeen. Doorashadii ayaa dhacday oo kursigii sidaas ayaan ku soo qaatay, waxaana arrintaas fududeeyay go'aanka geesinimada leh ee uu Maxamed Daahir Guuleed qaatay. Runtii waxaa la-yaab lahayd sida ay dadka Soomaaliyeed uga falceliyeen guushaas. Ugu yaraan 3,500 oo wictaan oo dal iyo dibad ah ayaa i soo gaartay. Laakiin kaliya lix ka mid ah ayaan ka jawaabay, sida Madaxweynayaashii hore Sheekh Shariif iyo Xasan Sheekh, Madaxweynayaasha dawlad goboleedyada Puntland iyo Jubaland, Siciid Deni, iyo Axmed Madoobe, raysalwasaare hore Kheyrre iyo Raysawasaare Rooble. Wicitaanka waxaa ka darnaa farriimaha tahniyadda iyo dabaaldegga ahaa. Waxaan xasuustaa sida ay ii la duubnaayeen dadka degaanka iyo taageerada ay ii muujiyeen, guul weyn oo ay gaareen ayayna u arkeyeen guusha kursiga xildhibaannimada, sababtoo ah Soomaalida kale oo dhan ayaa indhaha ku haysay kursiga. Oday reer Dhuusamareeb ah oo aan is aragnay wuxuu igu yiri, gunnimo rag na la damacsanaay ayaan sannadkaan ka badbaadnay, isagoo u la jeeda kursiga haddii aan waayi lahaa in dadka degaankaasi gumoobi lahaayeen. Kaalintiinnii waa ka soo baxdeen ee mahadsanidiin ayaan ku iri.

Muqdisho ayaan dib ugu soo laabtay. Waxaa bilowday ololihii iyo loollankii doorshada Madaxweynaha. Taageero xooggan oo dhanka bulshada ah ayaa la ii muujiyay, laakiin rag ganacsato ah oo ay ka go'neyd in ay si dhab ah ii garab istaagaan ayaa kulan la yeeshay Xildhibaannada aan isku degaanka nahay oo labaatameeyo ah, Raysalwasaariihii talada dalka hayay, Maxamed Xuseen Rooble iyo Madaxweynaha Galmudug, Axmed Qoorqoor. Waxa ay kala hadleen in kalkaan si wadajir ah kursiga loo raadiyo. Saddexda dhinac ee ay la kulmeen, Xildhibaannada, Raysalwasaaraha iyo Madaxweynaha Galmudug, intuba waxa ay ku dheheen haddii aad hal musharrax keentaan dhaqaalihii loo baahnaa ee ololaha lagu maareyn lahaana bixisaan taageeradayadu waa diyaar; iyagoo markaas is-leh ganacsataduna lacag ma bixin doonaan, hal musharraxna ma keeni karaan. Laakiin ganacsatadii xujadii la hor dhigay way ka soo baxeen. Laakiin dhinacyadii ballanta qaaday ee Raysalwasaare Rooble, Madaxweyne Qoorqoor iyo xildhibaannadii waa kala danaysteen, marka laga reebo in yar oo si dhab ah ii la ololeysay si weynna aan ugu mahadcelinayo. Arrintaas waxa ka dhalan kara waan ogaa. Bilowgiiba ganacsatada waxaan ku la dooday in haddii aan qabiil hadda galno dad badan oo aan taageero ka heli lahaa ay ina ka dhaawaceyso, laakiin maadaama ay iyagu ahaayeen dadka hantida bixinayay go'aanka xooggiisa iyaga ayaa lahaa. Laakiin qudhoodu waaya'aragnimo badan ayay ka qaateen in dadku kor qabiilka ka wada yihiin laakiin ay kala dano yihiin, siyaasaddana la isku siro oo la isku majaxaabinayo. Dhibaato weyn ayaana dhinacaas naga soo gaartay. Waddadii horana waan ka soo leexannay, tii ay gacansatadu doonayeenna ma aannu haleelin.

Dabcan, laba mar ayaan doorashada Madaxweynaha ka qeybgalay. Middii hore sagaal cod ayaan keenay, tii danbana 15 cod ayaan helay. In kastoo uu gaabis yahay, haddana horumar ayaan samaynayey. Inta badan ragga xilka qabtaa waxay marka hore nasiib u helaan xilal sare, sida madaxweyne ama raysalwasaare. Ma jiro qof dadaal iyo halgan shakhsigiisa ah ku soo baxay, mana jiro ruux imtixaanka aan soo maray oo kale ka soo gudbay. Welina waan ku jiraa dadaalkii iyo damacii qabashada hoggaanka dalka.

Ceelwaaq

Markii ay soo dhammaatay doorashadii xildhibaannadu, waxaa bilaabatay dood ku aaddan ma la dhaarinayaa xildhibaannadii lagu soo doortay Ceelwaaq? Buuq iyo qeylo ayaa furmay. Guddoomiyaha ku-meelgaarka ah ee Golaha Shacabka waxaa ahaa danjire Cabdisalaan Xaaji Axmed (Dhabancad). Buuq ayaa meeshii ka bilawday, laakiin geesinimo ayuu sameeyay Dhabancad xildhibaannadana wuu dhaariyay. Mar kale, waxaa bilaabatay dood dhahaysa ma ka qeybgalayaan doorashada guddoonka Golaha Shacabka? Markii hore waxaa la qabtay doorashada Gudoonka Aqalka Sare, laba nin oo reer waqooyi ah oo kala ah Cabdi Xaashi Cabdullaai iyo Saalax Axmed Jaamac ayaa ku tartamay, Cabdi Xaashi ayaana guuleystay. Xilligii loo ballansana in la qabto doorashadii guddoonka Aqalka Hoose ayuu taliyihii Ciidanka Booliska, Jen. Cabdi Xasan Xijaar, wuxuu diiday in doorashadii la qabto. Wax la la yaabo ayay noqotay. Raysalwasaare Rooble wuxuu isaguna maalintaas ka soo laabtay magaalada Geneva ee dalka Switzerland, halkaas oo uu kaga qeybgalay shir dhaqaale loogu aruurinayay la-tacaalidda abaaraha Soomaaliya.

Raysalwasaaraha oo markaas soo degay, Midowga Musharixiinta, rag kale oo Siciid Deni ku jiro, Xijaar iyo taliye AMISOM ka socda ayaan kulan ku yeelannay garoonka diyaaradaha. Dabcan, Xijaar wuxuu ku marmarsiyoonayay in uu doonayo in liiska Xildhibaannada iyo guud ahaan dadka goobta tagaya loo soo gudbiyo, si uu saddex maalmood ugu diyaar garoobo sugidda amniga doorashada guddoonka Golaha Shacabka. Xijaar waxaas uu sheegayay ma ay jirin oo carqalad doorasho ayuu ugu dan lahaa, dhanka kooxda xilka joogtay ayuuna ka socday. Mar kastana waa ogeyn in uu dhinacaas jiro. Dood dheer ayaa maalinkas dhacday. Raysalwaasaruhu hoggaankii la rabay ma uusan muujineyn oo waxa ay ahayd in uu Xijaar amar siiyo ama xilka ka qaado.

Arrin lagu qoslo marna la la yaabo ayay ahayd. Siciid Deni ayaa Xijaar ku yiri: nimankaan Hawiye Farmaajo ayaa nafta u keenay oo dhuunta u galay ee adna ha ugu darsami! Xijaar waa u jawaabay oo wuxuu ku yiri: Siciid Puntland ayaad ka timid, nimankaan annaga ayaa is naqaan ee dhexdayada ka bax. Alle ha u naxariistee Farxaan Maxamed Aadan (Farxaan-Qaroole) oo ku magacaawnaa Taliyaha Booliska Gobolka Banaadir oo isaguna raggii meesha joogay ka mid ahaa ayaa la af-gartay oo rag meesha joogay ayaa gees u la baxay, kuna qanciyay in uu hawsha dhaqaajiyo. Xoogaa dhaqaale ah ayaa la siiyay. Ugu dambeyn, isaga ayaa doorashadii furay.

Buuq ayaa mar kale ka soo laabtay Baarlamaanka dhexdiisa. Guddoomiyihii ku-meelgaarka ahaa ayay buuq ku fureen xildhibaannadii taageersanaa Farmaajo oo u badnaa reer Koofur Galbeed, iyagoo leh la ma qabanayo doorashada guddoonka Baarlamaanka ilaa laga saaro kooxda ka timid Ceelwaaq, halka xildhibaanadii kale ee Jubaland laga soo doortay iyo kuwii Puntland ay dhankooda dhahaan haddii xubnaha Ceelwaaq aysan doorashada ka qeyb galeyn annagana ka ma qeybgaleynno. Maadaama aan markaas gudaha teendhada ku jiray, waxaan isku dayay in aan buuqaas sidii lagu damin lahaa gacan ka geysto. Danjire Cabdisalaan Dhabancad ayaan la hadlay waxaana aan ku dhahay maanta meeshaan waxaan uga baahannahay waa guul, guushaasna waa in guddoonka Golaha Shacabka la doorto, loona daayo in uu isagu gaaro go'aanka ah in kooxda Ceelwaaq doorashada Madaxweynaha ka qeybgalayaan iyo in kale. Xildhibaan Dhabancad waa uu iga dhaga-adaygay laakiin waan ku qanciyay oo waxaan ku dhahay waa in aan hal tallaabo dib u degno, si aan laba tallaabo hore ugu qaadno. Halka tallaabo ee aan gadaal u degeynaa waa in xubnaha Ceelwaaq laga reebo doorashada Guddoonka Baarlamaanka, maadaama ay dhaarin iyo shaqo dheer u baahan yihiin; doorashada aan qabanno guddoomiyaha la doortana aan go'aanka u dhaafno. Sidaa ayuu sameeyay. Waxaan is-leeyahay maalintaas haddii aanan taladaas bixin lahayn meeshaas waa lagu kala tagi lahaa, mar kastana Villa Somalia waxa ay rabtay in doorashadaasi aysan qabsoomin oo lagu kala tago.

Doorashadii ayaa la galay. Sheekh Aadan-Madoobe ayaa la doortay, isaga ayaana la yiri go'aan ka gaar. Wuxuu go'aamiyay in kaarar loo sameeyo oo la dhaariyo, si ay doorashada Madaxweynaha uga qeybgalaan.

GUNAANAD

Caqabadaha nolosha kaa soo wajahaya iyo dhibka kugu dhaca oo aad u adkaysato waxay kuu diyaarinaysaa in aad qaadi karto masuuliyad wayn. Soomaalidu waxay dunji-wanaag ku sheegtaa ruuxa aysan mabaadi'diisa iyo qiyamkiisa doorin xaalada nololeed, culays iyo fudaydba, xil iyo xoolo uu helay ama culays iyo cadaadis soo wajahay midkoodna. Adkaysigu iska ma yimaaddo ee waxaa asaas u ah in aad leedahay qiyam aad rumaysantahay, higsi aad u hanqaltaagayso, ruux ku dhiirrigelisa, daacadnimo iyo hufnaan aad doonayso in aad dadkaaga ugu adeegto. Waa wnaagga aad la jeclaan lahayd dalkaaga iyo dadkaaga, mar haddii aadan waaraynin, warka aad doonayso in uu kaa haro oo ah dhaxalka aad rabi lahayd in aad reebto, iyo sumcadda aad bulshada ku dhex ilaashanayso. Waxaa kaloo iyaduna muhiim ah waxa aad ka baranayso taxaddiyada iyo waaya'aragnimada kugu cusub iyo in aadan quusan oo aad mar walba diyaar u tahay u-bareerka halista kaaga gudban xaqiijinta yoolkaaga.

Waxaan u halgamayaa sidii loo heli lahaa dawlad Soomaaliyeed oo awoodd u leh ilaalinta qaranka iyo amnigiisa, dejisa sharciga kuna dhaqanta, soo celisa nidaamkii iyo kala-dambayntii, bixisa adeegyada guud, kobcisana dhaqaalaha, daryeesha muwaadinka, ilaalisana xuquuqdiisa. Waxaan aamminsanahay in riyo kaligeed aysan ku xaqiiqoobaynin ee ay hawl adag, hufnaan shaqo iyo dadaal joogto ah u baahantahay. Waxaan aamminsanahay in caqabadaha ku hor gudban hadafkaasi ay badanyihiin, laakiin waaya'aragnimadeyda labaatanka sannadood ku dhow ee ku dhexjirka siyaasadda Soomaalidu waxay i tusaysaa in waxa ugu horreeya uguna wayni uu yahay fahanka laga haysto dawladda, wax ay gasho iyo wax ay guddo.

Aragtida oo is-beddeshaa waa bar-bilawga guusha

Inteennna badani Dawlad waxaan u aragnaa in laga dheefsado, sadkeeda la kala bursado, hantideedana la boobo. Loo ma arko mid la ilaaliyo oo naf, hanti, tamar iyo waqti loo huro, si ay dadnimadeenna, qiyamkeenna iyo jiritaankeenna ummadeed u ilaaliso. Haddaba, waa lagamamaarmaan in uu saxmo marka hore fahanka iyo sawirka laga haysto dalwadda. Tan labaad, waa in aan fahannaa marxaladda lagu jiraa in ay tahay ku-meelgaar iyo kalaguur. Marxaladdani waa mid la dhisayo kalsoonida iyo is-aamminaadda dadkii kala irdhoobay. Waxaa lagamamaarmaan ah in la ilaaliyo heshiisyada lafdhabarta u ah dib u yagleeliddii dawladda oo u sees ah xilliga kalaguurka. Heshiisyadaas waxaa ugu horreeya hannaanka siyaasadeed ee nidaamka Baarlamaaniga ah, nidaamka dawladeed ee federaalka, awoodqaybsiga is-dheellitirka beelaha ku dhisan, iyo doorashada afar-sannadlaha ah oo ay tahay in la qabto, si xukunka nabad loogu kala wareego. Tan saddexaad waa ka-ilaalinta dhaqammadii dumiyey dawladnimada. Haddii fahanka iyo aragtida aan dawladda ka qabnaa inoo saxmaan, dhowrnana heshiisyada xilliga kalaguurka ah, waa lamahuraan in aan ka ilaalinno dhaqankii ay ku duntay ee ahaa in qof, qabiil ama qolo gooni ahi dawladda yeelato; sida eexda, musuqmaasuqa, ku-takrifalka awoodda iyo tayada oo laga horreysiiyo daacadnimada iyo guulwadayn. Tan afraad waa in la helaa hoggaan dalka dhaafiya kalabayrka uu taaganyahay, bidhaamiya himilada la wada higsanayo ee ah Soomaaliya oo xasillan, wadajirta, federaal ah, sharcigu sarreeyo, la xushmeeyo, ahna xubin masuul ah oo bulshada caalamka ka tirsan

Caqabadaha haysta Soomaalida, marka loo eegoo ummadaha kale ee Afrika, waa kuwo fudud, sababtoo ah dadkeennu waa isku isir, diin, luqad iyo dhaqan. Dalku wuxuu leeyahay khayraad badan oo dabiici ah; bado, webiyo, macdan, shidaal, xeeb dheer iyo xarun istiraatiiji ah. Laakiin khayraadkii ugu muhiisanaa ayaa maqan oo ah hoggaan daacadnimo, karti, hufnaan, dulqaad iyo fogaan-arag leh oo dadka isu keena, dalka mideeya, khayraadkana ka faa'iideeya. Waa in aan ku doorannaa hoggaan daacadnimo, dulqaad iyo karti (aqoon, xirfad iyo waaya'aragnimo), kana waantownaa haybta iyo danaysiga shakhsiga ah. Ku-dhowaad 30 sannadood ayaan dan gaar ah, damac shakshi iyo dawladnimo is-waafajin waynay, dawna ma aha in aan ficil isku mid ah ku celcelino natiijo ka duwanna aan filano.

Daacadnimada ka sokow, siyaasaddu waxay u baahan tahay aqoon iyo waaya'aragnimo. Dunida kale inta badan waxaa soo gala dad horay uga soo shaqeeyey dan la wada jiranayo, sida ururrada xirfadlayaasha ah oo u dooda xuquuqda xubnaha ururradaas, dadka ka soo shaqeeyey ururrada aan dawliga ahayn ee samafalka iyo shirkadaha gaarka loo leeyahay ee ganacsiga, iyo sidoo kale shakhsiyaad ciidanka hawlgab ka noqday. Dadkaasi waxay leeyihiin waaya'aragnimo shaqo iyo fahan dawladeed, waxayna ugu yaraan haystaan dakhli ay noloshooda ku debbartaan. Laakiin Soomaaliya inta badan siyaasadda waxaa soo gala dad aan waaya'aragnimo hawl abaabul iyo dhaqdhaqaaq danjirasho lahayn, in badanna aysanba haysan dakhli kale oo ay nolosha ku debbaraan. Siyaasaddu waa u shaqo, waana u dakhli iyo nolol-maalmeed. Maxaad ka filaysaa ruux si kedis ah oo lamafilaan ah xildhibaan ama wasiir ku noqonaya, ama xil sare oo shaqaalaha rayadka ah qabanaya, sida agaasime guud ama xoghaye joogto ah, ama noqonaya diblomaasi sare. Waa hubaal in uu wajahayo caqabado waawayn oo uusan ka gudbi karin. Iska daa in uu dal iyo dad wax u qabtee, wuxuu la halgamayaa sidii uu noloshiisa u debbari lahaa iyo sidii uu uga dabaalan lahaa badwaynta calawsan ee lagu soo dhex tuuray. Inta badan ku ma sii nagaadaan siyaasadda iyo dawladda dhexdeeda ee muddo kooban ka dib ayey soo tuurtaa. Kolkuu debadda u soo baxana, noloshiisii hore ku ma laaban karo, dal uu nabadeeyey oo uu ka shaqaysan karaana ma jiro. Wuxuu noqonayaa culays siyaasadeed oo shaxaad iyo xil raadin ku jira, xataa kuwa sida daacadnimada ah u soo gala siyaasadda ee doonaya in ay wanaag dalkooda iyo dadkooda u qabtaan, maadaama aysan lahayn waaya'aragnimo shaqo abaabul iyo xuquuq doonis ah oo koox-ku-shaqayn u baahan, wuxuu noqonayaa qof aan aragti iyo mowqif sugan lahayn oo maalinba dareenkiisa shakhsiga ah isla gedgeddiya. Siyaasaddu waa isboortiska oo kale; waa in ay jirtaa koox aad ka mid tahay iyo kuwa kaa soo horjeeda oo aad la beratamayso. Niccolò Machiavelli oo faylasuuf Talyaani iyo aqoonyahan cilmiga siyaasadda ahaa ayaa laga sheegay in hoggaamiyaha siyaasadda ay awooddiisu saldhig u tahay in laga cabsado ama laga haybaysto, haddiise la naco uu gabbalkiisu dhacay.

Waxaa la is-waydiin karaa, maxaa u dhexeeya cabsida iyo ka haybeysiga? Cabsida waa in laga baqo dhib uu hoggaamiyuhu geysanayo ama dheef uu goosanayo, halka haybaysigu uu la xariiro xushmad iyo qaddarin hoggaamiyaha loo hayo iyo kalsooni iyo aammin lagu qabo. Tan dambe waxay fursad u siinaysaa hoggaamiyaha in uu yeesho summad dhiirrigelineed oo uu xilka saaran hadafka xaggiisa si is-xilqaan leh ugu dhaqaajin karo, kasbadana taageerada shacabka iyo wada-shaqayntooda.

INDEX

www.ingramcontent.com/pod-product-compliance
Ingram Content Group UK Ltd.
Pitfield, Milton Keynes, MK11 3LW, UK
UKHW011055280725
7099UKWH00037B/314